W0242717

Xiao Rundcrantz

Rote Staatsanwältin

Xiao Rundcrantz

Rote Staatsanwältin

Meine Entscheidung gegen Korruption und Machtmissbrauch in China

Aus dem Schwedischen von Jürgen Vater

HERDER

FREIBURG · BASEL · WIEN

Die Originalausgabe erschien 2006 unter dem
Titel ‚Röd åklagare' bei Bokförlaget DN, Stockholm,
übersetzt nach dem chinesischen Originalmanuskript von
Anna Gustafsson Chen.
© 2006 Xiao Rundcrantz

Gedruckt auf umweltfreundlichem, chlorfrei gebleichtem Papier

Alle Rechte vorbehalten – Printed in Germany

© für die deutsche Ausgabe Verlag Herder Freiburg im Breisgau 2007
www.herder.de
Satz: Barbara Herrmann, Freiburg
Druck und Bindung: fgb · freiburger graphische betriebe 2007
www.fgb.de
ISBN 978-3-451-29457-0

Für meinen Vater. Ich liebe ihn trotz allem.

Prolog

Am letzten Tag des Jahres 1988 – es war eiskalt und grau – sollten wir das Todesurteil vollstrecken. Es war schon seit Langem an den öffentlichen Anschlagbrettern in der ganzen Provinz bekanntgemacht worden. Es werden wohl viele Zuschauer kommen, dachte ich, während ich meine Uniform anzog, die mich als Staatsanwältin auswies. Ich schaute in den Spiegel, schob die Mütze zurecht, streckte mich und zupfte an meiner Jacke. An diesem Tag sollte ich, einundzwanzig Jahre alt, zum ersten Mal die Vollstreckung eines Todesurteils beaufsichtigen. Ich selbst hatte gegen Yan, den Verurteilten, die Anklage erhoben, hatte mich aber gegen ein Todesurteil ausgesprochen.

Ich stieg in den Wagen, in dem bereits Staatsanwalt Zhou und Oberstaatsanwalt Dan saßen. In weiteren Autos saßen zwei stellvertretende Oberstaatsanwälte, der Parteivorsitzende der örtlichen Behörden Wu sowie eine Menge Richter und Polizisten. Alle trugen Uniformen und Pistolen.

Uns voran fuhren Motorräder mit Beiwagen und Polizeiautos mit heulenden Sirenen. Darauf folgten zwei offene Lastwagen mit jeweils zwei Todeskandidaten, die an Händen und Füßen gefesselt auf den Ladeflächen standen. Die Köpfe der Verurteilten waren kahlgeschoren, und an ihrer Brust hingen weiße Holzschilder mit Aufschriften wie „Mörder Yan", „Sexualverbrecher Dong Hua" und so weiter. Über die Namen hatte man blutrote Kreuze gemalt. Neben jedem Verurteilten standen zwei etwa zwanzigjährige Soldaten mit Maschinengewehren. Ihre Gesichter waren ernst und die Körper steif wie Feuerhaken. Sie sahen aus wie Roboter.

Unser Auto fuhr hinter den Lastwagen. Durch die Windschutzscheibe sah ich, wie Yan mit ausdruckslosem Gesicht und leerem Blick vor sich hinstarrte.

Woran mag er wohl denken?, fragte ich mich.

Im Verlauf der Ermittlungen hatte er Reue gezeigt, sein Verbrechen gestanden und gehofft, am Leben bleiben zu dürfen. Und genau das hatte ich ihm auch versprochen. Seine beiden Kinder, die bereits ihre Mutter verloren hatten, sollten nicht auch noch ihren Vater verlieren. An diesem Tag aber würde er, um seine Schuld mit Blut zu begleichen, endgültig der Erde übergeben werden, aus der alles Leben stammt.

Der Autokonvoi rollte langsam, rüttelnd und scheppernd vorwärts. An den Straßen standen scharenweise neugierige Menschen. Männer und Frauen, Kinder und Greise zeigten auf die Verurteilten und kommentierten eifrig, was sie sahen. Nach einer halben Stunde blieb der Lastwagen vor uns plötzlich stehen. Durch die Scheibe sah ich, wie sich der Mann neben Yan mit den Soldaten anlegte. Seine Hände waren gefesselt, aber er schlug mit den Armen um sich, als wollte er die Wächter umstoßen. Als die beiden Soldaten seine Arme festhielten, spuckte er einem von ihnen ins Gesicht. Der junge Soldat war wohl noch nie einem derart verzweifelten Menschen begegnet. Wütend hob er sein Gewehr und richtete die Mündung auf die Stirn des Mannes.

Dan sagte mir, ich solle sofort aussteigen und die Situation klären.

Ich lief zu dem Soldaten und sagte sehr entschieden: „Gewehr runter!“

Aber er hielt die Waffe weiter auf den Kopf des Gefangenen gerichtet und stieß hervor: „So ein blödes Schwein!“

Ich befahl ihm, das Gewehr herunterzunehmen, und fragte den Verurteilten, was geschehen sei.

„Ich habe mich beklagt und gesagt, sie könnten es genauso gut im Gefängnis tun, wenn sie mich schon erschießen wollen“, antwortete er. „Was soll denn das, stundenlang herumfahren und irgendwo draußen abdrücken!“

Er litt und hatte Todesangst. Unter den Zuschauern waren sicher Schulkameraden und Freunde, Familienmitglieder und Verwandte. Sie würden mit eigenen Augen sehen, wie er vor der Mündung eines Gewehrs zusammenbrach. Demütigung und Zorn mischten sich mit dem Hass auf die örtlichen Behörden, die seine Hinrichtung zur Abschreckung benutzten. Plötzlich brachen die Angst und die Nervosität, die ihn in den Monaten des Wartens auf das Urteil gequält hatten, ungehemmt aus ihm heraus.

Ich versuchte, ihn zu beruhigen. „Jetzt lässt sich nichts mehr ändern. Es ist am besten, sich ruhig zu verhalten. Scherereien lohnen sich nicht."

Yan hatte die ganze Zeit stumm zugesehen. Er schlotterte vor Kälte.

„Warum hast du nichts Wärmeres an?", fragte ich.

„Ich friere nicht", antwortete er mit zitternden Lippen im kalten Wind. „Heute früh habe ich meinen Pullover und meine langen Unterhosen dem Gefängniswärter gegeben. Er hat mir versprochen, sie an meinen Vater weiterzugeben. Der kann sich keine neuen Kleider leisten. Wär' ja Vergeudung, den Pullover mit Blut und Kugellöchern zu ruinieren."

Ich stand eine Weile stumm und ging dann mutlos zum Auto zurück.

Der Konvoi fuhr zur Gemeinde Shutang, wo der Hinrichtungsplatz bereits voller Menschen war, deren Stimmengewirr man schon von Weitem hören konnte. Gerade als wir ankamen, hörte ich lautes Schreien und Weinen. Es waren die beiden Kinder von Yan. Sie sahen ihren gefesselten Vater auf der Ladefläche des Lastwagens und versuchten verzweifelt, zu ihm zu laufen. Yans Schwägerin Ma Pin hielt mit jeder Hand ein Kind fest. Die Kinder hatten ihren Vater sehr lange nicht gesehen; sie schlugen, traten und schrien völlig aufgelöst: „Papa, Papa! Wir wollen zu Papa!"

Ma Pin wagte nicht, Yan anzusehen. Sie weinte.

Yan wurde an beiden Armen von Soldaten festgehalten. Er konnte lediglich seinen Körper nach vorn beugen, seinen Hals recken und die Namen der Kinder rufen. Tränen strömten seine Wangen hinunter. Als die Kinder sahen, dass ihr Vater weinte, wurden sie noch aufgeregter und zerrten noch intensiver an Ma Pins Hand.

Fragend sah ich Dan an. Er nickte mir zu. Ich lief zum Lastwagen und sagte dem Fahrer, er solle anhalten. Danach befahl ich Yans beiden Bewachern, ihn von der Ladefläche steigen und einige letzte Worte zu seinen Kindern sagen zu lassen.

Sobald er unten war, ließen sie ihn niederknien. Sie lösten nur seine Handfesseln, an den Füßen blieb er gefesselt. Ich ging zum Eingang des Hinrichtungsplatzes und sagte zu Ma Pin, sie könne die Kinder von der Hand lassen.

Der vierjährige Sohn fiel seinem Vater um den Hals und sagte: „Ich hab dich so vermisst." Die sechsjährige Tochter wischte mit ihren Händen die Tränen von Papas Wangen und stieß hervor: „Wir hören auf alles, was die Tante sagt. Sie hat gesagt, dass du uns Süßes kaufen willst. Hast du uns Süßes gekauft?"

Yan kniete und schlang um jedes Kind einen Arm. Die Worte blieben ihm im Hals stecken, und es dauerte eine Weile, ehe er sich sammelte und aufhörte zu schluchzen. Die Tochter sagte: „Tante hat gesagt, du spielst heute in einem Film mit. Sie hat gesagt, es ist ein trauriger Film und du weinst viel. Du bist wirklich wie ein richtiger Schauspieler."

Yan küsste mehrmals das Gesicht seiner Tochter und ermahnte sie: „Du musst alles tun, was deine Tante sagt. Du musst dich um deinen kleinen Bruder kümmern und ihr müsst zusammenhalten, was auch geschieht."

„Fährst du weg?", fragte die Tochter.

„Papa fährt an einen Ort, der weit, weit weg ist, und da werde ich eure Mama treffen."

„Ich will mitkommen. Ich will Mama auch treffen", sagte die Tochter und lächelte.

„Ich will auch mit", rief der Sohn. „Kommst du heute Abend nicht, Papa? Ich will nicht bei Tante schlafen, ich will bei dir schlafen."

Yan weinte noch immer heftig, er konnte kaum reden. Er schmiegte sich eng an die Kinder, als wollte er ein letztes Mal die Wärme ihrer Körper spüren. Ich wandte mich ab, um es nicht sehen zu müssen. Auch mir kamen die Tränen, aber ich war gezwungen, mich zu beherrschen, und konnte ihnen nicht einfach freien Lauf lassen. Meine Position ließ es nicht zu, dass ich weinte, wenn mir danach war. Man würde von mir sagen, ich könne mich nicht wie eine Staatsanwältin betragen und dass ich feige und kindisch sei.

Ich sagte zu Ma Pin: „Du solltest die Kinder jetzt nach Hause bringen. Lass sie die Vollstreckung nicht sehen."

Sie trocknete ihre Tränen und nickte.

Es war an der Zeit, Yan zur Hinrichtung zu führen. Er weigerte sich, die Kinder loszulassen. Die beiden Soldaten rissen sie von ihm weg und brachten ihn zurück zur Ladefläche. Er drehte sich nach den Kindern um, er konnte sie nicht aus den Augen lassen. Ma Pin schleppte strauchelnd die beiden schreienden und widerstrebenden Kinder fort. Langsam verschwanden sie aus Yans Blickfeld. Er begann herzzerreißend zu weinen.

Die Autos fuhren zur Mitte des Hinrichtungsortes, einem gewohnlichen, einfachen Sportplatz. Auf allen vier Seiten stand dicht gedrängt das Publikum, das teilweise hunderte von Kilometern gereist war, um mit dabei zu sein. Auf einem Podium saßen die politischen Beamten. Die vier zum Tode Verurteilten wurden von den Lastwagen heruntergeholt. Sie mussten sich mit einigen Metern Abstand zueinander aufstellen. Sie standen mit gesenkten Köpfen. Die Massenkundgebung begann mit der Bekanntgabe der Urteile. Der Regierungspräsident der Provinz erklärte, dass es notwendig sei, Kriminelle kraftvoll zu bekämpfen, um die gesellschaftliche Ordnung aufrechtzuerhalten. Diese Ausführungen dauerten ein halbe Stunde. Dann verkündete der Chef der Gerichtsbehörde über plärrende Lautsprecher, welche gemeingefährlichen Delikte die Verurteilten begangen hatten. Abschließend deklamierte er mit getragener Stimme: „Dem Volkszorn wird freier Lauf gelassen. Wir weisen die Massen zurecht und schrecken Kriminelle ab. Indem wir einen töten, warnen wir hundert. Darum vollstrecken wir hier die Todesstrafe."

Die Soldaten befahlen den Todeskandidaten niederzuknien. Die Verurteilten hatten nach wie vor die Hände auf den Rücken gebunden und die Füße in Fesseln. Hinter jedem von ihnen stand ein Soldat. Die Soldaten richteten ihre Gewehre mit den aufgepflanzten Bajonetten auf die Rücken der Gefangenen, etwa in Höhe des Herzens. Die Verurteilten durften sich nicht nach vorn beugen, sondern mussten aufrecht bleiben, damit die Soldaten leichter zielen konnten. Ich befand mich hinter dem Soldaten, der für Yan zuständig war. Neben mir standen Staatsanwalt Zhou und ein Gerichtsmediziner. Sie plauderten und lachten miteinander.

„Die Zeit ist gekommen!", rief es aus den Lautsprechern.

Man hörte nur einen gedämpften Knall, als die Kugel in Yans Rücken eindrang. Sein Körper fiel nach vorn, als hätte ihn ein Blitz getroffen, und blieb auf dem Boden liegen.

Zwar war ich auf die Ereignisse vorbereitet, aber trotzdem erschreckte mich der gedämpfte Schuss fürchterlich. Mein Herz schlug heftig. Zhou, ein Soldat, der Gerichtsmediziner und ich standen nur wenige Meter von Yan und sahen, wie sein Körper zuckte. Wir schauten seinem Sterben zu. Eine Seite seines Gesichts lag auf dem Boden, die andere war zum Himmel gerichtet. Seine Augen waren geschlossen, das Gesicht grau wie Asche. Nach einer Minute begann Blut aus Brust und Rücken zu rinnen und die grobe, ausgewaschene blaue Jacke rot zu färben. Er stieß mit den Füßen, und durch seinen ganzen Körper ging ein Zucken. Einen Augenblick lang lag er still, bewegte dann die Füße und schob auf diese Weise den Körper nach vorn.

Ich war gezwungen, seinen Todeskampf mit offenen Augen anzusehen und zu bezeugen. Es war meine Pflicht.

Plötzlich musste ich daran denken, wie mein Vater im Sommer immer Hähne geschlachtet hatte. Er hielt mit einer Hand den Hahnenkamm und zog den Kopf nach hinten. Mit der anderen Hand zupfte er einige Federn vom Hals. Dann setzte er mit dem Küchenmesser zwei rasche und präzise Schnitte in den Hals des Hahns, so dass das Blut hervorschoss. Er hielt den Kopf und die Füße, während das Blut aus dem Körper floss. Dann drehte er den Kopf des Hahns und steckte ihn unter einen der Flügel. Er legte den Hahn auf den Boden und wartete, bis er sich nicht mehr rührte. Obwohl der Hahn kein Blut mehr hatte, schien er noch nicht tot. Er schob sich mit den Beinen ruckweise vorwärts, genauso wie Yan.

Endlich lag Yan ganz still.

„Jetzt ist es wohl vorbei", sagte der Gerichtsmediziner. Er ging zu Yan und drehte den Körper um. Sand und Steinchen klebten an den Lippen. Der Gerichtsmediziner hielt die Hand vor Yans Nase und fühlte nach dem Puls am Hals. Er richtete sich auf und sagte: „Er ist tot."

„Du musst zu ihm, Xiao", sagte Zhou entschieden. „Fühl am Hals, ob der Puls noch schlägt. Dann hebst du seine Augenlider und schaust, ob die Pupillen sich geweitet haben. Wenn ja, ist er tot. Ansonsten hat der Soldat schlecht gezielt und das Herz verfehlt. Er muss dann noch eine Kugel abfeuern, und wir müssen dann noch einmal kontrollieren."

Ich spürte, wie das Blut in meinem Körper stieg und mein Gesicht vor Hitze kochte. Ich konnte meine Füße kaum bewegen, atmete aber tief ein und tat mein Bestes, um mich zu beruhigen. Ich sagte zu Zhou: „Diesmal kannst du mir doch noch helfen, die Leiche zu untersuchen. Ich schaue zu und lerne, so dass ich nächstes Mal weiß, wie es geht."

Er ging, und ich folgte ihm. Wir hockten uns vor Yan nieder. Sein Blut war dunkelrot und geronnen, dicker als das eines Tieres. Es roch auch anders und erregte mehr Übelkeit in mir als das Blut von Hühnern oder Schweinen, das man riecht, wenn die Tiere auf dem Markt geschlachtet werden. Zhou fühlte zuerst nach Yans Halsschlagader und murmelte: „Sein Körper ist noch warm." Dann nahm er Daumen und Zeigefinger und öffnete Yans Lider, so dass die Augäpfel sichtbar wurden. Plötzlich hörten wir Yans röchelnde Stimme: „Ich bin noch nicht tot. Es tut so weh. Gebt mir noch eine Kugel, damit ich schnell sterbe."

Die stöhnenden Worte erschreckten mich zu Tode. Ich musste die Lippen fest zusammenpressen, um nicht laut aufzuschreien. Mein Herz klopfte bis zum Hals. Seine Augen waren plötzlich halb offen, aber man sah nur das Weiße. Ich kniff meine Augen zusammen, um Yans verzerrtes Gesicht nicht sehen zu müssen.

Sein Todeskampf wollte kein Ende nehmen. Er muss mich wohl verflucht haben, weil ich mein Versprechen nicht gehalten hatte. Er wird mich fortan immer quälen, dachte ich verzweifelt.

Mir lief kalter Schweiß den Rücken herunter. Ich war vor Schreck wie gelähmt.

Zhou ermahnte mich streng: „Geh und stell dich hinter den Soldaten, Xiao!"

Ich kam zu mir, erhob mich rasch und taumelte fort.

Zhou folgte mir mit großen Schritten und sagte zu einem der Soldaten, die sich etwas weiter weg aufgestellt hatten: „Er ist noch nicht tot. Sofort noch einen Schuss!"

Der Soldat ging zu Yan und gab ihm einen Schuss in den Nacken. Wir warteten ein paar Minuten; dann forderte Zhou mich auf, noch einmal zu kontrollieren.

Mein Herz krampfte sich zusammen und meine Beine wollten mich nicht tragen. Es war, als ob der Himmel auf mich niedergefallen wäre. Die Worte blieben mir in der Kehle stecken, und ich konnte kaum atmen. Ich schüttelte den Kopf und sagte: „Das mach' ich nicht. Ich kann nicht. Ich will nach Hause."

Zhou zuckte die Schultern, lächelte nachsichtig und ging zu Yan, um zu kontrollieren, ob er tot war.

Anschließend teilte er den Verwandten mit, dass sie zum Hinrichtungsplatz kommen und sich um die Leiche kümmern sollten. Sie durften keine Gedenkfeier oder öffentliche Beerdigung abhalten, denn Hingerichtete müssen in China ohne jede Zeremonie bestattet werden.

Ich weiß nicht mehr, wie dieser Tag endete oder wie ich zurück zur Staatsanwaltschaft kam. Mein Hirn war leer, und alles erschien wie ein verworrener Traum. Auf dem Rückweg spotteten meine Kollegen über Yan: „Ein richtig zähes Aas. Eine Kugel war ihm nicht genug, er bettelte geradezu um eine zweite." Sie lachten über meine Feigheit: „Heute hat unsere Kleine gesehen, wie's draußen in der Wirklichkeit zugeht. Heute Nacht wirst du gut schlafen, oder? Hahaha."

Dan machte mich darauf aufmerksam, dass ich die Schwierigkeiten meistern müsse, die mir im Laufe meiner Karriere begegnen würden: „Du musst dir eine starke Psyche antrainieren. Später wirst du immer mehr und schwierigere Aufgaben bekommen. Da musst du vorbereitet sein."

Das Fleisch, das wir im Speisesaal bekamen, erinnerte mich an Yans Blut, und mir wurde wieder übel. Ich nahm meine Stäbchen, konnte aber nicht zu essen beginnen. Ich ging in einen Laden, kaufte eine kleine Flasche Schnaps und trank, um wieder Mut zu bekommen. In der Nacht sah ich den Gesichtsausdruck des Sterbenden immer deutlicher vor mir.

Unser Zimmer lag am Ende des Korridors, gut zwanzig Meter von der gemeinsamen Toilette entfernt. Wie gewohnt wollte ich vor dem Einschlafen zur Toilette gehen. Der lange Korridor war pechschwarz. Ich schaltete eine schwache Lampe an, die einzige, die es gab. Aber schon nach einigen Schritten traute ich mich nicht weiter. Ich ging zurück und fragte meine Zimmerkameradinnen Li und Bo: „Könnt ihr mitkommen?"

Die beiden stiegen aus ihren Betten und begleiteten mich zur Toilette, jede an einer Seite. Als wir dort ankamen, fragte ich, ob eine mit hineinkommen könnte. „Okay", antwortete

Bo. Von der Decke in der Toilette hing eine Fünfzehnwattlampe, die in der Zugluft des zerschlagenen Fensters schwankte und das Licht flackern ließ.

„Beeilt euch. Es ist kalt", rief Li ungeduldig von draußen.

Nachts träumte ich, dass Yans Frau an meiner Seite ging. Sie hatte kein Gesicht, das Haar war lang und zersaust, und sie gab merkwürdige Laute von sich. Yan kniete zu meinen Füßen und streckte seine Arme, die abnormal lang erschienen, nach meinem Gesicht aus. Seine Fingernägel waren ganz spitz, und er schien sie mir in die Augen stechen zu wollen. Ich wich zurück, ohne ihm entkommen zu können. Bei jedem Schritt, den ich rückwärts zu gehen versuchte, ging er einen Schritt vorwärts. Aus seinem Hals kamen dumpfe und heisere Laute, die mit suggestiver Kraft sprachen: „Gib sie mir zurück! Gib mir meine Kinder zurück, Henkerin!" Ich war starr vor Schreck und wollte laut schreien, aber irgendetwas drückte auf meine Brust. Mit aller Kraft versuchte ich zu schreien und erwachte plötzlich, von Angstschweiß durchnässt.

Ich zog an der Lampenschnur, die neben meinem Bett hing. Bo und Li wachten durch das Licht auf und fragten schläfrig, wie spät es sei. „Ich hatte einen Alptraum und wollte nicht im Dunkeln liegen", antwortete ich müde.

Sie drehten sich in ihren Betten um, seufzten kurz und schliefen bald wieder ein. Ich wälzte mich lange herum, ohne einschlafen zu können. Die Finsternis vor dem Fenster schien mir endlos und ich wartete unruhig auf die Morgendämmerung. In meiner Schlaflosigkeit spielten sich vor meinem inneren Auge immer wieder Szenen von der Aufnahmeprüfung zur Staatsanwaltschaft ab.

Erster Teil
1966–1989

Kapitel 1

Der erste Fehler meiner Eltern war, mich zu meinem Onkel aufs Land zu schicken, als ich drei Jahre alt war.

Meine Mutter hatte im Kindergarten vorbeigeschaut und gesehen, wie ich mit apathischem Blick an einem Plastikspielzeug kaute, das mit einer Schnur am Gitterbett befestigt war. Niemand kümmerte sich um mich. Andere Kinder saßen herum und weinten, weil sie hungrig waren oder volle Windeln hatten. Die beiden Kinderpflegerinnen stellten sich taub, plauderten und bedienten sich vom Essen der Kinder. Mutter und Vater fanden sie nachlässig und waren mit der Betreuung nicht zufrieden. Sie suchten eine Tagesmutter für mich.

Bevor ich drei Jahre alt war, hatte ich vier verschiedene Tagesmütter gehabt, doch jeder Versuch endete damit, dass ich krank wurde und Vater mich ins Krankenhaus bringen musste. Mutter machte unzureichende Fürsorge dafür verantwortlich, schimpfte auf die Tagesmütter und entließ sie. Das Betreuungsproblem führte meine Eltern beinahe in den finanziellen Ruin. Sie waren völlig erschöpft und gaben mich schließlich zu meinem Onkel.

Der Bruder meiner Mutter war früher ein reicher Lebemann gewesen, hatte aber in einer einzigen Nacht die drei Läden der Familie und hundert Mu – etwa sechs Hektar – Ackerland verspielt. Dadurch hatte er das Glück, zu einem richtigen Proletarier zu werden – und die Revolution zu überleben. Der Mann, der das Pech hatte, sein Vermögen zu gewinnen und Grundbesitzer zu werden, wurde geköpft, als einige Monate später die Kommunisten an die Macht kamen. Mein Onkel sah den Kopf auf dem Boden liegen und kam zu der Einsicht, dass er nicht selbst über Leben und Tod, Glück und Pech waltete und es daher am besten war, die Dinge ihren Lauf nehmen zu lassen. Mit dem finanziellen Verlust hatte aber auch das schöne Leben meiner Mutter ein Ende: Die Familie konnte es sich nicht mehr leisten, sie zur Schule gehen zu lassen. Die Schuldgefühle, die mein Onkel ihr gegenüber empfand, kompensierte er, indem er mich verwöhnte. Er kümmerte sich weder um meine zukünftigen Aussichten noch setzte er mir irgendwelche Grenzen. Ich durfte spielen und mich amüsieren wie ich wollte. So war meine Kindheit glücklicher und freier als die der meisten anderen Kinder, aber ich wurde auch zu einem wilden und kaum zu bändigenden Kind.

Vier Jahre später kehrte ich zu meinen strengen Eltern zurück, um die Schule zu besuchen. Es dauerte nicht lange, bis ich meine erste Tracht Prügel erhielt. Wie die meisten meiner Spielkameraden war ich tagsüber, solange meine Eltern arbeiteten, auf mich gestellt. Wir wohnten in der Nähe des Flusses, und um mir Angst einzujagen, erzählte man mir häufig, wie eines der Nachbarkinder zum Fluss hinuntergegangen, hineingefallen und ertrunken war. Beim Onkel hatte ich tun dürfen, was ich wollte und daher kümmerte es mich nicht besonders, dass mir meine Eltern strengstens verboten hatten, am Ufer zu spielen. Eines Tages entschloss ich mich also, dorthin zu gehen. Ich war gerade dabei, ein Sandschloss zu bauen, als mein Vater wutentbrannt erschien, mich am Arm nahm und nach Hause zog. Dort griff er sich den Bambusbesen und befahl mir, mich bis auf die Unterhosen auszuziehen. Mit zornig aufgerissenen Augen kündigte er mir eine gehörige Lektion an. Dann sagte er zu meinem älteren Bruder, er solle in die Küche gehen und Salz holen.

„Was willst du denn damit?“, fragte mein Bruder und schaute meinen Vater ungläubig an.

„Ich werde sie verprügeln, bis die Haut platzt, und dann streue ich Salz drauf“, antwortete mein Vater.

Mein Bruder bekam Angst und begann zu zittern. „Lass doch die Kleine“, bat er und zog Vater am Arm. „Ich verspreche, dass ich von jetzt an auf sie aufpasse. Ich werde dafür sorgen, dass sie nie mehr zum Ufer geht."

„Geh und hol das Salz!", brüllte Vater. „Wenn ich ihr keine Lektion erteile, wird sie eines Tages ertrinken, und wir werden nicht mal ihre Leiche finden."

Mein Bruder holte das Salz, und ich zog mir zitternd die Hosen herunter, während ich Vater anflehte: „Bitte, schlag mich nicht, Papa. Ich mach alles, was du sagst. Ich versprech's."

Vater hörte nicht auf meine Bitten, sondern hielt meinen Arm und ließ die Schläge auf meinen Leib prasseln. Er hieb kräftig zu, und ich hörte, wie es pfiff, wenn er den Besen hob und auf meinen Rücken sausen ließ. Mein Bruder traute sich nicht zuzusehen, sondern lief davon. Ich rief ihm hinterher: „Lauf zu den Nachbarn! Sag, dass ich verprügelt werde und Papa Salz in die Wunden streuen will!"

Vater hörte kurz auf, ging zur Tür und schloss ab, ehe er mich unbarmherzig weiter schlug. Ich schrie vor Schmerzen und krümmte mich heftig, aber vergeblich. „Jetzt kannst du das Salz draufstreuen", bat ich schließlich. Ich dachte, dann würde er wenigstens aufhören zu schlagen.

„Noch zu früh. Die Haut ist noch nicht geplatzt. Da brennt das Salz nicht genug", antwortete er und schlug weiter.

„Es brennt bestimmt", schrie ich, während ich mich wand. „Es brennt bestimmt."

Er nahm keine Notiz davon und machte weiter. Es schien mir wie eine Ewigkeit. Die Nachbarn klopften an die Tür, und ich weinte und rief um Hilfe. Das Klopfen wurde immer stärker. „Wenn du nicht aufhörst, erschlägst du sie!", riefen sie.

„Besser als wenn sie ertrinkt!", gab mein Vater zurück.

Inzwischen war die Haut auf Armen und Rücken geplatzt, und ich konnte die roten Striemen sehen. Vater hörte auf, nahm eine Handvoll Salz und verteilte es auf meinem Arm wie eine Hautcreme. Der Schmerz stieß so heftig in meine Brust, dass ich kaum atmen konnte. Ich hatte mich bereits heiser geschrien. Erst nachdem er auch den Rücken sorgfältig mit Salz eingerieben hatte, ging er langsam davon und öffnete die Tür. Die Nachbarsfrau stürmte augenblicklich herein, und als sie meinen blutigen, malträtierten Körper sah, nahm sie mich auf den Arm und trug mich hinaus auf den Flur. Gleichzeitig rief sie ihrem Sohn zu, er solle einen Eimer mit lauwarmem Wasser holen. Kurz darauf wusch sie mich vorsichtig mit einem Lappen, wobei sie mit Tränen in den Augen vor sich hin murmelte: „Armes Kind. So klein und schon so viel Prügel."

Als meine Mutter nach Haus kam, gab es heftigen Streit. Vater erklärte: „Du hast doch selbst gesagt, dass man nur das Fleisch und nicht die Knochen verletzt, wenn man mit dem Besen schlägt. In ein paar Tagen ist sie wieder in Ordnung, ist ja nicht so schlimm."

Auch Mutter war traditionell erzogen worden und glaubte felsenfest daran, dass brave Kinder mit Hilfe des Stocks geformt werden, aber sie fürchtete, dass ein Stock das Knochengerüst verletzen und der Gesundheit schaden könnte. Daher war sie auf den Bambusbesen gekommen. Er führte lediglich zu Fleischwunden, hinterließ aber Schmerzen und damit Lehren, die nie vergessen wurden.

Doch obwohl ich einige Male Prügel bezog, blieb ich weiterhin unbelehrbar. In der Schule war ich eine chaotische Schülerin; die Lehrer seufzten und sagten zu meinen Eltern, dass aus mir später wohl kaum etwas werden würde.

Der zweite Fehler meiner Eltern war, dass sie zu sehr auf meine Lehrer hörten. Sie machten sich Sorgen um meine Zukunft und meldeten mich bei einer Kampfsporttruppe an, wohl in der Hoffnung, ich würde eine Profi-Sportlerin werden und mich auf diese Weise selbst versorgen können. Jeden Morgen wurde ich um fünf Uhr geweckt, um zum Training zu gehen. Schlechtes Wetter war kein Hinderungsgrund und manchmal war ich so müde, dass ich beim Aufwärmen einschlief.

Meine Eltern hatten ein Huhn, das in der Küche lebte, die wir mit drei anderen Familien teilten. Nachmittags holte ich die Eier, die in einem Nest aus Gras lagen. An einem eiskalten Wintertag kam ich in die Küche. Der Zementboden war von einer Reifschicht bedeckt und ich fand das arme Huhn zitternd vor Kälte. Ich wollte es wärmen und legte deshalb einige Holzscheite auf den Fußboden, schloss die Tür und entzündete ein Feuer. Ich versuchte, das Huhn zu mir zu locken, aber als es die Flammen sah, rührte es sich nicht vom Fleck. Also hob ich es auf und trug es zum Feuer, wo es sich wärmen konnte, während ich sein weiches Gefieder streichelte.

Plötzlich wurde die Tür aufgerissen. Eine Frau stürzte herein, trampelte das Feuer aus und schrie mich an: „Was machst du denn da? Spielst du mit dem Feuer? Bei einem Brand geht nicht nur eure Wohnung in Rauch auf, du Taugenichts!"

Sie schüttelte ihren halbrasierten Kopf und fuchtelte mit den Händen. Das Feuer war schnell gelöscht. Ich nahm an, dass die Frau vor Kurzem öffentlich bestraft worden war und deshalb so heftig reagierte. Sie war eine unserer Nachbarinnen, und da sie ausländische Kontakte zu Verwandten in Hongkong hatte, musste sie jede Woche pünktlich an Massenkundgebungen teilnehmen, wo sie sich mit gebeugtem Rücken, gesenktem Kopf und einem Holzschild um den Hals der Kritik des Volkes aussetzen musste.

Als mein Vater nach Hause kam, erzählte sie ihm vom Feuer. „Wenn die Volksversammlung nicht früher als sonst zu Ende gewesen wäre und ich das Feuer nicht rechtzeitig entdeckt hätte, würden wir jetzt alle ohne Wohnung dastehen."

Mein Vater fuhr zusammen. Er fauchte mich an: „Was zu viel ist, ist zu viel! Ich werde dir das Fell über die Ohren ziehen!"

Er riss den Besen an sich und stürzte auf mich zu, ohne mir die Möglichkeit zu geben, ihm die Sache zu erklären. Ich rannte kreuz und quer durchs Zimmer, um ihm zu entgehen und den Bambusstiel nicht an den Kopf zu bekommen. Vater war hinter mir her und schlug wild um sich. Ich kroch unter das Bett. Mein Vater war zu groß, um mir folgen zu können, und auch mit dem Besen erreichte er mich dort nicht. Er kniete neben dem Bett, legte sein Gesicht auf den Fußboden und brüllte: „Komm raus!“

Ich rührte mich nicht vom Fleck, sondern starrte ihn nur wie gelähmt vor Schreck an. Als er merkte, dass ich ihm nicht gehorchen würde, schnappte er sich einen längeren Stock und fuhrwerkte damit unter dem Bett herum. Ich hielt den Stock am anderen Ende fest und weigerte mich noch immer hervorzukommen.

„Wenn du nicht kommst, schlage ich dich lahm und krumm“, schrie er. „Versuchst du, mir den Stock wegzunehmen, du Miststück? Dein Onkel hat dich wohl so verwöhnt, dass du völlig verdorben bist. Aber ich werde dich schon zurechtschleifen!“

Er war graugrün im Gesicht, und seine Augen leuchteten feurig, während er mit dem Stock heftig unterm Bett herumfuchtelte. Zuletzt war ich gezwungen hervorzukriechen.

Ich duckte mich und rannte die Treppe hinunter. Mein Vater hinterher. Besenschläge hagelten über Kopf und Rücken.

„Mama hat gesagt, du sollst mich nicht auf den Kopf schlagen“, rief ich, während ich versuchte, ihm zu entkommen. „Dann werde ich nämlich blöd – und was soll dann aus mir werden?“

„Was soll schon aus dir werden, du missratene Göre!“, brüllte er. „Du kannst doch nur Unfug machen. Auch mit noch so vielen Schlägen ist dir kein Benehmen beizubringen.“

Ich rannte über den Innenhof, sprang über einen kleinen Zaun und lief durch die Gasse zur Straße. Im selben Augenblick kam ein vierrädriger Handwagen bergab gerollt. Der Mann, der ihn schob, sah mich aus dem Nichts auftauchen, hatte aber keine Möglichkeit mehr zu bremsen. Die Karre traf mich, und ich flog mehrere Meter, bevor ich auf den Boden aufschlug.

Mein Vater, der immer noch hinter mir her war, wurde leichenblass, lief zu mir und nahm mich in die Arme.

„Hast du dir wehgetan?“, fragte er.

Ich fürchtete, dass er mich wieder schlagen würde, versuchte, mich ihm zu entziehen, und sagte rasch: „Ist nicht so schlimm, es tut nicht weh. Aber schlag mich nicht.“

„Nein, nein, ich schlage dich nicht“, sagte er sofort und half mir auf die Beine.

Ich hatte mir die Handflächen und Knie aufgeschürft und blutete heftig. Mein Vater trug mich zum nächsten Krankenhaus.

Abgesehen von den Schürfwunden war ich unverletzt, und mein Vater konnte aufatmen. Als ich eine Weile geruht hatte, die Wunden mit Desinfektionssalbe und Pflastern versehen waren, gingen wir langsam nach Hause zurück.

„Erzähl Mama nicht, dass das passiert ist, weil ich hinter dir her war“, sagte Vater. „Sag, dass du unvorsichtig warst und hingefallen bist. Du kriegst zwei Jiao von mir.“

Zwei Jiao – zwei Cent –, das war eine fürchterlich verlockende Summe! Das reichte für zwei Erdnussbonbons und etwas Kuchen. Der bloße Gedanke daran ließ mir das Wasser im Mund zusammenlaufen.

Trotzdem sagte ich: „Ich will dein Geld nicht.“

Vater blieb stehen und begann, ernsthaft zu verhandeln. „Dann verspreche ich dir, dich morgen zur Milchbar mitzunehmen, und hinterher gehen wir ins Kino.“

„Will ich auch nicht“, antwortete ich, obwohl ich eigentlich gern ja gesagt hätte. Himmlisch wäre das gewesen!

„Na, was willst du denn dann?“, fragte er geduldig. „Ich verspreche dir, was du willst.“

„Ich will morgen nicht um fünf Uhr aufstehen und zum Training gehen. Ich möchte mal ausschlafen. Das Trainieren macht mich so müde.“

Vater lachte. „Gut, morgen brauchst du nicht zum Training.

Ich werde dem Trainer sagen, dass du dich verletzt hast und nicht kommen kannst."

Außerdem bekam ich noch einen Jiao und freute mich so, dass ich mit dem Geld zum Laden lief und den Schmerz an Händen und Knien ganz vergaß.

„Langsam!", rief Vater mir nach. „Pass auf, dass du nicht hinfällst!"

Nachdem ich meine Süßigkeiten gekauft hatte, ging ich nach Hause und stolzierte damit zu meinem großen Bruder. Er war neidisch und bettelte, weil er etwas abhaben wollte. Ich verriet ihm das Geheimnis meines Erfolgs: „Wenn du hinfällst und dir wehtust, kriegst du auch etwas Süßes."

Er lieh sich ein Bonbon von mir. „Nächstes Mal, wenn ich Prügel beziehe, werde ich auch hinfallen und Geld verlangen. Dann kriegst du was von mir ab."

Daraus wurde aber nie etwas, und mein Bruder schuldet mir noch immer ein Bonbon.

Ich hatte Kung Fu gelernt und benutzte meine Fähigkeiten häufig, um die starken Jungs in meiner Klasse grün und blau zu schlagen. Im Jahr meines zehnten Geburtstages wurde in der Schule eine Gedenkfeier für den Vorsitzenden Mao abgehalten, der gerade gestorben war. Alle Schüler legten weiße Blumen vor seinem Porträt nieder und weinten öffentlich. Ich bemuhte mich nach besten Kräften, konnte aber keine Träne hervorbringen. Der Schüler neben mir erzählte es dem Lehrer, der mich vor der ganzen Klasse kritisierte und sagte, dass ich in Bezug auf den Vorsitzenden nicht das rechte Klassenbewusstsein habe. Nach der Stunde gab ich dem Klassenkameraden zwei Ohrfeigen. Als Strafe ließ mich der Lehrer eine Selbstkritik schreiben; außerdem musste ich mich in die Ecke stellen und anschließend das Klassenzimmer fegen. Mein Vater zwang mich, auf einer Holzbank zu knien und zu büßen: eine ganze Stunde durfte ich mich nicht rühren.

Aber es half nichts – ich war nach wie vor nicht zu zähmen.

Im Jahr darauf wurden wie gewöhnlich Soldaten in die Schule eingeladen, um mit uns eine Woche lang zu exerzieren. Jeder bekam einen Holzstab in die Hand, der ein Bajonett darstellen sollte. Dann sollten wir die „Bajonette“ schwingend auf den Feind zustürmen, wobei wir rufen mussten: „Töten! Töten! Töten!“ Meine Familie war so arm, dass wir noch nicht einmal solch einen Stab hatten, und deshalb blieb ich zu Hause. Der Lehrer wollte wissen, was los war. Eine meiner Klassenkameradinnen kam zu uns, um mich auszuspionieren, und tat, als wollte sie mit mir spielen. Ich sagte ihr, dass mein Vater meinte, es sei wichtiger, den Schulunterricht nicht zu versäumen; an unnötigen Übungen brauchte ich nicht teilzunehmen. Sie erzählte natürlich alles in der Schule und der Lehrer wurde wütend, schickte mich aus dem Klassenzimmer und trug mir auf, meinen Vater zu holen. Ich verprügelte daraufhin meine Klassenkameradin, was dazu führte, dass ihre Eltern zur Schule gingen, um Meldung zu erstatten. Der Lehrer schüttelte den Kopf und meinte, ich sei nicht mehr zu retten. Er riet meinen Eltern davon ab, mich weiterhin Kampfsport ausüben zu lassen – sonst sei er gezwungen, mich der Schule zu verweisen. Aus Ärger über dieses Verdikt zwang mein Vater mich, auf der rauen Seite eines Waschbretts niederzuknien, während er seufzend grübelte, wie er aus mir ein braves und gehorsames Kind machen könnte. Nach einer Stunde schmerzten die Knie so, dass auch die Beine taub geworden waren, und ich beugte den Oberkörper nach vorn und setzte mich auf die Unterschenkel. Kaum hatte mein Vater das gesehen, gab er mir einen Hieb und sagte: „Du sollst aufrecht knien! Du kannst froh sein, dass du heute keine Prügel bekommst.“

Von diesem Tag an hatte ich außerhalb der Schule keinerlei Freiheiten mehr. Sogar an Wochenenden und Ferientagen wurde ich in der Wohnung eingeschlossen. Ich durfte zur Schule und zurück gehen, aber nirgendwohin sonst, und man verbot mir auch, an Unternehmungen teilzunehmen oder mit Freunden zusammen zu sein. Bekam ich schlechtere Noten als fünfundneunzig – hundert war die höchste –, setzte es Schläge. Dasselbe galt, wenn ich nicht Klassenbeste war. So lebte ich zwar in ständiger Angst vor Prügel, aber die Strenge meiner Eltern führte auch dazu, dass mein Notendurchschnitt in den letzten Klassen der Grundschule und später im Gymnasium immer der beste war. Ich durfte nicht ausgehen, hatte keine Freunde und keinen anderen Umgang als den meiner Bücher. Wenn die Einsamkeit besonders schlimm war und ich nichts zu tun hatte, las ich Romane. Zu jener Zeit waren in China nicht so viele Bücher westlicher Autoren erhältlich; meine Lektüre bestand daher zumeist aus Werken von Erzählern des neunzehnten Jahrhunderts: Flaubert, Dostojewskij, Tolstoj, Dickens. Einiges davon verstand ich nicht im Geringsten, aber ich entdeckte, dass die Erziehungsmethoden meines Onkels denen geglichen hatten, die Rousseau im *Émile* beschreibt.

Nach vier Jahren Isolation war ich noch rebellischer geworden, denn nun war ich durch die Bücher vom westlich-kapitalistischen Denken beeinflusst und begann, Freiheit und Gleichberechtigung herbeizusehnen. Ich wollte nicht mehr blind anderen gehorchen, und mein Unvermögen, mich in eine Gruppe einzufügen, bereitete meinen Lehrern und Eltern beträchtliches Kopfzerbrechen. Als ich siebzehn war, sahen Vater und Mutter ein, dass ich allzu verschlossen und merkwürdig geworden war. Sie fingen an, mich zu ermuntern, Kontakt zu Klassenkameraden zu suchen. Aber dazu war es bereits zu spät: Ich hatte mich in meine Einsamkeit verliebt und lebte in der Welt der Romane.

Der dritte Fehler meiner Eltern war, dass sie mich Mathematik, Physik und Chemie studieren lassen wollten, obwohl meine besten Fächer Chinesisch und Englisch waren. Sie hofften, ich würde einen technischen Beruf wählen, der mich vor der Arbeitslosigkeit bewahren würde. Im Sommer 1984, als ich achtzehn Jahre alt war, machte ich die Aufnahmeprüfung für diese Fächer an der Universität. Natürlich fiel ich gründlich durch. Die Bemühungen meiner Eltern, mir eine gute Zukunft zu sichern, hatten mir eine bittere und düstere Jugend beschert, und am Ende war doch alles vergeblich.

Als mein Vater den Brief mit dem Prüfungsergebnis bekam, wurde er fürchterlich zornig und gab mir eine ordentliche Ohrfeige. „Jetzt hast du mich völlig unmöglich gemacht", sagte er und begann darüber zu klagen, dass ich ihm bis zur nächsten Prüfung nun ein weiteres Jahr auf der Tasche liegen würde. Tatsächlich schämte ich mich und fand, dass ich meinen Eltern zur Last fiel. Vor lauter Ärger schnitt ich mir mein Haar ab, bis es nur noch wenige Zentimeter lang war und ich wie ein Junge aussah.

Kurz darauf kam meine Klassenkameradin Lin zu Besuch. Sie war besorgt und betrübt. „Mein Vater will mich aufs Land schicken, wo ich für die Aufnahmeprüfung im nächsten Jahr büffeln soll", erzählte sie. „Ich habe wirklich keine Lust, in einem armseligen und tristen Nest zu hocken, wo ich weder Verwandte noch Freunde habe."

„Warum zwingt er dich dann dazu?"

„Er sagt, dass die Verhältnisse dort schlechter sind. Und wenn das Leben schwierig ist und nichts mich ablenkt, könne ich in aller Ruhe pauken. In der Stadt ist ja immer was los ..." Sie hatte völlig verweinte Augen.

Mir war nicht danach, sie zu trösten, denn meine Situation war nicht viel besser.

„Dein kurzes Haar ist wirklich nicht schön", sagte sie plötzlich. „Hat dich deine Mutter bestraft?" Sie wusste, dass meine Eltern sehr streng waren.

„Nein, ich habe es mir selbst abgeschnitten. Ich habe mich geärgert und hatte nichts anderes, um mich abzureagieren."

Während ich redete, öffnete ich eine Flasche Reiswein. Das Geld dafür hatte ich mir von meinem Bruder geliehen.

„Heute betrinken wir uns und vergessen alles. Das ist mein Abschiedsfest für dich."

„Ein Rausch löst alle Probleme", sagte sie und weinte. Wir tranken schweigend.

„Ich werde dir schreiben", sagte ich.

1983 hatte die erste landesweite Kampagne „Hart durchgreifen" stattgefunden. Man hatte eine Menge Kriminelle festgenommen und viele von ihnen hingerichtet, konnte aber trotzdem der steigenden Kriminalität nicht Herr werden. Polizei, Staatsanwaltschaft und Gerichte auf allen Ebenen baten um Verstärkung. Im September 1984 verkündete die Zentralregierung, man beabsichtige, allen Abiturienten Aufnahmeprüfungen für die Staatsanwaltschaft und das Gerichtswesen anzubieten. Diese Nachricht rettete mich. Es war wie ein Geschenk des Himmels, denn früher waren diese Berufe ausschließlich Kindern hoher Parteifunktionäre oder Militärs vorbehalten.

Im Amtszimmer, in dem man sich zur Prüfung anmelden sollte, saßen zwei Frauen mittleren Alters hinter einem langen Tisch. Eine von ihnen hatte eine gelbbraune, die andere eine dunkelblaue Uniform an. Beide trugen Uniformmützen. Die dunkelblaue Uniform mit den roten Epauletten und dem Abzeichen an der Mütze war ungewöhnlich auffällig und imposant. Sie erinnerte mich an die Helden, die ich als kleines Mädchen in den revolutionären Opern gesehen hatte. Ich musste leise aufseufzen, als ich mir vorstellte, wie heldenhaft und schön ich in dieser Aufmachung aussehen würde. Das Zimmer war voll von anderen Kandidaten und ich fragte einen von ihnen: „Zu welcher Behörde gehört die Frau in der blauen Uniform?"

„Zur Staatsanwaltschaft", antwortete er.

Ohne auch nur eine Minute zu überlegen, meldete ich mich zur Prüfung für die Staatsanwaltschaft. Als ich zur Gesundheitskontrolle kam, entdeckte ich, dass es sich um einen Irrtum handelte: Die Staatsanwälte hatten die gelbbraune Uniform, während die blaue zu den Gerichtsbeamten gehörte. Ich bereute meinen Entschluss fürchterlich.

In Changsha, einer Region mit sechs Millionen Einwohnern in der südchinesischen Provinz Hunan, hatten sich sechstausendfünfhundert Gymnasiasten zu den Aufnahmeprüfungen bei der Staatsanwaltschaft angemeldet. Vierundsechzig davon wurden zugelassen. Außerdem hatten sich einige Tausend zu den Gerichtshöfen angemeldet, von denen sechsundneunzig angenommen wurden. Die Kandidaten, die es geschafft hatten, wurden in Gruppen eingeteilt und zu elf Anwaltskammern und Gerichten der verschiedenen Ebenen geschickt.

Im Oktober bestand ich die Prüfungen in Sprachen, Gegenwartspolitik und Stenografie. Nun standen noch die Gesundheitsuntersuchungen und die politischen Überprüfungen aus.

Als meine Mutter das Informationsblatt gelesen hatte, gab sie mir sofort fünf Yuan für die Prüfungsgebühr. Tränen der Hoffnung und Sorge standen in ihren Augen. Sie seufzte und sagte leise: „Ob du das wohl schaffst?" Mein Vater atmete erleichtert auf.

Als wir vierundsechzig, die den ersten Durchgang bestanden hatten, uns vor der Anwaltskammer versammelt hatten, wurden wir in Gruppen eingeteilt und stiegen in sechs Einsatzfahrzeuge, die mit Blaulicht auf dem Dach und der Seitenaufschrift „Staatsanwalt" versehen waren. Im Krankenhaus angekommen, teilte Anwaltsassistentin Hu, die die Verantwortung für die neuen Bewerber hatte, Formulare an uns aus, die erläuterten, wen wir alles aufsuchen mussten. Das Alter der Bewerber lag zwischen sechzehn und einundzwanzig Jahren, und mit unseren Formularen in den Händen liefen wir eifrig die Treppen hinauf.

Sehtest, EKG, Blutdruck, Messung der Lungenkapazität, Größe und Gewicht. Überall hatte ich befriedigende Resultate. Als man mich gerade gewogen hatte, sah ich ein Mädchen, das gleichzeitig mit mir gekommen war und nun völlig niedergeschlagen war. Sofort verschwand all meine Freude, die ich eben noch hatte. Ich fragte, was mit ihr los sei, und sie sagte, dass sie nur eins sechsundfünfzig groß sei und nicht glaube, zu den Auserwählten zu gehören. Die Regeln schrieben vor, dass eine Beamtin mindestens ein Meter achtundfünfzig groß sein und zwischen fünfundvierzig und fünfundsechzig Kilo wiegen müsse. Für Männer galt eine Mindestgröße von ein Meter fünfundsechzig und ein Gewicht zwischen fünfzig und fünfundsiebzig Kilo. Man begründete diese Vorgaben mit den besonderen Umständen, denen Beamte der Staatsanwaltschaft bei ihren Ermittlungen ausgesetzt seien.

Als ich auch den letzten Sehtest bestanden hatte, lief ich mit Lin, die inzwischen vom Land zurückgekehrt war, überglücklich auf die Wiese vor dem Krankenhaus. Wir schauten in den Himmel und lachten laut vor Freude: Die Welt stand uns offen!

An einem kühlen Novembertag kamen zwei Männer in gelbbraunen Uniformen zu Besuch. Sie stellten sich vor: „Wir sind politische Beamte des Staatsanwalts im Bezirk Wangcheng. Wo sind deine Eltern? Wir wollen sie fragen, warum du dich bei uns beworben hast."

Mit mir selbst wollten sie nicht sprechen, weil sie offenbar meinten, ich sei nur ein kleines Mädchen. Mutter und Vater beeilten sich, sie hereinzubitten, und bereiteten rasch eine Kanne Tee.

Die beiden Beamten erzählten meinen Eltern, wie die Überprüfung der politischen Gesinnung abläuft: „Zunächst besuchten wir das Gymnasium, um zu hören, wie Ihre Tochter sich betragen hat, und dort hatte man keine Bedenken. Dann gingen wir zum Straßenkomitee, und auch dort war man zufrieden. Wir suchten auch das hiesige Polizeirevier auf, um uns zu vergewissern, dass es keine Einträge in den persönlichen Akten gab. Abschließend waren wir auch an Ihren Arbeitsplätzen, um zu prüfen, ob etwas gegen Sie vorliegt. Haben die Eltern keine makellose Personalakte, können die Kinder nicht bei der Staatsanwaltschaft arbeiten. Ihre Tochter hat die politische Untersuchung bestanden und ist dem örtlichen Staatsanwalt des Bezirks Wangcheng zugeteilt worden. Sie soll sich am 18. Januar 1985 im Büro anmelden und ihren Dienst antreten."

Als meine Mutter hörte, dass ich Arbeit in einer „Kleinstadt" bekommen hatte – Wangcheng hat eine halbe Million Einwohner –, war ihre Fröhlichkeit wie weggeblasen, und sie wusste nicht, was sie sagen sollte. Mein Vater zögerte einen Augenblick, brachte dann aber seine große Dankbarkeit zum Ausdruck: „Nun gebe ich Xiao in die Obhut Ihrer Behörde; sorgen Sie für sie wie für Ihre eigene Tochter. Sollte es sich zeigen, dass sie bei der Arbeit oder privat Probleme bereitet, steht es Ihnen frei, sie zu züchtigen oder zu ermahnen. Kinder sind ja noch unvernünftig; Sie müssen sie erziehen und ordentlich drillen."

Endlich war ich in der Lage, mich selbst zu versorgen! Meine Eltern hatten sich lange genug Sorgen um meine Zukunft gemacht. Jetzt war ich bei der Staatsanwaltschaft angestellt. Ich war achtzehn Jahre alt.

Kapitel 2

Ein arg mitgenommener, rostiger alter Bus hielt an der Haltestelle Westbahnhof in Changsha. Kaum hatte der Fahrer die Tür geöffnet, strömten die Bauern mit großen und kleinen Koffern wie eine Flutwelle hinein und stritten sich um die Sitzplätze. Draußen fiel eiskalter Regen; kühle Zugluft wehte herein und füllte den ganzen Bus, so dass Finger und Zehen vor Kälte schmerzten. Hin und wieder trat ich auf der Stelle, um meine Füße zu spüren. Die Straße nach Wangcheng war in einem furchtbaren Zustand, voller Schlaglöcher und Unebenheiten, so dass wir im Bus ständig hin und her geschüttelt wurden. Ich wurde fast vom Sitz geworfen. Die Fahrt dauerte etwa zweieinhalb Stunden, obwohl Wangcheng nur gut dreißig Kilometer von Changsha entfernt ist. Ich war auf dem Weg zum örtlichen Staatsanwalt, um mich anzumelden, und am Nachmittag würde ich den ganzen Weg wieder zurückfahren müssen und noch einmal durchgeschaukelt werden.

Das vergitterte Tor zum Hof der Staatsanwaltschaft wurde von zwei weißen Tafeln mit schwarzen Zeichen eingerahmt. Auf der linken stand „Volksstaatsanwaltschaft Bezirk Wangcheng“, auf der rechten „Volksgericht Bezirk Wangcheng“. Staatsanwaltschaft und Gericht befanden sich im selben Haus. In der Mitte gab es einen Durchgang zur Kantine und zum Badehaus. Im ersten und zweiten Stockwerk lagen die Büros, im dritten Wohnungen für Angestellte ohne Familien, im vierten eine Mischung aus Konferenzzimmer, Filmsaal und Tischtennisraum. Der Tischtennistisch wurde als Konferenztisch benutzt, aber wenn keine Sitzung war, konnte man auf ihm spielen. Abends trafen sich die alleinstehenden Beamten hier, um fernzusehen.

Ich überquerte den asphaltierten Hof vor den Büros, stieß die Tür mit dem Schild „Kanzlei“ auf und steckte den Kopf hinein. Drinnen standen zwei Personen vor einem Ofen, den sie mit Briketts füllten, und ein etwa fünfzigjähriger Mann saß an einem Tisch am Fenster und schrieb etwas.

Das Zimmer war etwa vierzehn Quadratmeter groß. Am Fenster nach Westen standen zwei Schreibtische, am Ostfenster stand ein weiterer und auf ihm ein Telefon. An der Nordseite befanden sich zwei Aktenschränke aus schwarz gestrichenem Holz. Mitten im Zimmer gab es einen Kohleofen, der im Winter etwas Wärme spenden sollte.

Der Fünfzigjährige lächelte und winkte mich herein. „Willkommen! Ich heiße Ning und bin der Bürochef. Ich bin für die ganze Politik und Administration hier in der Kanzlei zuständig.“

Auch die zwei anderen Personen wurden mir vorgestellt. Der Mann, ein Justizbeamter im Polizeidienst, arbeitete als Chauffeur. Wenn er nicht Auto fuhr, saß er untätig im Büro. Justizbeamte gehörten zu einer besonderen Gruppe unter den Angestellten der Staatsanwaltschaft und des Gerichtshofs. Sie durften keine eigenen Ermittlungen durchführen, aber da sie Richter und Staatsanwälte kutschierten, unterschieden sie sich von den normalen Fahrern. Sie trugen Polizeiuniform und hatten dieselben Sonderrechte wie andere Polizisten. Kaum ein Staatsanwalt oder Richter konnte Auto fahren, daher waren sie gezwungen, einen Wagen vom Büro anzufordern, wenn sie zum Verhör ins Untersuchungsgefängnis mussten oder andere Besuche zu erledigen hatten.

Die dritte Person war eine Beamtin, die recht nett aussah. Sie hatte die Verantwortung für die Finanzen des Büros und stellte sich mir als Buchhalterin Fan vor. Sie hatte an der Arbeiter-, Bauern- und Soldatenuniversität Ökonomie studiert, war hier vor sechs Jahren stationiert und inzwischen zur Staatsanwaltsassistentin befördert worden.

Ning erklärte die Regeln und Verhältnisse im Büro. Da ich erst einmal auf Probe angestellt war, sollte ich zunächst fünfundvierzig Yuan im Monat bekommen.

Um zwölf Uhr hörte ich draußen eine Glocke läuten. Als ich aus dem Fenster schaute, sah ich einen etwa vierzigjährigen mageren Mann, der einen blauen Maoanzug und gelbe Turnschuhe trug. In der rechten Hand hielt er eine Bronzeglocke mit Holzklöppel, die er mit aller Kraft schwenkte. Bürochef Ning zeigte mir die Kantine und ging dann weiter zu dem sechsstöckigen Wohnhaus für Angestellte mit Familien, das gleich dahinter lag.

Die Kantine war etwa fünfundzwanzig Quadratmeter groß. Zwei viereckige Tische standen hier, und in einer Ecke lag ein Haufen mit Kohlen und anderem Heizmaterial. Die anderen, die hier aßen, waren Pan, der Mann mit der Glocke, der juristische Polizist sowie ein etwa dreißigjähriger Staatsanwalt namens Wang. Wir vier teilten uns die drei Gerichte, die auf dem Tisch standen. Wangs Frau wohnte mit den Kindern in einem Dorf auf dem Land. Nachdem Wang die Grundschule absolviert hatte, war er freiwillig zur Armee gegangen. Nach zehn Jahren Schinderei wurde er zum Beamten befördert und hier in seinem Heimatbezirk bei der Staatsanwaltschaft stationiert. Er hatte nie an einer Universität Jura studiert und erledigte die Fälle entsprechend dem Standardmodell. Während der zwei Erntezeiten im Jahr, wenn die Bauern am meisten zu tun hatten, ließ er sich beurlauben. Er fuhr dann nach Hause und half seiner Frau, den Frühjahrsreis zu ernten oder den Herbstreis anzupflanzen. Jedes Mal kam er nach einigen Wochen erschöpft und sonnenverbrannt ins Büro zurück.

Nach dem Essen machte ich einen Spaziergang durch die Stadt. Es gab nur eine größere Straße dort, drei kleine Warenhäuser, ein Kino, ein Hotel und drei oder vier Restaurants. Nicht weit dahinter sah ich die Felder und dazwischen eine Reihe vierstöckiger Häuser, in denen die örtlichen Behörden untergebracht waren. Neben unserem Büro befand sich die Polizei, gegenüber lagen die kommunale Verwaltung und Regierung und daneben die Büros der bewaffneten Militärpolizei und des Strafvollzugs.

Die anderen fünf Neulinge meldeten sich nach der Mittagspause. Nachmittags begannen wir zu arbeiten. Der stellvertretende Oberstaatsanwalt, der für die Ermittlungen in Strafsachen verantwortlich war, forderte uns auf, die Akten zu einem bestimmten Fall anzuschauen. Anschließend sollten wir an einer Besprechung teilnehmen, bei der dieser Fall diskutiert wurde, um auf diese Weise Einsicht in Gesetze und Ermittlungsverfahren zu bekommen. Bei der Strafsache ging es um eine Vergewaltigung.

Die Strafsachenabteilung bearbeitete normalerweise Anträge, die von der Polizei eingereicht worden waren. Befand man, dass tatsächlich ein Delikt vorlag, stellte man einen Haftbefehl aus. Daraufhin konnte die Polizei den Verdächtigen formell verhaften. Kam der Staatsanwalt zu dem Schluss, dass keine strafbare Handlung vorlag, wurde der Antrag der Polizei zurückgewiesen, und der Festgenommene musste auf freien Fuß gesetzt werden. Bei Fällen, in denen die Beweise nicht ausreichten, konnte die Polizei weiter ermitteln und anschließend einen neuen Antrag stellen. Wurde auch diesem nicht entsprochen, besaß die Polizei das Recht, den Verdächtigen ihrerseits zu einer Umerziehung, das heißt zu einem ein- bis dreijährigen Aufenthalt im Arbeitslager, zu verurteilen.

Auch die Umerziehung bedeutete Freiheitsverlust. Die Umerziehungslager waren Sache Polizei. In der Theorie handelte es sich um einen Verwaltungsakt, aber in der Praxis entsprach die Umerziehung einem normalen Urteil. Der einzige Unterschied bestand darin, dass es nicht von einem Gericht gefällt worden war. Betrachtete die Polizei den Verdächtigen als schuldig, obwohl keine Beweise vorlagen oder das Vergehen einfach zu gering war, um vom Gericht behandelt zu werden, konnte sie den Festgenommenen in ein Arbeitslager schicken. Dazu hatte sie besondere Befugnisse, auf die die Staatsanwaltschaft und Gerichtshöfe keinen Einfluss hatten.

Bei dem Fall, den wir zu diskutieren hatten, ging es um eine Bäuerin, die seit vielen Jahren verheiratet war, ohne schwanger zu werden. Auf dem Land ist es eine Katastrophe, unfruchtbar zu sein und seinem Mann keinen Erben schenken zu können. Die Frau hatte vergeblich alle möglichen traditionellen Hausmittel ausprobiert und ließ sich schließlich ärztlich untersuchen. Der örtliche Arzt hatte nie Medizin studiert. Er besaß lediglich Abitur und hatte außerdem ein einjähriges Praktikum am kommunalen Krankenhaus absolviert; seine Kenntnisse reichten höchstens für einfache Diagnosen und allgemeine Krankenpflege. Da er der einzige Mediziner vor Ort war, wirkte er gleichzeitig auch als Pfleger und Apotheker. Er behandelte alle Arten von Krankheiten, innere wie äußere, bei Kindern wie bei Frauen. In besonders ernsten Fällen konnte er die Patienten zur Untersuchung an das kommunale Krankenhaus überweisen. Die Bauern waren in der Regel Analphabeten und zweifelten nicht an seiner medizinischen Kompetenz.

Als die Bäuerin ihm ihre Lage erklärt hatte, bat er sie, sich zu entkleiden, da er ihre Brust untersuchen müsse. Nachdem er eine Weile ihre Brust abgetastet hatte, bat er die Frau, sich die Hose auszuziehen, sich hinzulegen und die Beine zu spreizen, damit er sie eingehender untersuchen könne. Die Frau verließ sich auf ihn und tat, worum er sie gebeten hatte. Der Arzt aber nutzte das Vertrauen der naiven Bäuerin aus und verging sich an ihr. Dann erklärte er ihr sachlich: „Nun habe ich Sie untersucht. Sie sind völlig gesund. Vielleicht werden Sie nicht schwanger, weil Ihr Mann zu wenige Spermien hat. Gehen Sie nach Hause, schlafen Sie mit Ihrem Mann und kommen Sie dann mit etwas Sperma zurück, dann werde ich es untersuchen.“

„Mir fehlt nichts“, sagte die Frau zu ihrem Mann, als sie nach Hause kam. „Das hat der Arzt gesagt. Es muss mit dir zu tun haben.“

„Woher will er wissen, dass es nicht an dir liegt?“, fragte der Mann.

Daraufhin erzählte die Frau, was sie erlebt hatte. Als ihr Mann das hörte, begriff er natürlich, dass der Arzt seine Position ausgenutzt hatte, um sich an ihr zu vergreifen. Der Bauer ging sofort zum nächsten Polizeirevier und erstattete Anzeige.

Der Staatsanwalt untersuchte den Fall, war aber nicht derselben Meinung wie sein Chef. Der eine meinte, dass es sich nicht um eine Vergewaltigung handle, weil kein Zwang vorgelegen und die Frau nichts dagegen getan habe. Zwar habe der Verdächtige Sexualverkehr mit der Frau gehabt, aber er habe weder Gewalt noch Drohung angewendet, und die Bäuerin habe nicht geschrien, um Gnade gefleht oder sich gewehrt. Also könne man nicht sagen, dass er gegen ihren Willen gehandelt habe. Der andere war hingegen der Meinung, dass die Frau nicht wusste, wie solche ärztlichen Untersuchungen normalerweise durchgeführt werden, und die sexuelle Handlung durch Irreführung erschlichen wurde. Sie habe keineswegs Sex mit einem unbekannten Mann haben wollen, und daher habe sich der Arzt einer Vergewaltigung schuldig gemacht. Beide Staatsanwälte befürworteten den Vorschlag des Oberstaatsanwalts, das Anwaltskomitee einzuberufen, um den Fall zu diskutieren.

Das Komitee bestand aus den Chefs der verschiedenen Einheiten, dem Kanzleichef, zwei stellvertretenden Oberstaatsanwälten und einem Oberstaatsanwalt. Folgende Einheiten waren vertreten:

Die Strafsacheneinheit I, die zu entscheiden hatte, ob ein Verdächtiger schuldig war und verhaftet und in Untersuchungshaft gesperrt werden sollte, die Strafsacheneinheit II, die für Fälle zuständig war, die an das Gericht weitergeleitet wurden, die Einheit für Wirtschaftsklagen, die Wirtschaftsverbrechen behandelte, die Einheit für Disziplin, die die Verantwortung für Fälle hatte, bei denen Staatsbeamte gegen das Gesetz verstoßen hatten, und die Gefängniseinheit, die die Untersuchungsgefängnisse der Polizei, die Erziehungsanstalten, das Gefängnis und die Umschulungslager kontrollierte.

Als neu angestellte Kollegen durften wir bei der Besprechung zuhören. Nachdem wir uns gesetzt hatten, fiel mir auf, dass nur eine Frau dem Komitee angehörte, die übrigen neun Mitglieder waren Männer. Unter den dreißig Angestellten der örtlichen Staatsanwaltschaft gab es nur drei Frauen. Eine war Buchhalterin, eine zweite verwaltete die Kasse, und lediglich eine Frau nahm an den Ermittlungen teil.

Die meisten Männer im Komitee stimmten überein, dass die Frau, da sie weder schwachsinnig noch stumm war, sich hätte wehren und schreien können. Vielleicht sei sie durch die Berührungen des Arztes erregt worden und habe dem Beischlaf zugestimmt. An diesem Punkt der Diskussion gab es grobes Gelächter und vielsagende Blicke, die nicht zu meiner Vorstellung von seriösen und fast göttergleichen Staatsanwälten passten.

Lediglich die Staatsanwältin sowie der Mann, der für die Ermittlungen verantwortlich war, vertraten die Ansicht, dass der Arzt bewusst ein Delikt begangen habe. Er dürfte wohl gewusst haben, wie eine gynäkologische Untersuchung normalerweise durchgeführt wird. Er habe die Bäuerin hinters Licht geführt, um Sex mit ihr zu haben.

Man diskutierte den Fall zwei Stunden lang. Beide Seiten konnten Argumente für ihre Standpunkte anführen und eine Einigung war unmöglich. Schließlich entschloss man sich zu einer Abstimmung durch Handheben. Die Beweise reichten nicht aus, um Anklage wegen sexuellen Missbrauchs zu erheben. Auch konnte man den Arzt nicht wegen sexueller Belästigung verurteilen, weil das Gesetz in diesem Fall forderte, dass die Belästigung mehrmals oder bei mehreren Frauen stattgefunden hatte. Da er sich aber als unsittliche Person und Verführer erwiesen hatte, beschloss man, der Polizei zu empfehlen, ihn in ein Umerziehungslager zu schicken.

Einige der Anwesenden hatten begonnen, ihre Schreibutensilien einzupacken, und waren im Begriff zu gehen, als ich den Staatsanwalt neben mir vorsichtig fragte: „Ist die Besprechung beendet? Was geschieht, falls sich die Bäuerin nicht damit abfindet, dass keine Anklage gegen den Arzt erhoben wird?“

Er lachte auf und antwortete: „Wer versteht etwas von Gesetzen – wir oder sie? Wie sollte eine Bäuerin es wagen, Einwände gegen eine juristische Instanz zu erheben? Wir sind gemeinsam und mit Hilfe unserer vereinten Kenntnisse zu dem Ergebnis gekommen. Wir können uns unmöglich geirrt haben.“ Er wirkte sehr selbstsicher.

„Was für Machos!“, fauchte die Staatsanwältin wütend, als ihre männlichen Kollegen gegangen waren. „Die glauben, dass Frauen allzeit willig sind und von ihnen beglückt werden wollen.“ In der Tür drehte sie sich um, deutete auf uns Neulinge und sagte halb im Spaß: „Mal sehen, wer von euch das Pech hat, diese widerlichen Vergewaltigungssachen bearbeiten zu müssen.“

Keiner von uns wusste, dass ich es sein würde.

Eine Woche später half mir meine Mutter, drei Decken, eine Kleiderkiste und zwei Koffer in dem lädierten und schmutzigen Reisebus nach Wangcheng zu verstauen. Drei von uns Neuen wohnten im dritten Stockwerk des Bürogebäudes in einem vierzehn Quadratmeter großen Zimmer. Jeder von uns stand ein Bett mit Holzrost, ein Schreibtisch und ein Stuhl zur Verfügung. Die Kleider blieben in unseren Koffern, die wir zusammen mit unseren Schuhen unter die Betten geschoben hatten. Es war so eng, dass kaum ein Luftzug passieren konnte, aber unser fröhliches Gelächter fand immer Platz.

Als unser Chef Dan hörte, dass meine Mutter zu Besuch war, kam er, um sie zu begrüßen: „Es ist ziemlich eng hier im Zimmer, aber dagegen kann man nichts machen. Sie brauchen sich um Ihre Tochter keine Sorgen zu machen, wir kümmern uns um sie. Bei uns herrscht Disziplin. Die Mädchen müssen auf ihren Umgang achten und spätestens um zehn Uhr abends zurück sein." Und zu mir gewandt: „Ihr Großstadtmädchen seid wirklich ein bisschen verwöhnt, dass ihr eure Mütter zur Arbeit mitnehmen müsst. Wenn du mal Staatsanwältin werden willst, musst du ordentlich lernen, damit du das Erbe der Revolution fortführen kannst."

Unser Bettenrost bestand aus acht Holzlatten, je zwanzig Zentimeter breit und zwei Meter lang, die man auf den Bettrahmen gelegt hatte. Das Zimmer war nicht geheizt. Nachdem wir alle in der Kantine zu Abend gegessen hatten, übernachtete meine Mutter bei uns, eng an meiner Seite unter der neuen Decke.

„Meine Güte, mir tut der ganze Körper weh!", war das Erste, was sie sagte, als sie am nächsten Morgen aufgestanden war. Das Bett war steinhart. Ich selbst hatte nichts gemerkt und war eingeschlafen, sobald ich meinen Kopf auf das Kissen gelegt hatte. Wenn man jung ist, schläft man gut.

Am Vormittag berief Oberstaatsanwalt Dan eine Besprechung mit den beiden stellvertretenden Oberstaatsanwälten, dem Kanzleichef Ning und den sechs Neulingen ein. Es war die erste Anweisung, die wir von unserem Chef bekamen, und wir saßen alle mit nervöser Spannung da und waren ganz Ohr.

Dan hieß uns zunächst willkommen und fuhr dann in ernstem Ton fort. „Seit Beginn der Kampagne ‚Hart durchgreifen' haben viele von uns nächtelang Überstunden gemacht. Ihr seid als Verstärkung gekommen. Die Staatsanwaltschaft arbeitet nicht wie andere Behörden; wir sind eine paramilitärische Organisation. Die Anordnungen und Befehle der Vorgesetzten sind unter allen Umständen auszuführen. Individualismus oder Liberalismus können wir nicht dulden. Das Wohl des Kollektivs geht immer vor. Die Staatsanwaltschaft ist Teil der Gerichtsbarkeit des Landes und dafür verantwortlich, dass Staats- und Parteigeheimnisse gewahrt bleiben. Ihr unterliegt strenger Schweigepflicht und dürft nicht über Staatsgeheimnisse, Strafsachen, Anweisungen der Vorgesetzten oder Behördenbeschlüsse sprechen – zu niemandem, nicht einmal gegenüber Eltern, Ehepartnern oder Geschwistern. Sollte es sich erweisen, dass jemand von euch Informationen durchsickern lässt, führt das zu sofortiger Entlassung. Es gibt keine Möglichkeit, Widerspruch einzulegen."

Die Worte und der ernste Ton seiner Stimme brachten mich zu der Einsicht, dass ich mich nun endgültig von einem freien Studentenleben verabschiedet hatte.

Dan erwähnte, dass das allgemeine Gerichtswesen bei Beginn der Kulturrevolution 1966 aufgelöst und erst 1978 neu geschaffen worden war. „Achtzig Prozent der Angestellten kommen aus der Armee", erklärte er. „Mehr als neunzig Prozent von ihnen hat keinerlei juristische Ausbildung an der Universität absolviert. Wie man ein Ermittlungsverfahren durchführt, hat man anhand von eigenen Erfahrungen gelernt. Ihr sechs habt bereits eine Grundausbildung, und wenn ihr nur demütig genug seid, eure älteren Kollegen um Rat und Hilfe zu bitten, wenn ihr hart arbeitet, fleißig studiert und eure Tatkraft steigert, werdet ihr Stützen der zukünftigen Gesellschaft sein."

Der stellvertretende Oberstaatsanwalt Lin hieß uns gleichfalls willkommen und fügte hinzu: „Ihr dürft nicht vergessen, dass die Gesetze von der führenden Klasse verabschiedet werden und dazu da sind, dieser Klasse zu dienen. Wir sind die Pistole in der Hand der Partei. Das ist unsere Aufgabe."

Dann war Kanzleichef Ning an der Reihe, uns konkrete Arbeitsaufgaben zu geben. Er blätterte in einem Notizbuch, beugte seinen Nacken ein wenig und sprach langsam und mit einer leisen Stimme, die erfahren und zuverlässig klang: „Nach Neujahr kommt ihr wieder für eine Woche her. Danach gibt es einen sechsmonatigen Kurs in der Anwaltskammer der Provinzhauptstadt Changsha. Im Augenblick haben wir keine besondere Arbeit für euch, vielleicht könnt ihr euch mit der Gegend vertraut machen. Einer der älteren Kollegen wird euch zum Polizeirevier mitnehmen und euch zeigen, was zu tun ist, wenn eine Anzeige erstattet wird. Behörde und Partei haben die Sache diskutiert und folgende Aufteilung beschlossen: Xiao kommt zur Strafsacheneinheit I, Li zur Strafsacheneinheit II, Bo zur Gefängniseinheit." Die drei Jungen wurden in die Einheit für Wirtschaftsanklagen und in die Kanzlei gesteckt.

Zur Mittagspause hatte man in der Kantine zwei Tische gedeckt. Weil die Belegschaft um sechs Jugendliche erweitert war, von denen jeder drei Mahlzeiten am Tag bekommen sollte, hatte Pan, der Koch, ungewohnt viel zu tun. Er stand morgens um fünf Uhr auf, kochte Wasser für alle Angestellten und stellte zwei Thermosflaschen mit heißem Wasser in jedes Büro. Dann fuhr er zum Markt und besorgte Reis, Mehl und Gemüse und fing an zu kochen. Nach den Mahlzeiten musste er abspülen. Er wohnte in einem nur zehn Quadratmeter großen Zimmer neben der Küche und war durchaus zufrieden mit seinem Leben.

„Dass ich als Bauer bei einer so vornehmen und berühmten staatlichen Behörde arbeiten und für Leute mit Stil und Bildung kochen darf, macht mich so froh, dass ich gar nicht müde werde", sagte er oft. „Ich habe eine Arbeit, von der andere nur träumen."

Nach dem Essen hatten wir Pause und fingen um halb drei wieder an zu arbeiten. Ich meldete mich bei der Strafsacheneinheit I im zweiten Stockwerk. Als ich das drei mal fünf Meter große Büro betrat, nahm ich zuerst vier Schreibtische wahr, jeweils mit einer Lampe darauf. An der Wand stand ein unverschlossener schwarzer Aktenschrank und daneben eine Holzbank, auf der die Leute während der Verhöre saßen. Der Einheitschef hieß Ang und hatte Fa als meinen Anleiter ausersehen; später sollte ich Schreibarbeiten von Anwaltsassistent Wang übernehmen.

In jeder Einheit der Staatsanwaltschaft und des Gerichtshofs gab es interne Büroarbeiten. In der Strafsacheneinheit I bestand sie aus folgenden Tätigkeiten:

Registrierung der Anzeigen, das heißt Entgegennahme des Polizeiberichts und Protokollierung des Anzeigenzeitpunkts, der Anzahl der Dokumente sowie der Strafsachenbezeichnung, Ausstellung von Haftbefehlen sowie Anforderung ergänzenden Beweismaterials, falls die Behörde es für notwendig erachtete, Zeugen zu laden oder Verdächtige zu verhören: Ausfertigung entsprechender Vorladungen, die durch die juristische Polizei persönlich überbracht wurden, am Ende jeden Monats Zusammenstellung einer Statistik, aus der ersichtlich war, wie viele Fälle die Abteilung bearbeitet hatte, um welche Art von Fällen es sich dabei handelte, wie viele Verfahren eingestellt und wie viele Personen festgenommen beziehungsweise verhaftet worden waren, wie lange jede Ermittlung gedauert hatte und wie viele Vorladungen ausgefertigt worden waren; am Jahresende wurde ein Tätigkeitsbericht von etwa fünfzehn Seiten geschrieben, in dem alle Arbeiten aufgeführt waren.

Wang war sehr geduldig, als er mir die administrativen Akten übergab und zeigte, wie ich die Eingänge zu registrieren hatte, Formulare ausfüllen musste und so weiter. Er sagte, dass er die einförmigen und langweiligen Aufgaben nicht länger ertragen konnte. Er mochte sich noch so anstrengen – nie bekam er genügend Punkte, um sie bei der Auswertung am Jahresende vorzeigen zu können. Dort war das Wichtigste, wie viele Fälle man bearbeitet hatte und wie schwer und kompliziert sie waren.

Fa zeigte mir, wie ich mit den Fällen umzugehen hatte. Hatte ich eine Anzeige entgegengenommen, bestand meine erste Aufgabe darin, alle Papiere genau durchzulesen, von Anfang bis Ende. Ich musste die Seiten nummerieren und Notizen machen, die folgendes dokumentierten: die Erklärung des Angeklagten, die Schilderung des Falls durch den Anzeigenden, alles, was während der Zeugenverhöre aufgezeichnet worden war, Fotografien der Beweise und Tatorte sowie die Notiz, auf welcher Seite der Polizeiprotokolle das Gutachten des Gerichtsmediziners stand, Wert von abhandengekommenen Gegenständen bei Diebstahl, Überfall oder Betrug sowie die Notiz, auf welcher Seite der Polizeiprotokolle die Gegenstände verzeichnet waren.

Außerdem mussten die für den jeweiligen Fall Verantwortlichen zum Untersuchungsgefängnis gehen und den Verdächtigen verhören, um zu prüfen, ob die Aussagen mit den Angaben der Polizei übereinstimmten. Schließlich sollte kontrolliert werden, ob die Polizei eventuelle Geständnisse durch Gewaltanwendung erpresst hatte. War das Beweismaterial unzureichend, mussten wir uns an den Tatort begeben, ergänzende Untersuchungen durchführen, Zeugenaussagen einholen und Beweise sammeln.

Zwei Tage vor dem chinesischen Neujahr, Anfang Februar, bekam ich mein erstes Gehalt. Wir hatten zwar erst am 28. Januar mit der Arbeit begonnen, galten aber als Angestellte, seit wir die Gesundheitsuntersuchungen bestanden hatten. Daher bekamen wir drei Monatsgehälter ausgezahlt: hundertfünfunddreißig Yuan. Nie zuvor hatte ich so viel Geld gesehen. Ich war stolz, meinen Eltern keine finanzielle Belastung mehr zu sein und als einfaches Arbeiterkind eine Anstellung bei der Staatsanwaltschaft zu haben. Den ganzen Vormittag hüpften wir drei Mädchen schwatzend und lachend zwischen den Büros umher. Sogar der Oberstaatsanwalt ließ sich von unserer jugendlichen Begeisterung anstecken und kam auf den Flur hinaus, um zu plaudern. Das sonst so triste Büro hatte durch unsere Anwesenheit neues Leben bekommen.

Es gehörte zur Tradition, nach Neujahr gemeinsam die Neujahrswünsche zu überbringen. Unsere Einheit stattete den anderen Einheiten Besuche ab und ging auch zur Spezialermittlungsabteilung der Polizei, zum Gericht und zu anderen Institutionen, mit denen wir Kontakt hatten.

Am 20. Februar 1985 versammelten sich alle vierundsechzig Neulinge der Staatsanwaltschaft zum juristischen Grundstudium in Changsha. Der größte Teil des Unterrichts wurde von zwei Personen abgehalten, die Universitätsexamen in Politologie und Jura hatten und bei der Anwaltskammer der Provinz arbeiteten. Man hatte auch den Juraprofessor der Universität Xiangtan zu Gastvorlesungen eingeladen. Außerdem kamen zuweilen einige Oberstaatsanwälte und Leiter von Strafsacheneinheiten aus der Provinz und aus der Stadt, um verschiedene Rechtsfälle zu analysieren. Einmal wöchentlich gingen wir zum Gericht und wohnten Prozessen bei. Der Unterricht fand sechs Tage in der Woche von acht Uhr morgens bis fünf Uhr nachmittags statt. Auf dem Stundenplan standen Verfassungsrecht, Strafrecht, Strafsachen, Ermittlungsarbeit sowie Prüfung von Beweismaterial. Im August sollten wir eine Prüfung absolvieren, und wer sie nicht bestand, würde entlassen werden.

Die Samstagnachmittage waren politischen Studien und Gruppendiskussionen gewidmet. Die beiden für uns verantwortlichen Staatsanwälte betonten wiederholt, wie wichtig es sei, Disziplin zu zeigen und zuzuschlagen, wenn die Partei es verlange. Wir sollten unser Leben der Vaterlandstreue weihen, und bereit sein, dafür Jugend und Leben zu opfern.

Einmal hörten wir, dass man einen öffentlichen Prozess in der Aula der Abendzeitung von Changsha eröffnet hatte. Es hieß, dass es um einen besonderen Fall ginge, der für die Zukunft der Gesellschaft von großer Bedeutung sei.

Die Aula wurde normalerweise für Personalversammlungen und andere Konferenzen der Zeitungsangestellten benutzt. Auf der Bühne standen vier Schreibtische, in der Mitte saßen zwei Richter und zwei Schöffen, links zwei Staatsanwälte, und am rechten Tisch saß eine etwa fünfzigjährige Frau mit Brille und kurzem Haar, die sowohl kompetent als auch unbeteiligt aussah. Ihretwegen waren wir gekommen. Sie war die bekannteste Rechtsanwältin in Changsha und Juraprofessorin an der dortigen Universität. Als angehende Staatsanwälte wollten wir natürlich hören, wie eine erfahrene Verteidigerin gegen unsere Kollegen argumentierte. Nach dem Motto: Erst wenn man seine Gegner kennt, kann man sie besiegen.

Die Verhandlung begann, indem einer der Staatsanwälte die Anklageschrift vorlas. Der Fall selbst schien sehr einfach. Ein siebenundzwanzigjähriger arbeitsloser Mann war in einem der hundertjährigen Parks in Changsha auf ein amerikanisches Touristenpaar gestoßen. Weil er meinte, dass alle Ausländer reich seien, hatte er die Geldbörse der Frau an sich gerissen. Das Paar hatte mit Schreien auf sich aufmerksam gemacht und die Leute im Park hatten den Jugendlichen bis zum Ausgang verfolgt, wo er vom Pförtner festgehalten und zum nächsten Polizeirevier gebracht worden war. Der Polizeichef hatte das amerikanische Paar persönlich um Entschuldigung gebeten.

Uns war schnell klar, dass das Gericht für einen derart klaren Fall nur deshalb die bekannte Rechtsanwältin als Verteidigerin gewählt hatte, weil das Tatopfer Ausländerin war und man um das Ansehen der Nation fürchtete.

Die Anklageseite forderte eine strenge Strafe. Zwar war der Wert des Diebesguts nicht sonderlich hoch, aber der Angeklagte habe schließlich Chinas internationales Ansehen beschädigt.

Dann ging das Wort an die Verteidigerin. Sie bestritt nicht, dass der Angeklagte das Verbrechen begangen hatte. Dies hätte auch keinen Sinn gehabt, denn es gab eine ganze Reihe von Zeugen, und der Mann war auf frischer Tat ertappt worden. Die Argumentation der Rechtsanwältin sah folgendermaßen aus: Sie führte aus, dass es im Strafrecht keine Paragrafen oder Kommentare gab, wonach die Identität des Tatopfers das Strafmaß beeinflusste. Gemäß chinesischer Verordnungen seien vor dem Gesetz alle gleich, weshalb es keine Rolle spiele, ob die Beraubte ausländische oder chinesische Staatsbürgerin sei. Die Strafe müsse dieselbe sein. Dass das Tatopfer Ausländerin sei, dürfe nicht als belastender Umstand gewertet werden. Die internationale Aufmerksamkeit oder Chinas Ruf seien politische Fragen, die dem Strafmaß oder der juristischen Beurteilung nicht zugrunde liegen könnten.

Die Rechtsanwältin argumentierte entschlossen eine ganze Stunde lang und verwies mit klarer und imponierender Logik auf die verschiedenen Sachverhalte. Als sie fertig war, verzichtete der Staatsanwalt darauf, ihr zu widersprechen oder ihre Argumentation in Frage zu stellen. Der Richter erklärte, dass sich das Gericht zur Beratung zurückziehen würde.

In der Zwischenzeit diskutierten wir eifrig. Wir waren alle von der rhetorischen Begabung und den juristischen Kenntnissen der Professorin beeindruckt und fanden, dass man ihrer Argumentation eigentlich folgen musste.

Zwanzig Minuten später wurde die Verhandlung fortgesetzt, und der Richter verlas das Urteil: sechs Jahre Gefängnis für Raub. Die Zuhörer waren völlig verständnislos und niemand sagte ein Wort. Unter uns Neulingen ging ein Raunen durch die Reihen, denn als Jurastudenten wussten wir, dass die Strafe entschieden zu hart war. Erstaunlich war vor allem, dass das Gericht sich vollkommen auf die Seite des Anklägers gestellt hatte, obwohl die Verteidigerin recht hatte und die Strafe nicht in Bezug auf den Status des Tatopfers bemessen sein durfte.

Die Rechtanwältin schien hingegen keineswegs überrascht; sie hatte wohl geahnt, was geschehen würde. Als der Angeklagte das Urteil hörte, sah er sie fassungslos und flehend an. Sie schüttelte nur resigniert mit dem Kopf, hob bedauernd die Schultern und lächelte bitter. Damit war der Prozess beendet.

Ich verstand nicht, warum das Gericht sich geweigert hatte, auf die Argumente der Verteidigung zu hören. Aber als ich später selbst Ermittlungen durchzuführen hatte, sah ich bald ein, dass die Stellung der Rechtsanwälte in China so schwach ist, dass Polizisten, Staatsanwälte und Richter sie völlig ignorieren können. Im Gerichtssaal dienen sie lediglich als Dekoration, den Massen zum Gefallen.

Kapitel 3

Im Juli ist es oft furchtbar warm in Wangcheng. Heiße Luftströmungen machen das Atmen schwer, und ständig hat man das Gefühl, in einer riesigen Sauna umherzugehen.

Es ist die Zeit, in der die Bauern draußen auf den Feldern am meisten zu tun haben. Die erste Reisernte muss eingefahren und gedroschen, die Körner müssen getrocknet werden. Anschließend ist es an der Zeit, die Setzlinge für die nächste Ernte zu pflanzen. Die Bauern fangen bereits gegen fünf Uhr morgens an und waten im feuchten Lehm, während sie die zarten Reispflanzen setzen, die sie in den Händen tragen – Reihe um Reihe, Feld um Feld, während die Sonne auf ihre gebeugten Rücken brennt, bis sie hinter den Bergen verschwindet und die Bauern nach Hause gehen und ruhen dürfen.

Als ich jung war, gab es in den Dörfern kein elektrisches Licht, und an Ventilation oder Fernsehapparate war natürlich noch weniger zu denken. Im Hochsommer schloss kaum eine Bauernfamilie nachts die Türen, weil man hoffte, dass die kühlere Nachtluft in die schwülen Häuser dringen würde. Erschöpft von der Arbeit schliefen die Frauen bereits gegen zehn Uhr abends, während sich die Männer, der einförmigen Arbeit überdrüssig, in den Läden trafen, um zu entspannen und Bier zu trinken.

Es war ungefähr Mitternacht, als sich ein gut zwanzigjähriger Dieb so leise wie möglich in eins der Häuser schlich. Da sowohl Türen als auch Fenster offen standen, gelangte er ohne Weiteres in den Flur, das Wohnzimmer und die Küche und konnte alles durchsuchen. Hier waren die Leute aber so arm, dass es nichts zu stehlen gab, und der Dieb wurde wütend. Er schlich in das Schlafzimmer und öffnete vorsichtig die fünf

Schubladen der Kommode, die dort stand, fand aber auch hier nichts. In seinem Eifer drehte er sich um und sah, wie der Mond durch das Fenster auf die Bäuerin schien, die im Bett lag. Weil es so warm war, hatte sie ihren Oberkörper entblößt, und im Mondenschein sah ihr halbnackter Körper üppig und anziehend aus. Der Dieb trat an das Bett und stand dort einige Minuten, ehe er die Frau vollständig entkleidete und sie vergewaltigte. Die Frau war von ihrer harten Arbeit jedoch so müde, dass sie nicht voll erwachte und den Einbrecher zunächst irrtümlicherweise für ihren Mann hielt.

Es dauerte eine ganze Weile, bis die Frau aufwachte und ihr bewusst wurde, dass sich gerade ein Fremder an ihr verging. Vor Entsetzen schrie sie laut auf, doch der Einbrecher stürzte bereits zur Tür. Die Frau folgte ihm und rief so laut sie konnte: „Haltet den Schuft! Haltet ihn!“ Durch ihre Schreie machte sie die Nachbarn auf den Vorfall aufmerksam und so kam der Verbrecher nicht einmal einen Kilometer weit, ehe die Bauern ihn eingefangen hatten.

Es war der erste Fall, den ich zu bearbeiten hatte. Der Polizeirapport über die Tat und das Verhör mit dem Täter waren äußerst detailliert und lasen sich wie ein Roman.

Im August, als wir von der Ausbildung zurückgekommen waren, ernannte Dan uns sechs zu Referendaren. Bevor ich morgens mit der Arbeit begann, holte ich die Thermosflaschen ins Büro, entstaubte alle vier Schreibtische und wischte den Fußboden, sowohl im Zimmer als auch im Korridor. Erst als ich damit fertig war, konnte ich mich hinsetzen und arbeiten. Als Referendarin musste ich anwesend sein und Notizen machen, wenn die drei Staatsanwälte zum Untersuchungsgefängnis gingen, um ein Verhör durchzuführen, oder zu einem Tatort fuhren, um Beweise zu sichern, Zeugen zu hören oder mit Opfern zu sprechen. Später übergab mir Ang, der Abteilungschef, einfachere Fälle, damit ich wenigstens einen Fall pro Monat selbst bearbeiten konnte.

Als ich nun diesen typischen Vergewaltigungsfall übernahm, begann ich damit, die Dokumente zu sichten, die die Polizei eingereicht hatte. Ich las sie und machte mir Notizen. Ich schrieb die Schilderungen des Verdächtigen – also des Diebes – und der Bäuerin auf und verglich sie miteinander. Danach schrieb ich die Zeugenaussagen der Personen ab, die den Mann ergriffen hatten. Schließlich tat ich dasselbe mit der gerichtsmedizinischen Analyse des Spermas, das sich auf dem Laken befunden hatte.

Die Beweise waren eindeutig.

„Sitzt der Verdächtige schon in Untersuchungshaft?", fragte Fa.

Ich antwortete, dass die Akten ein von dem Verdächtigen unterzeichnetes Papier enthielten, in dem er seine Festnahme bescheinigte.

Fa bat mich, zum Gefängnis mitzukommen und den Verdächtigen zu verhören: einerseits um Näheres über die Umstände sowie seine Absichten und Motive zu erfahren, andererseits um zu sehen, ob er an seiner Schilderung etwas ändern wollte.

Im Büro hatte ich eine schwarze Aktentasche bekommen, in die ich nun die betreffenden Akten, einen von der Behörde ausgestellten Ausweis und einen Notizblock steckte. Dann gingen Fa und ich, mit Strohhüten auf dem Kopf, bei sengendem Sonnenschein los. Zunächst hielten wir uns an schmale Pfade entlang der Felder, durchquerten dann ein Wäldchen und ließen zwei Hügel hinter uns, ehe ich nach etwa fünfzigminütiger Wanderung mitten auf einer anscheinend menschenleeren und nach allen Seiten offenen Felsenhöhe eine Mauer mit einem großen Tor zu sehen bekam. Am Tor standen zwei junge Soldaten mit Gewehren und hielten Wache. Fa begrüßte sie, und ich zeigte meinen Ausweis, den sie sorgfältig kontrollierten. Fa brauchte keinen Ausweis, da er schon so häufig hier war, dass die Wächter ihn kannten.

Ein schmaler asphaltierter Weg führte zum nächsten Wachhäuschen. Rechts vom Weg lagen zwei Reihen mit Baracken, insgesamt etwa dreißig Häuser, in denen die bewaffnete Militärpolizei untergebracht war. Links befand sich ein Sportplatz, auf dem die Soldaten Ringen und Boxen trainierten.

Nach etwa dreißig Metern erreichten wir das Wachhäuschen. Auch hier stand ein bewaffneter Soldat und gab sich hochoffiziell: Er hielt sich kerzengerade und seine Uniform saß tadellos. Die beiden dicken Holztüren hinter ihm waren geschlossen. Wieder holte ich meinen Ausweis hervor, der Wächter öffnete und ließ uns eintreten. Wir sahen eine Wendeltreppe aus Metall, die einen vierstöckigen Turm hinaufführte. Ganz oben stand ein bewaffneter Wächter in seinem Wachraum, von wo aus er eine perfekte Übersicht über die Zellen hatte. Zu beiden Seiten des Raumes befanden sich winzige Pausenhöfe, die zwar kein Dach, dafür aber fünf Meter hohe Wände hatten. Die Inhaftierten durften zwei Mal täglich für fünfzehn Minuten auf den Hof, um etwas Sonne zu bekommen und vielleicht eine Zigarette zu rauchen.

Im Büro neben dem Wachturm saß der Gefängnisleiter Se Lin, dem ich meine Genehmigung für das Verhör zeigte. Er schaute sich die Zulassung an und sagte zu Fa irgendetwas wie „Seit wann habt ihr so hübsche junge Angestellte beim Staatsanwalt?“ Dann erhob er sich, holte einen Bund mit etwa zwanzig Schlüsseln hervor und öffnete das zweite Tor für uns. Vor uns lag ein offener Hof und auf der anderen Seite konnte man ein längliches Gefängnisgebäude mit zehn Eisentüren sehen. In jeder Tür gab es eine Öffnung, die so groß wie ein Menschenkopf war und durch die das Essen gereicht wurde. Da die Zellen keine Fenster hatten, war dies auch die einzige Lichtquelle. Die Haut der Insassen bekam einen fahlen Ton, wenn sie einen Monat nicht herausgekommen waren. In jeder Zelle saßen etwa zehn Häftlinge, die sich auf einem Zementbett drängten, das bei zwei Metern Breite so lang war wie eine der

Wände, also etwa sechs Meter. In der Zelle wurde gegessen, getrunken und die Notdurft verrichtet. Eine der Zellen war Frauen vorbehalten.

Se Lin ging zur Zelle Nummer drei und rief: „Zhang Ming!"

„Hier!", kam die Antwort.

„Anziehen!", schrie Se Lin. „Du wirst verhört."

Eine Minute später schloss er die Tür auf, und der Dieb Zhang Ming kam verwirrt heraus. Sein Kopf war kahlrasiert und leuchtete hell in der Sonne. Alle Gefangenen wurden geschoren, sobald man sie einsperrte. Hinter allen Luken sah man plötzlich Gesichter: Jeder wollte wissen, was los war. Zhang Ming ging hinter Se Lin her zum Wachraum.

Dort gab mir Se Lin ein Übergabeheft, in das ich schrieb:

Ausgehändigt an: Xiao
Einheit: Lokale Staatsanwaltschaft
Datum: 30. August 1985, 15 Uhr
Rechtssache: Vergewaltigung
Name des Verdächtigen: Zhang Ming

Es wurde stets schriftlich festgehalten, wenn ein Krimineller aus der Zelle geholt wurde, da der zuständige Staatsanwalt solange für ihn verantwortlich war. Während dieser Zeit durfte ich mit ihm tun, was ich wollte, würde aber auch die Verantwortung tragen, falls er floh.

Wir gingen zum Verhörraum: ich voran, Zhang Ming in der Mitte, Fa hinterdrein. Als ich das Zimmer sah, war ich erstaunt über seine Kälte und Einfachheit. Das Fenster gegenüber der Tür war mit Bambusgittern versehen; darunter stand ein Holzstuhl für den Inhaftierten. Nur Mordverdächtige mussten Handschellen tragen. An den Betonwänden hingen zwei Plakate, die verkündeten: „Wer gesteht, wird mild behandelt, wer leugnet, wird hart angefasst." Der braungelbe Lehmboden war uneben und holperig. Wir legten unsere Papiere auf einen Tisch neben der Tür und nahmen auf zwei Stühlen Platz, die dort für uns bereitstanden.

Ich begann, Zhang Ming zu verhören, während Fa einen Stapel anderer Papiere aus seiner Aktentasche nahm und anfing, darin zu lesen. Er hatte mich aus drei Gründen begleitet. Erstens, weil das Gesetz vorschrieb, dass mindestens zwei Behördenvertreter bei einem Verhör anwesend sein müssen. Zweitens, um ergänzende Fragen zu stellen, falls ich, als erst kürzlich eingestellte Referendarin, etwas vergessen sollte. Und drittens, weil ich eine Frau und jung war und er befürchtete, dass mich der Inhaftierte plötzlich überwältigen und fliehen könnte.

Gemäß herkömmlicher Praxis fragte ich den Verdächtigen nach Namen, Alter, Adresse, Volksgruppe und familiärem Hintergrund.

Er antwortete: „Ich heiße Zhang Ming, bin einundzwanzig Jahre alt und komme vom Siegesdorf in der Kommune Rongshan aus der Provinz Wangcheng. Ich bin Han-Chinese und stamme aus einer Bauernfamilie."

„Die Familienmitglieder?"

„Mein Vater ist einundfünfzig Jahre alt, Bauer und arbeitet in der Landwirtschaft. Meine Mutter ist achtundvierzig, Bäuerin und Hausfrau. Mein älterer Bruder ist fünfundzwanzig, Bauer, und arbeitet in der Landwirtschaft. Meine kleine Schwester ist fünfzehn und geht zur Schule."

„Dein eigener Werdegang?"

„Mit sieben kam ich in die Schule, nach der Grundschule habe ich zu Hause bei der Landwirtschaft geholfen. Ich habe früher als üblich mit der Schule aufgehört, weil wir so arm waren und uns die Schulgebühren nicht leisten konnten."

„Hast du früher schon gegen das Gesetz verstoßen?"

„Ich bin nicht vorbestraft."

„Wann hast du das erste Mal gestohlen?"

„Das hier war das erste Mal."

Fa platzte der Kragen: „Jetzt lügst du aber, du Strolch! Das war nicht das erste Mal. Du hast sicher ein langes Sündenregister. Raus mit der Wahrheit!"

„Es war wirklich das erste Mal, dass ich bei jemandem eingebrochen bin. Und gleich bin ich erwischt worden."

Da Fa das Gegenteil nicht beweisen konnte, drang er nicht weiter auf ihn ein.

Ich fragte weiter: „Wann und warum bist du festgenommen und hier eingesperrt worden?"

„Das war am 15. Juli. Es gab nichts zu klauen, und da habe ich mir die Frau genommen. Sie haben mich geschnappt und zum Polizeirevier gebracht. Nach zwei Tagen Verhör wurde ich hierher gebracht und in die Zelle gesteckt."

Wieder griff Fa ein: „Darf ich dich an den Wahlspruch der Partei erinnern – Milde für den, der gesteht, Strenge bei dem, der leugnet. Sei gehorsam und gib deine Vergehen zu, dann behandelt dich der Staat vielleicht großzügig. Kapierst du?"

„Ich verstehe."

Fa stellte eine neue Frage: „Beschreib uns eingehend den ganzen Ablauf der Ereignisse. Und keine Lügen!"

Zhang Ming erzählte von der Vergewaltigung. Als ich den Verlauf des Verbrechens in großen Zügen aufgeschrieben hatte, begann ich den Verdächtigen nach wichtigen Einzelheiten zu fragen: Was hatte ihn zu dem Verbrechen getrieben? Hatte er absichtlich oder gar mit Vorsatz gehandelt oder ganz einfach die Beherrschung verloren? „Warum hast du sie vergewaltigt?", fragte ich ihn.

„Ich hatte nichts zu stehlen gefunden, und da dachte ich, dann nehm ich eben sie. Sie lag ja da ganz nackt und forderte es geradezu heraus."

„Bevor du sie vergewaltigt hast – war dir klar, dass du im Begriff warst, ein Verbrechen zu begehen?"

„So weit habe ich nicht gedacht. Ich hatte nur Angst, dass sie oder jemand in ihrer Familie aufwachen und mich erschlagen würde."

„Hat sie ihre Augen aufgemacht und dich angesehen, als du auf ihr lagst?“

„Nein, hat sie nicht. Sie hatte die ganze Zeit die Augen zu, hat geschlafen wie betäubt.“

„Warst du dir bewusst darüber, dass du ein Verbrechen begingst?“

„Nein. Stehlen ist ein Verbrechen, das weiß ich, aber ich habe ja nichts gestohlen. Verdammt, die waren ja so scheißarm, dass es überhaupt nur wertlosen Krempel gab.“

Fa blickte von seinen Papieren auf und brüllte ihn an: „Hör auf zu fluchen! So ein Abschaum kann wohl nie ordentliches Benehmen lernen!“

„Entschuldigung, aber das ist eine alte Angewohnheit. Nicht so leicht, sich plötzlich zu ändern.“

„Die Bäuerin kannte dich nicht, und außerdem schlief sie. War dir nicht klar, dass du etwas machtest, was sie nicht wollte? Glaubtest du, sie wollte mit dir Sex haben?“

„Ich konnte mir schon denken, dass sie nicht mit mir geschlafen hätte, wenn sie wach gewesen wäre. Aber sie hatte doch nichts an und lag da und bot sich an. Ich hatte seit Monaten keine Frau gehabt und konnte mich nicht beherrschen.“

Fa stellte noch weitere Fragen über die Ereignisse während der Vergewaltigung. Er wollte wissen, wie lange es dauerte bis er seinen Höhepunkt hatte, wie die Frau reagierte, ob sie selbst einen Orgasmus hatte. Er machte mich darauf aufmerksam, dass ich mir erlauben musste, auf die Einzelheiten einzugehen, egal worum es sich handelte.

Als ich mit dem Verhör fertig war, reichte ich Zhang Ming den Notizblock. „Sieh es dir an und schau, ob es mit dem übereinstimmt, was du gesagt hast. Dann unterschreibst du jede Seite und gibst einen Fingerabdruck ab.“

Er blätterte rasch durch den Block und sagte: „Ich brauche das nicht so genau zu lesen, stimmt sicher. Ich habe ja alles zugegeben und kann sowieso nicht von hier weg.“ Dann schrieb er unter jede Seite: „Die Aufzeichnungen stimmen mit meiner Aussage überein, Zhang Ming, 30. August 1985."

„Falls du von Verbrechen deiner Zellengenossen weißt oder darüber in der Zelle etwas hörst, kannst du es uns erzählen", sagte Fa. „Wenn du uns hilfst, Verbrechen aufzuklären, könnten wir uns vorstellen, dir vielleicht eine mildere Strafe zu geben."

Zhang Ming meinte, bisher nichts gehört zu haben, aber er wollte seine Ohren offenhalten.

Ich nahm die rote Stempelfarbe und bat ihn, den Daumen einzufärben und dann auf jede Seite des Protokolls aufzudrücken. Wo wir Änderungen vorgenommen oder etwas hinzugefügt hatten, musste er gleichfalls jeweils einen Daumenabdruck hinterlassen. Zwischendurch fragte ich ihn: „Du wolltest doch dein Vergnügen haben – aber das Gefängnis ist doch wohl nicht besonders vergnüglich, oder?"

Er reagierte keineswegs empört, sondern lächelte und antwortete: „Nein, gar nicht, Genossin Staatsanwältin. Als ich inhaftiert wurde, haben mich die anderen Gefangenen gefragt, warum ich hier sei. Ich sagte: ‚Ich habe eine Frau vergewaltigt', und da haben sie mich verprügelt. Hier drinnen sieht man kaum die Sonne, und man kann sich nie satt essen. Kein Tropfen Öl im Essen. Und nichts zu tun. Stinklangweilig."

„Du solltest froh sein, etwas zu beißen zu haben, statt über das Essen zu klagen", sagte Fa. „Und du langweilst dich? Wart's nur ab, im Arbeitslager gibt's genug zu tun, da wirst du wohl zufrieden sein."

Zhang Ming sah nicht besonders ängstlich aus. Er sagte, dass er sich vor dem Arbeitslager nicht so sehr fürchte. Er war es gewohnt, herumzuziehen und anzupacken. Manchmal, wenn er etwas mitgehen ließ und erwischt wurde, bekam er eins auf den Deckel, aber oft ließ man ihn ohne Anzeige laufen, weil es sich immer um Kleinigkeiten handelte. „Genossin Staatsanwältin, was meinen Sie, wie viele Jahre ich kriege?"

„Nach dem Gesetz gibt es bei Vergewaltigung mindestens drei und höchstens zehn Jahre“, antwortete ich.

„Scheiße“, sagte er verzweifelt. „Eine Nummer und dann drei Jahre Knast. Der teuerste Sex meines Lebens.“

Ich hatte genug von seinem Geschwätz und sagte deshalb: „Gut, gut. Gehen wir zurück.“

Weil er merkte, dass ich ganz gutmütig war, lächelte er schelmisch und bettelte: „Bitte, Genossin Staatsanwältin, geben Sie mir eine Zigarette gegen die Entzugserscheinungen.“

„Ich rauche nicht“, antwortete ich. „Ich kann dir keine Zigarette geben.“

Er sah etwas enttäuscht aus, schaute nach unten und untersuchte die Stummel auf dem Fußboden. Plötzlich entdeckte er eine nur zur Hälfte gerauchte Zigarette, die unter meinem Stuhl lag. Er fiel auf die Knie und streckte sich nach der Kippe.

„Rauch das nicht!“, rief ich sofort. „Du weißt nicht, wie lange die hier schon gelegen hat. Sie ist schmutzig, und du kannst krank werden.“

Er lächelte und sagte gleichgültig: „So einer wie ich wird doch nicht krank. Ich habe allen möglichen Dreck gegessen und bin bestimmt immun. Ich werde höchstens krank, wenn ich nicht rauchen kann.“

Dann wollte er Feuer haben, und ich sah Fa bittend an.

Fa gab ihm widerstrebend Feuer und sagte schulmeisterlich zu mir: „Du begreifst es nicht. In Zukunft darfst du die Leute nicht so verwöhnen, sonst werden sie nur noch schlimmer. Man darf nicht das geringste Mitleid mit diesen Kriminellen haben.“

Zhang Ming zog gierig an seiner Zigarette und hörte zu, als Fa mich belehrte. Er lächelte unterwürfig und sagte: „Vielen Dank, Genossin Staatsanwältin.“

Ich wartete, bis er fertig geraucht hatte, führte ihn dann hinaus und übergab ihn Se Lin.

Wieder im Büro, füllte ich das Formular für den Haftantrag

aus. Unter „Kommentar des verantwortlichen Ermittlers" schrieb ich: „Der Tatverdächtige Zhang Ming nutzte den Schlaf der Frau aus, um sich an ihr zu vergehen. Damit hat er sich der Vergewaltigung schuldig gemacht. Ich befürworte Haftstrafe. Verantwortliche Ermittlerin: Xiao."

Auch Fa unterzeichnete. Einheitsleiter Ang kontrollierte meine Aufzeichnungen und das Protokoll des Verhörs; schließlich unterzeichnete er mit dem Kommentar: „Pflichte der Ermittlerin bei und bitte den Oberstaatsanwalt um Zustimmung."

Nachdem die Haftbescheinigung mit dem Stempel der Staatsanwaltschaft versehen worden war, ging ich damit zur Polizeieinheit für Voruntersuchungen. Auf diese Weise wurde Zhang Mings Schuld offiziell festgestellt und Anklage erhoben.

Von nun an bekam ich alle Vergewaltigungsfälle, die bei unserer Einheit eingereicht wurden. „Die vergewaltigten Frauen wollen vor Männern keine Einzelheiten von den Überfällen erzählen", sagte Wang. „Sie schämen sich und fühlen sich hilflos. Deshalb ist es am besten, wenn eine Frau die Ermittlungen führt."

An einem Hochsommernachmittag fuhren Fa und ich mit dem Bus zum Polizeirevier in Jinggang. Es war so heiß, dass ich das Gefühl hatte zu brennen; die durchnässte Uniform klebte mir am Rücken und sogar mein Haar war feucht von Schweiß. Sobald wir beim Polizeirevier ankamen, trank ich zwei Flaschen eiskalter Limonade, die mir der diensthabende Polizist angeboten hatte. Dann stellte ich mich vor einen Ventilator, um mich abzukühlen.

Der Diensthabende hatte das Mädchen und dessen Mutter ins Revier gebeten, so dass sie bereits im Büro saßen und auf uns warteten. Das Mädchen war erst acht Jahre alt, und sein kleines Gesicht zeigte Furcht und Nervosität. Die Mutter hatte dunkle Haut und dichte Augenbrauen, die haarigen Raupen ähnelten und ihrem Gesicht einen beängstigenden Ausdruck verliehen.

Ich fragte den Polizisten, wo ich das Verhör durchführen könnte und er führte uns in ein recht großes Zimmer im oberen Stockwerk. Ich setzte mich an den Schreibtisch, auf dem sich ein brummender Ventilator drehte. Ich winkte das Mädchen an den Tisch, und sie gehorchte stumm. Ihre Mutter kam hinterher und setzte sich auf den Stuhl neben sie. Ich nahm die Akten hervor, legte den Notizblock bereit und fing an, das Mädchen nach der Vergewaltigung zu fragen.

Sie sagte nichts, saß unruhig auf ihrem Stuhl und schaute auf ihre ernste und sehr aufgewühlte Mutter. Fa dachte, dass sie sich vielleicht genierten, und verließ mit dem Polizisten den Raum. Kaum waren sie gegangen, begann die Frau über die Schande zu klagen, die sich ereignet hatte, und richtete Vorwürfe an ihre Tochter: „Du warst noch nie gehorsam und benimmst dich so flegelhaft, dass man kaum glauben kann, dass du ein Mädchen bist. Es spielt keine Rolle, wie hart man dich bestraft – nichts hilft. Und jetzt siehst du, was du davon hast. Nie mehr wirst du den Leuten in die Augen sehen können. Alles ist deine Schuld!"

Sie schäumte vor Wut und schaute ihre Tochter, die beschämt ihren Nacken beugte, durchdringend an. Doch die Mutter war noch nicht fertig: „Wie konntest du so unvorsichtig sein und dich von ihm schänden lassen! Die ganze Familie hat jetzt ihr Gesicht verloren. Jeder in der Nachbarschaft redet darüber. Du hast uns lächerlich gemacht." Außer sich vor Zorn schlug sie das Mädchen hart mit der Hand auf den Kopf.

Das Mädchen duckte sich verschreckt, und die Tränen begannen zu rollen. „Ich bin nicht vergewaltigt worden", sagte sie flehend und sah mich an. „Das hab ich nur gelogen." Dann schaute sie wieder auf ihre Mutter, die drohend zurückstarrte.

„Du brauchst keine Angst zu haben", sagte ich. „Erzähl mir nur, was wirklich passiert ist." Dann bat ich die Mutter, das Zimmer zu verlassen und draußen zu warten.

Zunächst tröstete ich das Mädchen und beruhigte es etwas.

Dann erklärte ich ihr, dass sie keine Schuld an dem hatte, was geschehen war, und dass ihre Mutter sich irrte. Nach einer Weile sah sie nicht mehr ganz so ängstlich aus. Es war sehr warm im Zimmer, und ich trank die ganze Zeit Wasser. Als ich die trockenen Lippen des Mädchens sah, fragte ich sie, ob sie etwas trinken wollte, aber sie schüttelte den Kopf.

Ich verhörte sie geduldig, und sie erzählte langsam, wie der Missbrauch vonstatten gegangen war. Auf jede Frage antwortete sie äußerst knapp, so dass ich immer nachfragen musste und sich das Verhör in die Länge zog. Mehrfach stand sie vom Stuhl auf, stellte sich ganz breitbeinig hin und fächerte sich mit dem Röckchen Luft zu. Ich glaubte, sie sei unruhig, und versuchte sie zu beschwichtigen, indem ich sagte, dass wir gleich fertig seien. Aber sie errötete nur und sah mich an, ohne zu antworten. Ich selbst hatte so lange gesessen, dass sich der Stuhl feucht und klebrig anfühlte. Als ich aufstand, sah man einen feuchten Abdruck, den ich auf der Sitzfläche hinterlassen hatte. Ich musste den Stuhl wechseln und neues Wasser nachfüllen. Da ich merkte, dass sie Schweißtropfen auf der Stirn hatte, goss ich ihr auch ein Glas ein, aber sie weigerte sich zu trinken. Als ich ihr erklärte, dass es wichtig sei, viel zu trinken, damit man keine Hitzschlag bekam, antwortete sie, dass sie Angst hatte, auf die Toilette gehen zu müssen.

„Das macht doch nichts“, sagte ich. „Ich warte auf dich; wir haben keine Eile.“

Sie schüttelte den Kopf und sagte, dass sie es nicht so meine, aber ich verstand sie nicht und dachte auch nicht weiter darüber nach.

Nach einer Weile fragte sie vorsichtig: „Darf ich auf die Toilette gehen? Ich muss jetzt ganz dringend.“

„Aber sicher, geh schnell. Das hättest du doch früher sagen können. Ich habe dir doch gesagt, dass du gehen darfst.“ Ich lächelte sie an.

Als sie aufstand, merkte ich, dass sie einen unnatürlich

breitbeinigen Gang hatte. Als sie nach einer Weile zurückkam, hatte sie rote Augen, und ich sah, dass sie geweint hatte.

„Hast du geweint?“, fragte ich. „Warum denn? Hat deine Mama dich geschlagen?“

Sie schüttelte den Kopf. „Es tut so weh, wenn ich Pipi mache“, schluchzte sie. „Ich trau mich aber nicht, es zu sagen.“

Ich betrachtete ihren zarten kleinen Körper, deutete auf den Unterleib und fragte: „Tut es dort weh?“

Sie nickte – und dann erzählte sie. An dem Tag, als der Mann aus der Nachbarschaft sie gezwungen hatte, mit ihm nach Hause zu gehen, tat es so weh, dass sie weinte, und seitdem hatte sie Schmerzen, wenn sie zur Toilette ging. Es tat auch weh, wenn sie schwitzte. Jetzt verstand ich plötzlich, warum sie nichts trinken wollte. Doch wie sollte sie diese Hitze überleben, wenn sie nichts trank?

„Sind deine Eltern mit dir zur Untersuchung im Krankenhaus gewesen?“, fragte ich.

„Nein. Ich hab zu Mama gesagt, dass es beim Pipimachen weh tut, aber sie sagt, wir können uns keinen Arzt leisten. Und dann schimpft sie mich aus, weil ich ihr Geld vergeude und immer so lästig bin. Deshalb sag ich nichts mehr.“

Die Haltung der Mutter gegenüber ihrer Tochter war das Resultat einer tausendjährigen chinesischen Tradition, nach der die Töchter einer Familie weniger wert sind als die Söhne.

„Ist sie deine richtige Mama?“

„Ja.“

Ich wurde wütend und ging hinaus zu der Frau im Korridor. „Fahren Sie sofort mit ihrer Tochter ins Krankenhaus zur Untersuchung! Seit Tagen hat sie schlimme Schmerzen im Unterleib. Bei dieser Hitze kann sie leicht eine Infektion bekommen und ernsthaft krank werden. Und hören Sie auf, sie zu beschuldigen!“

Nachdem Mutter und Kind das Polizeirevier verlassen hatten, fragte ich den Polizisten, ob das Mädchen durch die örtlichen Behörden ärztliche Behandlung und psychologische Betreuung bekäme. „Leider nicht. Wir haben keine Institutionen oder Organisationen, die für so etwas zuständig sind", antwortete er. „Es gibt keine Mittel, sich um missbrauchte Mädchen zu kümmern, weil das so häufig vorkommt."

Auf dem Rückweg dachte ich an das arme Mädchen, das von Nachbarn und Freunden verhöhnt und von den Eltern ausgeschimpft wurde. Was für ein elendes Leben sie vor sich haben mochte. Da ihr Fall nicht in meinen Verantwortungsbereich fiel, konnte ich ihr nicht helfen. Das einzige, was ich tun konnte, war, die härtest mögliche Strafe für den Täter zu beantragen.

Kapitel 4

Im September 1985 wurde von der Obrigkeit angeordnet, dass die vierundsechzig Neuen der Staatsanwaltschaft und die sechsundneunzig vom Gerichtshof ein Studium an der Universität absolvieren sollten. Die Fernsehhochschule Hunan hatte sich mit dem juristischen Institut der Universität Xiangtan zusammengetan, um eine dreijährige Berufsausbildung in Jura zu organisieren. Die Studiengebühren wurden von den entsprechenden Behörden bezahlt. Vier Tage im Monat sollten wir studieren, die übrige Zeit wie gewohnt arbeiten.

Kurz vor Neujahr hatte einer der Freunde des Abteilungsleiters Ang einen Verwandten besuchen wollen, der im Untersuchungsgefängnis saß. Ang ging mit ihm hin und glaubte, dass Gefängnischef Se Lin für den Freund eine Ausnahme machen würde, aber überraschenderweise erteilte man ihnen eine Abfuhr. Ang fühlte sich gedemütigt und fluchte und schimpfte, als er ins Büro zurückkam.

„Verdammt noch mal! Was wär' schon dabei, wenn man mal einen Gefangenen besuchen würde! Würde doch keiner melden. Er glaubt, er ist wer weiß wer, nur weil er die Macht hat, nein zu sagen. Aber ich werde diesen Polizisten schon zeigen, wer hier das Sagen hat."

Und so kam es. In der folgenden Zeit bearbeitete Ang keinen Fall, bei dem keine unzureichende Beweislage festzustellen war und der nicht zur weiteren Ermittlung an die Polizei zurückgeschickt werden musste. Sogar bei Fällen, die wir bearbeiteten, reichte eine winzige Kleinigkeit, und seine Entscheidung lautete: „Zu ergänzender Ermittlung zurück an die Polizei." Die Polizisten bekamen einen Fall nach dem anderen zurück und wussten nicht, was sie getan hatten, um derart gestraft zu werden. Man schickte sogar die Diensthabenden, um nachzufragen, aber Ang war kühl und ließ sich nichts anmerken.

Eines Tages hatte der Abteilungschef der Polizei genug und erschien selbst im Büro, um mit uns zu sprechen und die Situation zu klären. Da alle Fälle mit der Forderung nach weiteren Ermittlungen zurückkamen, erweckte dies bei seinen Vorgesetzten den Eindruck, dass die Arbeit der Polizei nicht besonders viel taugte. Ihr Ruf verschlechterte sich zusehends. Zwar konnten sie ihrerseits die Ermittlungen an die örtliche Polizei zurückleiten und sie auffordern, neues Beweismaterial zu sammeln, aber die ganze Geschichte konnte dennoch als Zeichen dafür gedeutet werden, dass die Arbeit der Polizisten nicht den Anforderungen der Staatsanwaltschaft genügte. Wenn das nicht aufhörte, waren ihre Karrieren gefährdet. Deshalb wollten die Mitarbeiter der Polizei nicht auf Kriegsfuß mit unserer Strafsacheneinheit I stehen.

Als der Abteilungschef sich gesetzt hatte, kam er nicht gleich zur Sache, sondern scherzte und spaßte erst eine Weile, bis eine richtig nette Stimmung herrschte. Wie gewöhnlich hatte ich ihm einen Tee gemacht. Als erfahrener Chef begann er bei mir. „Seid ihr irgendwie unzufrieden mit unserer Arbeit? Ich möchte gern, dass ihr das offen sagt, auch wenn es sich um Kleinigkeiten handelt. Schließlich sind wir alle Kollegen, da gibt's wohl keinen Grund, irgendwelche Schwierigkeiten zu machen und die ganze Zeit Ermittlungen zurückzuschicken?"

Ich unterbrach ihn absichtlich. „Doch, es gibt tatsächlich eine Sache, mit der ich nicht zufrieden bin. Pan, unser Koch, macht immer das gleiche Essen, und ich hab's allmählich über."

„Dann dürfen wir dich vielleicht mal ins Restaurant einladen?", antwortete er.

Ich lachte und verzog meinen Mund, indem ich auf Ang deutete. „Er ist sauer. Er findet, dass ihr euch zu sehr an Prinzipien haltet, und deshalb machen wir dasselbe."

„Guter alter Freund“, sagte er zu Ang. „So sag doch endlich, worum es geht, damit wir es aus der Welt schaffen können.“

Angs langes Gesicht wurde etwas nachsichtiger und er erzählte, wie Se Lin ihn gedemütigt hatte, indem er dem Freund nicht erlaubte, einen Gefangenen zu besuchen. Als der Abteilungschef das hörte, lehnte er sich zurück und lachte schallend.

„So eine Lappalie! Gefängnischef Se Lin ist ein Provinzler. Der sitzt in seinem Nest, weit weg von Vorgesetzten, regiert über ein paar Gefangene und fühlt sich wie ein General. Du hättest mich anrufen können, dann hätte ich die Sache sofort geklärt.“

Der Abteilungschef, der Kriminalkommissar und die Streifenpolizisten empörten sich: Was hatte Se Lin durch sein dummes Verhalten nur angestellt! Eine Ermittlung nach der anderen war an sie zurückverwiesen worden und sie hatten ordentlich Kritik von ihren Vorgesetzten einstecken müssen. Se Lin würde in nächster Zeit wohl nicht so schnell befördert werden.

Nach einigen Tagen rief Se Lin bei Ang an und sagte ihm, er solle doch mit seinem Freund vorbeikommen. „Für Staatsanwälte können wir Ausnahmen machen“, meinte er. „Hauptsache, wir halten zusammen.“

Auf diese Weise ließ sich offenbar so manches erreichen. Ich selbst sollte diese Methode später noch mehrfach ausprobieren – und es funktionierte immer.

Ein Jahr später war die Probezeit zu Ende, und die Staatsanwaltschaft überprüfte erneut, ob die sechs Neuen nun wirklich Beamte werden konnten. Ich war die Einzige, gegen die sie Einwände hatten. Ning, der die Abteilung für politische Arbeit und die Mitglieder des Parteikomitees repräsentierte, meinte, dass ich nicht ausreichend qualifiziert sei: Ich lachte zu oft und trat nicht so seriös und ernsthaft auf, wie es sich für eine Staatsanwältin gehörte. Außerdem hatte man bemerkt, dass ich gelegentlich mit jungen Männern redete und mit ihnen spazieren ging. Und da ich zu jung für ein Verhältnis sei, deute alles darauf hin, dass ich keine Disziplin hielt.

Das Schlimmste war, dass man mich einmal auf der Straße mit einem jungen Mann gesehen hatte, dessen Mutter wegen Unzucht zu drei Jahren Gefängnis verurteilt worden war. Ich hatte also Umgang mit dem Sohn einer Kriminellen. Dies zeigte, dass es mir an Einsicht fehlte und ich keine klare Grenze zwischen mir und dem Feind setzen konnte.

Das Vergehen dieser Frau hatte darin bestanden, dass sie sich in einen eleganten Mann verliebt hatte und intim mit ihm wurde. Um ihren Ehemann zu besänftigen, stellte sie ihn einer alleinstehenden Freundin vor, und die beiden hatten ihrerseits ein Verhältnis. Die vier Beteiligten wurden verhört, und die Frau wurde wegen Unzucht und Unmoral zu drei Jahren Gefängnis verurteilt.

Die Nachricht meiner Ablehnung deprimierte mich so, dass ich weder essen noch trinken konnte. Ich war also weniger kompetent als die anderen und konnte jeden Tag entlassen werden. Abends ging ich mit einem Geschenk zu Ang. Ich versicherte ihm aufgeregt, dass ich nie ein Verhältnis mit einem Mann gehabt hatte und dass dieser Arbeiterjunge lediglich ein kleines Stück mit mir spazieren gegangen war. Außerdem hätte ich keine Ahnung gehabt, dass seine Mutter wegen Unzucht einsaß. Und ich versprach Ang, dass ich zukünftig nicht mehr so lebhaft sein und nicht so viel lachen würde.

Am nächsten Tag legte Ang Widerspruch beim Parteikomitee ein. „Warum sollte meine Schülerin nicht bestanden haben? Sie hat eine ganze Reihe von Ermittlungen durchgeführt und nie einen Fehler begangen. Sie ist gewissenhaft und fleißig. Dass ihr Privatleben nicht perfekt ist, darf die Beurteilung ihrer Arbeit nicht beeinflussen. Junge Leute sind von Natur aus fröhlich und lebhaft; das gibt sich mit der Zeit."

Schließlich kamen sie überein, mich anzunehmen und mein Gehalt auf sechsundfünfzig Yuan im Monat zu erhöhen.

Kapitel 5

Im Winter 1986 kam die Kälte ungewöhnlich früh. Bereits im November fingen wir an, im Büro zu heizen. Zu dieser Zeit hatte ich mich um einen äußerst irritierenden Fall von Diebstahl zu kümmern. Der Dieb war ein Gewohnheitstäter, der erst nach fünfzig Diebstählen festgenommen wurde. Ich war gezwungen, ein Formular auszufüllen, auf dem ich für jeden einzelnen Diebstahl Zeitpunkt, Ort, gestohlene Gegenstände, Wert des Diebesguts, Aussagen des Opfers, Verbleib des Diebesguts sowie Aussagen des Käufers oder Hehlers anzugeben hatte. Aus zwei dicken Aktenordnern musste ich dann die Beweise heraussuchen und in das Formular eintragen. Bei fünfzig Straftaten hieß das: ständiges Blättern in den Akten, vor und zurück, so dass die Seiten nur so raschelten. Ich fluchte vor mich hin: „Elender Schuft! Das hier ist mein Ende. Es wird diesen Monat wohl keinen weiteren Fall für mich geben."

Wang konnte sich seinen Kommentar nicht verkneifen: „Die Kleine stöhnt, sobald sie ein bisschen Arbeit hat. Als ich bei den Pionieren in der Armee war, mussten wir Straßen und Brücken bauen und das hieß: jeden Tag schweren Lehm tragen und Erde schaufeln. Habe ich mich jemals beklagt?"

Fa hob den Kopf: „Du warst bei den Pionieren? Ich dachte, du warst bei der Artillerie."

Und wieder fingen sie an, über alte Zeiten zu reden. Wie schwierig alles damals war, wie sie sich tagsüber geschunden hatten und nachts Berichte über ihre politische Einstellung verfassen mussten, wie sie die Schriften Maos studiert hatten und wie streng die Disziplin war. Schließlich wandten sie sich an mich und lasen mir die Leviten: „Ihr jungen Leute habt gute

Jobs gekriegt, ohne dafür kämpfen zu müssen. Ihr habt keinen Grund zur Klage und solltet lieber dankbar sein."

Dieses Gerede hatte ich schon oft gehört – die beiden lagen mir sogar schlimmer in den Ohren als meine Mutter. Aber ich biss die Zähne zusammen und beugte mich über meine Diebesgutstatistik. Der Wert des Gestohlenen war einer der Faktoren, die das Strafmaß bestimmten, denn erst wenn dieser Wert zweitausend Yuan überschritt, wurde das Vergehen amtlich als Diebstahl bezeichnet.

Genau in diesem Augenblick wurde die Tür vorsichtig geöffnet. Als ich den Blick hob, sah ich eine Frau in den mittleren Jahren, die ein etwa zwölfjähriges Mädchen an der Hand hielt. Die Frau sah aus, als wolle sie etwas fragen, traue sich aber nicht. Das Mädchen blickte starr auf den Fußboden, fingerte am Ohr und schien in seiner viel zu großen blauen Baumwolljacke verschwinden zu wollen.

„Kann ich etwas für Sie tun?", fragte ich die Frau.

Sie bat lächelnd um Entschuldigung und antwortete: „Ja, ich habe eine sehr wichtige Meldung zu machen." Sie war aufgeregt und so nervös, dass sie nach Luft schnappte.

Ich bat sie, Platz zu nehmen und in aller Ruhe ihre Geschichte zu erzählen. Die Frau zog das Mädchen mit sich herein, schloss leise die Tür und setzte sich neben den Ofen.

„Der Lehrer meiner Tochter hat sich an ihr vergriffen. Ich habe es der Kommunalverwaltung gemeldet, aber die Angestellten der Kommune schützen sich gegenseitig und kümmern sich nicht um meine Meldung." Durch die Aufregung zitterten ihre Lippen ein wenig.

„Sie müssen das bei der Polizei anzeigen", sagte ich. „Nur die Polizei kann so eine Sache aufnehmen."

„Ich war schon bei der Polizei, aber die wollten die Anzeige nicht entgegennehmen. Sie haben nur ein bisschen geredet und mich dann weggeschickt. Als ich wiederkam, haben sie gesagt, dass ich keine Beweise hätte und nur versuchen wollte, einen Lehrer des Volkes in den Schmutz zu ziehen. Ich habe mich überall umgehört, wohin ich mich wenden könnte, und die Leute sagen, dass die Staatsanwaltschaft auch Ermittlungen durchführt, sogar besser als die Polizei. Deshalb dachte ich: ich kann's ja mal versuchen." Sie sprach sehr schnell, als hätte sie Angst, von mir unterbrochen zu werden.

„Erzählen Sie mal, was passiert ist", sagte ich. „Wenn der Lehrer wirklich ein Delikt begangen hat, werden wir zusehen, dass sich die Polizei um den Fall kümmert."

„Meine Tochter geht in die fünfte Klasse der Grundschule Guanzhen. Im Mai ist mir plötzlich aufgefallen, dass sie keinen Appetit hatte und sich übergab, sobald sie etwas gegessen hatte. Ich habe sie gefragt, ob sie krank sei und sie hat gesagt, ihr wäre übel. Ich habe es für eine gewöhnliche Erkältung gehalten und ihr ein bisschen Medizin gegeben. Aber als es ihr nach mehr als einer Woche immer noch nicht besser ging, bin ich mit ihr ins Krankenhaus gefahren. Der Arzt hat sie untersucht und eine Harnprobe genommen, die zeigte, dass meine Tochter schwanger war. Ich war völlig schockiert."

Das Mädchen senkte das Gesicht noch mehr und starrte auf die Schuhe. Sie verdrehte ihre Hände und sah so verzweifelt aus, als hätte sie selbst ein fürchterliches Verbrechen begangen.

Die Frau erzählte ohne Pause weiter: „Als wir nach Hause kamen, habe ich sie ausgefragt. Ihr Mathematiklehrer hatte gesagt, dass ihre Noten schlecht wären und sie sitzenbleiben würde. Er hat sie oft nach Schulschluss in seinem Zimmer behalten, um ihr ‚Nachhilfe' zu geben. Und da hat er sie gezwungen, sich auf seinen Schoß zu setzen, und dann hat er ihren Unterleib getätschelt. Manchmal hat er ihr den Schlüpfer ausgezogen und Geschlechtsverkehr mit ihr gehabt. Hinterher hat er sie überredet, nichts zu erzählen, und gesagt, er will ihr Nachhilfe geben, weil er sie so gern mag. Ich habe gefragt, wann das Ganze angefangen hat und ob es oft passiert ist. Sie hat gesagt, dass sie seit fast einem Jahr ungefähr einmal in der Woche ‚Nachhilfestunden‘ hatte. Mit eigenen Augen habe ich gesehen, wie ihr Bauch immer dicker wurde, und es gab keine andere Möglichkeit, als mit ihr ins Krankenhaus zu fahren und abtreiben zu lassen. Der Arzt hat gesagt, dass sie noch nicht voll entwickelt ist und dass er noch nie eine Abtreibung bei einem so jungen Mädchen mit so empfindlicher Gebärmutter durchgeführt habe. Mir war angst und bange, und ich habe vor dem Operationssaal gewartet. Drinnen konnte ich meine Tochter schreien hören, und ich habe ganz feuchte Hände und weiche Knie gekriegt. Hinterher war sie so schwach und bleich, dass sie im Bett liegen musste und zwei Monate brauchte, um wieder auf die Beine zu kommen.“

Kein Wunder, dass das Mädchen so dünn und kraftlos war.

„Je mehr ich gegrübelt habe, desto wütender wurde ich. Deshalb bin ich zur Kommunalverwaltung gegangen. Ich wusste ja nicht, dass Gemeindevorsteher Yi der Onkel des Mathematiklehrers ist. Und Macht hat er auch. Die Beamten dort haben mich gefragt, warum ich jemanden ‚verleumden‘ will. Also bin ich lieber zum Polizeirevier gegangen, aber die haben ja gute Kontakte zur Kommunalverwaltung. ‚Das ist schon lange her, und Sie haben keine Beweise‘, haben sie gesagt und mich jedes Mal nach Hause geschickt. Aber ich wollte es nicht auf sich beruhen lassen und bin zum Frauenbund und zur Provinzialverwaltung gegangen. Dort haben sie gesagt, dass sie damit nichts zu tun hätten. Es sei eine Sache fürs Gericht. Und dann haben sie vorgeschlagen, dass ich hierher kommen sollte.“ Die Frau war immer lauter geworden und ihr Gesicht spiegelte sowohl Demütigung als auch Zorn.

Ich fragte, wie alt die Tochter sei, und sie sagte, dass sie gerade vierzehn geworden war. Vergreift man sich an Kindern unter vierzehn, wird das gemäß dem Gesetz als Vergewaltigung betrachtet und mit mindestens sieben Jahren Gefängnis bestraft. Der Lehrer hatte sich also der Vergewaltigung schuldig gemacht. Ich notierte Namen und Adresse des Mädchens sowie den Namen der Schule und des Lehrers und sagte dann:

„Keine Sorge. Wir tun alles, was wir können, damit die Polizei sich mit dem Fall befasst. So ein Mann muss streng bestraft werden." Ich streichelte dem Mädchen über den Kopf und lächelte sie freundlich an.

Gleich nachdem sie gegangen waren, erstattete ich Oberstaatsanwalt Dan Bericht von der Sache, und er war damit einverstanden, dass ich mich um den Fall kümmerte.

Früh am nächsten Morgen begab ich mich zur Polizei und erzählte dem Kriminalkommissar die ganze Geschichte. „Ich meine, dass wir den Fall nach den Vorschriften des Gesetzes behandeln sollten", sagte ich. „Zunächst führen Sie die Ermittlungen durch, und dann reichen Sie uns den Fall bei der Strafsacheneinheit I ein." Der Kommissar war einverstanden und wollte sofort damit beginnen.

Nach einer Woche hatte ich noch immer nichts von der Polizei gehört. „Warum arbeiten Sie so langsam?", fragte ich. „Eine ganze Woche ist vorbei, und ich habe keinen Ton von Ihnen gehört?"

Der Kommissar machte eine unschuldige Miene und hob die Hände. „Liebes Fräulein, ich habe zwei Leute auf den Fall angesetzt, aber kaum hatten sie diesen Lehrer verhört, klingelte das Telefon. Man wollte mich und den verantwortlichen Polizisten sprechen, um zu hören, was los war. Wir haben ihnen mitgeteilt, dass die örtliche Staatsanwaltschaft uns aufgetragen hat, die Angelegenheit zu erledigen. Doch als wir den Lehrer am nächsten Tag nochmals verhören wollten, war er abgehauen. Keiner weiß, wo er abgeblieben ist, weder in der Schule noch zu Hause. Man hat ihn seit einer Woche nicht gesehen."

Ich begriff sofort, dass die Frau recht gehabt hatte: Die Verwandten des Lehrers hatten innerhalb der politischen Organisation tatsächlich eine ungewöhnliche Macht. „Wer war der Anrufer?", fragte ich.

„Es kamen mehrere Anrufe: vom Polizeirevier, von der Kommunalverwaltung, von der Schule. Alle wollten nur wissen, was im Gange war, betonten aber, dass der Mathematiklehrer sehr korrekt und keineswegs wie ein Schurke aussehe."

„Dann möchte ich, dass Sie Leute losschicken und diesen Mann ausfindig machen", sagte ich. „Wir können ja nicht wissen, wie viele Mädchen er schon vergewaltigt hat."

„Zu Befehl, Fräulein", antwortete er. „Ich werde eine Akte anlegen und eine Fahndung einleiten, weil der Beschuldigte bei Tatverdacht geflohen ist. In Ordnung?"

Aber wir kamen mit dem Fall nie voran.

Acht Jahre später besuchte meine ehemalige Zimmerkameradin Li die Staatsanwaltschaft in Changsha und nutzte die Gelegenheit, bei mir vorbeizuschauen. Ich war zu dieser Zeit wieder in die Großstadt versetzt worden. Wir sprachen darüber, dass wir bei der Arbeit eine ständig steigende Zahl von Verbrechen bemerkten, die mit Korruption zusammenhingen, und ich klagte über genau jenen Fall.

„Stell dir vor, sogar in einer so kleinen Kommune kann ein Gemeindevorsteher Macht und Kontakte dazu ausnutzen, Verwandten das Gefängnis zu ersparen."

Li antwortete: „Inzwischen ist er verurteilt. Der Mathematiklehrer hat sechs Jahre bekommen. Ich habe den Fall gerade abgeschlossen."

„Was? Er war doch auf der Flucht? Wann und wo habt ihr ihn denn zu fassen gekriegt?"

„Er war die ganze Zeit zu Hause und ist sogar seiner Arbeit nachgegangen. Er war überhaupt nicht weg."

„Aber die Polizei hat doch gesagt, dass er geflüchtet sei."

„Die haben dich reingelegt. Er hat sich ein paar Monate lang versteckt, und als der Fall nicht mehr so aktuell war, ist er wieder nach Hause gekommen. Die Polizei wollte ihn nicht anrühren, weil er mit dem Gemeindevorsteher Yi verwandt ist."

„Er ist also davongekommen, ohne dass ich das Geringste davon bemerkt hätte. Und die Polizei hat nur so getan, als ob sie mit uns zusammenarbeiten würde, und mich hinters Licht geführt. Dabei habe ich sie so oft angetrieben, diesen Kerl zu finden."

Li sah, wie zornig ich wurde, und lachte: „Vergiss es! Kein Grund, wütend zu werden. So ist nun mal die Moral bei der Polizei."

„Aber wieso habt ihr den Fall dann trotzdem noch aufgenommen?"

„Es war ganz einfach ein Machtkampf", antwortete Li ruhig.

„Ist der Gemeindevorsteher Yi zurückgetreten?"

„Ja. Alle wussten natürlich, dass Yi seine Verwandten schützte und sich nicht um die Gesetze scherte, aber solange er an der Macht war, hat sich keiner an ihn rangewagt. Aber dann tauchte ein Konkurrent auf, der Yis Posten haben wollte, und über seine eigenen Kontakte hat der die Polizei dazu gebracht, den Fall wieder aufzunehmen. Zum Glück hatte man gerade einen neuen Polizeichef und einen neuen Kriminalkommissar bekommen, und die brannten darauf, sich von der besten Seite zu zeigen. Sie brauchten auch nicht lange, um genug Beweise zusammenzutragen und gaben den Fall an uns weiter. Yis politische Gegner heizten die Stimmung zusätzlich an, und er ist ohne Widerspruch zurückgetreten. Jetzt ist der Konkurrent neuer Gemeindevorsteher." Li lachte wieder. Sie hatte schon zu viel gesehen, um sich noch über die Intrigen und Machtspiele der Politik zu wundern.

„Dieses vergewaltigte Mädchen hätte also allen Grund, dankbar für die politischen Streitereien zu sein. Sonst hätten sie und ihre Mutter ihren guten Ruf nie wiederherstellen können."

„Am Ende ging ja alles gut. Er hat seine Strafe bekommen." Li versuchte, mich auf bessere Gedanken zu bringen. „Wir haben nicht genug Macht, die Gesellschaft zu verändern. Wenn du wütend wirst, ist das vergeudete Energie. Und jetzt sprechen wir von angenehmeren Dingen."

Kapitel 6

Die Sonne schien umbarmherzig auf das zarte Grün der Reisfelder, und die Hitze brachte die Luft zum Flimmern. Die Felder lagen verlassen, die Menschen hatten sich in die kühlen Häuser zurückgezogen und ruhten, während ich in Windeseile auf den schmalen Pfaden entlangradelte, um so kurz wie möglich der brennenden Sonne ausgesetzt zu sein. Keuchend erklomm ich mehrere Hügel, und als ich am Untersuchungsgefängnis ankam, war ich schweißgebadet.

Ich nahm meine Mütze ab und benutzte sie als Fächer, verschnaufte ein Weilchen und sagte dann im Vorbeigehen zu Se Lin: „Mein Fahrrad ist furchtbar schmutzig. Kannst du es nicht von einem Häftling putzen lassen? Die Kette müsste auch geölt werden."

Se Lin ging mit seinem Schlüsselbund durch das Wachhäuschen, stellte sich auf den Gefängnishof und rief: „Herhören! Genossin Xiao von der Staatsanwaltschaft braucht jemanden, der ihr Fahrrad putzt. Gibt es einen Freiwilligen?"

Sofort streckten sich achtzehn weiße Arme durch die Luken der neun Türen, und man hörte Stimmen schreien: „Ich melde mich freiwillig, Genossin! Hier bin ich!"

Se Lin hatte nicht damit gerechnet, dass sich so viele melden würden, aber er lachte, fluchte ein wenig und sagte: „Zurück mit den Armen! Es geht nur darum, ein Fahrrad zu putzen. Wenn man euch so eifrig sieht, könnte man denken, es gehe um eine Bank oder eine Goldgrube."

Ich konnte mir das Lachen nicht verkneifen und hielt mir die Hände vor den Mund. Se Lin lächelte auch und sagte mit lauter Stimme: „Man hat nicht jeden Tag die Gelegenheit, das Fahrrad einer Staatsanwältin zu putzen. Wir brauchen einen

Profi. Gibt es jemanden, der Fahrräder repariert oder ein Fahrradgeschäft gehabt hat? Falls ja – Arm rausstrecken!"

Nach kurzer Zeit wurde ein Arm durch die Luke von Zelle fünf gesteckt. „Genossin", rief jemand von drinnen, „ich habe früher Fahrräder repariert, ich bin Profi!"

Se Lin ging hin und schloss auf. Ein junger Mann mit rasiertem Kopf kam heraus; er trug ein zerknittertes Hemd, Shorts und Plastiksandalen. Er war ungefähr neunzehn Jahre alt. Ich führte ihn aus dem bewachten Bereich und zeigte auf das Fahrrad, das ich unter einem Baum abgestellt hatte.

„Wie lange dauert das, meinst du?", fragte ich.

„Wenn Sie mit dem Verhör fertig sind, ist es fertig."

„Mein Verhör wird mindestens zwei Stunden dauern – so lange brauchst du doch wohl nicht, um ein Fahrrad zu putzen?"

Er legte die Hände vor der Brust zusammen und bat mit einem breiten Lächeln: „Fräulein Staatsanwältin, bitte! Lassen Sie mich ein bisschen das Licht sehen. In der Zelle ist es heiß, und es stinkt. Mehrere von uns sind durch die Hitze schon krank geworden. Ich habe so ein Glück, dass Sie gekommen sind und mich rausgelassen haben – stellen Sie sich vor, wenn ich noch nie ein Fahrrad repariert hätte, dann hätte ich diese Gelegenheit nie bekommen. Lassen Sie mich zwei Stunden frische Luft atmen, bitte!"

„Aber putz es ordentlich. Und keine Tricks!"

„Würde ich nie wagen. Ich verspreche, dass Ihr Fahrrad glänzen wird. Sie werden bestimmt zufrieden sein."

Ich wandte mich an den Soldaten, der mit dem Gewehr in der Hand in der Nähe stand. „Passen Sie gut auf ihn auf, damit er sich nicht davonmacht."

Der Soldat lächelte und rief selbstsicher zu uns herüber: „Wo sollte er denn hin? Hier wimmelt es von bewaffneten Soldaten. Er wird sich doch nicht erschießen lassen wollen!"

Ich ging ins Gefängnis zurück und ließ Hang zum Verhör holen. Er wurde verdächtigt, in Reisebussen und Restaurants gestohlen zu haben. Sein linkes Auge war blaugeschlagen, die Oberlippe geschwollen, und ein Vorderzahn fehlte. Ich fragte, was geschehen sei, und er sagte, dass er verprügelt worden sei. „Ich habe den Koffer eines Mannes gestohlen, der im Restaurant gegessen hat, und bin entdeckt worden. Am Tisch saßen sieben oder acht Leute, die mich umringt und geschlagen haben, bevor sie mich zum Polizeirevier geschleppt haben."

„Bist du früher schon mal erwischt worden?"

„Ich hab mich nie so blöd angestellt. Die Polizisten haben mich zwei Tage und zwei Nächte verhört, sie waren ziemlich eisern, und ich hatte Hunger und war müde. Sie haben mir gesagt, dass allerlei Restaurants und verschiedene Buslinien Probleme mit Diebstahl hätten, und wollten wissen, ob ich was damit zu tun hätte. Ich habe alles zugegeben, woran ich mich erinnern konnte. Sie wollten auch wissen, wann das war und wie viel ich geklaut habe. Ich habe alles gesagt. Sie haben einen Fall nach dem anderen abgehakt."

Bei solchen Diebstählen war es schwierig, Beweise zu finden. Ich dachte mir, dass die Polizei wohl deshalb so hart vorging.

Als es kurz nach vier Uhr und ich mit dem Verhör fast fertig war, entdeckte ich einen mageren und gebeugten alten Mann, der sich neben die Tür gestellt hatte. Sein Gesicht war voll tiefer Falten und ihm fehlten mehrere Vorderzähne. Er stand vollkommen still dort und starrte Hang und mich an. Hang schaute auf mich und seine Lippen bewegten sich, als versuche er, etwas zu sagen, traue sich aber nicht.

„Wer ist das?", fragte ich.

„Das ist mein Vater", sagte Hang und deutete auf den Mann.

Ich zuckte zusammen und sagte zu dem Alten: „Bitte warten Sie einen Augenblick draußen. Ich bin noch nicht ganz fertig mit dem Verhör."

Der Alte nickte, verbeugte sich und sagte „ja", ehe er sich rasch ein gutes Stück zurückzog.

Als das Verhör vorüber war, führte ich Hang hinaus, wo Se Lin mit dem Alten stand.

„Nach den Regeln dürfen Sie Hang nicht besuchen, bevor das Urteil gefällt ist", sagte Se Lin zu dem Alten. „Sie dürfen ihm nur Kleidung und Geld schicken. Heute haben Sie besonderes Glück, weil die Staatsanwältin gerade zum Verhör mit ihrem Sohn hier ist. Geben Sie ihm, was Sie haben, und danken Sie der Staatsanwältin, dass sie Sie mit ihm sprechen lässt."

Der Alte lächelte und bedankte sich mehrmals. Der Strohhut auf seinem Kopf war ausgefranst, und das weiße, kurzärmlige Hemd so häufig gewaschen, dass es fast durchsichtig war; schweißdurchnässt hing es schwer an seinem Körper herunter. Das Unterhemd war voller kleiner Löcher und an den Füßen trug er Schuhe aus geflochtenem Stroh.

Ich war gezwungen, zu bleiben und ihr Gespräch zu überwachen. Der Alte erzählte, dass er drei Tage zu Fuß gegangen war, um hierher zu kommen. „Gestern und vorgestern haben mir freundliche Leuten Bambusbetten geliehen und ich konnte draußen schlafen, wo sie das Getreide trocknen. Morgens haben sie mir sogar eine Schale Reisbrei und einen kleinen Teller mit eingelegtem Gemüse gegeben ..."

„Hast du mir was mitgebracht?", fragte Hang. Er sah keineswegs erfreut aus.

„Vorgestern früh haben die Genossen auf unserem Polizeirevier erzählt, dass man dich wegen Diebstahl festgenommen hat und dass du hier in Untersuchungshaft sitzt. Ich bin drei Tage und zwei Nächte gelaufen, und meine Beine tun mir weh. Das Dampfbrot, das ich für dich mithatte, habe ich unterwegs aufgegessen. Ich habe mich nicht getraut, so viel mitzunehmen, weil's doch so warm ist und es schnell schlecht wird. Deshalb habe ich nichts zu essen für dich dabei ..."

Hang fiel seinem Vater ins Wort: „Ich hab dich nicht gefragt, wie du hergekommen bist, sondern ob du was mitgebracht hast."

Der Alte räusperte sich etwas und sagte dann: „Ich weiß, dass du viel rauchst und dass du es ohne Zigaretten im Gefängnis nicht aushalten würdest. Deshalb habe ich dir ein paar Päckchen gekauft. Du weißt, dass ich kein Geld habe. Und jetzt, wo's so warm ist, bekommt man so wenig für die Eier bezahlt, und die faulen Hühner legen sowieso nicht so viele. Ich hatte zehn Yuan gespart, und dann habe ich zehn vom Nachbarn geliehen ..."

Hang unterbrach ihn erneut: „Hör auf zu labern! Wenn du Geld hast, dann her damit!"

Der Alte steckte schnell eine Hand in den Hosenbund und fummelte in seiner Unterhose, aus der er nach einer Weile zwei zerknitterte und feuchte Geldscheine hervorholte. Hang riss sie an sich und ließ sie in seiner Hosentasche verschwinden. Sein Vater betrachtete ihn und begann, von der Familie zu sprechen: „Deine Mutter ist ja so früh gestorben, aber ich habe versucht, dich zu erziehen so gut ich konnte. Als kleiner Junge warst du richtig brav, und ich war nie böse zu dir. Warum kannst du dich nicht an die Gesetze halten? Zum Säen wirst du dieses Jahr wohl nicht zu Hause sein. Sonst kann mir keiner helfen. Ich bin jetzt so alt, dass alles ganz langsam geht. Nicht mal mein Stückchen Erde kann ich noch allein bebauen."

Hang schien nicht sonderlich betroffen. „Früher hast du ja auch allein gesät und gepflanzt, und das hat prima geklappt. Nur weil ich im Knast bin, fängst du an zu jammern und zu klagen. Gib mir lieber die Zigaretten. Wenn du weiter nichts hast, kannst du ja wieder gehen."

Der Alte schwieg und wusste nicht, was er sagen sollte. Er widersprach seinem Sohn nicht, sondern fischte rasch sechs Päckchen Zigaretten aus seiner Tasche. Als Hang sah, dass es sich um eine billige Marke handelte, wurde er wieder mürrisch: „Mensch, kaufst du diesen billigen Dreck für mich? Das kann doch keiner rauchen. Du bist doch wohl noch nicht völlig pleite, oder?“ Darauf warf er seinem Vater die Päckchen vor die Füße.

Der Alte schämte sich so, dass er ganz rot im Gesicht wurde. Langsam hob er die Schachteln auf, eine nach der anderen. „Ich habe einfach kein Geld“, sagte er leise. „Ich konnte mir ja nicht mal den Bus hierher leisten. Gib dich doch damit zufrieden. Ich weiß, dass ich kein guter Vater bin.“

Hang war immer noch erbost. „Alter Knacker“, fluchte er. „Ich hab nicht verlangt, dass du kommst.“

Ich konnte das nicht länger mit ansehen und gab ihm einen Schlag auf den Hinterkopf. „Du bist ein Nichtsnutz, undankbarer Kerl! Dein Vater ist tagelang in der stechenden Sonne gegangen, um dir die Zigaretten zu geben, und jetzt passen sie dem Herrn nicht. Und dann beschimpfst du ihn noch. Du verdienst eine gehörige Tracht Prügel!“ Ich wurde immer wütender und als ich meine Standpauke schließlich beendet hatte, gab ich ihm einen Tritt in den Hintern.

Als der Alte das sah, wurde er so unruhig, dass Röte in ihm aufstieg und Schweiß von seiner Stirn rann. „Seien Sie nicht böse auf ihn, Genossin. Es ist meine Schuld, dass er verwöhnt ist. Er war schon immer so; ich habe mich daran gewöhnt. Aber er ist mein Sohn, so schäbig er auch sein mag.“

Ich überhörte die liebevolle Bitte des alten Mannes. Stattdessen sagte ich zu Hang, der sich seinen Hintern rieb: „Jetzt entschuldigst du dich bei deinem Vater!“

Hang beugte seinen Kopf, nahm die Zigaretten und bat um Entschuldigung.

Als ich den Alten betrachtete, empfand ich Mitleid und Trauer. Er war so weit gegangen, um seinen Sohn zu besuchen. Ich wollte ihnen etwas mehr Zeit geben. Auch wenn es nicht zugelassen war.

Ich ging hinüber zu den Bäumen und fragte den Häftling, der sich an mein Fahrrad lehnte und im Schatten kühlte: „Bist du fertig?“

Er hatte gesehen, wie ich Hang getreten hatte, und lächelte mich breit an, während er höflich antwortete: „Sehen Sie selbst, es ist so sauber, dass es glänzt. Genossin, wenn Sie mal wieder das Fahrrad geputzt haben wollen, sagen Sie mir nur Bescheid. Und wenn ich es nicht ordentlich mache, können Sie mir auch einen Tritt in den Hintern geben."

„Kann schon passieren." Seine Schlagfertigkeit brachte mich zum Lächeln. Dann sah ich die Zigarettenstummel in seiner Hand. „Hast du die Kippen gesammelt?"

„Fünf Stück hab ich gefunden", antwortete er zufrieden und zeigte mir seine Ausbeute.

„Geh jetzt in deine Zelle zurück. Für heute hast du genug frische Luft geschnappt."

„Vielen Dank, Genossin."

Als ich mich überzeugt hatte, dass er in seine Zelle zurückgekehrt war, ging ich zu Hang und seinem Vater. Ich schaute auf die Uhr. Länger konnte ich nicht warten, sonst würde sicher jemand die Sache meinen Vorgesetzten melden, und ich würde kritisiert. „Die Zeit ist um", sagte ich zu dem alten Mann. „Ich muss ihn in seine Zelle zurückbringen. Gehen Sie jetzt nach Hause."

Verzweifelt griff der Alte nach der Hand seines Sohnes. „Bitte gib alles zu. Vielleicht wird sie das milde stimmen, und du kriegst nur ein paar Jahre. Du musst dich gut führen und darfst nichts Unrechtes tun." Tränen standen in seinen Augen. Er lief dicht hinter seinem Sohn und redete dabei auf ihn ein. Sehnsüchtig schaute er seinem Sohn hinterher, als dieser durch das Tor in das Sperrgebiet gegangen war. Hang drehte sich nicht einmal um, sondern ging starr geradeaus.

Der Alte hatte nun wieder drei Tage und zwei Nächte vor sich, um nach Hause zu kommen. Unterwegs würde er um etwas Essen betteln müssen. Als ich sah, wie er sich seine Tränen mit einem Zipfel seines Hemdes trocknete, vermutete ich, dass er diesen Nachmittag während des ganzen Weges an seinen

Sohn denken würde. Das würde ihn sicher mehr plagen als die sengende Sonne. In diesem Augenblick dachte ich, dass ich nie Kinder haben wollte – so etwas wollte ich nicht durchmachen.

Kapitel 7

Der Herbst kam. Die bleichen Sonnenstrahlen drangen durch das Laub des Sonnenschirmbaumes und fielen auf den Hof vor dem Büro. Die Osmanthusbäume, die entlang der Mauer standen, hatten ihre Blüten geöffnet, und in der Luft lag ein süßlicher Duft.

An diesem ruhigen und friedlichen Herbsttag wurde ich überraschend von einer Kollegin angerufen, die in ein anderes Büro versetzt worden war. Sie erzählte, dass ihre Schwester vergewaltigt worden sei, und fragte mich, ob ich den Fall übernehmen könnte.

Die Schilderungen des Tathergangs unterschieden sich sehr voneinander, und ich sah mich gezwungen, den Fall gründlicher zu untersuchen, als ich es mir zunächst gedacht hatte.

Das Mädchen hatte als Putzfrau in einem Wohnheim gearbeitet, in dem der Angeklagte seinerzeit wohnte. Im Polizeiverhör hatte sie Folgendes zu Protokoll gegeben: „Eines Tages schlang er die Arme um mich und warf mich aufs Bett. Ich wehrte mich, aber er hielt mir den Mund zu, worauf ich das Bewusstsein verlor. Als ich aufwachte, war ich von der Hufte abwärts entkleidet. Ich rannte sofort zu meinem Chef, der die Polizei rief." Bei der Wohnungsdurchsuchung konnte die Polizei ein beflecktes Laken sicherstellen.

Ai gab zu, mit dem Mädchen intim gewesen zu sein, meinte aber, es sei mit ihrem Einverständnis, ja, auf ihre Initiative hin geschehen. Als er ihr sagte, dass sie künftig nicht mehr mit ihm rechnen könne, sei sie wütend weggelaufen. Am Abend seien zwei Polizisten in sein Zimmer gekommen, hätten ihm Handschellen angelegt und ihn zum Polizeirevier gebracht, wo er die ganze Nacht verhört wurde.

Ich beschloss, zum Untersuchungsgefängnis zu fahren, um mir Klarheit zu verschaffen.

Er war vierundzwanzig Jahre alt, groß, hatte helle Augen und weiße Zähne und wirkte rundum attraktiv: ein junger Mann, der nach menschlichem Ermessen wirklich keine Schwierigkeiten bei den Mädchen haben dürfte. Warum sollte er ein Mädchen aus der Provinz vergewaltigen, das nicht einmal besonders hübsch war?

Ais Aussage unterschied sich in keiner Weise von derjenigen, die er gegenüber der Polizei gemacht hatte.

„Bist du beim Polizeiverhör unter Druck gesetzt worden?“

„Keiner hat mich geschlagen, aber die Polizisten warfen mir vor, nicht kooperativ genug zu sein und behaupteten, ich lüge. Sie wollten, dass ich ‚die Wahrheit‘ sage. Ich habe immer wieder betont, dass alles, was ich sagte, der Wahrheit entsprach, und zum Schluss haben sie aufgegeben und das Verhör beendet.“

Ich hielt die polizeilichen Ermittlungen für unzureichend. Es gab keine Zeugenaussagen, keine Spuren von Gewalt.

Am nächsten Nachmittag hatten wir Sitzung, und wie immer gab es Mahnungen von oben: Strenge und hartes Durchgreifen waren die obersten Prinzipien und man hämmerte uns wieder einmal ein, wie wichtig es sei, Staatsgeheimnisse zu bewahren. Rundschreiben mit Informationen über die interne Disziplin in der Staatsanwaltschaft seien mit größter Diskretion zu behandeln. Ich wurde immer schläfriger.

Plötzlich rief jemand vom Empfangsschalter: „Kanzleichef Ning, Telefon für Sie! Ein wichtiges Gespräch!“

Ning stand auf und verließ den Sitzungsraum. Kurz danach kam er wieder hereingestürzt, war völlig außer Atem und sagte zu Dan, der noch immer die Weisungen vorlas: „Todesfall im Untersuchungsgefängnis! Ein Häftling ist erschlagen worden!“

Dan dachte einige Sekunden nach und sagte dann zu mir und zwei Kollegen: „Xiao von der Strafsacheneinheit I begibt sich sofort dorthin, um den Fall zu untersuchen. Sieh ihn dir zusammen mit der Polizei an. Einheitschef Jan und Bo von der Gefängniseinheit fahren auch rasch mit und ermitteln, warum die Aufsicht die Sache nicht im Griff gehabt hat."

Als wir zum Untersuchungsgefängnis kamen, standen Polizeichef, Kriminalkommissar, Gerichtsmediziner und Gefängnischef mit sorgenvollen Mienen dort und warteten auf uns. Die Leiche lag auf dem offenen Platz vor den Zellen und war mit einem weißen Tuch bedeckt.

Während Jan und die anderen einander die Hände schüttelten und Höflichkeiten austauschten, wurde ich neugierig, ging zur Leiche und hob das Tuch. Dort lag Ai. Ich musste Luft holen, und gleichzeitig schoss mir ein Gedanke durch den Kopf: Ob sie es war ...? Aber dann dachte ich sofort, dass das nicht sein konnte. Meine Kollegin hatte zwar Verbindung zu ihren Freunden bei der Polizei aufgenommen, aber ihre Kontakte dürften kaum bis in das Innere des Untersuchungsgefängnisses reichen und die anderen Häftlinge dazu bringen, Ai in der Zelle zu ermorden.

Se Lin war kaum wiederzuerkennen. Er war sehr nervös, als er uns die Ereignisse schilderte: „Zum Frühstück heute früh um acht kamen nur sieben Schalen aus Zelle drei. Da acht Häftlinge dort saßen, habe ich durch die Luke gerufen: ‚Wer will denn da nicht essen?' Keine Antwort. Nach einer Weile habe ich wieder gefragt: ‚Könnt ihr mal nachsehen, wer nicht essen will? Ist jemand krank?' Immer noch keine Antwort. Ich wurde wütend und schrie: ‚Seid ihr alle stumm oder taub geworden?' Endlich antwortete jemand von drinnen: ‚Der Universitätstyp schläft noch, er wird einfach nicht wach.' ‚So was gibt's doch gar nicht', hab ich gesagt. ‚Versucht's noch mal. Er muss aufstehen und essen.' Es dauerte eine Weile, und nichts passierte. Ich hatte das Gefühl, dass da was nicht stimmte. Ich schloss die Eisentür auf und ging hinein, um nachzusehen. Ai lag lang ausgestreckt und mit geschlossenen Augen auf der Pritsche. Ich habe an ihm gerüttelt, aber er hat nicht reagiert. Da hab ich meine Hand auf seine Stirn gelegt, um zu sehen, ob er Fieber hatte. Aber er war eiskalt, und da habe ich gemerkt, dass der Körper völlig steif war. Als ich die Hand unter seine Nase gehalten hab, stellte ich fest, dass er nicht atmete. Ich bin dann rausgerannt und hab sofort meinen Vorgesetzten angerufen, der einen Gerichtsmediziner hergeschickt hat. Es konnte ja Mord sein. Und der Arzt brauchte nur einen kurzen Blick auf ihn zu werfen, um zu sehen, dass er bereits vor mehreren Stunden an inneren Blutungen gestorben war."

Se Lin ließ die Insassen von Zelle drei zum Verhör rufen. Anfangs wollte niemand zugeben, an der Gewaltanwendung beteiligt gewesen zu sein. Se Lin donnerte wie ein Gewitter und drohte damit, alle zu bestrafen, falls sie nicht kooperierten und die Wahrheit sagten.

Es gab zwei junge Häftlinge in der Zelle, die wegen kleinerer Vergehen festgenommen worden waren. Sie hatten Angst, unnötig lange Strafen zu bekommen, und Se Lin kannte ihre Schwäche: „Warum wollt ihr darunter leiden, was andere gemacht haben? Wenn ihr uns sagt, wer der Hauptschuldige ist, zeigt ihr eine lobenswerte Einstellung und bekommt eine mildere Strafe."

Schließlich erzählten die beiden, was sich ereignet hatte.

„Gestern Abend, nach dem Essen, haben wir angefangen, den Neuen zu ‚verhören'. Gao, der seit drei Monaten wegen Betrug einsitzt, ist Anführer in der Zelle und sollte Richter sein. Zwei andere haben die Staatsanwälte gespielt, und noch zwei haben das Verhör gemacht. Die haben Ai verhört, wie sie's im Amtsgericht gelernt hatten. Ein Spiel, das wir uns zum Spaß ausgedacht haben, weil hier sonst nichts los ist. Das wird hier schon seit Jahren so gemacht, und immer werden die Neuen ‚verhört'.

Ai wollte nicht mitmachen. Er musterte die anderen verächtlich und meinte: ‚Ich bin unschuldig und Staatsbeamter. Warum soll ich hier mit euch rumspielen?'

Gao hat schon mehrmals im Gefängnis gesessen und fühlte sich überlegen: ‚Du bist der hochnäsigste Typ, der mir je untergekommen ist. Wir werden dir schon zeigen, wer hier das Sagen hat.‘ Dann hat er ‚Schlagt zu!‘ gerufen, und alle sieben haben Ai geschlagen und getreten. Hinterher ging das Verhör weiter.

Ai war ziemlich dickköpfig und hat immer noch nichts gesagt. Wenn er gezwungen wurde, hat er noch gestichelt: ‚Ich habe vier Jahre an der Universität studiert, und ihr könnt nicht mal eure Namen schreiben und habt keine Ahnung vom Gesetz. Und ihr wollt mich verhören? Ihr seid mir viel zu ungebildet.‘

Gao hat's ihm gegeben: ‚Wenn du so gebildet bist, warum machst du dann so faule Sachen wie Frauen vergewaltigen? Von mir könntest du noch was lernen. Ich hab zwar nie an der Uni studiert, aber meine Erfahrung sagt mir, dass man Tricks und Können draufhaben muss, wenn man sich durch Beschiss versorgen will. Sonst wird man erwischt.‘

‚Aber du bist doch geschnappt worden‘, hat Ai gesagt. ‚Wenn du so klug bist, warum sitzt du dann hier?‘

Gao wusste nicht, was er antworten sollte, und wurde deshalb wütend. Er fing an, zu treten und zu schreien: ‚Du willst nicht mitmachen? Ganz schön bockig! Schlagt ihn, Brüder! Er soll das Proletariat kennenlernen!‘ Dann hat er uns allen befohlen, uns auf Ai zu stürzen und so hart zuzuschlagen, wie wir können.

Aus Ais Mund und Nase kam Blut. Aber er gab nicht nach. ‚Nicht mal der Staatsanwalt hat mir eine Schuld nachweisen können. Ihr schlagt einen Unschuldigen und das wird euch teuer zu stehen kommen.‘

Weil Gao schon oft verurteilt worden ist, kann er die Gesetze in- und auswendig. Er hat den Tonfall der Staatsanwälte nachgemacht: ‚Du streitest also ab und behauptest, dass du unschuldig bist. Warum sitzt du wohl hier, wenn du kein Verbrechen begangen hast? Meinst du, die Volksregierung behandelt dich falsch? Sieh mal, was da an der Wand steht: Wir sind milde, wenn du gestehst, und greifen hart durch, wenn du leugnest.

Du meinst, dass du was Besseres bist, nur weil du ein paar Scheißbücher gelesen hast und dich Beamter nennst. In Wirklichkeit bist du nur ein Schmarotzer, der von uns Bauern lebt. Wir schinden uns ab, damit du zu fressen hast.'

Gao hat uns immer mehr aufgehetzt. Wir bewunderten ihr und feuerten ihn an. ‚Jetzt kriegst du eine Abreibung, bist du klein beigibst!', brüllte Gao.

Wir sollten Decken über Ais Kopf legen, und dann schlugen und traten wir auf ihn ein. Zuerst hat er noch um sein Leben gekämpft, aber nach einer Weile hat er keinen Widerstand mehr geleistet. Wir haben geschlagen bis wir ganz kaputt waren, und dann haben wir die Decke weggenommen. Ai hat nur noch schwach geatmet und konnte nicht sprechen.

‚Spiel bloß nicht tot', hat Gao gesagt. ‚Brüder, jetzt seid ihr müde. Geht ins Bett. Morgen früh geht das Verhör weiter.'

Alle haben sich hingelegt. Am nächsten Morgen haben wir sofort gemerkt, dass Ai noch dalag wie am Abend vorher. Gao hat ihn gerüttelt, aber er hat nicht geatmet. Da haben wir alle begriffen, dass was schief gelaufen war, aber keiner hat sich getraut, was zu sagen."

Als Jan Se Lins Bericht über das Verhör mit den Inhaftierten gehört hatte, sagte er: „Da das hier im Gefängnis passiert ist, müssen wir ermitteln, wer dafür verantwortlich ist."

Jeder verstand, was damit gemeint war: Wir mussten sehen, ob Se Lin ein Dienstvergehen begangen hatte. Auch Jan war altes Parteimitglied und ehemaliger Soldat. Er war loyal gegenüber der Partei, aber er hatte keine allzu umfassenden juristischen Kenntnisse. Die Gefängniseinheit der Staatsanwaltschaft aber hatte die Aufsicht über Gefängnisse und Arbeitslager. Dienstvergehen konnten zu Entlassung, Parteiausschluss, Ausschluss aus dem Staatsdienst oder Haftstrafe führen. Se Lin schaute mich entsetzt an und hoffte, ich könnte ein gutes Wort für ihn einlegen.

„Diese Art von ‚Verhörspiel' gibt es offensichtlich nicht erst seit ein paar Tagen", sagte ich zu ihm. „Die Tatsache, dass ihr nicht schon früher gegen solche Erscheinungen eingeschritten seid, deutet darauf hin, dass ihr wirklich eure Aufsichtspflicht verletzt habt. Allerdings gibt es keine Überwachungskameras in den Zellen, und ihr habt nicht genug Personal, um die Inhaftierten rund um die Uhr zu kontrollieren. Ihr habt zwar immer wieder gesagt, welche Regeln hier drinnen gelten, aber die Häftlinge kümmern sich nicht darum. Und das hat zu diesem Todesfall geführt."

Se Lin war sichtlich verlegen. Er war schockiert und wurde kritisiert, aber da wir anwesend waren, konnte er seinen Zorn nicht an den Gefangenen auslassen.

„Nach den ersten Untersuchungen zu urteilen, scheint es sich um vorsätzliche Tötung zu handeln", fuhr ich fort. „Der Inhaftierte Gao ist hauptverantwortlich, die anderen waren beteiligt und sind Mittäter. Sie müssen Strafverlängerung bekommen. Ich fange jetzt an, Gao zu verhören. Du kannst inzwischen Jan einen ausführlichen Bericht über die Ereignisse geben."

Jan ordnete an, dass alle Insassen von Zelle drei herausgeholt werden und sich neben der Leiche aufstellen sollten. Er wollte eine Strafpredigt halten.

Die Häftlinge kamen einer nach dem anderen heraus, die Köpfe gebeugt, die Hände gefesselt und die Kleidung verwahrlost. Sie starrten auf die Leiche am Boden, stellten sich dann in einer Reihe auf den Hof und verbreiteten einen ekelhaften Gestank von verfaulter Rohbaumwolle. Inzwischen sah man Gesichter hinter allen Luken der übrigen Zellen. Da jeder irgendwann an solchen Spielen teilgenommen hatte, wussten alle Inhaftierten, dass sie in die Untersuchungen hineingezogen werden könnten.

Jan nahm eine Position ein, die einer Autoritätsperson angemessen war, deutete mit ernster Miene auf die sieben bedrückten und verängstigten Häftlinge und sagte mit lauter Stimme: „Seht euch nur an, was ihr angerichtet habt, ihr miesen Kerle!" Dann wandte er sich an die Gesichter hinter den Luken in den

Zellentüren: „Auch ihr, unverbesserlicher Abschaum der Gesellschaft, hört gut zu! In Zukunft sind alle Spiele innerhalb der Zellen verboten, es dürfen keine Zellenanführer ausersehen werden, und niemand vergreift sich an neuen Inhaftierten. Sollte etwas Derartiges geschehen, werdet ihr es sofort melden, und der Schuldige kommt in die Isolationszelle. Gestern Abend starb ein Mensch bei einem solchen Spiel! Alle, die an der Misshandlung teilgenommen haben, werden zur Verantwortung gezogen und hart bestraft werden. Ein junger Mann hat sein Leben verloren. Ihr kaltblütigen Bestien! Heute Abend werdet ihr euch alle einer strengen Selbstprüfung unterziehen. So etwas wie gestern darf sich nie wiederholen!"

Se Lin deutete zornig auf einen Vierzigjährigen in zerschlissener bleichgelber Armeeuniform: „Das ist Gao, der Anführer."

Ich ging direkt auf ihn zu. Als er meine raschen Schritte hörte, hob er seinen Kopf, aber mein Gesichtsausdruck erschreckte ihn, und er blickte schnell in eine andere Richtung, wobei er sich nach hinten bog, so weit es möglich war, ohne aus der Reihe zu treten. Er hatte Angst, weil er nicht wusste, was ich mit ihm vorhatte.

Ich sah ihn unverwandt an und sagte mit kraftvoller Stimme, die keinen Widerspruch duldete: „Vorbeugen!"

Er beugte sich nach vorn.

„Mehr", befahl ich etwas ruhiger.

Er neigte sich weiter, und ich nahm ihn am Ohr und zog ihn zu der Leiche. Er wagte es nicht, Widerstand zu leisten, und fürchtete, dass dies die Sache nur schlimmer für ihn machen würde. Also stolperte er mit gebeugtem Rücken hinter mir her.

Ich schlug das weiße Tuch zurück, legte meine Hand auf Gaos geschorenen Kopf und drückte ihn nieder, bis er vor dem toten Gesicht auf die Knie fiel.

„Gestern hat er noch gelebt und mit dir geredet. Sieh ihn dir genau an, damit du kapierst, was du getan hast. Dieses Gesicht wirst du bis zu deinem letzten Tag nicht mehr vergessen, und jede Nacht wirst du seinetwegen Alpträume haben."

Sein Gesicht war dem der Leiche ganz nah, und ich drückte weiter, bis er um Gnade bat: „Bitte, lassen Sie mich. Ich muss brechen."

Ich ließ ihn los und er setzte sich auf die Erde, drehte sich um und erbrach Schaum.

Die übrigen Häftlinge in der Reihe senkten ihre Köpfe noch tiefer und gaben vor Angst keinen Laut von sich.

Se Lin ging mit Jan und Bo in jede einzelne Zelle, um die Insassen auszufragen. Der Kriminalkommissar, der Chef des Ermittlungsstabes und ich gingen mit Gao ins Verhörzimmer, um eine eingehende Schilderung des Tatablaufs zu bekommen.

Nach chinesischem Gesetz werden Mord und Totschlag danach unterschieden, ob eine Tötungsabsicht vorgelegen hat. Hat der Angeklagte im Verlauf einer Schlägerei den Tod eines Menschen verursacht, ohne den Vorsatz dazu gehabt zu haben, ist von Totschlag die Rede. Mörder bekommen die Todesstrafe, während Totschläger meistens zu Gefängnisstrafen von fünfzehn Jahren bis lebenslänglich verurteilt werden. Die Wahrscheinlichkeit, dass ein Totschläger hingerichtet wird, ist recht gering. Die wichtigste Aufgabe für uns bestand darin, durch das Verhör zu ermitteln, welchen Vorsatz die Häftlinge hatten, als sie den Neuling misshandelten.

„War dir klar, dass Ai an euren Schlägen sterben könnte?", fragte ich Gao.

Er sah verwirrt aus. „Wie hätte ich denn ahnen können, dass er so schnell stirbt? Diese Studenten sind vielleicht nicht so stark wie wir arbeitende Bauern. Er hat ja nichts vertragen, starb schon nach ein paar Schlägen."

„Warum habt ihr ein so sinnloses Spiel mit ihm getrieben?"

„Wie müssen doch auch mal ein bisschen Spaß haben. Wir können doch nicht den ganzen Tag nur so in der Zelle hocken ..."

„Willst du vielleicht noch ein Recht geltend machen? Verdammt noch mal, du hast einen Menschen umgebracht, kapierst du das?“ Der Polizist schlug Gao so schnell ins Gesicht, dass ich nicht reagieren und Gao sich nicht ducken konnte. Sofort zeichneten sich fünf rote Finger auf seiner linken Wange ab.

Gao rieb sich das Gesicht und schaute mich ängstlich an. „Er hat mich geschlagen. Sie sollten ihm das untersagen, Genossin Staatsanwältin.“

Alle Kriminellen wissen, dass die Staatsanwälte etwas milder gestimmt sind als die Polizisten und in der Regel nicht zuschlagen. Gleichzeitig ist es Aufgabe der Staatsanwälte, die Polizei zu überwachen und zu kontrollieren, damit die Verdächtigen im Verlauf des Verhörs nicht misshandelt oder bedroht werden. In diesem Fall hatte der Polizist aber so rasch gehandelt, dass ich nicht eingreifen konnte. Ich ließ es auf sich beruhen und sagte nichts, weil ich einen Polizisten nicht vor einem Inhaftierten kritisieren wollte.

„Warum hast du Ai so oft geschlagen?“, fragte ich. „Ging es dabei um einen ungeklärten Konflikt von früher?“

„Nur wenn ich jemanden schlage, lässt meine Anspannung ein bisschen nach“, antwortete Gao leise.

„Das musst du mir näher erklären. Und stell dich bloß nicht dumm!“, brüllte der Polizist.

„Wir sitzen da in der Zelle und sehen die Sonne nie. Wir wissen nicht, wie viele Jahre wir sitzen müssen oder in welchem Arbeitslager wir landen. Unser Los liegt in Ihren Händen. Wir können nur gehorchen. Ich hab schon mehrmals in Arbeitslagern gesessen; es ist unmenschlich da. Ich kriege Panik, wenn ich nur dran denke. Die Angst lässt nur nach, wenn ich spiele oder wenn ich zuschlage, und je härter ich zuschlage, desto gelöster werde ich. Als ich mich endlich abreagiert hatte, atmete Ai nicht mehr.“

Er machte eine Pause und sprach unruhig weiter: „Ich habe dieses Spiel nicht erfunden. Als sie mich eingeliefert haben, bin ich auch verhört und geprügelt worden. Kein Wächter hat sich darum gekümmert oder sich für meine Meldung interessiert. Ich hab viel durchgemacht, bis ich Anführer der Zelle geworden bin und selbst meinen Spaß mit den Neuen hatte."

Für diese Kriminellen war Misshandlung ein Spiel, aber wenn man der gewalttätigen Bosheit des Menschen freien Lauf lässt, ist sie genauso schwer zu zügeln wie ein störrisches Wildpferd.

Objektiv gesehen war ein Mensch getötet worden. Man konnte den Schuldigen einige Jahre mehr geben, doch dadurch würde das Opfer nicht wieder lebendig werden. Auch die härteste Strafe könnte den Schmerz der Eltern nicht lindern, die ihren Sohn verloren hatten. Als ich diese sieben Männer betrachtete, hatte ich ein beklemmendes Gefühl in der Brust: Wie sollte man solche Menschen dazu bringen, Ehrfurcht vor dem Leben zu spüren – dem eigenen und dem der anderen?

Gao wurde wegen Totschlags verurteilt, seine Haft entsprechend verlängert. Wenn wir danach zum Untersuchungsgefängnis kamen, um ein Verhör durchzuführen, nahmen wir jedes Mal die Gelegenheit wahr, nach der Situation in den Zellen zu fragen und die Inhaftierten dazu zu bringen, bei Gewalt Meldung zu erstatten.

Kapitel 8

So lautete die Aussage der Hauptzeugin Ma Pin:

„Ich hätte nie ein Verhältnis mit meinem Schwager Yan anfangen sollen. Meine ältere Schwester Ma Lin war nach längerer Krankheit gestorben. Eine Woche nach der Beerdigung ist Yan zu mir gekommen und hat gesagt, wie sehr er mich vermisse und dass er gern wieder mit mir zusammen sein wolle. Ich habe es mit allerlei Ausflüchten versucht, aber Yan hat mich weiter bedrängt. Und eines Tages, als er richtig außer sich war, sind ihm plötzlich die Worte rausgerutscht: ‚Deine Schwester ist tot, niemand ist uns mehr im Weg. Wenn ich gewusst hätte, dass du nicht mit mir zusammen sein willst, hätte ich mir die Mühe ja sparen können.'

Das kam mir merkwürdig vor. Trotz der Krankheit war meine Schwester ganz unerwartet gestorben, und ich hatte gleich gemeint, dass da was nicht stimmte. Sollte sie ermordet worden sein? Ich hab Yans Hand genommen und ihn gefragt: ‚Wie ist meine Schwester gestorben? Du kannst es mir erzählen. Jetzt ist es vorbei, und ich kann sowieso nichts mehr machen.'

Yan wollte nicht richtig raus mit der Sprache: ‚Ich hab gedacht, wenn sie nicht mehr ist, könnten wir heiraten. Warum hast du's dir jetzt anders überlegt?'

Um zu erfahren, was mit meiner Schwester geschehen war, hab ich mich wieder auf ein Verhältnis mit ihm eingelassen und bin ein letztes Mal zu ihm nach Hause gegangen. Diesmal war er im Bett besonders erregt. Hinterher lag er entspannt und zufrieden neben mir. Er war guter Laune, hat meinen Bauch gestreichelt und gesagt: ‚Auf diesen Tag habe ich lange gewartet.'

Ich habe ihn liebevoll angelächelt und leise gefragt: ‚Wie war dir, als wir nicht zusammen waren?'

Er hat mir einen langen Kuss auf die Stirn gegeben und geantwortet: ‚Ich fand, dass ich ohne dich nicht leben konnte.‘

Ich habe ihn auch geküsst und gesagt: ‚Weißt du, ich war traurig, dass wir nicht zusammen sein konnten, als meine Schwester noch am Leben war. Ich wollte sie nicht verletzen, und unsere Nachbarn und meine Verwandten hätten ein Verhältnis zwischen dir und mir nie gebilligt.‘

Er hat mich angesehen, gelächelt, mich umarmt und dann gesagt: ‚Das kann ich gut verstehen. Deshalb konnte es ja nicht so weitergehen. Jetzt ist es vorbei, und wir können uns so viel lieben, wie wir wollen, Kinder kriegen und zusammen alt werden. Mehr wünsche ich mir nicht.‘ Es klang wirklich aufrichtig.

Ich habe den Kopf auf seine Brust gelegt und gefragt: ‚Hatte meine Schwester Schmerzen, als sie starb?‘

Er hat geantwortet: ‚Vorher war sie viel schlimmer dran. Sie war so schwach, dass sie nicht aus dem Bett kam, nicht mal das leckerste Essen wollte ihr schmecken, jeden Tag musste sie fürchterlich bittere Arznei nehmen, und es tat ihr überall weh. Ich konnte ja sehen, wie sie sich quälte, und fand, dass es am besten wäre, wenn ihr das alles erspart würde.‘

Ich kriegte es mit der Angst zu tun. Mir wurde ganz schwindlig und schwarz vor Augen. Aber ich bin noch eine halbe Stunde geblieben, bevor ich auf einen Vorwand kam, um zu gehen. Dann bin ich direkt zum Polizeirevier gegangen und hab Anzeige erstattet.“

Die Polizei ließ Yan sofort festnehmen, um ihn zu verhören. Mehrere Tage und Nächte wurde er ausgefragt, wobei er bereute, eine sexuelle Verbindung mit der Schwester seiner Frau eingegangen zu sein, aber er gestand nicht, seine Frau ums Leben gebracht zu haben.

Im Verhörraum blätterte Fa wie gewohnt in seinen Mappen und Dokumenten. Ich fragte Yan aus und machte gleichzeitig Notizen.

„Du weißt, warum du in Untersuchungshaft sitzt?“

Yan machte einen erstaunten Eindruck: „Nein, das weiß ich nicht."

„Denk an die schlimmen Taten, die du begangen hast!"

„Ich habe nichts Schlimmes getan. Ma Lin und ich haben geheiratet und dann einen Sohn und eine Tochter bekommen. Ma Lin musste sich um die Kinder kümmern und gleichzeitig in der Landwirtschaft arbeiten. Außerdem hat sie ihre kranken Eltern gepflegt. Vor unserer Hochzeit hatte sie die hauptsächliche Versorgung der Familie übernommen, und jahrelange harte Arbeit ohne richtige Ernährung hat dazu geführt, dass sie jedes Jahr eine gewisse Zeit bettlägrig war. Weil wir kein Geld hatten, konnten wir nicht ins Krankenhaus fahren, und die Krankheit wurde immer schlimmer. Sie hat blutigen Schleim ausgehustet, und durch ihre Leiden hörte unser Intimleben ganz auf. Ich habe so viel wie möglich gearbeitet und konnte ein bisschen Geld zusammensparen. Wir haben den Bus zur Provinzhauptstadt genommen, damit sie im Krankenhaus ordentlich untersucht werden konnte. Die Ärzte meinten, sie habe eine Nierenentzündung und solle im Krankenhaus bleiben. Ich habe ihnen alles Geld gegeben, das ich hatte, und gesagt: ‚Pflegen Sie sie, bis das Geld alle ist, danach weiß ich nicht, was ich machen soll.'"

„Wie hast du deine Frau behandelt?", fragte ich.

„Ich hab mich bemüht, ein guter Mann zu sein. Um die Krankenhausrechnungen zu bezahlen, hab ich von der Hand in den Mund gelebt, und wenn ich sie besuchen wollte, bin ich früh um vier aufgestanden und einen Teil der Strecke gelaufen, um das Fahrgeld zu sparen. Ich hab ihr zu essen mitgebracht, Eier und mageres Fleisch, das ich mir selbst nicht geleistet habe. Ich hab nur Reis mit Sojasoße gegessen. Den Kindern musste ich ja auch was geben, die sollen ja noch wachsen. Damals war mein größter Wunsch, dass meine Frau wieder gesund werden würde, damit wir ein normales Familienleben haben könnten."

Fa fuhr plötzlich dazwischen: „Gib nur nicht so an! Hat die Polizei vielleicht einen Heiligen festgenommen? Du bist ein widerlicher Mensch ohne Moral. Red nicht drum rum, sondern komm zur Sache – gib endlich alles zu!“

Yan wurde bleich und schwieg. Er brachte kein Wort heraus, blinzelte und starrte mich an. Ich ließ mir nichts anmerken und schaute ihn meinerseits fest an. Er konnte meinem Blick nicht standhalten, sondern senkte seinen Kopf.

Ich sagte: „Denk nach. Wenn es keine Beweise gäbe, hätten wir dich nicht festgenommen. Wir verhören keine Menschen, die ein reines Gewissen haben können.“

Er antwortete noch immer nicht, schlurfte lediglich mit seinen schwarzen Stoffschuhen auf dem Fußboden hin und her. Ich wartete eine Weile ungeduldig, dann warf ich den Bleistift auf den Tisch, lehnte mich zurück, verschränkte die Arme und sagte gereizt: „Heb deinen Kopf! Meinst du, du kommst davon, wenn du dich weigerst zu antworten? So ein Verhalten bezeichnen wir als hartnäckigen Widerstand. Das dürfte keineswegs zu deinem Vorteil sein.“

Yan richtete sich etwas auf und sah mich mit tränenfeuchten Augen an. „Genossin“, sagte er leise, „sagen Sie mir doch bitte, welches Verbrechen ich begangen habe.“

Fa fuhr ihn an: „Du weißt doch wohl am besten selbst, was du getan hast!“

Ich fragte: „Hast du ein reines Gewissen? Was hast du für ein Verhältnis zu deiner Schwägerin?“

Yan überlegte einen Augenblick und sagte dann: „Als Ma Lin im Krankenhaus lag, musste ich für die Kinder gleichzeitig Vater und Mutter sein. Außerdem bin ich wie ein Verrückter zwischen dem Krankenhaus in der Stadt und den Feldern zu Hause hin und her gerast. Nach dem Pflügen musste ich Gemüse anpflanzen, Schweine, Hühner, Enten füttern, Holz hacken, heizen, Essen kochen, Kinder baden, Kleider waschen – ich konnte unmöglich alles allein schaffen. Meine

Schwägerin Ma Pin ist oft wegen der Kinder vorbeigekommen und hat geholfen.

Eines Tages, um die Mittagszeit, ist Ma Pin zu mir aufs Feld rausgekommen und hat etwas Essen mitgebracht, das sie für mich gekocht hatte. Ich hatte seit zwei Jahren keine Frau mehr gehabt, und als ich sie da auf dem Pfad kommen sah, jung und voller Leben, sind wohl meine Lüste erwacht. Wir haben uns nebeneinander gesetzt, und ich hab vorsichtig ihre Hand gehalten. Sie hat sie nicht zurückgezogen. Das hat mir Mut gemacht, und ich hab zu ihr gesagt: ‚Kannst du mir helfen, heute Abend die Kinder zu baden? Meine Tochter ist so groß, dass sie sich nicht mehr von mir waschen lassen will.'

Am Abend hat Ma Pin die Kinder nacheinander gebadet und zugesehen, dass sie einschliefen. Dann hat sie die Schalen und das Besteck vom Abendessen abgespült, die Schmutzwäsche der Kinder gewaschen und zum Trocknen vors Haus gehängt. Um elf hat sie den Staub aus ihren Kleidern gebürstet, ist zur Tür gegangen und wollte sich verabschieden. Ich habe ihre Hand gegriffen, die sie schon auf die Klinke gelegt hatte, habe sie umarmt und leise gefragt, ob sie nicht bleiben könne. Sie hat keinen Augenblick gezögert.

Danach waren wir jede Woche ein paar Mal zusammen. Als meine Frau sechs Monate im Krankenhaus gelegen hatte, konnte ich die Rechnungen nicht mehr bezahlen, und sie musste wieder nach Hause kommen. Von da an hatten Ma Pin und ich kaum noch Gelegenheit, uns zu treffen. Wir haben uns geschämt und uns selbst Vorwürfe gemacht; deshalb sind wir zu unserem alten Leben zurückgekehrt, und allmählich distanzierten wir uns wieder voneinander.

Ich hätte mich nicht in sie verlieben sollen. Ich weiß, dass es falsch war und ich keine Moral habe“, sagte Yan selbstkritisch.

„War das schon alles?“, versuchte ich ihn weiter unter Druck zu setzen. „Die Hauptsache fehlt noch. Versuch nicht, uns abzulenken.“

Yan setzte sich zur Wehr. „Was anderes hab ich nicht getan. Ich hab Ihnen alles erzählt."

Es wurde einen Augenblick still, bis Fa plötzlich brüllte: „Woran ist deine Frau wirklich gestorben?"

„An ihrer Krankheit. Sie ist jahrelang krank gewesen und ist an Nierenversagen gestorben." Die Antwort kam instinktiv, und Yan sah fürchterlich ängstlich aus.

„Du lügst. Erzähl mal, was passiert ist, bevor sie ihren Geist aufgegeben hat. Warum warst du der Einzige, der bei ihrem Tod anwesend war?" Fa wurde wieder lauter.

„Bevor sie an dem Abend eingeschlafen ist, ging es ihr besonders schlecht. Gegen Mitternacht bin ich aufgewacht, weil sie vor Schmerzen gestöhnt hat. Ich habe sie gefragt, wie sie sich fühlt, und sie hat gesagt, dass sie wohl sterben würde. Ich habe schnell ihre Medizin geholt, aber nach den Tropfen ging's ihr immer noch schlecht. Sie hat allerdings nicht mehr gestöhnt, und ich bin wieder eingeschlafen. Als ich am Morgen aufgewacht bin, habe ich gesehen, dass sie tot war."

Ich fragte: „Wenn es ihr nun so schlecht ging – warum bist du dann nicht mit ihr ins Krankenhaus gefahren?"

Yan antwortete: „In unserem Dorf gibt's im Umkreis von zehn Kilometern keinen Arzt, und das Krankenhaus ist noch weiter weg. Außerdem fahren in der Nacht keine Busse. Ich war gezwungen, bis zum nächsten Morgen zu warten."

Fa sah mich an und zwinkerte mit den Augen. Ich stand auf, steckte meine Hände in die Taschen der Uniform und ging auf Yan zu. Dann deutete ich auf seine Stirn und sagte: „Du sagst nicht die Wahrheit. Nach den Beweisen, die wir haben, verlief die Sache etwas anders."

Yan beugte seinen Kopf nach hinten und schaute auf meinen Finger, der sich vor seinem Gesicht auf und nieder bewegte. Er sagte nichts, aber sein Hals war steif und angespannt. Ich stellte mich noch näher, wippte auf den Füßen hin und her und ging dann einmal um ihn herum. „Es wäre besser für dich, wenn du alles gestehen würdest“, sagte ich. Dann stellte ich mich wieder vor ihn und sprach weiter: „Wir wissen bereits, dass du sie ermordet hast.“ Ich ging ruhig um ihn herum, während ich redete: „Du kannst uns keine überzeugende Erklärung für das Geschehen geben und bildest dir ein, dass wir dir glauben? Kann ein Mensch einfach mal eben über Nacht sterben?“

Yan neigte den Kopf zur Seite und ließ den Blick auf dem Boden hin und her schweifen. Befand ich mich zu seiner Linken, richtete er seinen Kopf nach rechts und schaute dorthin. Stand ich rechts von ihm, blickte er in die andere Richtung. Sein Rücken war kerzengerade, aber der Körper zitterte ein wenig, so dass er nicht richtig still sitzen konnte. Diese Art von Verhör hatten meine älteren Kollegen mir beigebracht; sie sollte äußerst effektiv sein, weil sie den Verdächtigen erheblich verängstigte.

Yan hatte inzwischen einen sehr nervösen Gesichtsausdruck. Er wusste nicht, was ich mir einfallen lassen würde, während ich ihn umkreiste. Manchmal streckte ich beim Sprechen meine Hand aus und berührte seine Schulter. Daraufhin zuckte er zusammen, als hätte er sich verbrannt. Er hatte eine solche Angst, dass es schien, als würde er jeden Augenblick aufspringen, weil er meinte, ich könnte ihn plötzlich angreifen.

Die ganze Zeit musterte Fa ihn mit kühlem Blick.

Aber auch nachdem ich sieben- oder achtmal um ihn herumgegangen war und die verschiedensten Fragen gestellt hatte, weigerte er sich, den Mord zuzugeben. Wir hatten fünf, sechs Stunden völlig ergebnislos gearbeitet und konnten nichts anderes tun als das Verhör abzubrechen.

Zurück im Büro sagte Fa: „Ich habe seinen Gesichtsausdruck studiert. Er hat ungeheure Angst, was darauf schließen lässt, dass er etwas zu verbergen hat. Er sagt nicht die Wahrheit.“

„Aber was sollen wir tun?“, fragte ich. „Ein komplizierter Fall. Wir haben ja keine Beweise und können ihn ohne Geständnis nicht schuldig sprechen.“

„Dann müsst ihr ihn weiter verhören", sagte Ang. „Ihr dürft nicht aufhören, bis er seinen Mund auftut. Man kann diese Sorte von Mördern nicht einfach davonkommen lassen. Und wenn wir ihn auf freien Fuß setzen, haut er ab und versteckt sich."

„Hat er denn keine Schwachstellen?", fragte Wang. „Was ist das Wichtigste für ihn?"

„So weit ich das nach dem Verhör beurteilen kann, bedeuten ihm seine Kinder sehr viel", sagte ich.

Wang lachte. „Dann müsst ihr bei den Kindern ansetzen."

„Das versteh ich nicht. Wie soll ich denn das machen? Die sind noch sehr klein, das eine sechs, das andere erst vier Jahre alt."

Wang erklärte: „Du musst ihn dazu bringen, dass er an einen Vorteil für sich glaubt. Sag ihm zuerst, du hättest Beweise für den Mord an seiner Frau. Darauf steht Todesstrafe. Dann sagst du, wenn er Entgegenkommen zeige und alles gestehe, ließe sich vielleicht was machen. Sag, Staatsanwälte haben Einfluss und können zusehen, dass er nicht hingerichtet wird und die Kinder nicht ohne Eltern aufwachsen müssen." Wang belehrte mich weiter. „Das Wichtigste ist, auf die Kindern zu setzen und ihn zu überzeugen, dass die einzige Möglichkeit, mit dem Leben davonzukommen, darin besteht, ein Geständnis abzulegen."

Ich dachte eine Weile darüber nach. Dann machte ich, auf Wangs Empfehlung hin, etwa zehn verschiedene Skizzen über den Verlauf des Verhörs, das mich schrittweise zum Ziel führen sollte. Am dritten Tag, als ich mit den Vorbereitungen fertig war, begab ich mich allein zum Untersuchungsgefängnis. Fa musste zu einer Untersuchung auf das Land und konnte nicht mitkommen.

„Hast du gut nachgedacht während der zwei Tage?", fragte ich Yan. Ich lehnte mich im Stuhl zurück; auf dem Schreibtisch hatte ich weder Bleistift noch Papier.

„Da gibt's nichts nachzudenken. Ich habe alles gesagt, was ich zu sagen habe", antwortete er.

Ich sah ihn eine Weile durchdringend an und eröffnete ihm dann ernst: „Yan, wir haben genug Beweise für eine Mordanklage. Wir bereiten uns darauf vor, die Todesstrafe zu beantragen."

Er reagierte völlig erstaunt und begann, am ganzen Körper zu zittern. „Aber ich bin unschuldig! Ich habe niemanden getötet!"

„Du kannst so viel leugnen, wie du willst", fuhr ich kühl fort. „Bei ausreichenden Beweisen brauchen wir dein Geständnis nicht, um dich einen Kopf kürzer zu machen."

Er saß einen Augenblick schweigend, ließ sich dann dumpf vor meinem Stuhl auf die Knie fallen, schaute zu mir auf und faltete die Hände vor der Brust. „Retten Sie mich, bitte!" bat er. „Ich habe wirklich niemand umgebracht. Wenn Sie mich köpfen – wer kümmert sich dann um meine Kinder? Die Armen!"

„Wir werden sie in einem Pflegeheim oder in einer Familie unterbringen, die keine eigenen Kinder hat", sagte ich, ganz meiner Rolle entsprechend, und legte lässig meine Beine übereinander.

Meine Teilnahmslosigkeit vermittelte ihm den Eindruck, dass ich die Wahrheit sprach. Er schüttelte den Kopf, wobei ihm die Lippen unaufhörlich zitterten und er stotterte: „Das ist nicht wahr. Sie können mich nicht zu Tode verurteilen. Die Leute in der Zelle sagen, wenn ich nichts zugebe, können Sie mich nicht hinrichten."

„Das soll wohl ein Witz sein!" Ich gab ein Hohngelächter von mir. „Soll ich dir aus den Büchern über Indizien vorlesen? Wer versteht denn hier was vom Gesetz: wir oder deine Zellengenossen? Ich bin ja gerade gekommen, um dir zu sagen, dass du dich auf die Hinrichtung vorbereiten sollst, weil du nicht mehr viel Zeit hast."

Yan war völlig gelähmt vor Schreck. „Bitte, bitte! Wenn Sie mein Leben retten, werde ich Sie für den Rest meines Lebens wie Vater und Mutter behandeln. Bitte, sagen Sie mir, was ich machen muss, um nicht hingerichtet zu werden. Meine armen Kinder kommen ohne mich nicht zurecht; die sind so klein und haben schon ihre Mutter verloren." Tränen rannen seine Wangen hinunter.

Ich beugte mich näher zu ihm. „An deine Kinder hättest du früher denken sollen. Es wäre das Beste für sie gewesen, wenn du mit uns zusammengearbeitet und alles gestanden hättest. Dann hätte es noch eine Möglichkeit gegeben, dein Leben zu retten und die Todesstrafe abzuwandeln." Ich lächelte.

„Und wenn ich jetzt gestehe? Es ist doch noch nicht zu spät? Dann könnten Sie barmherzig sein und nur das Datum ein bisschen ändern, als wenn ich früher gestanden hätte."

Ich merkte, dass das Feuer bereits entzündet war, und zögerte absichtlich, ehe ich etwas besorgt sagte: „Nein, das geht nicht. Das wäre ein Dienstvergehen."

„Ich bitte Sie! Ich hab keine Angst vor dem Sterben, aber meine Kinder sind so klein und brauchen ihren Vater."

„Nun gut, weil deine Kinder so klein sind, gebe ich dir die Möglichkeit, freiwillig zu gestehen und dadurch eine mildere Strafe zu kriegen. Aber dann musst du jetzt reden."

Yan schien zu befürchten, dass ich alles zurücknehmen könnte, und wollte mein Wort, dass er nicht zu Tode verurteilt würde.

„Du kannst dich auf mich verlassen", antwortete ich. „Wenn du ein Geständnis ablegst, verspreche ich dir, dass du am Leben bleiben kannst und deine Kinder dich im Gefängnis besuchen dürfen. Du willst wohl nicht, dass sie zu Waisen werden? Wer weiß, wie es ihnen in einem Pflegeheim ergehen würde; vielleicht würden sie Schläge und zu wenig Essen kriegen. Könntest du das wirklich ertragen?"

Yan begann, laut zu weinen. „Nein, das könnte ich nicht. Wie konnte ich nur so dumm sein! Ich war so gemein zu ihnen und zu ihrer Mutter!"

Ich ließ ihn eine Weile weinen, holte dann Papier und Bleistift hervor und bat ihn, den Tathergang eingehend zu schildern.

„Als meine Frau aus dem Krankenhaus gekommen ist, hatte Ma Pin vielleicht Angst, sie zu verletzen; jedenfalls wollte sie mich nicht mehr treffen. Aber ich konnte sie nicht vergessen. Kaum lag ich neben meiner kranken und hinfälligen Frau, musste ich daran denken, wie es mit Ma Pin und mir im Bett war, und ich konnte nicht schlafen. Da kam mir ein niederträchtiger Gedanke: wenn meine Frau an ihrer Krankheit sterben würde, könnte ich vielleicht Ma Pin heiraten.

Der Gedanke ist dann immer öfter aufgetaucht, aber meine Frau hat weiter geatmet, wenn auch mit großen Schwierigkeiten. Eines Tages habe ich im Wohnzimmer gesessen, wo es nach ihren Kräutern stank, und irgendwie dachte ich, sie wird dieses Zeug bis in alle Ewigkeit kochen. Ich hab die Töpfchen und Medizinreste betrachtet. Plötzlich bin ich ganz wütend über diesen ekelhaften Krankheitsgeruch geworden.

Um neun Uhr abends habe ich die Kinder ins Bett gebracht und dann eine Flasche Insektengift aus dem Besenschrank geholt. Erst hab ich ein bisschen gezögert, aber dann habe ich ein paar Esslöffel Gift in ein Arzneifläschchen gemischt. Ich habe daran gerochen, aber es hat nur nach den abgekochten Kräutern gestunken, wie sonst auch. Dann habe ich das schwarze, dickflüssige Zeug in ein Schälchen gegossen und neben ihr Bett gestellt.

Ma Lin hat geseufzt und wie zur Entschuldigung gesagt: ‚Immer mach ich dir so viel Mühe, du Armer.' Sie hat die Schale genommen, die Nase gerümpft und die Medizin geschluckt. Drei Minuten später hat sie über Bauchschmerzen geklagt. Sie hat sich im Bett gewälzt und heiser und gequält geschrien: ‚Wasser! Wasser! Gib mir Wasser!'

‚Ich hol dir was', hab ich sofort zu ihr gesagt. Dann bin ich aus dem Schlafzimmer gegangen, habe hinter mir abgeschlossen und von draußen mit dem Ohr an der Tür gehorcht. Nach einer kleinen Weile wurde es still. Als ich die Tür wieder aufgemacht habe und reingegangen bin, habe ich gesehen, dass meine Frau weißen Schaum vor dem Mund hatte, ihr Körper war verrenkt und die Augen hatte sie weit aufgerissen. Sie hat nicht mehr geatmet. Ich habe ein Handtuch geholt und den Schaum abgetrocknet, ihre Augen zugemacht und sie normal ins Bett gelegt, mit dem Kopf auf das Kissen. Die Medizinflasche mit dem Rest habe ich auf den Abfallhaufen neben dem Gemüsebeet geworfen.

Danach habe ich mich in das dunkle Zimmer gestellt, geraucht und versucht, mich zu beruhigen. Und ich habe mir überlegt, was ich den Verwandten am nächsten Tag für Lügen auftischen wollte.

Das ist die einzige schändliche Tat, die ich mir in meinem Leben hab zu Schulden kommen lassen, aber sie hat einem Menschen das Leben gekostet."

Als er fertig war, sah sein Gesicht leichenblass aus, und er begann, leise und schluchzend zu weinen.

Ich hob den Kopf und atmete aus. Endlich war es mir gelungen, den Fall zu lösen.

Während ich Yan zur Zelle zurückführte, bat er mich immer wieder, dafür zu sorgen, dass ihm die Todesstrafe erspart bliebe – er habe schließlich gestanden.

Ich kehrte wie ein Triumphator ins Büro zurück und verkündete Wang und Ang stolz: „Ich habe ihn endlich dazu gebracht, den Mund zu öffnen. Er hat alles gestanden. Jetzt fahre ich sofort zu ihm nach Hause, um Beweise zu sichern."

„Mein Ratschlag war nicht übel, oder?", sagte Wang freudestrahlend. „Fräulein brauchen nur uns ältere Genossen zu fragen und aus unseren Erfahrungen zu lernen." Und er vergaß natürlich nicht, mich zurechtzuweisen: „In Zukunft musst du deine Verhöre sorgfältig vorbereiten. Wenn Härte nicht hilft, muss man sanft sein; wenn Geradlinigkeit nicht funktioniert, muss man einen Umweg machen. Es gibt keine Methoden, die man nicht ausprobieren kann. Hauptsache, sie führen zum Geständnis."

„Danke, werd's mir merken", antwortete ich froh und erleichtert.

Auch Ang und Dan lobten mich und sagten, dass ich sehr rasch die verfeinerten Verhörmethoden gelernt hätte.

Mit einigen Kriminalbeamten machte ich mich auf den Weg zum Tatort. Gleich neben Yans Gemüsebeeten fanden wir das Medizinschälchen, das er auf den Abfallhaufen geworfen hatte. Bei der Analyse des Inhalts zeigte sich, dass es Reste eines giftigen Insektizids enthielt. Alles stimmte also mit Yans Aussage überein.

Ich beauftragte die örtliche Polizei, das Grab zu öffnen, damit Gerichtsmediziner die Leiche obduzieren konnten. Das mochten die Polizisten nicht gern hören. Gemäß ländlichen Vorstellungen bringt es Unglück, Tote auszugraben und zu untersuchen. Man glaubt, das könne sich auf Kinder und Kindeskinder in mehreren Generationen auswirken.

„Euer provinzieller Aberglaube kümmert mich nicht", antwortete ich. „Mir geht es um Beweise. Stellt euch vor, sie hat kein Gift in sich – dann wird vielleicht der Falsche verurteilt."

Das half gegen die Furcht. Polizei und örtliche Verwaltung forderten die Bewohner des Dorfes auf, diese Erklärung in den umliegenden Dörfern zu verbreiten. Dann öffnete man das noch frische Grab und brach den Sarg auf. Kaum war der Deckel abgehoben worden, schlug uns ein grauenvoller Gestank entgegen, der uns den Atem nahm. Der Gerichtsmediziner ließ zwei Männer mit Gummihandschuhen die Leiche herausheben und auf eine Tierhaardecke legen, auf der ein weißes Laken lag. Der Verwesungsprozess hatte bereits begonnen, und es war schwierig, noch Gesichtszüge zu erkennen. Mir war fürchterlich übel.

Die Obduktion ergab Gift im Magen des Opfers, das ungefähr eine halbe Stunde vor Eintritt des Todes eingenommen worden war. Jetzt hatte ich ausreichend Beweise, um Yan wegen Mordes vor Gericht zu stellen.

Laut Strafgesetz steht auf Mord die Todesstrafe, und der Prozess muss von der Anwaltskammer in der Stadt durchgeführt werden. Falls Yan hingerichtet würde, hätten seine beiden kleinen Kinder nach der Mutter auch ihren Vater verloren und würden Vollwaisen. Am Tag der Graböffnung hatte ich auch seine Familie besucht. Die beiden Kinder wurden zwischenzeitlich von Ma Pin versorgt und wohnten bei deren Eltern. Sie hingen die ganze Zeit über an ihrer Tante und fragten nach dem Vater. Sie hatten Yan nicht gesehen, seit er auf dem Polizeirevier verhört und ins Provinzgefängnis gebracht worden war. Ma Pin sah sich gezwungen, sie anzuschwindeln und zu sagen, dass er verreist sei, um zu arbeiten und Geld zu verdienen, damit er ihnen Kleider und Süßigkeiten kaufen könne. Seitdem saßen die Kinder auf der Schwelle und warteten sehnsüchtig.

Ich erklärte Dan die Situation und schlug vor, dass wir lebenslänglich oder Aufschub der Vollstreckung beantragen sollten. Auch Dan meinte, eine Hinrichtung könne den Eindruck erwecken, dass Staatsanwaltschaft und Gericht zwei Kinder zu Waisen machten; deshalb pflichtete er mir bei.

Doch es dauerte nicht lange, bis das Urteil gefällt wurde: Yan, der Angeklagte, wurde zum Tode verurteilt.

Ich war schockiert darüber, dass unsere Vorgesetzten nicht auf unsere Empfehlungen eingegangen waren. Das gnadenlose Urteil des Gerichts machte mich zornig, und ich schlug vor, Berufung einzulegen.

Einen Monat später kam die Entscheidung des städtischen Staatsanwalts: die Berufung wurde abgelehnt. Die Aufgabe eines Staatsanwalts bestehe lediglich darin, die Einhaltung der Gesetze zu berücksichtigen; er dürfe keine Sympathie oder Toleranz für die Taten eines Kriminellen zeigen.

Ich war enttäuscht. Ich hatte Yan mein Versprechen gegeben. Wie sollte ich ihm meinen Wortbruch erklären? Er hatte letztlich die Wahrheit gesagt, aber wir hatten ihn verurteilt. Dadurch würden wir auch das Vertrauen der anderen Häftlinge verlieren. Das machte mich traurig und bereitete mir Sorgen.

Ang versuchte, mich zu trösten: „Die Entscheidungen des Gerichts kannst du weder steuern noch verändern. Die sind längst gefallen, bevor du sie beeinflussen könntest. Niemand wird dir vorwerfen, dass du beim Verhör leere Versprechungen abgegeben hast."

„Du hast ja nicht gelogen", ergänzte Fa. „Du hast vorgeschlagen, die Vollstreckung aufzuschieben, und damit hast du getan, was du konntest."

Wang meinte, dass ich mich nicht zu sehr darum scheren sollte. „Warum sollte man einem Mörder gegenüber sein Versprechen halten? Hättest du ihm beim Verhör nichts versprochen, hätte er nie gestanden. Das zeigt doch, wie verstockt und hartnäckig er war. Er hat ja nicht gerade großzügig alles von sich aus zugegeben – warum sollten wir da nett zu ihm sein?"

Als ich Yan nach dem Urteil zum letzten Mal im Gefängnis besuchte, fragte ich ihn, ob er nun in der Nähe des Todes Angst habe. Er antwortete ruhig: „Damals hatte ich Angst. Deshalb hab ich ja mein Bestes getan, um mit Ihnen zusammenzuarbeiten, Staatsanwältin, weil ich nicht zum Tode verurteilt werden wollte. Aber jetzt hab ich keine Angst mehr. Das Warten ist schlimmer als der Tod selbst."

Noch lange nach der Hinrichtung sah ich nachts im Dunkeln Yans qualvollen Todeskampf vor mir und konnte nicht schlafen. Sein Abschied von den Kindern suchte mich wie ein Gespenst heim, und ich kam zu der Erkenntnis, dass eine kommunistische Staatsanwältin eine furchtbar starke Psyche haben musste, um dies alles ertragen zu können.

Kapitel 9

Kurz danach ließ mich der neue Vorsitzende Wu rufen. „Wir möchten nicht, dass jemand von euch jungen Leuten entlassen wird, deshalb sind wir immer bereit, euch zu helfen. Deine Vorgesetzten und Kollegen haben den Eindruck, dass du nicht genau weißt, auf wessen Seite du stehst."

Ich erklärte umgehend: „Weder Verwandte noch Freunde von mir sind für irgendetwas verurteilt, und ich habe nie versucht, jemanden zu schützen oder zu entlasten. Im Fall von Yan dachte ich einzig an die beiden kleinen Kinder. Ich wollte einfach nicht, dass sie Waisen würden."

Nun wurde Wu ernst. „Junge Genossin! Unsere Aufgabe besteht darin, unbarmherzig gegen die Kriminalität vorzugehen. Du hast eine mehrjährige Ausbildung von der Partei erhalten, so dass dir die Anforderungen des Rechtswesens und die Regeln der Disziplin kaum unbekannt sein dürften. Wo ist dein Sinn für Gerechtigkeit? Es ist nicht das erste Mal, dass du einen solchen Fehler begehst. Das darf nicht mehr vorkommen! Sonst müssen wir deine Eignung als Beamtin in Frage stellen."

Das war nicht nur eine Kritik, sondern eine Drohung – eine Drohung, die meinen Lebensunterhalt betraf. Auch Ning hatte mich gerügt, als er die Verantwortung für die politische Arbeit hatte. Damals war es um einen Fall gegangen, in dem wir einen Konflikt zwischen einigen Randalierern untersuchten. Ein Bekannter von mir hatte mich darum gebeten, einem der Angeklagten einen Gruß auszurichten. Ich hatte gesagt, dass es sich um einen öffentlichen Prozess handle und er selbst hingehen und sein Anliegen äußern könne. Er hatte keine Zeit gehabt, also half ich ihm kurz vor Beginn des Verfahrens. Der Angeklagte hatte sich sehr gefreut. Kurz darauf behaupteten der Richter und einer der Gerichtspolizisten, ich hätte Freunde in kriminellen Kreisen.

Jetzt kombinierte Wu diese Geschehnisse und forderte mich zu einer gründlichen Selbstprüfung meines ideologischen Standpunktes auf. Ich starrte ihm hasserfüllt in seine stets verschwörerisch blickenden Augen, sah, wie sich seine Lippen öffneten und schlossen, während er seine politischen Floskeln drosch. Konnte er sich wirklich nur dann wohlfühlen, wenn andere Angst hatten?

Als ich sein Zimmer verließ, hatte ich die Lust verloren, ins Büro zurückzugehen und meine Fälle zu bearbeiten. Ich ging geradewegs auf unser Zimmer, legte mich auf mein Bett und fühlte mich verletzt. Wus Kritik und Drohung beunruhigten mich: vielleicht würde er tatsächlich meine Entlassung vorschlagen. Ich schlug mit der Hand auf die Bettkante, um mich abzureagieren. Nach einer Weile kamen Li und Bo ins Zimmer.

„Verdammter Mist!“, fluchte ich zwischen zusammengebissenen Zähnen.

Li und Bo machten sofort die Tür zu und versuchten, mich aufzumuntern: „Wenn du laut schimpfst, wird's dir besser gehen.“

„Du bist nicht die Einzige, die es erwischt hat“, sagte Li. „Sogar der Oberstaatsanwalt ist von der Partei gerügt worden. Er läuft auch rum und kocht innerlich.“

„Aber was wissen die Leute von der Partei oder der Verwaltung hier in der Kommune über unsere Arbeit? Unsere Aufträge haben doch mit denen gar nichts zu tun.“ Yan war hingerichtet und seine Kinder waren im Heim untergebracht worden, trotzdem wurde ich kritisiert. Wir schimpften alle drei eine ganze Weile.

Aber jammern hilft nichts. Jetzt mussten die Probleme gelöst werden, und ich erklärte feierlich: „Von nun an werde ich ein völlig abgestumpfter und kaltblütiger Mensch sein.“

Bo und Li wurden still, als sie hörten, dass der Ton in meiner Stimme plötzlich ernst geworden war. Aber es dauerte nicht lange, da fing Bo wieder an zu kichern: „Wenn du es schaffst, arme bedauernswerte Menschen im Stich zu lassen, dann bring ich es fertig, Nonne zu werden. Oder lieber Präsidentin?"

„Meinst du, dass ich das nicht hinkriege?" Ich schubste sie auf das Bett und fing an, sie zu kitzeln.

„Hilfe!", schrie sie übertrieben laut. „Und du willst eine erfahrene und respektable Staatsanwältin sein!"

Li steckte die Hand unter mein Kopfkissen und zog lachend *Jane Eyre* hervor. „Auf der einen Seite liest du solche kapitalistischen Liebesromane hier, und auf der anderen Seite behauptest du, dass du kalt und methodisch für die Diktatur des Proletariats streiten willst. Hast du keine Angst, schizophren zu werden? Hör auf damit. Sei einfach du selbst. Ich möchte dich nicht als deformierte Doppelnatur sehen."

„Genau", sagte Bo. „Ich finde dich prima mit deinem lebhaften Temperament."

Trotzdem war ich nicht besonders froh. „Aber immer kriege ich Vorhaltungen von den Chefs. Nie lobt mich jemand oder findet, dass ich kompetent bin."

Zum Mittag war nur ein Tisch gedeckt worden, um den wir zu siebt saßen. „Sieh an, Anwalt Lo isst heute mit uns?", sagte Bo und grüßte Lo, der ihr gegenüber saß.

„Ich hatte eine Verhandlung am Vormittag und habe eine zweite heute Nachmittag", antwortete Lo. „Ich hab's nicht geschafft, zum Essen nach Hause zu fahren, und deshalb bin ich hergekommen. Zwei fünfzig für eine Mahlzeit ist ja billig."

Pan mischte sich sofort ein: „Der Preis ist subventioniert für die Leute, die hier arbeiten. Sonst würde ich so große Verluste machen, dass ich meine Hosen verkaufen müsste."

„Dann bin ich wirklich ein Schmarotzer, wenn ich die Gastfreundlichkeit der Staatsanwaltschaft in Anspruch nehme", witzelte Lo.

„Und dabei kommst du gar nicht so selten", sagte Bo. „Du isst hier mindestens zwei- oder dreimal im Monat."

„Stimmt", antwortete Lo. „Leider bin ich der einzige Rechtsanwalt in der Provinz und hab fürchterlich viel zu tun. Es ist nicht immer so angebracht, in der Gerichtskantine zu essen. Denn wenn ich da bin, können die Beamten dort die Fälle nicht diskutieren."

Wangcheng hatte Mitte der achtziger Jahre gut eine halbe Million Einwohner, aber nur einen einzigen Rechtsanwalt. Man wusste nicht recht, wozu Rechtsanwälte eigentlich gut sein sollten. Die Rechtsprechung lag ganz in den Händen von Polizei, Staatsanwaltschaft und Gerichtshof. Li hatte schon häufig mit Lo vor dem Gericht zu tun gehabt und hatte keinerlei Respekt mehr vor ihm. In unserem Berufsjargon galten Rechtsanwälte als Trödel – keiner kümmerte sich um sie.

Anwalt Lo hatte sein Examen an der Universität für Politik und Jura vor Beginn der Kulturrevolution abgelegt. Nach dem Zusammenbruch des Rechtswesens musste er seinen Beruf wechseln. Erst 1978, als Staatsanwaltschaft und Gerichtshöfe wieder zu funktionieren begannen, war er in seinen alten Beruf zurückgekehrt.

Wenn ein Fall vor Gericht kam, stand für die Staatsanwälte die Schuld des Angeklagten schon fest. Der Prozess lief darauf hinaus, dass der Richter die vom Staatsanwalt geschickten Akten las und dann das empfohlene Urteil unterschrieb. Darin formulierte der Richter auch die Anklagepunkte sowie die Strafe, die nach Lage der Dinge angemessen erschien. Alles musste dann vom Gerichtspräsidenten genehmigt werden. Da jedes Vergehen nach dem Strafgesetz eine Mindest- und eine Höchststrafe hatte, verfügten Richter und Schöffen nur über geringe Entscheidungsfreiheit. Sie waren gezwungen, sich innerhalb des vorgeschriebenen Rahmens zu bewegen. Auf Diebstahl beispielsweise stand Gefängnis zwischen drei und sieben Jahren. Gericht und Schöffen klärten die Begleitumstände eines Falles unmittelbar zu Beginn des Prozesses und verurteilten dann den Dieb zu drei bis sieben Jahren. Falls der Rechtsanwalt einen guten Tag hatte und geschickt argumentierte, konnte der Richter freundlich gestimmt werden, und wenn die Schöffen guter Laune waren, konnte es geschehen, dass der Angeklagte nur drei Jahre bekam. Waren Richter und Schöffen schlecht aufgelegt, hatte der Dieb Pech: Denn dann konnten es ebenso gut sieben Jahre für ihn werden. Die Funktion der Schöffen bestand darin, zu kontrollieren und Vorschläge zu machen, aber lediglich der Richter hatte das Recht, ein Urteil zu fällen. Wenn es Rechtsanwalt Lo gelungen war, die Strafe auf drei Jahre zu begrenzen, war er durchaus zufrieden mit sich: Er hatte gute Arbeit geleistet. Einen Freispruch zu erwirken war unmöglich, falls das Gericht selbst nicht von vornherein den Angeklagten für unschuldig befand. Dann hätte man die Staatsanwaltschaft allerdings schon vor der Hauptverhandlung angewiesen, den Fall niederzulegen. Das kam ausgesprochen selten vor. Die Staatsanwälte würden ja ihr Gesicht verlieren, wenn ein Fall zur Verhandlung kommen und dann zu einem Freispruch führen würde. Polizei, Staatsanwaltschaft und Gerichtshof pflegten eine freundschaftliche Zusammenarbeit. Das grundlegende Prinzip für die Arbeit der Partei war, dass die gesellschaftliche Ordnung aufrechterhalten werden musste.

Einer der Staatsanwälte am Tisch sagte zu Li und mir: „Er weiß sehr wohl, dass das Gericht den Beschluss schon im Voraus gefasst hat. Wozu hat man denn Richterkomitees und Gerichtspräsidenten, wenn nicht zur Festsetzung des Strafmaßes?"

Lo gab ihm recht: „Genau. Aber wenn ich helfen kann, den Leuten ein paar Jahre Gefängnis zu ersparen, ist es nur gut so. In der Anstalt kommt einem jeder Tag wie ein Jahr vor, das dürftet ihr doch wohl wissen."

„Du sympathisierst also mit dem Klassenfeind?", versetzte

ich. „Lässt du Milde und Mitleid gegenüber den Kriminellen walten?“

Li und Bo dachten an die Rüge, die ich bekommen hatte, und brachen in Gelächter aus. Ich nahm meine Schale, stand auf und ging lieber in die Gerichtskantine.

Lulu, eine Richterin in meinem Alter, deutete auf den leeren Stuhl neben sich. „Setz dich hier. Warum bist du heute so trübselig? Man hört dich ja gar nicht lachen.“

Wir kannten uns sehr gut. Bei Strafsachen arbeiteten Richter und Staatsanwälte fast täglich zusammen, und manchmal, wenn wir uns über Anklagepunkte oder den Grad eines Vergehens zu einigen hatten, saßen wir, wie jetzt, in der Kantine und aßen, redeten und diskutierten, bis wir zu einem Ergebnis kamen.

Es gab noch keinen richtigen Verhandlungssaal, so dass gewöhnliche Fälle in der Kantine beraten wurden. Da nicht alle Prozesse die Anwesenheit eines Rechtsanwalts notwendig machten, genügte es meistens, den Esstisch beiseite zu schieben und drei provisorische Schreibtische sowie Stühle aufzustellen. Staatsanwalt und Richter saßen an jeweils einem Tisch, die beiden Schöffen nahmen an dem dritten Tisch Platz und der Angeklagte bekam einen Stuhl. Der Gerichtspolizist holte den Angeklagten aus dem Untersuchungsgefängnis ab, setzte ihn in den Beiwagen seines Motorrades, befestigte die Handschellen an dessen Rahmen und fuhr geradewegs vor die Tür der Kantine. Dann wartete er draußen, bis die Verhandlung vorüber war, und fuhr den Häftling zurück. Auch die Schöffen waren altgedient. Sie waren oft mit den Richtern verwandt, konnten Schwiegervater, Großvater oder Onkel sein. Einige waren nur vorübergehend zu Besuch in der Stadt, andere hatten hier Arbeit. Sie wohnten in den Dienstwohnungen hinter den Büros. Wir trafen sie häufig und kannten sie gut. Man bekam einige Yuan Aufwandsentschädigung, wenn man an einem Prozess teilnahm, und so stellte sich jeder gern als Schöffe zur Verfügung.

Am Nachmittag gegen vier Uhr ging ich in die Kantine, um etwas Teewasser zu holen. Das Gericht hatte sich gerade zur Beratung zurückgezogen. Den Angeklagten hatte man in ein kleines Badezimmer gesperrt, das sich zwischen den Kantinen des Gerichts und der Staatsanwaltschaft befand. Dort gab es kein warmes Wasser, weshalb das Bad seit längerem nicht benutzt wurde. Die Angestellten beider Behörden verwendeten den Raum als Lager für Kohlen, Körbe, Tragebalken und anderes. Selbstverständlich trug der Angeklagte Handschellen – das war die Regel, denn wir mussten ja jeden Fluchtversuch verhindern. Es galt umgekehrte Beweislast: hatten die Staatsanwälte vor der Verhandlung entschieden, dass der Angeklagte schuldig sei, war es an ihm, seine Unschuld zu beweisen. Als ich vorbeiging, hörte ich, wie zwei Schöffen miteinander diskutierten, während sie am Waschbrett standen.

„Zwei Jahre soll er kriegen?“, sagte der eine. „Ich finde, er scheint doch ganz gefügig zu sein.“

„Zwei Jahre sind zu wenig“, antwortete der andere. „Das wird der Richter nie gutheißen. Er ist in letzter Zeit ziemlich schlecht gelaunt gewesen; seine Frau hat sich in einen anderen verliebt und will sich scheiden lassen.“

„Ehrlich? Meinst du wirklich? Konnte ich mir doch gleich denken, dass da was mit seiner Frau war. Sie sieht so gut aus und ist ziemlich kokett; die lässt sich wohl nicht so leicht anbinden.“ Er sperrte seine Augen auf und gierte nach weiterem Klatsch.

„Wir beantragen ein bisschen mehr. Vier Jahre sind wohl in Ordnung?“, sagte der andere, der nicht weiter tratschen wollte. „Wenn der Richter sauer ist, gibt's meistens härtere Strafen.“

Als die beiden mich sahen, lächelten sie und grüßten. „Wir machen einen Kompromiss und schlagen drei Jahre vor“, sagte der erste. „Letztlich liegt die Entscheidung sowieso beim Richter.“

Der andere zögerte einige Sekunden und nickte dann.

Als ich meine Thermosflasche gefüllt hatte und die Küche verließ, sah ich, dass der Richter gekommen war und mit den beiden Schöffen sprach. Sie diskutierten leise, und schließlich sagte der Richter: „Also gut, dann eben drei Jahre."

Nachdem die Schöffen wie auf dem Gemüsemarkt gefeilscht hatten, wurde der Angeklagte zu drei Jahren Gefängnis verurteilt. Die Kriminellen verstanden nichts vom Gesetz und konnten sich keine Rechtsanwälte leisten. Sie waren ganz einfach gezwungen, sich in die Entscheidung des Gerichts zu fügen. Die Prozesse wurden als öffentlich bezeichnet, aber meistens gab es keine Zuschauer, und nach dem Urteil war die Sache vorbei. Berufungen waren selten, weil bei den „führenden Persönlichkeiten des Volkes" jeder Irrtum ausgeschlossen war.

Kapitel 10

Im politischen Unterricht verkündete Dan, dass die Zentralregierung eine Verordnung erlassen habe: Die Einkindpolitik müsse bei den Bauern auf dem Land strenger durchgesetzt werden. Die Führungsgremien von Stadt und Provinz hatten folgenden Beschluss verabschiedet: Jede öffentliche Behörde sollte einen Beamten auswählen, der für die Organisation einer Arbeitsgruppe für Geburtenkontrolle verantwortlich sein sollte. Die Gruppe sollte dann jede einzelne Kommunalverwaltung aufsuchen und dafür sorgen, dass der Erlass der Zentralregierung befolgt wurde.

Dass die Leute Kinder bekommen, hat wohl nichts mit unseren Strafsachen zu tun, dachte ich, und hier im Büro hat niemand zu viele Kinder. Mir kam es wie Zeitvergeudung vor, solche Direktiven einen ganzen Nachmittag zu diskutieren. Ich tuschelte ein wenig mit Li und Bo, die neben mir saßen, und bereute, nichts zu lesen mitgenommen zu haben.

Dann war der Vorsitzende Wu an der Reihe. Er sprach über das Problem der kinderreichen Familien in den Dörfern und erklärte, dass die Gruppen zur Durchsetzung der Einkindpolitik von der Provinzialverwaltung entsandt und zwei Monate in den verschiedenen kommunalen Einheiten verbringen würden. Schließlich verkündete er feierlich: „Die Partei hat die Angelegenheit besprochen und entschieden, dass Xiao in einer der Gruppen mitarbeiten wird."

Ich glaubte erst, mich verhört zu haben, und starrte verblüfft auf Li und Bo. Alle Blicke richteten sich auf mich.

Ihr wollt also, dass ich mich abrackere, dachte ich. Aber ich werde mich die zwei Monate lang durchkämpfen, und wenn es das Letzte ist, was ich tue. Und wenn ich zurückkomme, werdet ihr euren Augen nicht trauen. Ich arbeitete nun schon seit mehreren Jahren innerhalb dieser politischen Organisation und hatte dabei gesehen, wie es hartnäckigen alten Beamten erging, die sich mit den Plänen der Vorgesetzten nicht abfinden wollten. Ich wusste nur zu gut, dass ich mich den Beschlüssen der Partei nicht widersetzen konnte. Ich musste aufs Land, ob ich wollte oder nicht.

Ich stellte mich also dumm, lächelte die anderen an und tat, als hätte man mir einen ehrenvollen Auftrag gegeben.

„Xiao", sagte Wu freundlich, „nach der Sitzung wollen wir beide konkreter über die Sache reden."

Er erläuterte, warum er gerade mich für diesen Auftrag ausersehen hatte. „Junge Leute dürfen nicht nur drinnen sitzen und Verfahren bearbeiten. Du hast noch nicht so viel Erfahrung in Leben und Gesellschaft, und das könnte dir in deiner späteren Karriere hinderlich sein. Du zeigst noch nicht den rechten strebsamen und aufopfernden Geist. Die Partei hat dich für diesen Auftrag ausgewählt, um dir die Möglichkeit zu geben, dich im Brennofen der gesellschaftlichen Wirklichkeit zu läutern."

War man bei den Oberen einmal abgestempelt, war es sehr schwierig, dieses Stigma wieder loszuwerden. Es hatte direkten Einfluss auf die Zukunft des Einzelnen. Ich musste mich demütig geben und so tun, als nähme ich mir seine Kritik und Belehrung zu Herzen. Also sagte ich: „Ich weiß, dass ich zu liberal und zu individualistisch bin und habe in den letzten Jahren versucht, an meinen Fehlern zu arbeiten."

Er war mit meiner Selbstkritik zufrieden und bescheinigte mir, dass ich Fortschritte gemacht habe.

Zwei Tage später packte ich meine Sachen und meldete mich bei der kommunalen Verwaltungseinheit eines kleinen Ortes an, der etwa zwei Stunden Busreise von der Provinzhauptstadt entfernt lag. Ich sollte zu einer Arbeitsgruppe stoßen, der auch ein Polizist sowie Beamte der Personalabteilung, der Einwohnerstatistik, der Schulbehörde, der Bauaufsicht und des Finanzamts angehörten. Der Leiter der Gruppe stammte aus dem Provinzialbüro für Geburtenkontrolle. Unser Arbeitsplan wurde von einem Beamten der Kommune ausgearbeitet, der dort die Verantwortung dafür hatte. Er meinte, dass wir kein Büro brauchten, da wir draußen vor Ort arbeiten sollten. Ich schlief in einem zehn Quadratmeter großen Zimmer im Rathaus, das nur mit einem schmalen Bett, einem Tisch und einem Stuhl eingerichtet war. Es schien lange unbewohnt gewesen zu sein, denn es war überall staubig und in einer Ecke sah ich Spinnweben. An den grauen, gekalkten Wänden sah man die Blutspuren erschlagener Mücken. Ich verbrachte dort so wenig Zeit wie möglich.

Es gab kein Badezimmer, so dass ich jeden Sonntag ins Büro der Staatsanwaltschaft zurückfahren musste, um zu duschen. Die Männer konnten sich in der Herrentoilette waschen. Außer mir gab es gab keine Beamtinnen in der Kommune, und die äußerst primitive Damentoilette war aus Bambusruten gefertigt, bestand lediglich aus zwei Löchern im Boden und hatte nicht einmal eine Tür. Drinnen schwirrten Fliegen umher, auf dem Boden krochen weiße Maden. Eine Spülung gab es nicht, so dass die Exkremente in den Gruben trockneten und entsetzlich stanken. Große schwarzgraue Ratten huschten dort herum. Die Toilette hatte kein elektrisches Licht und man musste eine Taschenlampe mitnehmen, wenn man abends dorthin wollte. Die Toilettenbesuche wurden zu einem echten Problem für mich, denn mir wurde jedes Mal übel.

Warum um alles in der Welt musste man mich an so einen Ort schicken und auch noch behaupten, dass es mir nutzen würde? Organisation, Führung, Kollektiv – was für absurde Entscheidungen! Die sollten was von mir zu hören kriegen ...

Am Abend veranstaltete die Kommunalverwaltung ein Fest, um uns willkommen zu heißen. Zwei Tische bogen sich unter Speisen und Getränken. Als wir uns gesetzt hatten, sah ich, dass ich die einzige Frau war. Nach drei Schnäpsen waren die meisten mehr oder weniger betrunken, und einer der Beamten nahm diesen Moment zum Anlass, herumzuschwadronieren: „Die Arbeit in der Geburtenkontrolle ist wirklich ein Knochenjob, der vollen Einsatz fordert. Wirklich kein Zuckerschlecken. Und die Staatsanwälte schicken ein junges Ding her – was kann die schon ausrichten? Das ist vielleicht eine Schlamperei. Wir werden uns um sie kümmern müssen ..."

Ich hatte bereits so viel Wut in mir aufgestaut, dass diese Bemerkung das Fass zum Überlaufen brachte. Ich sprang auf, warf die Stäbchen in hohem Bogen von mir und schlug mit der Hand auf den Tisch, dass die Schalen nur so hüpften. „Wenn du auch nur ein bisschen Mumm hast, kannst du das meinen Vorgesetzten ja direkt sagen! Meinst du, ich komme freiwillig in dieses Nest und mache diesen Job? Wenn dir deine Arbeit lieb ist, darfst du gern so viel tun, wie du willst, ich werde dir nichts wegnehmen. Meinst du, du bist was Besonderes, nur weil du ein grober Kerl bist? Ich bin hergekommen, um zu arbeiten, nicht, um mich zu streiten. Wir leben in einer zivilisierten Gesellschaft, und nicht unter Barbaren, wo das Gesetz des Stärkeren gilt. Lern du erst mal was!"

Alle saßen wie erstarrt. Es war unser erster gemeinsamer Arbeitstag, wir hatten einander gerade erst kennengelernt – und ich war wegen einer Bagatelle ausgerastet. Die Leute hatten wohl kaum jemals ein augenscheinlich braves Mädchen so rabiat werden sehen. Nach einem Augenblick schockierten Schweigens sagte jemand betreten: „Na, jedenfalls sieht man, dass sie Staatsanwältin ist. Die müssen ganz schön leidenschaftlich sein, wenn schon ein junges Mädchen so heftig reagiert."

Die Staatsanwaltschaft lag eine Verwaltungsebene über den anderen Vollzugsbehörden und zwei Ebenen über der Kommunalverwaltung. Eine ihrer Aufgaben bestand darin, Polizei und Gerichte zu kontrollieren, weshalb sie über etwas mehr

Macht verfügte. Außerdem hatten Staatsanwälte sehr viel mit Kriminellen zu tun, was sie hart werden ließ. In dieser vorläufigen Arbeitsgruppe verfügte ich über eine durchaus offizielle Position und die einflussreicheren Beziehungen.

Der Beamte lächelte und versuchte zu vermitteln: „Es war sicher nur ein Scherz, sei nicht böse. Sobald er morgen wieder nüchtern ist, werden wir zusehen, dass er sich bei dir entschuldigt. Wir arbeiten ja hier für eine gemeinsame Sache und müssen zusammenhalten."

Tatsächlich bat der Mann am nächsten Morgen um Verzeihung. Er behauptete, nicht nüchtern gewesen zu sein und deshalb Unsinn geredet zu haben, und schlug vor, die Sache einfach zu vergessen. Ich lächelte und zeigte mich verständnisvoll. Mir war bewusst, dass ich mich selbst von meinem Vorgesetzten schlecht behandelt fühlte, da ich hierher versetzt worden war, und deshalb meine Frustration an ihm ausgelassen hatte.

Der Beamte schilderte die Situation vor Ort und sagte, dass wir jede einzelne Familie aufsuchen würden, um herauszufinden, wo über die Quoten hinaus Kinder geboren worden waren und was wir dagegen tun könnten. Die Provinz stellte uns Autos zur Verfügung, während die Kommune uns mit Fahrrädern unterstützte. Auch Bauern sollten uns helfen.

„Wozu brauchen wir denn die Bauern?", fragte ich.

Er lächelte und antwortete: „Warte nur, bis wir anfangen, dann wirst du schon verstehen."

Die Beamten hatten ihre normale Arbeit zu erledigen und sollten uns außerdem in unserer Gruppe helfen. Um zehn Uhr stiegen wir in zwei Autos und fuhren davon. Ein Sonderbeamter der örtlichen Polizei folgte uns mit dem Motorrad, auf dem er auch einen Behördenvertreter mitnahm. Hinter ihnen kam ein ganzer Trupp Angestellter auf Fahrrädern. Der lange Konvoi schlängelte sich zum ersten Dorf, dass der Staub nur so aufwirbelte.

Die erste Familie, die wir besuchten, besaß eine Kommode mit fünf Schubladen, einen Kleiderschrank, ein Himmelbett für zwei Personen sowie Schreibtisch, Holzstühle, Esstisch, Nähmaschine und Fahrrad. Für eine Bauernfamilie war das ein recht hoher Lebensstandard. Sie hatten zwei Kinder. Eine Bäuerin, die bereits einen Sohn hatte, durfte nach dem Gesetz keine weiteren Kinder haben. War das erste Kind ein Mädchen, durfte man es jedoch noch einmal versuchen. Das älteste Kind dieses Paares war ein Sohn. Im Jahr zuvor war die Frau mehrere Monate lang verschwunden gewesen, und als sie zurückgekommen war, hatte sie ein kleines Mädchen dabei. Als sie entdeckt hatte, dass sie schwanger war, wollte sie das Kind behalten und auch ihr Mann hatte gesagt: „Bring es zur Welt. Wir haben nur ein Kind. Falls unser Sohn einmal krank wird – wer soll dann für uns sorgen, wenn wir alt sind? Mit zwei Kindern ist es sicherer. Aber die Gesetze sind streng, und du musst dich irgendwo verstecken und eine private Hebamme finden, die dir bei der Entbindung hilft. Wenn das Kind erst da ist, können sie wohl nichts machen, außer uns vielleicht eine Geldstrafe aufbrummen. Jedenfalls werden wir deshalb kaum im Gefängnis landen."

Vier ganze Monate hatte die Frau das Haus nicht verlassen, weil sie fürchtete, dass jemand ihren Bauch sehen könnte. Zum Glück verging die Zeit bis zur Entbindung schnell. Verwandte hatten eine illegal arbeitende Hebamme hinzugezogen, die der Frau bei der Geburt im Haus half.

Ich schaute mir das dralle Baby an, wie es auf dem Bett lachte, mit den Beinen strampelte und mit seiner weichen, rosa Hand in die Luft griff. Die Kleine war richtig süß. Als ich mich zu ihr hinunterbeugte, die Augen zukniff und mit ihr schäkerte, wurde sie noch fröhlicher. Die anderen Behördenvertreter aus Provinz, Kommunalverwaltung und Dorf standen im Wohnzimmer nebenan und verkündeten die Regierungspolitik in einem Chor von Stimmen. Die Eltern nahmen die Vorhaltungen schweigend entgegen und gaben dann scheu ihre Verfehlung zu: Sie hatten gegen die Gesetze verstoßen und versprachen, es nicht wieder zu tun.

„Sie müssen doch gewusst haben, dass Sie sich mit dem zweiten Kind über die Einkindpolitik hinwegsetzen", sagte ein Beamter. „Schon als Sie schwanger wurden, hätten Sie die Sache dem Dorfrat melden und Maßnahmen ergreifen müssen."

„Natürlich. Es ist meine Schuld. Ich hätte sie nicht verstecken sollen", antwortete der Mann und nickte.

„Es hilft nichts, einfach nur zu bereuen. Sie üben einen schädlichen Einfluss aus und sind den anderen Dorfbewohnern ein schlechtes Beispiel. Das muss ein Ende haben."

„Aber das Kind ist nun mal geboren, wir können es doch nun nicht mehr rückgängig machen", murmelte der Bauer.

„Was ist denn das für eine Haltung! Sie meinen wohl, eigentlich gar keine Verfehlung begangen zu haben!", schrie der Beamte, der keinen Widerspruch duldete.

„Aber wir haben doch nur zwei Kinder, das ist nicht viel. So schlimm kann es doch nicht sein. Andere haben doch viel mehr."

„Sie sind sich ihrer Verfehlung wohl immer noch nicht bewusst! Hier geht es um die Politik von Staat und Partei, da spielt es keine Rolle, was andere tun. Wer gegen das Gesetz verstößt, muss bestraft werden."

„Das Kind ist nun mal da, und wenn Sie mich bestrafen wollen, muss ich mich wohl damit abfinden. Ich weiß nicht, was meine Pflicht ist. Die Vorschriften bringen uns um, und keiner wagt, sich dagegen zu wehren. Ich bin nur ein einfacher Bauer und hab keine öffentliche Stellung, die ich verlieren könnte. Machen Sie, was Sie wollen." Er hatte aufgegeben.

„Nach den Vorschriften müssen Sie Bußgeld bezahlen. Weil Sie sich nur ein Kind zu viel angeschafft haben, ist die Strafe niedriger: sagen wir eintausend Yuan." Der Beamte tat, als sei dies eine besonders milde Strafe. Aber tausend Yuan waren eine ungeheure Summe für einen Bauern. Wenn er ein Jahr lang arbeitete, weder aß noch trank, keine Kleidung kaufte und alles Getreide verkaufte, das er nach Abzug der Steuern übrig hatte, würde er nicht mehr als höchstens fünfhundert Yuan aufbringen können – und dazu müsste er außerdem seine Schweine, Hühner, Enten und Eier verkaufen. Woher sollte er je tausend Yuan nehmen?

Als der Mann die Summe hörte, riss er den Mund auf und starrte den Beamten entsetzt an Dieser blickte nur gehässig zurück. Schließlich begriff der Bauer, dass dies kein Scherz war, senkte den Kopf und seufzte: „Herr Beamter, ehrlich gesagt, kann ich nicht einmal zweihundert Yuan bezahlen. Tausend ist völlig unmöglich, da können Sie mich genauso gut erschießen."

„Seien Sie nicht unvernünftig! Was für eine Einstellung! Natürlich trachten wir nicht nach Ihrem Leben. Übertreiben Sie nicht. Da Sie wussten, dass Sie sich das Bußgeld nicht leisten können, hätten Sie die Vorschriften nicht verletzen sollen." Die Beamten wollten ihn unbedingt demütigen.

Der Bauer ließ resigniert seine Arme sinken und sagte: „Aber was soll ich denn nun machen?"

„Bezahlen Sie, so viel Sie können", sagte der Vorsitzende der Kommunalverwaltung. „Wenn das Geld nicht reicht, nehmen wir Ihre Möbel für den Wert, den Sie nicht aufbringen können. Das ist eine Verordnung von oben; wir tun nur unsere Pflicht."

Sie verhandelten die Sache eine ganze Weile. Der Bauer und seine Frau unterdrückten ihre Wut, versuchten es mit freundlichen Worten, baten und bettelten. Sie führten an, dass die Möbel nichts wert seien, aber dass sie sie trotzdem brauchten.

„Warum haben Sie daran nicht gedacht, als Sie sich die Kinder angeschafft haben?", sagte einer der Beamten. „Wenn wir keine Bußgelder erheben, legen Sie sich womöglich noch mehr zu."

Sie stritten weiter. Für mich war in dem überfüllten Zimmer kein Platz; ich blieb lieber im Schlafzimmer und spielte mit dem Baby. Da kam die Bäuerin mit empörter und wachsamer

Miene zur Tür herein. Der Respekt und die Demut von vorher waren wie weggeblasen. Sie sagte nichts, sondern hob das Kind aus dem Bett und drückte es schützend an sich, während sie sich rückwärts einige Schritte von mir entfernte. Sie schien zu glauben, ich wolle ihr die Tochter nehmen, und starrte mich feindselig an.

Eine Stunde später fuhr ein kleiner Lastwagen auf den Platz vor dem Haus der Familie, wo sonst das Getreide getrocknet wurde. Beamte und Arbeiter trugen sämtliche Möbel hinaus und hievten sie auf die Ladefläche. Ich brauchte mich an dieser Arbeit nicht zu beteiligen, weil mehr als ein Dutzend starker Männer anwesend war. Ich stand abseits, neben dem Ehepaar, und schaute zu. Die Bauersleute wirkten hilflos und sahen traurig zu, wie die Männer ihre Möbel wegtrugen.

Plötzlich hörte man das Quieken von Schweinen aus dem Stall. Eine schwarze, fette Sau mit Lehm am ganzen Körper stürzte heraus, gefolgt von einem kleinen Ferkel. Als der Bauer das Ferkel sah, griff er nach der Hand des Mannes, der hinter dem Ferkel her war, und bat: „Bitte, lassen sie uns das. Das kleine Ding ist doch nichts wert. Wenn ich es ordentlich aufziehen darf, kann ich es zu Neujahr für einen passablen Preis verkaufen, so dass wir wenigstens zum Fest etwas Fleisch essen können."

Der Mann stieß die Hand brüsk beiseite und antwortete: „Kommt nicht in Frage. Sie jammern schon den ganzen Tag. Hindern Sie uns nicht an der Ausübung unseres Dienstes." Er scheuchte die Schweine zum Lastwagen und mehrere Männer hoben sie auf die Ladefläche. Die Schweine machten einen Lärm, als ginge es zum Schlachten. Die Bäuerin hatte rotgeweinte Augen und schlang ihre Arme noch fester um das lächelnde Baby.

Wir kehrten zum Rathaus zurück: der Lastwagen mit seiner Ladung und wir anderen in unseren Fahrzeugen. Die alten Möbel wurden abgeladen und in einer Art Zelt abgestellt, das aus Tierhäuten zusammengeflickt war und neben der Mauer auf dem Hof stand.

„Was wollt ihr denn damit machen?“, fragte ich den Beamten, der für die Geburtenkontrolle verantwortlich war. „Ihr werdet wohl kaum etwas dafür bekommen.“

„Es geht nicht um Geld. Die Möbel werden wohl hier stehen bleiben, aber wir müssen das tun, um die anderen Dorfbewohner daran zu erinnern, dass wir bei der Einkindpolitik unnachgiebig sind und nicht mit uns handeln lassen. Es ist eine Warnung. Wenn die Strafe nicht schmerzt, vergessen sie, dass sie Verbotenes tun und bekommen immer wieder Kinder.“

„Mir scheint, dass diese Methode wirklich fundierte Kenntnisse voraussetzt.“ Ich wusste nicht, ob ich mich über ihn lustig machen oder mich einfach nur abwenden sollte.

Der Mann hatte wahrscheinlich viele ähnliche Szenen erlebt, denn er klopfte mir auf die Schulter und sagte: „Das hier war noch gar nichts. Demnächst wirst du deinen Gesichtskreis beträchtlich erweitern.“

Der Auftrag war reibungslos erledigt worden, und wir bekamen schon früh am Nachmittag frei. Ich hatte keine Lust, in mein heruntergekommenes und schmutziges Zimmer zu gehen, sondern machte einen Spaziergang über die Felder.

Am nächsten Tag suchten wir eine Familie auf, die so arm war, dass ich tatsächlich schockiert war, als ich sah, wie diese Menschen lebten. Unser Auto hielt vor einer Hütte aus Ziegeln und Stroh, vor der einige Kinder spielten; sie schienen drei bis acht Jahre alt zu sein. Die Zimmer waren bis auf eine geflochtene Strohmatte, die auf dem Boden des Schlafzimmers lag, völlig leer. Es gab keine Sitzgelegenheiten und nicht einmal einen Esstisch. Ein Mann von knapp fünfzig Jahren saß mit gebeugtem Rücken im Wohnzimmer auf einem schmalen Bambusbett – dem einzigen Gegenstand in der Hütte, der vier Beine hatte. Er hatte die Ellbogen auf die Knie gestützt und rauchte eine selbst gedrehte Zigarette. Abwesend starrte er an die Ziegelwand und schien sich nicht um all die schreienden Parteileute um ihn herum zu kümmern.

Ich war etwas neugierig und wollte mich umsehen. Als ich in die Küche kam, sah ich die Bäuerin und lächelte ihr freundlich zu. Sie wich instinktiv ein paar Schritte zurück und sah mich erschreckt und misstrauisch an. Vermutlich hatte sie nicht damit gerechnet, dass eine Frau hereinkommen und sie anlächeln würde.

„Warum haben Sie keine Möbel?“, fragte ich.

„Die haben die Behörden mitgenommen“, antwortete sie leise. „Sie haben gesagt, dass wir dadurch Buße tun, aber wir haben jetzt schon so viel gebüßt, dass wir nicht einmal mehr einen Stuhl zum Sitzen haben. Wenn wir nicht stehen wollen, müssen wir uns auf die Erde setzen.“

Ich traute meinen Ohren nicht. „Wo essen Sie denn?“

„Wir stehen hier in der Küche und essen. Wir stellen das Essen auf den Herdrand – der ist gemauert, den können sie uns jedenfalls nicht wegnehmen.“

„Aber was machen Sie, wenn Sie schlafen wollen? Haben Sie kein Bett?“

„Wir schlafen auf dem Boden. Da haben wir eine Strohmatte hingelegt und zwängen uns zusammen.“

„Wie viele Kinder haben Sie eigentlich, dass Sie so hart bestraft worden sind?“

„Vier, Jungen und Mädchen. Mein Mann wollte sie gern haben.“

Sie antwortete kurz auf jede meiner Fragen, als sei ich gekommen, um sie zu verhören. Ich wusste nicht, was ich noch fragen sollte, und ging zu den anderen, die sich in einem Halbkreis um den Mann gestellt hatten. Es war mir ein Rätsel, warum diese Leute immer wieder Kinder bekommen hatten, obwohl sie wussten, dass man sie bestrafen würde. Sowohl der Mann als auch die Kinder draußen trugen äußerst zerlumpte Kleidung und sahen unterernährt aus.

Der Mann warf mir einen Blick zu, schaute dann schnell wieder weg und rauchte weiter. Er wollte zum Ausdruck bringen, dass er sich nicht um mich scherte: Was weißt du schon, dummes Mädchen, schien er mir bedeuten zu wollen und sagte schließlich unfreundlich: „Hier auf dem Land gibt's keinen Strom und kein Fernsehen. Wenn man die Öllampe am Abend ausgepustet hat, wird's stockfinster. Womit soll man sich da vergnügen, wenn nicht mit der Frau im Bett? Und nach dem Vergnügen kommen die Kinder."

Der Verantwortliche für die Geburtenkontrolle schrie ihn sofort an: „Seien Sie nicht unverschämt zu einer Beamtin! Dummes Gerede! Glauben Sie, jemand möchte Ihre Ausreden hören? Sie wissen doch, dass Sie bei uns kostenlos Kondome bekommen, warum benutzen Sie die nicht?"

„Kondome? Das macht doch keinen Spaß. Das ist ja wie mit Kleidern baden." Er war so heruntergekommen, dass er keine Angst mehr hatte. „Herr Beamter, Sie sehen doch selbst: Außer dieser Bambuspritsche haben wir nichts im Haus. Bestrafen Sie uns, wie Sie wollen. Falls Sie etwas Wertvolles finden, dürfen Sie es gern mitnehmen. Die Kinder sind nun mal geboren, und mir steht das Recht zu, jeden Abend mit meiner Frau zu schlafen, wenn ich will. Was wollen Sie schon dagegen machen?"

Die Arbeitsgruppe hatte noch nie mit derart mittellosen Menschen zu tun gehabt, und wir wussten tatsächlich nicht, wie wir uns nun verhalten sollten. Schließlich war es der Gruppenleiter selbst, der bewies, dass er sowohl über Erfahrung als auch über Ideen verfügte. „Wie Sie mit Ihrer Frau leben, geht uns nichts an", sagte er. „Aber dass Sie schon vier Kinder haben, geht uns etwas an. Bußgeld können Sie nicht bezahlen, aber wir werden Sie nicht noch mehr Kinder zeugen lassen. Heute nehmen wir Ihre Frau mit ins Krankenhaus und lassen sie sterilisieren. Wenn unsere Vorgesetzten nachfragen, werden wir sagen, dass wir sie überzeugt haben, der Operation zuzustimmen."

Als die Frau das hörte, wurde sie blass. Auch der Mann war keineswegs einverstanden und wurde bedeutend nachgiebiger. „Sie hat doch schon eine Spirale und kann nicht schwanger werden. Wir versprechen, keine Kinder mehr in die Welt zu setzen."

„Spiralen kann man rausnehmen", sagte der Beamte. „Wir haben eine ganze Reihe von Bauersfrauen getroffen, die die Spirale heimlich rausgenommen haben und schwanger geworden sind. Das ist alles andere als sicher. Sie hat doch schon vier Kinder, warum sollte sie sich nicht sterilisieren lassen? Wir haben jetzt keine Zeit mehr, weiter mit Ihnen zu diskutieren. Sie behindern unsere Arbeit."

Der Mann sprang plötzlich auf und stellte sich vor seine Frau, um sie zu schützen. „Wenn Sie jemanden mitnehmen wollen, nehmen Sie mich."

Die Arbeitsgruppe hatte nun ein echtes Problem. Einer der Männer sagte: „Ja, das könnten wir eigentlich tun. Haben Sie geglaubt, dass wir das nicht machen?" Mehrere Männer zerrten das Paar auseinander. Einige hielten die Arme der Frau fest, und sie sank auf den Boden und schrie: „Ich will nicht mit! Ich will nicht mit!" Sie trat und strampelte mit den Beinen und weigerte sich, auch nur einen Schritt zu tun. Zwei starke Männer fassten sie unter die Arme, hoben sie hoch und wollten sie hinausschleppen. Als sie durch die Tür kamen, hielt sie sich jedoch am Rahmen fest und ließ nicht los, so dass man ihre Finger einzeln lösen musste, ehe man sie zum Lastwagen tragen konnte. Sie trat so kräftig, dass sie ihre Schuhe verlor. Dann schob man sie in den Wagen, drückte sie auf einen Sitz, und jemand sagte drohend: „Sie leisten gewaltsamen Widerstand gegen nationale Verordnungen und weigern sich, Parteivertretern Folge zu leisten, die ihre Arbeit tun. Das ist gegen das Gesetz. Heute kommen sie ins Krankenhaus, ob Sie nun wollen oder nicht. Meinen Sie, eine Frau kann sich dem Staat widersetzen?"

Die Autotür wurde heftig zugeschlagen, und alle stiegen in ihre Fahrzeuge. Der Bauer und seine Kinder warfen sich schreiend auf die Autos, schlugen auf Fenster und Türen und wollten die Frau herausholen. Niemand nahm von ihnen Notiz und der gesamte Konvoi raste davon, dass der Staub nur so aufwirbelte. Die Kinder versuchten hinterherzulaufen, aber als sie sahen, dass die Autos immer schneller fuhren, gaben sie auf.

Die Frau wurde in die Ambulanz der kommunalen Einheit gebracht. Dort wartete bereits ein Arzt, der vom Provinzialkrankenhaus geschickt worden war, um unserer Arbeit zur Verfügung zu stehen. Die Frau bekam ein paar Beruhigungsspritzen und dann die Narkose, so dass sie kurz darauf das Bewusstsein verlor.

Zwei Stunden später war sie sterilisiert. Durch das Fenster zum Zimmer, in dem die Patienten nach der Operation ruhten, sah ich, wie sie erschöpft und zusammengekauert wie ein Kind auf einer Holzbank lag. Ihr Haar war offen und zerzaust, sie hielt die Augen geschlossen, und es schien, als gäbe es nicht den kleinsten Hauch von Leben in ihrem grauen, blassen Gesicht. Hin und wieder stöhnte sie etwas; in der Kälte des Raums sah ich ihren Atem.

Während meiner ersten beiden Tage hier hatte ich Dinge gesehen, die ich von meiner Arbeit bei der Staatsanwaltschaft nicht im Entferntesten kannte. Die brutalen Methoden entsetzten mich. Sie waren schlimmer als diejenigen, die wir bei der Festnahme von Kriminellen anwendeten. Was man sich vorgenommen hatte, wurde hier ohne jedes Zögern durchgeführt. Kein Wunder, dass der Vorsitzende Wu mir gesagt hatte, dass dies ein gutes Training für mich sein und ich die gewaltige Kraft des Kommunismus kennenlernen würde. Aber ich konnte die Tränen und Bitten der Bauern kaum ertragen.

Nach einem freien Tag ging es weiter.

Vor der Abfahrt erklärte uns der Gruppenleiter den heutigen Fall: „Von einer gut unterrichteten Person haben wir die Information bekommen, dass die Frau in der Familie, die wir heute aufsuchen werden, zur Zeit schwanger ist, sich aber noch nicht versteckt hat. Unser Auftrag besteht darin zu verhindern, dass sie uns entwischt. Sobald wir dort sind, müssen wir das Haus umstellen."

Diesmal fuhren die Fahrzeuge nicht mit Lärm und Gehupe vor, sondern näherten sich dem Haus nahezu geräuschlos. Kaum hatten die Autos angehalten, sprangen die Mitarbeiter der Gruppe aus den Wagen und stürmten ins Haus, wo sie alle Türen und Fenster blockierten. Der Familienvater bekam natürlich einen Schock, als plötzlich eine Horde fremder Menschen hereinstürzte und die Zimmer durchsuchte. Er war wie gelähmt und wagte nicht, sich zu rühren. Ehe er noch fragen konnte, worum es ging, kamen die Parteivertreter von Kommune und Dorf herein und erklärten ihr Anliegen. Im selben Augenblick schleppten zwei Beamte eine schwangere Frau in das Zimmer. In dem darauf folgenden kurzen Verhör musste ihr Mann einige Fragen beantworten.

„Wie viele Kinder haben Sie?"

„Vier, alles Mädchen."

„Ihre Frau ist schon wieder schwanger, oder?"

„Ja."

„Im wievielten Monat?"

„Sie ist im siebten Monat. Das Kind soll in gut einem Monat kommen."

„Haben Sie von der Geburtenkontrolle gehört?"

„Ja."

„Sieh an, und trotzdem verstoßen Sie bewusst gegen die Verordnungen? Sie wollen noch mehr Kinder haben?"

„Meine Herren, wie soll ein Bauer ohne einen Sohn zurechtkommen? Ich habe nichts gegen Mädchen, aber Sie wissen doch, wie es hier auf dem Land ist. Wenn die Mädchen erwachsen werden, heiraten sie und ziehen weg. Und wenn man seine Tochter weggibt, ist das wie ein Wasserkrug, der zerbricht, und das Wasser läuft aus. Sie kümmert sich um ihre Schwiegereltern und kommt nur an Wochenenden und zu Neujahr nach Hause. Wir brauchen einen starken Mann, der säen, ernten, dreschen und Reis anpflanzen kann. Wenn ich keinen Sohn bekomme – wer unterstützt mich dann, wenn ich alt werde und nicht mehr arbeiten kann? Wir Bauern haben keine Rente, und der Staat hilft uns nicht. Ohne einen Sohn, der die Felder bestellt, haben wir nichts zu essen."

Wir wussten alle, dass er vollkommen recht hatte. Der Staat übernahm keinerlei Verantwortung für die Versorgung der Bauern, wenn sie alt oder krank wurden. Der Wunsch nach einem Sohn gründete sich auf Tradition und Erfahrung.

Aber nun war die Arbeitsgruppe erschienen, um einen Auftrag auszuführen, der von höherer Stelle erteilt worden war. Etwas anderes interessierte uns nicht. Wenn wir Nachsicht mit ihm hätten, würden wir vielleicht selbst wegen Dienstvergehens entlassen oder degradiert werden.

„Gegen die Anweisung der Partei lässt sich nichts machen. Wir können nicht zulassen, dass Sie aus persönlichen Gründen gegen die Gesetze des Landes verstoßen oder die Zukunft der Nation gefährden. Wir haben bereits eine Bevölkerung von 1,2 Milliarden, und wenn wir die Geburtenrate nicht kontrollieren, steuern wir direkt auf eine Bevölkerungsexplosion zu, die uns eine ganze Reihe von Problemen beschert." Das war die Logik, die der Gruppenleiter anwandte, um den Mann zu belehren. „Sie müssen die Sache unter einem größeren Blickwinkel betrachten und dürfen nicht nur an sich selbst denken. Wenn alle Familien so viele Kinder bekommen wie Sie, werden kommende Generationen mit den Problemen einer riesigen Bevölkerung leben müssen: Die Konkurrenz wird gewaltig sein, die Ausbildungsplätze werden nicht ausreichen und der Lebensstandard wird sinken. Es wird Auseinandersetzungen um Rohstoffe und Ressourcen geben und unsere Umwelt wird in Mitleidenschaft gezogen werden. Die Politik der Regierung ist zum Besten der Nation und des Volkes; sie hat langfristig Glück und Wohlstand unserer Kinder und Kindeskinder zum Ziel."

Man merkte, dass er diesen Job schon lange ausübte und jahrzehntelang für die Revolution gearbeitet hatte: Solche Leute konnten die Gesetzestexte ganz und gar im Sinne der Staatsideologie interpretieren.

Zunächst versuchte man es mit der sanften Methode. Brachte sie kein Ergebnis, zog man andere Saiten auf. Es war die bewährte Taktik von Milde und Härte.

Dem Bauern fiel nach dem Wortschwall keine passende Antwort ein, aber er wollte die Schlacht noch nicht verloren geben. Er schwieg eine Weile, fiel dann schwer auf die Knie, blickte zu uns auf und bat: „Bitte seien Sie barmherzig! Meine Frau ist doch schon im siebten Monat schwanger. Ich verspreche, dass es das letzte ist. Wenn wir es zur Welt bringen dürfen, werde ich der Partei mein ganzes Leben dankbar sein und gern die schwersten Aufgaben übernehmen, die Sie mir geben. Sie können mich bestrafen wie Sie wollen."

Dann schlug er immer wieder seinen Kopf auf den Boden vor unseren Füßen, bis seine Stirn rot wurde und anschwoll. Er hatte Tränen in den Augen und wiederholte: „Bitte, bitte, seien Sie barmherzig!"

Als die schwangere Frau ihren Mann sah, entriss sie sich dem Griff der Beamten und versteckte sich hinter ihrer weißhaarigen Schwiegermutter. Die alte Frau hatte ein faltiges und vom Wetter gegerbtes Gesicht. Sie hatte winzige bandagierte Füße und wankte, als würde sie umfallen, aber jetzt verteidigte sie ihre Schwiegertochter mit einem ernsten und Respekt einflößenden Blick.

Ich konnte nicht länger zusehen, wie ein Mann auf dem Boden lag und flehte, während er seine Stirn weiter laut dröhnend auf die Erde schlug. „Hören Sie auf damit! Stehen Sie auf!", sagte ich. „Wenn Sie etwas zu sagen haben, dann sagen Sie es, wir werden Sie nicht umbringen. Wenn man Sie ansieht, könnte man denken, wir sind Mörder."

Der Beamte an meiner Seite warf mir einen Blick zu, der besagte, dass ich meine Zeit nicht vergeuden sollte. Ein Mitarbeiter der Schulbehörde zog mich am Arm hinaus auf den Hof.

„Du darfst nicht so weichlich sein", sagte er. „Mit einem einzigen Menschen kann man Mitleid haben, aber mit tausenden? Wir wissen ja nicht, ob er nur armselig spielt, damit wir sie laufen lassen." Wir unterhielten uns eine Weile, und ich war wirklich froh, nicht da drinnen sein zu müssen. Warum demütigte der Mann sich so?

Die Männer hatten es sich in den Kopf gesetzt, die Frau zur Abtreibung zu zwingen, und eine halbe Stunde später wurde sie in ein Auto verfrachtet. Ihr Mann brach an der Schwelle zusammen; er weinte verzweifelte Tränen, während ein paar Beamte ihn an den Armen festhielten. Die Mädchen weinten und riefen nach der Mutter. Die alte Großmutter humpelte zur Tür und hielt sich mit einer Hand am Rahmen fest. Die andere Hand, trocken und runzlig, deutete auf die Beamten, die ihre Schwiegertochter wegführten, während sie etwas murmelte. Sie hatte keine Zähne mehr, und man konnte kaum verstehen, was sie sagte. Das Einzige, was ich heraushörte, war: „Himmel ..." Sie zitterte am ganzen Leib. Ihr ebenso alter Ehemann schlug sich mit beiden Händen kräftig auf die Schenkel. Auf seiner Stirn traten die Adern hervor, und sein Gesicht war purpurrot.

„Ihr seid ein Haufen unmenschlicher Räuber!", schrie er. „Unmenschlicher als Raubtiere! Ihr seid Mörder! Mörder! Mein armes Enkelkind wäre fast geboren worden! Was haben wir euch getan? Gott im Himmel, sieh nur, was sie uns antun, und strafe diese Menschen!" Er schlug sich heftig gegen die Brust.

Einer der Beamten, die im Auto saßen, hörte die Flüche, mit denen uns der Alte überhäufte, und sagte: „Verdammt noch mal, will er unbedingt sterben? So einen wilden alten Idioten hab ich noch nie erlebt. Der soll mich kennenlernen.“ Er wollte gerade die Autotür öffnen und aussteigen, als unser Gruppenleiter ihn daran hinderte.

„Tu jetzt nichts Unüberlegtes. Das Wichtigste für heute ist, die Frau ins Krankenhaus zu bringen und die Abtreibung vornehmen zu lassen. Den Alten heben wir uns für später auf. Wir finden schon einen Anlass.“

Die Frau wurde also ins Krankenhaus geschleppt und die Abtreibung durchgeführt. Es half nichts, dass sie schrie und mit den Füßen um sich trat, dass sie bettelte und weinte – das Kind, das nur gut einen Monat später geboren worden wäre und das so friedlich im Schoß der Mutter geruht hatte, wurde ihr von fremden Menschen entrissen und gewaltsam umgebracht.

Kapitel 11

Etwa ein Jahr zuvor hatte ich einen Fall von Vergewaltigung, bei dem es mir nicht gelungen war, bis zur Anklage zu kommen. Der Verdächtige hatte sich geweigert, zu gestehen, obwohl die Frau nur wenige Stunden nach der Tat Anzeige erstattet hatte. Ich hatte vorgeschlagen, den Mann festzunehmen, aber als meine männlichen Kollegen den Fall diskutierten, meinten sie, dass die Beweise nicht ausreichten.

Der Mann und die Frau waren Nachbarn und kannten sich also; und es gab keine Zeugen. Oberstaatsanwalt Dan hatte mich zur Untersuchung des Tatorts mitgenommen. Wir waren von Beamten des örtlichen Polizeireviers und der Kommune empfangen worden, die Kollegen des Verdächtigen waren. Als wir nach Verhalten und Charakter des Mannes fragten, antworteten sie, dass es sich um einen älteren Beamten handelte und es undenkbar sei, dass er gegen Gesetze verstoßen würde. Er habe sich stets einwandfrei betragen und so weiter. Der Frau warfen sie falsche Beschuldigungen vor. An diesem Tag hörten wir uns nur diese höheren Beamten und deren Meinungen über den Lebenswandel des Mannes und der Frau an. Auf dieser Grundlage kamen wir zur dem Schluss, dass der Mann eine untadelige Moral habe und es keinen Grund zu der Annahme gebe, er habe jemanden vergewaltigt. Dan und Ang hielten ihn für einen anständigen Mann und meinten, alles sei freiwillig geschehen.

Ich hatte das Mädchen aufgesucht und mit ihr gesprochen. Sie war schweigsam und schüchtern und schien keineswegs der ausschweifende und liederliche Typ zu sein, als den die Parteivertreter sie beschrieben hatten. Sie hatte mir die Ereignisse ausführlich geschildert.

Der Verdächtige war Staatsbeamter und aß mit uns zu Mittag. Als er mich in der Kantine sah, musterte er mich dreist und eingehend von oben bis unten. Dass er es wagte, die Staatsanwältin, die über eine eventuelle Gefängnisstrafe zu befinden hatte, derart herausfordernd anzustarren! Sofort empfand ich starken Widerwillen gegen diesen schmierigen Typen, sein schmalziges Getue. Ich dachte: Wenn du als langjähriges Parteimitglied ein moralisch so erhabener Beamter bist, warum betrügst du dann deine Frau und schläfst mit einer Zwanzigjährigen, die du kaum kennst? Die Leute hier waren ja außerordentlich konservativ: Warum sollte ein Mädchen, das freiwillig ein Verhältnis eingegangen war, eine Anzeige erstatten, ohne sich um seinen guten Ruf zu kümmern? Ich hatte starke Zweifel und wollte ihn nicht davonkommen lassen. Aber der Oberstaatsanwalt behauptete, dass kein Gesetz verletzt worden sei und der Mann deshalb nicht festgenommen und angeklagt werden könne. Was hätte ich also tun sollen?

Einige Zeit später hörte ich zufällig, dass die vergewaltigte Frau aus Verzweiflung versucht hatte, das Haus des Mannes niederzubrennen, und wegen Brandstiftung verhaftet worden war. Da ich der Ansicht war, dass hier die Frau das tatsächliche Opfer war, wollte ich den Fall unbedingt übernehmen. Es musste doch möglich sein, sie freizusprechen.

Jeden Tag ging ich das Buch durch, das in einer Schublade des schwarzen Aktenschrankes lag und in dem die neuen Fälle registriert wurden. Außerdem arbeitete ich mich durch die Berge von Aktenmappen, die im Schrank gestapelt waren. Sobald jemand von der Voruntersuchungsabteilung der Polizei hereinkam, stand ich auf, als wolle ich ihn gleich begrüßen, aber in Wirklichkeit wollte ich nachschauen, ob er vielleicht eine neue Akte für mich hatte. Sollte ich es tun oder nicht? Ich durchlitt schwere innere Kämpfe. Zum ersten Mal setzte ich mich für meine eigene Überzeugung einem Risiko aus, und ich war natürlich nervös.

Ich dachte ständig daran, keinen Fehler zu machen. Wenn mich jemand erwischt hätte, wäre es eine Katastrophe gewesen. Selbstverständlich hätte ich meine Arbeit verloren und meine Eltern enttäuscht, darüber hinaus aber wäre meine Personalakte mit dem gravierenden Kommentar versehen worden „nutzte ihre Dienststellung, um Kriminelle zu schützen“. Niemand hätte mich mehr angestellt, und schlimmstenfalls wäre ich im Gefängnis gelandet.

Mit meinen Eltern konnte ich die Sache nicht diskutieren. Hätte ich den Mund aufgemacht und gesagt, dass ich einer jungen Frau helfen wollte, mit der ich überhaupt nichts zu tun hatte, hätten sie mich ganz bestimmt fürchterlich beschimpft. „Wenn du einen so guten Job loswirst, breche ich dir die Knochen!“ Ich sah das zornige Gesicht meines Vaters vor mir und meine Mutter, wie sie sich an die Brust schlagen und mich Idiot nennen würde. Ich wagte auch nicht, etwas zu meinen Freunden zu sagen, nicht einmal zu meinen Zimmergenossinnen Li und Bo. Ich wollte mir nicht ausmalen, was geschehen würde, falls sie etwas ausplauderten. Bereits als ich elf, zwölf Jahre alt war, hatte ich mich daran gewöhnt, von Klassenkameraden denunziert zu werden, so dass ich niemandem vertraute. Nach außen wirkte ich so ruhig wie immer, aber ich war mir nicht sicher, ob ich mir wirklich nichts anmerken ließ.

Ich musste noch eine Woche warten, bis endlich die Voruntersuchung über die Brandstiftung kam. Ich nahm die Mappe, stellte mich an den Schreibtisch und blätterte in den Papieren, während ich den Polizisten, der sie gebracht hatte, fragte: „Was ist denn das hier für eine Sache?“

„Ein Mädchen in Tongdian behauptet steif und fest, dass der Nachbar sie vergewaltigt hat, und deshalb hat sie sein Haus angezündet.“

Fang sagte, dass Brandstiftung recht ungewöhnlich sei.

„Gab’s da nicht einen etwa fünfzigjährigen Beamten in

Tongdian, der unter Verdacht stand, seine zwanzigjährige Nachbarin vergewaltigt zu haben?", fragte ich den Polizisten.

„Stimmt. Aber ihr wolltet Verhaftung und Anklage nicht befürworten."

„Das war mein Fall. Aber das Staatsanwaltskomitee hat entschieden, ihn nicht festzunehmen. Ich war sogar am Tatort, zusammen mit Dan."

„Dann kennst du also den Hintergrund?", fragte Fang.

Ich nickte: „Klar. Ich habe eine ganze Woche mit den Ermittlungen zu tun gehabt."

„Dann kannst du die Brandstiftung auch übernehmen", ordnete Fang an. „Du bist mit den Umständen vertraut, und wir sparen Zeit. Wäre ja unnütz, die ganze Arbeit noch mal zu machen."

Bei den Akten lag eine Reihe von Fotografien, die am Tatort gemacht worden waren: Tisch und Stühle, die schwarz von Ruß, aber nicht verbrannt waren. Keine Fotos von verletzten Menschen. Im Grunde genommen schien es sich bei der Tat keineswegs um „schwerwiegende Zerstörung von Eigentum oder Verletzung von Menschenleben" zu handeln, wie es im Gesetzestext stand.

Brandstiftung galt als Verstoß gegen die allgemeine Sicherheit, falls die Anzahl der gefährdeten Menschen oder der Wert des bedrohten Eigentums nicht genauer bestimmt werden konnte. Die Ermittlungen folgten den entsprechenden Richtlinien. Hatte sich jemand nur an einem bestimmten Menschen oder Gegenstand vergriffen und war die übrige Allgemeinheit nicht betroffen, konnte dieser Tatbestand nicht gelten.

Wenn ich Beweise finden könnte, die für die junge Frau sprechen und zeigen würden, dass ihre Tat die Allgemeinheit nicht betroffen und ihre Ursache in einer früheren Vergewaltigung gelegen hatte, würde sie vielleicht einer Strafe entgehen.

Den Polizeibericht las ich besonders gründlich. Ich musste von vorn anfangen und Beweise sammeln. Ich fuhr allein ins Untersuchungsgefängnis, um die Frau zu verhören.

Sie war viel magerer und bleicher als im Jahr zuvor; ihr Haar war zerzaust, und sie war geschwollen unter den Augen. Als sie mich sah, schien sie sich zu erinnern, dass ich sie zu Hause verhört hatte. Ihre Anzeige war folgenlos geblieben, der Mann war davongekommen. Sie betrachtete mich misstrauisch, mit kühler Aufmerksamkeit und ungewöhnlich zornigem Blick.

Ich begann nicht wie üblich, sondern sagte freundlich: „Bitte kommen Sie doch etwas näher mit ihrem Stuhl. Haben Sie keine Angst." Eigentlich saß sie gar nicht weit vom Schreibtisch entfernt, vielleicht nur einen Meter, aber sie rückte gehorsam näher.

„Lassen Sie uns erst mal über was anderes sprechen", sagte ich leise, „zum Beispiel über Ihren Alltag. Wenn Sie etwas auf dem Herzen haben, können Sie es sagen. Ich verspreche, Ihnen zuzuhören."

Sie antwortete nicht, schaute mich nicht einmal an, sondern beugte ihren Nacken und starrte auf den Boden. Nach einer Weile sagte ich, dass ich Geduld mitgebracht habe. Sie blickte auf, sah erst mich, dann die Papiere auf dem Tisch an. Sie warf einen Blick auf die Plakate an der Wand, die verkündeten, dass wir bei Geständnissen milde waren, ansonsten aber hart durchgriffen.

Es verging noch eine Weile, und sie schwieg nach wie vor. „Haben Sie Angst?", fragte ich. „Heute bin ich ohne Begleitung gekommen, um Sie zu verhören. Sagen Sie, was Sie auf dem Herzen haben. Ich verspreche Ihnen, nichts zu notieren, was zu Ihrem Nachteil ist."

Sie öffnete zögernd ihre Lippen.

Nach einigen Minuten sagte ich noch nachdrücklicher: „Ich verspreche Ihnen, nichts zu notieren, was zu Ihrem Nachteil ist, aber Sie müssen mit mir zusammenarbeiten. Ich weiß, dass wir uns voriges Jahr in Bezug auf die Vergewaltigung geirrt haben."

Die junge Frau blinzelte und starrte dann wieder auf die braune Erde. Dann flossen die Tränen. Vermutlich hatte sie lange auf Mitgefühl gewartet. Sie schluchzte einen Augenblick leise und wischte dann mit dem Ärmel ihres Hemdes die Tränen von der Wange.

Sie schien mir nicht richtig zu vertrauen, aber endlich sprach sie dennoch mit zitternder Stimme. „Er hat mich wirklich vergewaltigt. Er hat geglaubt, ich würde feige sein und ihn nicht anzeigen. Dann haben die Staatsanwälte entschieden, dass er unschuldig sei, und er war vollkommen zufrieden und vergnügt. Er hat mich eine verdammte Hure genannt und überall Gerüchte über mich verbreitet. Er hat Leute aus der Gegend sogar aufgefordert, zu mir zu kommen und mit mir ins Bett zu gehen, weil ich ja sowieso schon verbraucht sei. Man hat hinter dem Rücken meiner Eltern getuschelt, so dass sie kaum noch unter Leute gehen mochten und ihre Wut an mir ausgelassen haben. Sie haben mich beschimpft, weil ich so unvorsichtig gewesen sein soll, mit einem alten Kerl zu schlafen. Meine Freunde haben sich von mir zurückgezogen. Ich hatte einfach keine Lust mehr zu leben; ich wollte sterben und ihn mitnehmen. Ich hab einen Kanister Benzin gekauft, gewartet, bis nur er und seine Frau zu Hause waren, und dann bin ich reingestürzt und habe Benzin in sein Wohnzimmer gegossen. Ich habe es angezündet und ihn auf der Couch festgehalten. Ich wollte, dass er verbrennen sollte, dass ich verbrennen sollte, dass seine ganze Familie in Rauch aufgehen sollte."

Ich sah sie an und sagte: „Das klingt nicht sehr realistisch. Wollten Sie wirklich seine ganze Familie niederbrennen? Haben Sie nicht daran gedacht, dass seine Frau unschuldig ist?"

„Ist sie gar nicht", brauste sie auf. „Sie ist schlimmer als ihr Mann."

„Warum haben Sie das Feuer gelegt?"

„Um ihn abzufackeln."

„Das stimmt nicht. War es nicht so, dass Sie ihn einschüchtern wollten, damit er Sie nicht länger verleumdet?", schlug ich vor.

Nun schien sie zu verstehen, was ich meinte, sah mich erschrocken an und nickte.

„War noch jemand anwesend?“, fragte ich.

„Seine Frau war in der Küche. Als es angefangen hat zu brennen und er um Hilfe schrie, kam sie angerannt und rief ‚es brennt‘. Gleichzeitig hat sie versucht, das Feuer mit einer Decke zu ersticken.“

„Wohnen Leute in der Nähe?“

„Sie sind unsere Nachbarn. Wir wohnen in kleinen freistehenden Ziegelhäusern. Ich hatte mir ausgerechnet, dass die Flammen keinen anderen erreichen würden, denn dazu müsste sein Haus bis auf den Grund abbrennen.“

„Hatten Sie das Feuer unter Kontrolle?“, fragte ich, um ihr auf die Sprünge zu helfen.

„Vorher dachte ich nicht so sehr daran. Eigentlich empfand ich nur Hass.“ In ihren Augen erschienen Tränen und ein Hoffnungsschimmer.

„Laut Gesetz haben Sie ein schweres Verbrechen begangen, falls Sie nicht vor dem Brand geplant haben, die Verbreitung des Feuers zu kontrollieren, so dass andere Menschen oder die Allgemeinheit nicht gefährdet werden.“

Sie überlegte eine Weile und sagte dann resigniert: „Das ist mir zu kompliziert, das begreife ich nicht. Was soll ich denn darauf sagen?“

„Das Entscheidende ist, wie Sie die Tat begangen haben.“

„Ich hab Benzin ausgegossen.“

„Die Menge ist wichtig“, deutete ich an. „Wenn Sie geplant hätten, die Nachbarhäuser niederzubrennen und auch andere zu töten, hätten Sie mehr Benzin kaufen müssen. Aber da es ihnen darum ging, nur ihm Schaden zuzufügen, müssen Sie daran gedacht haben, bevor Sie das Benzin kauften, verstehen Sie?“

Sie sah mich bewundernd an und nickte.

Zusammen verfertigten wir ein etwas ungewöhnliches Protokoll. Ehe ich es ihr gab und sie bat, es durchzulesen, sagte ich äußerst ernst und streng zu ihr: „Erstens: dieses Protokoll enthält Ihre eigene Darstellung. Niemand außer Ihnen und mir darf wissen, worüber wir heute gesprochen haben. Zweitens: wenn Sie freigelassen werden, dürfen Sie niemandem zu Hause erzählen, dass ich Ihnen geholfen habe. Drittens: Sie müssen mir versprechen, dass Sie sich in Zukunft beherrschen, egal, was Ihre Nachbarn oder andere über Sie reden."

Sie sagte feierlich: „Ich verspreche, dass ich mich daran halten werde. Ich bin kein schlechter Mensch. Mein ganzer Lebensmut ist verschwunden, als er mich vergewaltigt hat und ich ihn angezeigt habe. Hätte er mich nicht auf diesen Weg gezwungen, hätte ich in meinem ganzen Leben nie gegen ein Gesetz verstoßen."

Ich beendete das Verhör und sagte: „Gehen Sie nun in Ihre Zelle zurück und erzählen Sie nicht so viel. Wenn Sie zu viel reden, wird die Sache nicht klappen, verstehen Sie?"

Sie nickte heftig, und wir gingen Seite an Seite zur Zelle zurück. Ab und zu trocknete sie sich die Augen mit dem Ärmel, während ich in eine andere Richtung schaute und tat, als ob ich es nicht bemerkte.

Später nahm ich mit einem neu angestellten Sekretär den Reisebus, stieg dann in das Boot, um über den Fluss zu kommen, und landete endlich in Tongdian. Diesmal hatte ich nicht um ein Auto gebeten, denn ich wollte den Kollegen von der juristischen Polizei nicht dabeihaben: Ich hatte Angst, dass er mich entlarven würde, wenn wir zurückkämen.

Anders als sonst stellte ich mich nicht zunächst bei der örtlichen Polizei und bei der Kommune vor. Ich wollte ihnen die Möglichkeit entziehen, den Mann zu warnen. Zunächst besuchte ich die Familie der jungen Frau, dann sprach ich mit den Nachbarn der Familie und des Mannes über die Ereignisse vor der Brandstiftung.

Erst am späten Mittag gingen wir zum Polizeirevier. Ich

stellte mich vor und sagte: „Wir sind gekommen, um mit einem Ihrer Beamten zu sprechen, Genosse Yu. Könnten Sie ihn rufen lassen?“

Das Rathaus war nicht weit vom Polizeirevier entfernt, so dass Yu schon kurz darauf mit einigen anderen Beamten auftauchte. Als er in das Zimmer trat, zeigte er ein breites Lächeln und rief feierlich: „Oh, so vornehme Gäste! Lange nicht gesehen. Warum haben Sie nicht angerufen, dann hätten wir Sie zum Mittagessen eingeladen. Wissen Sie was, wir fahren zur Porzellanfabrik raus, und Sie schauen sich um, ob es was gibt, das Sie mögen, dann werde ich zusehen, dass Sie es bekommen. Und was das Abendessen betrifft, so geht das natürlich auf unsere Rechnung, wo Sie doch extra von Wangcheng gekommen sind.“

Während er redete streckte er die Hand aus, um mich zu begrüßen. Ich blieb auf der Besucherbank sitzen, ohne mich zu erheben, und beantwortete seine überschwängliche Rede nicht. Als er merkte, dass ich ihm nicht besonders wohlgesonnen war, unterbrach er sich und verschluckte, was er noch hatte sagen wollen. Die anderen im Zimmer schienen ein wenig peinlich berührt zu sein.

„Können Sie uns ein ruhigeres Zimmer besorgen?“, fragte ich den Polizeichef. „Wir möchten gerne sofort mit ihm sprechen, und wir wollen noch das letzte Boot zurück erreichen.“

Wir setzten uns in einen anderen Raum, und ich holte die Akten hervor, während ich ihn ruhig fragte: „Sind Sie bei dem Brand verletzt worden?“

„Nein.“

„Welche Gegenstände sind verbrannt?“

„Zwei Stühle, ein Esstisch und eine Seite vom Sofa. Aber ich hab einen Schock gekriegt.“

„Ich hab keine Tinte mehr“, sagte ich zum Sekretär. „Könntest du mir etwas Tinte besorgen. Aber mach die Tür hinter dir zu.“

Kaum hatte er die Tür geschlossen, wandte ich mich rasch an Yu, machte eine ernste Miene und sagte mit ungewohnt kalter Stimme: „Sie sind ein altes, treues Parteimitglied, wie kommt es, dass Sie Ihr eigenes Verhalten nie überprüfen? Beim letzten Mal ließen die Staatsanwälte Sie laufen. Über eine Sache sollten Sie sich klar sein: wenn ich nicht beide Augen zugedrückt, sondern weiter ermittelt hätte, dürften Sie kaum das Glück haben, heute hier zu sitzen und mit mir zu reden. Dann würden Sie jetzt im Arbeitslager sein. Sie laufen rum und verbreiten Geschwätz – das setzt uns bei unserer Arbeit unter Druck, verstehen Sie? Wenn die Frau davonkommt und die Sache vor eine höhere Instanz gelangt, wird die gesamte Staatsanwaltschaft mit reingezogen. Woran denken Sie eigentlich, wenn sie einfach drauflosreden?"

Der Mann wurde ängstlich und nervös, als ich ihn derart anfuhr. Er konnte zwar nicht ahnen, ob ich die Wahrheit sagte, aber er wusste, dass die Staatsanwälte damals parteiisch gewesen waren – zu seinem Vorteil. Er errötete und fragte, was er tun solle.

„Die Strafe bei Brandstiftung ist nicht gerade gering", antwortete ich. „Wenn sie nicht nachgibt, sondern Berufung einlegt, kann ich nicht dafür garantieren, dass die höheren Instanzen nicht auch den Vergewaltigungsfall wieder aufrollen. Das könnte Sie in Schwierigkeiten bringen, trotz Ihrer Kontakte."

Ich hatte meine Rede kaum beendet, da kam der Sekretär mit einem neuen Kugelschreiber zurück. Ich bat ihn, Protokoll zu führen, während ich selbst mit gekreuzten Beinen hinter dem Tisch saß und das Verhör zu Ende führte.

Wir gingen die Ereignisse vor der Brandstiftung durch, und er war sehr kooperativ. Er erzählte aufrichtig, dass er bei der Schilderung der Tat der jungen Frau übertrieben hatte und der Brand, den sie gelegt hatte, keineswegs so schlimm gewesen war, wie er bei der Anzeige behauptet hatte.

Als ich alle Beweise gesammelt und geordnet hatte, kopierte ich das Archivexemplar der Ermittlungen aus dem Jahr zuvor und schrieb eine zweiseitige Analyse. Ich hob hervor, dass die Verdächtige die Allgemeinheit nicht gefährden wollte und dass sie sie objektiv betrachtet auch nicht geschädigt habe. Die Brandstiftung sei lediglich eine Möglichkeit für sie gewesen, ihrem Zorn Luft zu machen. Ich lehnte daher eine Anklage ab.

Unruhig wartete ich auf die Antwort von Hu San. Bestimmte Sachen im Leben muss man zu Ende führen, wenn man sie einmal begonnen hat – man kann nicht auf halbem Weg umkehren.

Die beiden Tage des Wartens waren die längsten meines Lebens. Ständig hatte ich Angst, dass jemand meine Fälschung entdecken könnte. Ich hatte das Gefühl, über eine Brücke zu gehen, die zwischen zwei Berggipfeln gespannt war und die über einem bodenlosen Abgrund schwankte und schlingerte. Ein einziger unvorsichtiger Schritt, und ich würde in den Tod stürzen. Ich begriff selbst nicht, warum ich mich für die Frau in Gefahr begab. Vielleicht war ich zu jung, und ich hatte den Traum von der Bekämpfung des Bösen und der Förderung des Guten noch nicht völlig ausgeträumt. Vielleicht gehört es auch zur menschlichen Natur, mit den Schwächeren Mitleid zu empfinden. Jedenfalls sagte mir meine Intuition, dass ich richtig gehandelt hatte.

Nach zwei Tagen kam Hu San nachmittags in mein Zimmer. Er hatte die Ermittlungsakten dabei und legte sie auf meinen Schreibtisch. Und er sagte, dass er meine Ansicht teile und die Tat der jungen Frau nicht als Verbrechen gewertet werden könne.

Ich wurde fast ohnmächtig vor Glück und Erleichterung. Ich legte die Hände auf den Aktenordner, schloss die Augen und atmete unhörbar aus.

Für die Frau bedeutete die Entscheidung den Beginn eines

neuen Lebens. Als sie endlich aus der Untersuchungshaft entlassen wurde, verstummten die böswilligen Gerüchte über sie von selbst, denn die Leute waren damals noch recht unbedarft und glaubten, dass die rechtlichen Instanzen niemals irrten. Dass sie ohne weitere Maßnahmen entlassen worden war, wurde als Beweis dafür gedeutet, dass man sie ungerecht behandelt hatte.

An diesem Abend schien der Mond ungewöhnlich klar, und ich machte einen stillen Spaziergang entlang der größten Straße der Stadt. Der Wind, der mein Gesicht streifte, gab einen Vorgeschmack auf den Frühling. Das Mondlicht spiegelte sich in den Teichen an der Straße, und die Wasserpflanzen dort wiegten sich in der Abendbrise. Trotz des leichten Nebels konnte man in der Ferne deutlich die Bauerngenossenschaft im Mondschein erkennen. Ich hob den Blick und schaute in den weiten, sternklaren Himmel. Ich wollte das Mondlicht, die Ruhe, die Felder unter den Sternen im Gedächtnis behalten.

Juristisch gesehen war ich meinem Auftrag untreu geworden. Politisch gesehen hatte ich die kommunistische Parteiorganisation im Stich gelassen. Das Einzige, was man in den Arbeitslagern lernte, die ich mit dem Gefängnischef besucht hatte, war verbrecherische List. Jede Selbstachtung wurde dort ausradiert. Die harte Arbeit, die Verachtung durch die Lagerpolizei, der Verlust von Würde und Respekt führten dazu, dass die Internierten immer mehr verhärteten. Das Schlimmste war, dass die Gefangenen, die ursprünglich einigermaßen anständige Menschen gewesen und nur einmalig kriminell geworden waren, durch das raue Leben und die unerträgliche Umgebung verwandelt wurden. Nach der Freilassung waren sie von der Gesellschaft ausgestoßen und verachtet, und war der Krug einmal zerbrochen, war der früher normale Mensch vernichtet. In diesem Sinne konnte ich mir gratulieren, eine schwache und unerfahrene junge Frau gerettet zu haben, die von den Machthabern gedemütigt worden war.

Es war für mich kein Problem mehr, gegen das Gesetz gehandelt zu haben. Diejenigen, die es vertraten, nahmen keine Rücksicht auf die tatsächlichen Umstände, die im einzelnen Fall und beim jeweiligen Täter wichtig waren. Die chinesische Rechtsprechung war entschieden zu brutal und unmenschlich, und ich hatte meine Zweifel, ob sie überhaupt logisch oder zuverlässig war. Mit solchen Überlegungen überzeugte ich mich selbst, und an diesem stillen und friedlichen Abend fühlte ich mich für eine Weile ruhig und sorgenfrei.

Einige Tage später ging ich am Nachmittag zum Schneider, um Maß für einen neuen Rock zu nehmen. Als ich über den Marktplatz ging, kam jemand um die Ecke und direkt auf mich zu. Es war die junge Frau, die den Brand gelegt hatte. Sie trug einen blumig gemusterten Stoffbeutel und lächelte mich fröhlich an. „Ich weiß wirklich nicht, wie ich Ihnen danken soll", sagte sie. „Sie sind der liebenswürdigste Mensch, der mir je begegnet ist. Ich weiß nicht, wie ich Ihnen danken soll ..." Sie wiederholte es immer wieder, und als sie nicht weiterwusste, traten Tränen in ihre Augen.

Ich sah mich um, nahm ihre Hand und zog sie hinter ein paar Bäume, die am Rand des Platzes standen.

„Keine Ursache", sagte ich. „Ich habe mich nur bemüht, mein Bestes zu geben. Denn ich glaube nicht, dass Sie ein schlechter Mensch sind. Wie ist es Ihnen ergangen, seit Sie nach Hause gekommen sind? Ist etwas Besonderes vorgefallen?"

„Alles in Ordnung. Dieser Yu ist jetzt still und verbreitet keine Gerüchte mehr, und meine Familie behandelt mich viel besser."

Ich lächelte erleichtert und sagte dann: „Sie haben noch viele Jahre im Leben vor sich, ziehen Sie die Lehre aus der Sache und vergessen Sie nicht, dass ich an Sie glaube."

Es dauerte einen Augenblick, bis sie sich beruhigte. Dann hob sie den Beutel, den sie in der Hand hatte, und sagte: „Ich habe ein schönes Teeservice im Porzellanforschungsinstitut gekauft. Das möchte ich Ihnen schenken; Sie müssen es annehmen." Sie fügte hinzu, dass sie gerade nicht so viel Geld habe und dieses Geschenk das einzige sei, das sie sich leisten könne. Wenn sie etwas gespart hatte, wollte sie sich richtig bedanken.

Ich nahm das Geschenk nicht an. „Sie dürfen mich nicht wieder ansprechen", sagte ich. „Falls meine Kollegen oder jemand von der Polizei uns sieht, wird es mir übel ergehen. Man wird glauben, dass ich bestochen worden bin. Ich habe Ihnen geholfen, damit Sie wissen, dass es noch Wärme und Mitgefühl in der Welt gibt, und weil Sie nie die Hoffnung aufgeben dürfen." Sie wollte noch etwas sagen, aber ich unterbrach sie: „Nehmen Sie nie wieder Kontakt zu mir auf und reden Sie mit niemandem über mich." Dann ging ich rasch davon.

An diesem Abend war ich ausgesprochen froh. Ich hatte entdeckt, dass man Freude in sich selbst sät, wenn man einem anderen hilft.

Kapitel 12

Zwei kurze Liebesgeschichten während dieser Zeit endeten unglücklich. Der erste Mann war Dozent an der Universität von Hunan und sah es nicht gern, dass ich in einer Kleinstadt arbeitete. Der zweite war Beamter bei der Provinzialverwaltung, und meine Eltern sahen nicht gern, dass er in einer Kleinstadt arbeitete. Meine Mutter meinte ganz entschieden, dass Stadt und Land nicht dasselbe seien. Sie wollte unbedingt eine Möglichkeit finden, mich wieder in die Großstadt versetzen zu lassen. Mein Vater suchte alle Freunde auf, die er hatte, und nahm Kontakt zur Anwaltskammer im Distrikt West der Stadt auf. Für Staatsbeamte war es nicht leicht, versetzt zu werden. Die Staatsanwaltschaft in Wangcheng hatte meine Ausbildung bezahlt und wollte nun ungern eine junge und kompetente Angestellte verlieren. Außerdem musste die Personalabteilung der Provinz eine Versetzung erst genehmigen, die Anwaltskammer Changsha West musste mich anstellen wollen, und auch die Personalabteilung der Stadt musste einer Versetzung zustimmen.

Das waren die Hindernisse, die ich zu überwinden hatte, und jedes einzelne erforderte Beziehungen und Bargeld. Während der zwei Jahre, die ich in Wangcheng verbrachte, gab ich fast die Hälfte meines Monatsgehalts für Geschenke aus.

Die Anwaltskammer in Changsha West war im selben Gebäude untergebracht wie die Regierung. Es war in den 1920er Jahren von einer christlichen amerikanischen Organisation gebaut worden, die ihren Jugendverband darin untergebracht hatte. Nach der Revolution hatten die Kommunisten das Haus beschlagnahmt und als Büro für die städtische Verwaltung genutzt.

Ich ging hinauf in das zweite Stockwerk und gelangte in einen Korridor, der von gelben Lampen schwach beleuchtet war. Ich suchte nach dem Büro von Oberstaatsanwalt Tai. Sein Zimmer war nur ungefähr fünf Quadratmeter groß und mit einem anderen, noch kleineren, verbunden; durch die kleinen Fenster sah man auf einen Innenhof. Tai hatte einen klobigen, altmodischen Schreibtisch, dessen Farbe abgeblättert war, und saß auf einem altertümlichen Arbeitsstuhl aus Holz mit abgewetzter Sitzfläche.

Als er die Tür öffnete und mich sah, sagte er: „Wir sind auf Schwierigkeiten gestoßen. Unser Antrag auf Versetzung ist in der städtischen Personalabteilung stecken geblieben. Sie bestehen darauf, die Tochter des Zweiten Bürgermeisters anzustellen."

Mein Vater und ich hatten uns monatelang abgemüht, unzählige Personen aufgesucht und reichlich Geschenke gemacht – war das alles vergeblich gewesen?

„Das Mädchen ist zwanzig Jahre alt", sagte Tai. „Sie war zwei Jahre bei der Armee, und jetzt hat sich ihr Vater entschlossen, ihr einen Job bei der Polizei, der Staatsanwaltschaft oder beim Gericht zu beschaffen. Die Anwaltskammer ist ja kein Kindergarten, wir können nicht jeden Hergelaufenen nehmen. Sie hat keinerlei juristische Ausbildung und weiß nicht einmal, wie man eine Ermittlung durchführt. Das Einzige, was ich jetzt machen kann, ist abwarten. Vielleicht können wir euch beide anstellen, vielleicht keinen. Aber die Personalabteilung will nicht, dass wir zwei Frauen nehmen. Im Moment kommen wir da also nicht weiter."

Dass Polizei, Staatsanwaltschaft und Gerichte keine Frauen haben wollten, war allgemein bekannt. Ich hatte bei vier Anwaltskammern und zwei Gerichtshöfen vorgesprochen, und überall dieselbe Antwort erhalten: „Sie haben eine juristische Ausbildung und außerdem Berufserfahrung und wären eigentlich wie geschaffen für diese Stelle. Aber leider sind Sie eine

Frau." Als ich fragte, weshalb Frauen nicht geeignet seien, bekam ich stets dieselbe Antwort: „Polizei, Staatsanwaltschaft und Gerichte sind paramilitärische Organisationen, die mit dem Abschaum der Gesellschaft zu tun haben. Dafür brauchen wir starke und kräftige Männer. Frauen haben nicht die physischen Voraussetzungen, um mit den Leuten fertig zu werden, mit denen wir zu tun haben. Außerdem muss man auf Frauen aufpassen, und wenn sie heiraten und Kinder bekommen, wollen sie beurlaubt werden. Wenn die Kinder krank sind, müssen die Mütter zu Hause bleiben. Frauen bringen mehr Unannehmlichkeiten mit sich und sind bei der Arbeit nicht so konzentriert, deshalb sind sie am Arbeitsplatz eigentlich nur eine Belastung."

Ich ging sogar so weit zu versprechen, dass ich keine Kinder bekommen, dass ich mehr und intensiver als meine Kollegen arbeiten würde und dass man mich jederzeit zum Dienst einberufen könne – alles vergeblich. Hätte ich einflussreiche Eltern gehabt, hätte die Sache sicher anders ausgesehen.

Ein gerechterer Mann als Tai war kaum zu finden. Um mich anstellen zu können, hatte er eingewilligt, gleichzeitig eine Person einzustellen, die keinerlei Berufserfahrung hatte. Außerdem hatte er sich dem Druck des Zweiten Bürgermeisters und der Personalabteilung widersetzt. Trotz der schwierigen Umstände war er aufrichtig, und ich war voller Bewunderung für ihn. Dass es innerhalb der Kommunistischen Partei tatsächlich diese Art von Menschen gab! Sie waren nicht sehr zahlreich, aber es gab sie.

Hier fuhr sich die Situation fest, und ein ganzes Jahr lang geschah nichts.

Es war Frühling, und das zarte grüne Laub auf den Bäumen vor dem Fenster glitzerte feucht in der Sonne. Mehrere Tage lang hatte ich an demselben Fall gearbeitet und fing an, der Sache überdrüssig zu werden. Deshalb nahm ich eine Gedichtsammlung hervor und begann zu lesen. Ich sehnte mich, wie der Dichter, nach einer hübschen Behausung und einem kleinen Garten mit vielen Blumen und sprießenden Kräutern, wo ich lesen und Gedichte schreiben konnte. Das aber lag weit außerhalb meiner Welt. Wie immer nahmen meine Kollegen Anstoß an meiner Träumerei: „Du vergeudest deine Zeit mit Gedichten, die dir nichts bringen. Außerdem sind sie kleinbürgerlich und einer kommunistischen Staatsanwältin nicht angemessen."

Ich warf ihnen einen wütenden Blick zu: „Müssen Staatsanwälte Barbaren sein? Es kann doch wohl nichts schaden, wenn sie etwas kultiviert sind?"

„Junge Genossin, du bist etwas merkwürdig. Verträgst du heute keinen Spaß? Ist dir eine Laus über die Leber gelaufen?", neckte mich ein älterer Kollege.

„Ich bin zweiundzwanzig Jahre alt und nicht besonders klein. Ich finde, ihr solltet mich ab jetzt mit ‚alte Genossin' anreden." Es irritierte mich, dass sie mich ständig wie ein Kind behandelten. Ich wollte endlich als Erwachsene gelten.

Zum Abendessen ging ich in die Gerichtskantine. „Es ist so schönes Wetter heute", sagte ich zu Lulu. „Ich will mir gleich die Haare waschen, kannst du mir nicht helfen?"

Während sie mein Haar einseifte, erzählte sie: „Der Fall von Menschenhandel, den du bearbeitet hast, wird morgen im neuen Gerichtsgebäude verhandelt. Übrigens habe ich gehört, dass ein Praktikant vom Anwaltsbüro mitkommt, ein flotter junger Mann, der bei Lo arbeitet."

„Flott? Das müssen wir überprüfen. Jedenfalls kann er wohl kaum besser aussehen als Ke, der Richter."

„Nein, einen Schöneren als den gibt's ja nicht. Wenn du Ke gut findest, brauchst du's nur zu sagen – ich kann da Heiratsvermittlerin spielen", scherzte Lulu.

„Wir warten, bis wir den Praktikanten morgen gesehen haben, dann können wir vergleichen", meinte ich lachend.

„Ihr dürftet wohl kaum zusammenkommen“, sagte sie ganz nebenbei. „Ihr trefft beim Prozess ja sicher als Gegner aufeinander, und das ist nicht besonders romantisch. Mit Richtern ist es was anderes; die stehen auf eurer Seite.“

„Ich soll den Praktikanten wohl für dich aufheben? Aber das geht doch auch nicht – dann ergreifst du für ihn Partei, statt dich an die Staatsanwälte zu halten. Wie sollst du dann Stellung beziehen können?“, zog ich sie auf.

Sie goss ein letztes Mal Wasser über meinen Kopf und sagte: „Na, dann müssen wir wohl beide auf ihn verzichten. Wenn wir uns morgen die Augen zuhalten, wird's schon klappen.“

Das neue Gerichtsgebäude stand auf einem freien Feld ganz in der Nähe des Polizeireviers und war umgeben von Lehm und Büschen. An feuchten und warmen Frühlingstagen wimmelte es hier von Mücken. Die junge Notarin, die mit mir gekommen war, hatte gerade ihr Examen abgelegt und war, neben Staatsanwalt Dan und uns sechs jungen Leuten, die Einzige im Büro, die eine juristische Ausbildung hatte. Nach ihrem Examen war sie durch ihre Beziehungen bei der Staatsanwaltschaft gelandet, aber da sie eine Frau war, wollte sich kein Abteilungschef um sie kümmern. Außer ein paar kleineren Tätigkeiten hatte sie also keine Aufgaben. Wenn jemand von uns ein Verhör durchführen, vor Gericht auftreten oder irgendwo Beweise sichern musste und keinen Begleiter hatte, nahmen wir sie mit. Sie half uns auch, wenn wir im Archiv aufräumen mussten. Wenn die Schreibkraft frei hatte, konnte man auf sie zählen. Sogar Pan, unser Koch, bat sie manchmal um Hilfe.

Diesmal war eine ganze Reihe von Zuhörern im Gerichtssaal. Ehe der Prozess begann, saßen meine Kollegin und ich in einem Zimmer hinter dem Verhörraum und plauderten mit Lulu. Der Angeklagte befand sich in einem kleinen provisorischen Warteraum und wartete darauf, verhört zu werden. Davor hielten Gerichtspolizisten Wache. Als es soweit war, gingen wir nach den Schöffen durch die Tür hinter dem Richterstuhl und setzten uns auf unsere Plätze. Rechtsanwalt Lo und sein junger Praktikant erwarteten uns bereits.

Als Lulu Platz genommen hatte, sagte sie förmlich: „Führen Sie den Angeklagten Li Ping in den Saal."

Der Gerichtspolizist führte den Mann in Handschellen herein und schloss ihn in einen viereckigen Verschlag vor dem Richterstuhl ein, der nur etwa halb so hoch wie ein Mensch war. Der Mann saß zur Richterin gewandt, mit dem Rücken zum Publikum.

Lulu kündigte an: „Das Gericht nimmt nun die Anklagepunkte gegen Li Ping auf, die den Menschenhandel betreffen." Dann fragte sie den Angeklagten: „Ihr Vor- und Nachname?"

„Li Ping."

„Alter?"

„Sechsunddreißig Jahre."

„Ethnie?"

„Han-Chinese."

„Beruf?"

„Ich bin arbeitslos."

„Darf ich die Staatsanwältin bitten, die Anklagepunkte zu verlesen", sagte Lulu.

Ich nahm das vorbereitete Papier mit der Anklageschrift und las mit amtlicher Stimme: „Der Angeklagte Li Ping hat im Jahr 1987, unter dem Vorwand, Arbeit vermitteln zu können, zwei junge Frauen aus der Kommune Xianxi, Mi Mi und Bai Lang, nach Dongrong in der Provinz Guangdong und Puan in der Provinz Fujian gelockt und sie für die Summe von viertausendfünfhundert Yuan an dort ansässige Bauern verkauft. Die Tat des Angeklagten verstößt gegen Paragraf 141 des Strafgesetzbuches, der den Menschenhandel untersagt. Gemäß Paragraf 100 des Gesetzes zur Anklageerhebung muss gegen ihn Anklage erhoben und ein Gerichtsverfahren eröffnet werden."

Lulu fuhr mit der Befragung fort. „Hat der Angeklagte etwas zum Tatbestand, wie ihn die Staatsanwältin vorgetragen hat, zu bemerken? Stimmt er mit dem Geschilderten überein?“

Der Angeklagte senkte den Blick und sagte leise: „Es stimmt.“

In diesem Augenblick merkte ich, wie mich eine Mücke stach. Mein Schienbein begann zu jucken, und ich rieb die Beine aneinander. Lulu wandte sich ein wenig zu mir herüber und sagte: „Dann kann das Gericht seine Untersuchung beginnen.“

„Stimmt es, dass Sie im September 1987 Fräulein Mi Mi, eine Bekannte aus Ihrem Heimatdorf, anlogen, indem sie ihr sagten, ein Freund von Ihnen besäße eine Fabrik in Guangdong?“, fragte ich den Angeklagten.

„Ja.“

„Boten Sie ihr auch an, Sie könnten ihr eine Arbeit beschaffen?“

„Ja.“

„Was sagten Sie ihr außerdem?“

„Ich habe gesagt, dass es fünfhundert Yuan Gebühr kostet, sie zu empfehlen. Sie hat gesagt, dass ihr das zu teuer ist. Da habe ich ihr geraten, sich Geld zu leihen, sie würde ja fünfhundert Yuan im Monat verdienen, so dass sie die Gebühr nach einem Monat zurückzahlen könnte. Ich habe gesagt: ‚Viele wollen den Job haben. Wärst du nicht aus demselben Dorf wie ich, würde ich dir nie helfen, den Job zu kriegen.‘“

„Wohin haben Sie sie dann gebracht?“

„Ich hab sie in ein Dorf in Guangdong gebracht und an einen Bauern verkauft, der über vierzig war, aber noch keine Frau hatte. Ich kannte ihn von früher, seine Eltern waren krank, und er musste sein ganzes Geld für ihre Pflege ausgeben. Deshalb hatte er nicht genug sparen können, um zu heiraten. Auf dem Land in Guangdong muss man den Eltern der Braut ein paar Tausender geben, wenn man heiratet. Und so hat er mich gefragt, ob ich nicht eine passende Frau kenne, die ich ihm vorstellen könnte. Ich hab gesagt, dass ihn das zweitausend Yuan kostet, und er war einverstanden. Dann hat er mich gefragt, wie alt die Frau ist, und ich hab gesagt, zwanzig. Da hat er sich sehr gefreut."

„Haben Sie das Geld entgegengenommen?"

„Ja."

„Willigte die Frau ein, den Mann zu heiraten?"

„Am Anfang wusste sie nicht, was gespielt wurde. Als wir im Dorf ankamen, wurde sie misstrauisch und fragte, warum die Fabrik so abgelegen sei. Ich hab sie angelogen und gesagt, dass die Grundstücke hier billiger wären und der Fabrikchef sehr sparsam sei. Als ich sie dem Bauern übergeben hatte, hab ich das Geld genommen und bin abgehauen. Ich hab sie nicht mehr gesehen ..."

Ich fragte dann nach der anderen jungen Frau, und er antwortete ebenso wahrheitsgemäß.

Nun begann es ordentlich zu jucken, und ich rieb die Beine stärker aneinander. Die Mücken machten sich auch über die Notarin her, und sie gestikulierte diskret, um sie sich vom Leib zu halten. „Als Beweis im Verfahren haben wir die Schilderungen der beiden Frauen", sagte ich zu Lulu. „Darf ich die Vorsitzende bitten, die Seiten 23 und 38 der Dokumente vorlesen zu dürfen, die ich dem Gericht übergeben habe. Die Zeugenaussagen der beiden Männer, die die Frauen gekauft haben, finden Sie auf Seite 52. Weitere Zeugenaussagen stammen von den Eltern und anderen Verwandten der Frauen sowie von Bauern und Beamten in Guangdong und Fujian. Sie liegen dem Material bei. Wir sind der Ansicht, dass die Delikte deutlich geschildert sind und die Beweislage ausreichend ist. Wir überlassen es dem Gericht, ein Urteil im Verfahren zu fällen."

Lulu fragte den Angeklagten: „Möchten Sie etwas erklären oder hinzufügen?"

„Ich weiß nichts von Gesetzen. Es ist besser, wenn mein Anwalt redet."

Lulu verkündete: „Der Vertreter des Angeklagten kann Verhör und Verteidigung einleiten."

Rechtsanwalt Lo räusperte sich, während ich Lulu einen vielsagenden Blick zuwarf. Wir wussten beide, dass er nun zu einer ausführlichen Rede ansetzen würde.

Erst jetzt hatte ich Gelegenheit, mir den Praktikanten richtig anzuschauen, der neben Lo saß. Ich musterte seine Gesichtszüge. Lulu hob ihre Augenbrauen mit einer Miene, die besagte: „Na, was meinst du?" Ich sah sie an und nickte ein wenig: „Nicht übel." Mit einem Lächeln auf den Lippen beugte sie ihren Kopf und vergrub sich in den Akten.

Lo leierte seine Rede herunter: „Die beiden jungen Frauen wurden zwar an einen fremden Ort gelockt, haben aber beide nach ihrer Heirat in Ruhe und Frieden gelebt und wurden von ihren Gatten auch nicht misshandelt ..."

Als ich das Wort „Heirat" hörte, nahm ich sofort den Stift zu Hand, machte eine Notiz in meinen Papieren und flocht ein: „Hat der Rechtsanwalt die Akten ordentlich gelesen? Bitte beachten Sie, dass keine der beiden Frauen eine formale oder juristisch verbindliche Ehe mit den Männern eingegangen ist."

Lulu fügte sofort hinzu: „Ich bitte den Rechtsanwalt um Aufmerksamkeit in diesem Punkt."

Lo fuhr fort: „Nach einem Jahr des Zusammenlebens und gegenseitigen Verständnisses waren Gefühle füreinander entstanden, so dass das Vergehen des Angeklagten keine ernsthaften Folgen gehabt hat ..."

Lulu sah mit unerhört gelangweilter Miene umher. Ich hielt unauffällig eine Hand vor den Mund, um ein Gähnen zu verbergen. Sie schaute mich an und lächelte ein wenig.

Dann hob ich die Hand und sagte: „Ich protestiere. Wenn die Frauen es so gut haben – warum schreiben sie dann Briefe an ihre Familien und bitten darum, nach Hause geholt zu werden? Darf ich den Rechtsanwalt bitten, die Anzeigen der Opfer zu beachten."

Im selben Augenblick schien es eine Mücke auf Lulus Beine abgesehen zu haben, denn sie beugte sich hinunter und schlug sich auf die Knöchel, worauf sie die Beine übereinander legte, die Stirn runzelte und sagte: „Darf ich den Rechtsanwalt bitten, sich nicht in Einzelheiten zu verlieren, um die Angelegenheit undurchsichtig zu machen. Das Gericht bezieht sich ausschließlich auf Tatsachen."

Vielleicht merkte Lo, dass weder Lulu noch ich Geduld hatten, seinen Darlegungen zu folgen, denn er kommentierte: „Staatsanwälte sollten die Macht, die ihnen von der Gesellschaft verliehen worden ist, nicht ausnutzen und den Rechtsanwalt geringschätzen." Der sture alte Lo wusste sehr wohl, dass es ihm nie gelungen war, auch nur eine einzige Strafsache zu gewinnen, aber er glaubte immer noch, auf das Gesetz pochen zu können.

„Die Verteidigung greift die Staatsanwältin persönlich an", sagte ich. „Darf ich das Gericht bitten einzuschreiten."

Lulu schlug klatschend mit einer Hand auf die andere, um eine Mücke zu erwischen, die sich auf ihrem Handrücken niedergelassen hatte. Dann wischte sie das Blut mit etwas Papier ab und sagte gereizt: „Das Gericht zieht sich zur Beratung zurück. Führen Sie den Angeklagten hinaus."

Während die Richterin und die Schöffen im Nebenzimmer konferierten, stand ich mit meiner Kollegin hinter dem Podium und sprach mit den Gerichtspolizisten. Als Lo zu uns herüberkam, sagte ich tröstend: „Warum regst du dich in deinem Alter noch so auf? Ich werde mit ihnen reden, damit sie deine Version berücksichtigen. Dann kriegt er die niedrigste Strafe, und alle können zufrieden sein."

Er stand noch einen Augenblick bei uns, strich sich über das Haar und ging. Ich klopfte an die Tür des Zimmers, in dem Lulu und die anderen saßen, und steckte den Kopf hinein. „Es geht in Ordnung, wenn ihr ein oder zwei Jahre abziehen wollt", sagte ich.

„Ich weiß", antwortete sie. „Sonst quatscht Lo immer weiter und geht mir jedes Mal auf die Nerven, wenn wir uns in der Stadt begegnen."

Im Juli hatten wir Prüfungen in den letzten drei Fächern, die wir an der Universität studierten. Wir bekamen eine Woche frei, um uns vorzubereiten. Um ungestört arbeiten zu können, verteilten wir uns auf verschiedene Orte: Ich setzte mich in das kleine Konferenzzimmer im zweiten Stock, Bo ging in den Konferenzsaal im vierten und Li blieb in unserem Schlafzimmer. Wir lasen, bis uns der Kopf brummte.

Der Sommer war ausgesprochen heiß. Die Sonne schien den ganzen Tag in unser Schlafzimmer. Es war wie in einer Sauna, und wir konnten nicht schlafen. Bevor sie sich hinlegte, stellte Bo einen Eimer mit Wasser neben ihr Bett, und im Dunkeln hörte ich, wie sie hin und wieder ihre Hand in den Eimer tauchte.

„Was machst du denn?", fragte ich.

„Es ist doch so warm", antwortete sie.

„Und warum musst du ständig deine Hände waschen?" Ich kapierte gar nichts.

„Hände waschen?", sagte sie sauer. „Ich versuche, mich abzukühlen. Hier drinnen ist es fürchterlich heiß. Nur das Wasser ist ein bisschen kühler."

Li lachte laut in ihrem Bett. „Sieht dir mal wieder ähnlich. Reicht das wirklich, die Hand in den Eimer zu halten?"

„Wenn ich jetzt nicht schlafen kann, geht die Prüfung morgen schief", sagte ich. „Und dann falle ich durchs Examen." Ich setzte mich auf und überlegte eine Weile, dann stieg ich aus dem Bett, ging hinunter in den zweiten Stock und holte den elektrischen Ventilator aus dem Konferenzzimmer.

„Hast du keine Angst, dass dich der Chef morgen rüffeln wird?", fragte Bo fröhlich.

„Das kümmert mich nicht. Außerdem müssen wir ja früh raus, und ich kann den Ventilator zurückstellen, bevor wir gehen."

Aber als der Ventilator erst einmal surrte, schliefen wir so fest, dass wir nicht rechtzeitig aufwachten. Um acht wurden wir geweckt, weil jemand an die Tür klopfte. Es war Bürochef Ning.

„Verdammt!“, dachte ich.

Und richtig, Ning war sauer und wütend: „Ihr lernt’s wohl nie! Immer dasselbe, ihr habt nicht die geringste Disziplin.“

Mir war klar, dass er den Ventilator meinte und ich versuchte, es ihm zu erklären.

Ning wollte nichts hören. „Versuch nicht, die Situation zu verdrehen, nur um der Kritik zu entgehen“, sagte er. „Sonst zeige ich dich wegen Diebstahls an.“

Seine Stimme deutete an, dass er es ernst meinte, und Bo riss ihre Augen auf. Li fand wohl, dass er unangemessen reagierte, und verteidigte mich aufgebracht: „Willst du damit sagen, dass wir drei Diebe sind? Weißt du, was das heißt? Der Ventilator befindet sich noch immer im Gebäude und damit unter der Kontrolle der Staatsanwaltschaft, da kann er wohl nicht gestohlen sein. Außerdem ist er höchstens zehn Yuan wert, und so eine Summe reicht nicht für eine Anklage. Verstehst du?“

Ihre Worte schockierten ihn, und ich bekam es mit der Angst zu tun – nicht weil sie unrecht hatte, sondern weil sie es wagte, einem Vorgesetzten ohne Umschweife und Zögern, dafür aber mit umso größerem Engagement zu widersprechen. „Meinst du, du kannst deine Chefs übergehen, nur weil du ein paar Zeilen in einem verdammten Gesetzbuch gelesen hast!“, zischte er. „Ich werde schon dafür sorgen, dass du bestraft wirst.“

Ich befürchtete, etwas richtig Schlimmes angerichtet zu haben, widersprach nicht mehr, sondern rannte mit dem Ventilator hinunter.

Am Nachmittag, als wir mit unseren Prüfungen fertig waren, verließ ich das Klassenzimmer, sah zum Himmel auf und atmete tief durch. Dann legte ich mich der Länge nach mit einem Stoßseufzer auf den Rasen: „Endlich fertig!“

Li kam zu mir. „Heute Abend gehen wir ins Café, essen Eis und gönnen uns mal was Besonderes.“

Um halb zehn waren wir auf dem Weg vom Café nach Hause, ungewöhnlich entspannt und froh. Während wir für die Prüfungen gepaukt hatten, war die Wäsche liegen geblieben, so dass nun jeder seine Kleider in Wassereimern einseifte und schrubbte. Es gab nur einen Wasserhahn im Korridor, so dass wir uns anstellen mussten, um zu spülen. Ich nahm meinen Eimer und stellte mich als Erste hin: „Ich bin die Jüngste und habe den Vortritt!"

Li lachte gutmütig: „Stimmt, wir sind reifer und können deshalb großzügig sein. Ich wasche als letzte."

Als sie an die Reihe kam, steckte unser Nachbar, Staatsanwalt Zai, den Kopf aus der Tür und sagte gereizt: „Müsst ihr drei Mädchen so spät waschen?" Das Wasserrauschen hinderte ihn am Einschlafen.

Li glaubte, dass er Spaß mache, und antwortete: „Es ist doch erst kurz nach zehn, willst du denn jetzt schon schlafen?"

Aber Zai hatte keineswegs Spaß gemacht und fluchte zornig vor sich hin. Li kümmerte sich nicht um ihn, sondern wusch weiter. Seine Flüche wurden immer lauter, und schließlich konnte sie sich nicht mehr zurückhalten: „Tagsüber ist es zu heiß zum Waschen, deshalb mussten wir warten, bis es etwas kühler wurde. Was kümmert es mich, ob du schlafen kannst!"

Zai riss sofort die Tür auf, baute sich vor Li auf und brüllte. Ich war bereits zu Bett gegangen, aber als ich hörte, dass er richtig bösartig drohte, Li zu schlagen, sah ich nervös zu Bo hinüber und sagte: „Das klingt nicht gut. Er ist eine richtige Bestie. Vielleicht verprügelt er Li."

Die Prügelei war offensichtlich bereits in vollem Gang, denn ich hörte einen dumpfen Schlag.

„Dieser grobe Klotz ist völlig verrückt geworden", sagte Bo. „Das schafft Li nicht allein, wir müssen ihr helfen." Sie sprang aus dem Bett, rannte hinaus und griff dabei nach einem Holzstock.

„Wenn du versuchst, ihr zu helfen, zieh ich dir eins über!", schrie Zai sie an.

„Glaubst du, du kannst uns prügeln, nur weil du ein Mann bist?", antwortete Bo. „Ich glaub's nicht!" Dann ließ sie eine gewaltige Schimpfkanonade los.

Als Zai die beiden kreischen und brüllen hörte, riss er eine Schöpfkelle aus Eisen an sich und schlug damit nach Bo. Sie stieß einen schrillen Schrei aus, und Li rief entsetzt: „Hilfe! So helft uns doch!" Im matten Lampenschein konnte ich sehen, dass Bo die Hand vor das Gesicht hielt und Blut zwischen ihren Fingern hindurch rann. Ich wusste nicht, was ich tun sollte. Nie hätte ich geglaubt, dass Zai, der zwanzig Jahre älter, Staatsanwalt und unser Nachbar war, so etwas tun könnte.

„Es tut so weh", stöhnte Bo, „es hört nicht auf zu bluten."

Jetzt kamen mehrere Kollegen heraus. Sie holten Dan, der dem Justizbeamten befahl, Bo ins Krankenhaus zu fahren. Li fuhr mit ihr und kam erst am nächsten Morgen zurück. Bo musste im Krankenhaus bleiben. Ich besuchte sie, um ihr zu helfen, die Gebühren zu bezahlen, Medikamente zu kaufen, warmes Wasser zu holen und Essen im Restaurant zu besorgen. Unsere Chefs fragten nicht nach ihrem Zustand, und keiner von den Kollegen besuchte sie. Nur Li und ich wechselten uns ab, um sie zu versorgen. Ein Auge war bandagiert, und sie weinte herzzerreißend, weil der Arzt ihr gesagt hatte, dass ihr Lid durch die Schöpfkelle verletzt worden sei. Die Haut an den Augen sei empfindlich, und es würde eine hässliche Narbe bleiben. Außerdem sei die Netzhaut und dadurch auch ihr Sehvermögen ziemlich in Mitleidenschaft gezogen worden. Wir bemühten uns, sie zu trösten, damit der Schaden durch Weinen nicht noch schlimmer wurde.

Einen Monat später nahm der Arzt den Verband ab, und ich bekam einen Schock, als ich Bos Gesicht sah. Das rechte Lid war durch die Naht zusammengezogen und entstellt. Es hatte eine völlig andere Form als früher. Als Bo sich im Spiegel betrachtete und daran dachte, wie die Chefs und Zai sie behandelt hatten, begann sie vor Zorn zu zittern. Nachdem wir drei die Sache eine Weile diskutiert hatten, kamen wir zu dem Ergebnis, dass Bo eine plastische Operation brauchte, sonst würde sie nie einen Mann finden.

Wir legten das Examen ab, und unsere Vorgesetzten gaben uns folgende Worte mit auf den Weg: „Die Partei und das Volk haben große Mühe auf euch verwendet, und wir haben viel Sorgfalt aufgeboten, um euch dahin zu bringen, wo ihr heute seid. Ihr dürft die Lehren der Partei nie vergessen und müsst stets Dankbarkeit und Demut zeigen."

Damit durften wir sechs uns Staatsanwaltsassessoren nennen.

Bo nahm an der Abschlussfeier nicht teil und war auch beim Gruppenfoto nicht dabei, denn sie lag noch immer im Krankenhaus. Sie reichte eine Anzeige bei der Staatsanwaltschaft ein, in der sie forderte, dass Zai die Kosten der Behandlung tragen sollte. Er weigerte sich entschieden. Bo hatte bereits ihr ganzes Geld an das Krankenhaus bezahlt, so dass ihr nichts übrig blieb, als ihn zu verklagen und von einer höheren Instanz zu verlangen, ihn haftbar zu machen. Der Gerichtsmediziner hatte konstatiert, dass Bo eine leichtere Verletzung davongetragen hatte, was nach dem Gesetz bedeutete, dass Zai zu bis zu drei Jahren Gefängnis verurteilt werden konnte und außerdem die Kosten für Behandlung und Verdienstausfall erstatten musste.

Zai beharrte darauf, im Recht zu sein und weigerte sich zu bezahlen. Bo meldete die Sache bei der Anwaltskammer der Provinz, doch da wurden unsere eigenen Vorgesetzten unruhig, weil sie um ihren guten Ruf fürchteten. Deshalb bezahlte schließlich unser Büro die Krankenkosten. Bo war der Ansicht, dass die Staatsanwaltschaft Zai von sich aus und in ihrer Eigenschaft als Rechtsbehörde dem Gesetz entsprechend bestrafen sollte. Aber es ist nicht einfach, einen Staatsanwalt zur Rechenschaft zu ziehen. Zum einen war Zai ein altgedienter Parteigenosse, zum anderen hätte eine Strafe bedeutet, dass unsere Chefs nicht die volle Kontrolle über ihre Angestellten hatten. Das Büro wollte ihn unbedingt schützen, und man war nicht gerade erfreut darüber, dass Bo sich nicht fügen wollte. Daher begannen die Vorgesetzten alte Fehler aufzuzählen, die Bo in ihrer bisherigen Laufbahn begangen hatte.

Bo war in einen Streit mit Sun verwickelt gewesen, einem Angestellten, der gleichzeitig mit uns im Büro begonnen hatte. Er war zunächst in die administrative Einheit versetzt worden, worüber er sich keineswegs gefreut hatte, womit er sich aber abfinden musste. Allmählich wurde er immer bösartiger und unangenehmer; er war einer von der Sorte, die bei anderen ständig nach Fehlern suchen. Er beschwerte sich häufig darüber, dass wir unsere Thermosflaschen im Korridor gegenüber unserem Zimmer hinstellten, weil er so angeblich nicht vorbeikäme. Er beklagte sich bei Bürochef Ning und wir bekamen Ärger. Li und ich nahmen das nicht besonders ernst, aber Bo empörte sich darüber, dass Sun ständig petzen ging, und begann einen Streit mit ihm. Sun beleidigte und kränkte sie mehrfach, zertrat ihre Thermosflasche und weigerte sich, mit Unterstützung von Ning, um Entschuldigung zu bitten. Bo kochte vor Wut, nahm sich Suns Thermosflasche und füllte sie auf der Toilette mit Exkrementen. Als Pan Wasser nachfüllte, bemerkte er den fürchterlichen Gestank. Das gesamte Büro erfuhr von der Sache, und obwohl niemand mit Sicherheit wusste, wer es gewesen war, vermuteten viele, dass womöglich eine von uns dreien dahintersteckte. Es gab allerdings keine Beweise, und man bemühte sich nicht weiter darum, in der Angelegenheit zu ermitteln.

Nun beschlossen die Chefs jedoch, das Geschehen erneut aufzurollen. Ning, Wu und Dan fragten mich nacheinander aus und baten mich zu sagen, wer die Schuldige war. Zwar hatte Bo gleich erzählt, was sie getan hatte, aber ich schwieg und betonte, dass ich nichts von der Sache wisse.

„Ihr jungen Leute seid so streitbar“, stellte Dan fest. „So werdet ihr kaum Karriere machen.“

Ning versuchte, mich davon zu überzeugen, meine Einstellung zu ändern. Falls ich nicht die Wahrheit sagte, würde er mich als Mittäterin betrachten. „Die politische Abteilung der Anwaltskammer West hat sich bereits nach dir erkundigt. Wenn du nicht sagst, wer der Schuldige ist, werden wir die Sache weiterleiten. Ich kann dir verraten, dass sich auch Bo dort nach einem Job erkundigt hat, und wer von euch eingestellt wird, hängt ganz davon ab, wer uns hilft.“

Falls man die Vermutungen, das Gerede und die Unterstellungen an die Anwaltskammer West weitergeleitet hätte, wären alle meine Geschenke, alle Beziehungen, alle Besuche, alles Lächeln vergeblich gewesen. Und ich sehnte mich so unglaublich danach, diese Umgebung verlassen zu dürfen, diesen eintönigen, ungastlichen und intellektuell versteinerten Ort. Die Vorgesetzten hatten bereits den Eindruck gewonnen, dass ich störrisch und aufsässig sei, und dieses Bild ließ sich nicht mehr ändern. Hier gab es keine Zukunft, der ich entgegensehen konnte. Ich hoffte, an einem neuen Ort ein neuer Mensch werden zu können – ernsthaft, beherrscht, gehorsam und fleißig –, um Erfolg und Zukunftsaussichten zu haben. Nach einigen Tagen qualvollen Überlegens ging ich zu den Chefs und sagte, dass Bo die Schuldige war.

Auch Li wurde mehrfach verhört, doch ich weiß nicht, was sie gesagt hat. Die Chefs schickten umgehend einen offiziellen Brief, in dem sie erklärten, dass man Bo öffentlich kritisieren würde. Außerdem teilte man ihr mit, dass man auf einen „Kommentar“ in ihrer Personalakte verzichten wollte, falls sie ihre Anzeige gegen Zai zurückziehen würde. Bo weigerte sich lange, aber am Ende fand sie sich schließlich mit dem Kompromiss ab. Die Behörde bezahlte ihre Krankenkosten, aber für die plastische Operation musste sie selbst aufkommen. Ein Kommentar in der Personalakte wäre eine Katastrophe gewesen, denn damit hätte sie niemals befördert werden können.

Als ich Bo unter ihrer Decke liegen und in einem Versuch, ihren Zorn zu schlucken, in das Kissen weinen sah, zog ich mir selbst meine Decke über den Kopf. „Ich habe einen Menschen verraten, der vier Jahre lang meine Freundin gewesen ist. Wie habe ich mich so verändern können? Wie habe ich ein Mensch von der Art werden können, die ich selbst immer verachtet habe?“

Kapitel 13

Bo wurde immer stiller, Lis Singen und mein Lachen wurden immer seltener. Das Leben war elend, eine anhaltende Qual – einsame Jugendzeit.

Ich lernte meinen späteren Mann Xie kennen, einen Beamten, der von der Großstadt Changsha in das Statistische Amt der Provinz versetzt worden war, und wir trafen uns häufig. Auch er suchte nach einer Möglichkeit, nach Changsha zurückzukommen, denn er mochte weder die trostlose und einförmige Arbeit noch das geringe Ansehen des Statistikbüros.

„Das hier dürfte das Amt mit der geringsten Macht und den wenigsten Privilegien sein. Keiner braucht uns. Wir kriegen nicht mal Spesen, wenn wir draußen in den Dörfern arbeiten", sagte er mit kraftlosem und bitterem Lächeln. An diesem Tag war er krank und hatte keine Lust, die faden Kantinenmahlzeiten zu essen. Daher hatte er auf dem Elektroherd in seinem Zimmer heimlich ein wenig Reisbrei gekocht. „Wir stellen nur die Ziffern zusammen, die uns von den verschiedenen Arbeitsplätzen geschickt werden – ob die Ziffern stimmen, danach fragen wir nicht, und Kontrollen an den Arbeitsplätzen machen wir schon gar nicht."

Ich musste an die falschen Zahlen denken, die während der Zeit des „Großen Sprunges" verkündet worden waren, und fragte, ob auch bei den heutigen Statistiken Übertreibungen vorkamen.

„Natürlich", sagte er. „Das hängt mit den Absichten zusammen, die die verschiedenen Chefs haben. Manchmal weisen sie frisierte Zahlen vor, weil sie hoffen, befördert zu werden." Er beneidete mich um meine Arbeit, weil ich jeden Tag neue Menschen traf, weil jeden Tag neue Dinge geschahen: Das gab Anregung und Ansehen.

Das Personalbüro schickte die Mitteilung meiner Versetzung: Ich sollte mich am 1. August bei der Anwaltskammer West in Changsha einfinden. Eigentlich hatte ich auf einen etwas späteren Termin gehofft, weil es mir dann erspart geblieben wäre, an den Aktionen gegen die Studenten und Arbeiter teilzunehmen, die an der Demokratiebewegung beteiligt gewesen waren.

Beim Abschiedsfest fasste Dan meine Arbeit zusammen und sagte, dass ich mich während dieser vier Jahre von einer kindlichen Gymnasiastin zu einer Beamtin entwickelt habe, die im Großen und Ganzen den Anforderungen entsprach, die die Partei stellte. Er pries vor allem die Fortschritte, die ich während des letzten Jahres gemacht hatte. Zwei Tage später hielt der gelbbraune Jeep des Büros mit einem Anhänger auf dem Hof, und ich lud meine drei Decken, meine Kleiderkiste, eine Handtasche mit persönlichen Dingen und einen Eimer voller Schuhe auf. Es waren dieselben Dinge wie vier Jahre zuvor; einzig einige juristische Lehrbücher waren hinzugekommen.

Ich umarmte Li und Bo und nahm Abschied. Dann winkte ich meinen anderen Kollegen zu, die sich im Korridor des zweiten Stockwerks versammelt hatten. Mein Blick wurde etwas verschwommen, aber ich beherrschte mich, beugte mich hinunter und kroch in den Jeep. Als wir langsam vom Hof fuhren, drehte ich den Kopf und warf einen letzten Blick auf das Gebäude, in dem ich vier Jahre meiner Jugend verbracht hatte.

Zweiter Teil
1989–1994

Kapitel 14

Am 1. August 1989 meldete ich mich im Büro von Oberstaatsanwalt Tai in der Anwaltskammer von Changsha West. Er hatte früher beim Nachbarschaftskomitee gearbeitet und war dann in der Stadtteilverwaltung tätig gewesen. Die Personalabteilung hatte ihn als Oberstaatsanwalt ausersehen, obwohl er nie Jura studiert hatte.

Mein Kollege Hao musste zu einem Verhör ins städtische Gefängnis. Dort waren die Sicherheitsvorschriften strenger, und er brauchte mich als Begleiterin.

Das städtische Gefängnis war durchaus imponierend. Ein dickes Eisentor schirmte es von der Außenwelt ab. Ein Wächter saß hinter dem Tor, Kontakt nahm man durch ein kleines Fenster mit Gitterstäben auf. Gleich hinter dem Tor befand sich ein großer offener und asphaltierter Hof, auf der anderen Seite sah man ein zweistöckiges Bürohaus. Die lange Fensterreihe im oberen Stockwerk war vergittert, so dass man auf dem ersten Blick erkannte, dass dort die Verhörräume lagen. Jedes der insgesamt zwölf Zimmer war etwa zwölf Quadratmeter groß. Gegenüber der Treppe befand sich eine vergitterte Tür, daneben das Zimmer, in dem man Gefangenenbesuche beantragen konnte. Von dort führten zwei Türen in weitere Räumlichkeiten. Wir gingen durch die eine und zeigten unsere Genehmigung und den Dienstausweis vor. Der Gefängniswärter bat Hao, sich in die Besucherliste einzutragen, und verschwand dann durch die andere Tür, hinter dem Eisengitter. Der Raum, in dem wir uns eintrugen, war nur etwa vierzehn Quadratmeter groß und mit einem Tisch und ein paar Stühlen eingerichtet. Hin und wieder kamen Polizisten, um Inhaftierte zu holen oder zu bringen, und mit uns von der Staatsanwaltschaft sowie einigen Richtern, die zu Besuch da waren, wurde es recht eng.

Die Wächter hatten alle Hände voll zu tun, sie kamen dauernd mit neuen Häftlingen und riefen: „Wer kriegt den hier?" Sofort meldete sich ein Rechtspfleger aus der Menge: „Der ist meiner! Meiner!" Dann schob der Wächter den Inhaftierten an die entsprechende Stelle und sagte: „Da haben Sie ihn." Der jeweilige Anwalt oder Richter ging darauf mit dem Gefangenen hinaus und suchte nach einem freien Verhörraum.

Hao und ich setzten uns mit dem Häftling in einen der Räume. Sie glichen denen in Wangcheng: die Plakate an der Wand, die Bank mitten im Zimmer, auf der der Verdächtige mit dem Rücken zum Fenster sitzen sollte, unser Tisch neben der Tür. Doch die Fenster waren vergittert und die Fußböden zementiert.

Der Mann, den wir zu verhören hatten, war ein Wiederholungstäter, ein etwa dreißigjähriger Dieb. Er hatte noch nie eine normale Arbeit gehabt. Vom ersten Augenblick an beobachtete er genau jede unserer Bewegungen und beteuerte seine Unschuld.

Er weigerte sich beharrlich, etwas zuzugeben, und wollte sein früheres Geständnis unbedingt widerrufen. Unter den Gefangenen ging das Gerücht um, die Geständigen würden hart bestraft mit „Gefängnis bis in alle Ewigkeit" – ganz im Gegensatz zu den öffentlichen Proklamationen. Tatsächlich hatten sie nicht ganz unrecht, denn viele Täter, die in der Hoffnung auf eine mildere Strafe gestanden hatten, wurden letztlich dennoch zu langen Gefängnisstrafen verurteilt. Die Justiz hielt ihre Versprechen nicht und schien der Auffassung zu sein, dass eine Versicherung einem Kriminellen gegenüber nicht bindend war. Die Häftlinge hatten daraus gelernt: Man sollte weder auf Drohungen noch Versprechungen eingehen. Wenn man sich weigerte, etwas zuzugeben, gab es immerhin eine gewisse Chance davonzukommen. Hatten die Ermittler keine ausreichenden Beweise, konnte man vor Gericht nicht verurteilt werden. Wer hingegen gestand, wurde mit Sicherheit verurteilt.

Nach einer Weile verlor Hao die Geduld. Er schlug mit der Faust auf den Tisch und deutete auf den Verdächtigen. „Jetzt wirst du, verdammt noch mal, reden, sonst werde ich andere Saiten aufziehen!"

Der mutmaßliche Täter kniff hartnäckig die Lippen zusammen.

Hao sprang auf und ging wutschäumend auf den Mann zu. „Hör mal zu, Bursche! Meinst du, ich werde dein Geständnis für ungültig erklären? Du denkst, ich bin ein Lamm, was!" Er gab ihm zwei harte Schläge auf den Hinterkopf. Der Inhaftierte hielt die Arme hoch, um sich zu schützen, und beugte sich nach vorn, um den Schlägen zu entgehen, aber er wagte es nicht, laut um Hilfe zu rufen. Ein paar Schläge vom Staatsanwalt waren nichts gegen die Tritte der Polizisten, und selbst wenn er schrie und die Wächter oder andere Ermittler ihn hörten, würden sie sich nicht einmischen. Wer die Zusammenarbeit verweigert, hat Prügel verdient – das war bei den Beamten des Rechtswesens selbstverständlich. Also hieß es: aushalten bis sie vom Schlagen ermattet waren und aufhörten.

„Willst du jetzt reden? Sträubst du dich? Treibst du ein Spiel mit uns? Ich werde dich zertreten!" Hao gab dem Mann zwei Tritte. Der Häftling hielt eine Hand vor das Bein, und sein Gesicht verzerrte sich vor Schmerz, so dass man seine gelben Zähne sah.

Ich hatte nicht die Absicht gehabt, mich in Haos Arbeit einzumischen, denn ich wollte nicht, dass er meinte, ich wolle mich hervortun. Außerdem wollte ich erst sehen, welche Methoden er gebrauchte und wie kompetent er war. Aber als ich sah, wie sich der Verdächtige unter den Schlägen krümmte, war mir klar, dass ich eingreifen musste, weil der Mann sonst gelb und blau geprügelt würde. Natürlich würde man uns deshalb keine Vorhaltungen machen, aber falls wir irgendwann einmal eine Auseinandersetzung mit dem Gefängnispersonal haben würden, könnte man sich zu unseren Verhörmethoden äußern. Und das könnte uns eine Rüge von unseren Vorgesetzten einbringen. Ich hatte keine Lust, mich wegen Hao für „minderwertige Arbeit“ kritisieren zu lassen.

„Sei nicht so wütend“, sagte ich zu ihm. „Komm und setz dich. Wenn er mit uns spielen will, dann spielen wir eben mit. Ich hab schon verstocktere Typen gesehen.“

Hao hielt inne, ging zornig an seinen Platz zurück und fluchte laut.

Ich zeigte mit meinem Bleistift auf den Häftling. „Jetzt hör mir mal gut zu! Meinst du, dass wir Anfänger sind? Mein Kollege hat recht, wenn er sagt, dass ein Geständnis deine einzige Chance ist. Du sagst, du hast nichts gestohlen? In Ordnung. Dann gehen wir jetzt zu den Hehlern, die dir das Zeug abgekauft haben, und wollen mal sehen, ob sie dich kennen. Wenn wir dann zurückkommen, wollen wir dein Geständnis nicht mehr haben. Dann schreiben wir einfach in deine Akte: ‚Der Tatverdächtige weigert sich zu gestehen und behindert die Ermittlungen durch sein äußerst nachteiliges Auftreten. Wir beantragen eine spürbare Strafe.‘ Dann brauchst du deinen teuren Mund nicht mehr aufzumachen, sondern kannst in aller Ruhe einige Jahre absitzen.“

Als ich meine Ansprache beendet hatte, fing ich langsam an, meine auf dem Tisch liegenden Papiere einzusammeln. „Warum sollen wir unsere Energie mit solchen Leuten vergeuden?“, sagte ich zu Hao. „Du kannst dem Justizbeamten sagen, dass er uns zum Hehler fahren soll.“

Der Verdächtige setzte sich aufrecht. Er wollte nicht mitkommen. Nach einer Weile sagte er: „Ich bitte um Entschuldigung und will nicht mehr so widerständig sein.“

Dann schilderte er den gesamten Tatverlauf, von Anfang bis Ende. Hao schrieb mit und rieb sich hin und wieder die Hand, die ihm von den Schlägen wehtat.

Nach dem Verhör lieferten wir den Mann wieder beim Wächter ab. Im selben Augenblick kam ein Todeskandidat durch die Tür. Die Fußfesseln, die er trug, waren sehr schwer, so dass er sich nur langsam und schleppend bewegen konnte, Schritt für Schritt, wobei er unablässig auf seine Füße schaute. Sein Kopf war geschoren, und er hatte saubere, blauweiß gestreifte Gefängniskleidung an. Zwei Männer in Richteruniformen winkten ihn zumVerhör. Hao grüßte den einen Richter herzlich, und der Mann schüttelte mir lächelnd die Hand. Mein Kollege stellte ihn mir vor: „Das ist mein Nachbar; er arbeitet beim Oberlandesgericht."

Im Boden des Verhörzimmers waren zwei Eisenringe einzementiert. Als der zum Tode Verurteilte hereinkam, löste ein kräftiger Wächter die Fußfesseln und schloss erst die linke Kette an den einen Ring, dann die rechte an den anderen. Auf diese Weise hatte er ein wenig mehr Bewegungsfreiheit. Während er angeschlossen wurde, standen Hao, sein Nachbar und ich daneben und plauderten. Hao zeigte auf den Gefesselten und fragte, ohne seine Stimme zu dämpfen: „Ist das der, den ihr zum Erschießen wegbringen wollt?" Der Betroffene starrte sie schweigend an.

„Ja, das ist er. Ich bin gekommen, um zu sehen, ob vor der Hinrichtung alles in Ordnung ist. Heute Nachmittag haben wir eine öffentliche Versammlung, wo das Urteil verkündet wird." Die Antwort des Richters hörte sich vollkommen alltäglich an, und er bemühte sich keineswegs, leise zu sprechen. Der Verurteilte konnte alles hören.

„Wird das Urteil heute vollstreckt?", fragte ich. „Wie kommt es, dass ich noch gar nichts davon gehört habe?"

„Haben Sie nicht die Plakate gesehen, die wir überall in der Stadt aufgehängt haben?", fragte der Richter. „Wir richten doch jedes Jahr vor dem Nationalfeiertag ein paar Leute hin."

Hao scherzte ein wenig mit dem Gefangenen. „Hast du heute früh was Leckeres zu essen gekriegt? Das letzte Frühstück müsste eigentlich was Besonderes sein."

Die Kampfsportgruppe 1974. Xiao sitzt in der zweiten Reihe als zweite von links.

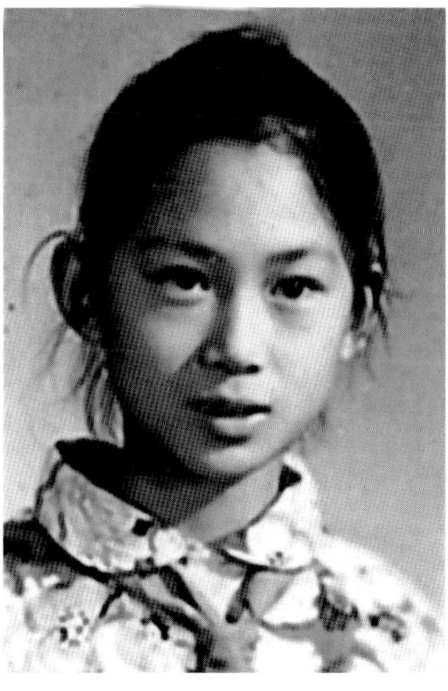

Xiao, zwölf Jahre alt.

Am ersten Tag ihrer Anstellung bei der Staatsanwaltschaft, 1984.

Xiao mit ihren Kollegen und Kolleginnen von der Staatsanwaltschaft in Wangcheng 1986.

Xiao mit ihren Zimmergenossinnen Bo und Li in Guangzhou 1986.

Mit dem Staatsanwaltsexamen 1988. Das Bild ist vor dem Büro der Staatsanwaltschaft in Wangcheng aufgenommen. Xiao steht ganz rechts, Li ganz links. Oberstaatsanwalt Dan sitzt in der Mitte. Rechts von ihm der stellvertretende Staatsanwalt Hu San, daneben Bürochef Ning. Bo konnte nicht dabei sein, als das Foto aufgenommen wurde, da sie bei einem Streit mit einem Kollegen ein verletztes Auge davongetragen hatte und im Krankenhaus lag.

Kolleginnen und Kollegen bei der Staatsanwaltschaft in Changsha West 1991. Xiao vorn links. In der Mitte mit Kind Lun, die ehemalige Chefin der Einheit für Anklageerhebung, rechts von ihr Ya Lan. In der hinteren Reihe von links: Qi Ken, Hao und der stellvertretende Oberstaatsanwalt Ke.

Innerhalb der Mauern eines Untersuchungsgefängnisses in der Provinz Fujian.

Ein Frauenzelle des Untersuchungsgefängnisses. Mehr als zehn Inhaftierte mussten sich zuweilen auf der Pritsche drängen. Links an der Wand Haken aus Ziegel.

Eine Gefangene wird zum Verhör geführt.

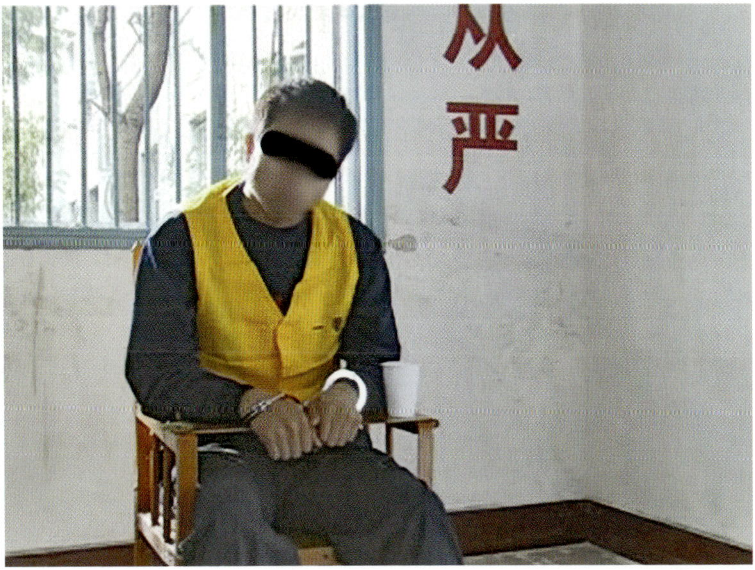

Ein Mordverdächtiger beim Verhör. Die Handschellen sind am Stuhl befestigt. An der Wand sieht man Teile des Textes „Milde für den, der gesteht, Strenge für den, der leugnet“.

Xiao mit der Richterin Lulu bei deren Hochzeit 1988.

Xiao und ihr ehemaliger Mann Xie, Richter am Distriktsgericht Changsha West 1995.

Xiao beim Englischkurs 1996. Neben ihr der amerikanische Lehrer Dana.

Xiao und ihre Kollegin Jie bei einem Ausflug zum Berg Jing Gansan 1997, wo Mao die Rote Armee aufstellte.

Der letzte Tag als Staatsanwältin im Büro, November 1998. Der Schreibtisch ist aufgeräumt.

Der Mann, der sich hingehockt hatte, sah zu ihm auf und antwortete: „Ich hatte keinen Appetit und hab keine Ahnung, wie's geschmeckt hat."

Der Richter fragte: „Name? Alter? Adresse?"

Der Häftling antwortete.

„Du bist bereits zum Tode verurteilt", fuhr der Richter fort. „Als das Urteil kam, hast du Berufung eingelegt, aber das höchste Volksgericht der Provinz hat die Berufung abgelehnt und damit das Urteil bestätigt. Darüber bist du informiert worden, oder?"

„Ja."

„Jetzt soll das Urteil vollstreckt werden. Hast du einen letzten Wunsch, einen letzten Willen?"

„Mein Testament hab ich schon dem Gefängnispersonal gegeben. Mein einziger Wunsch ist, dass meine Eltern und Geschwister nicht zusehen, wenn Sie mich erschießen."

„Sonst noch was?"

„Nein."

„Dann ist meine Überprüfung fertig. Bitte unterschreib das Protokoll und setz deinen Fingerabdruck drunter."

„Zurück!", rief der Wächter, und der Delinquent zog sich in die Ecke neben dem Fenster zurück. Der Richter holte Papier und Kugelschreiber. Während der Prozedur standen wir außerhalb der Reichweite des Gefesselten.

„Jetzt bring ich ihn zum Hinrichtungsplatz", sagte der Richter. „Wollt ihr mitkommen und zusehen?"

Ich hob sofort abwehrend meine Hände, als hätte ich plötzlich eine Krankheit bekommen. „Nein, vielen Dank, aber ich möchte nicht."

„Ich komme mit. Du kannst doch auch mit und dir das Trara ansehen. Wenn er hingerichtet ist", sagte Hao freundlich und zeigte auf den Todeskandidaten, „können wir irgendwo was Gutes essen oder zusammen Karaoke singen und mal ein bisschen Vergnügen haben. Morgen ist doch Nationaltag, und wir haben frei."

Ich lehnte ab. „Ich fahre mit dem Justizbeamten zurück zum Büro. Ich habe schon Hinrichtungen erlebt, das ist also nichts Neues für mich.“

„Dann verstehe ich, warum Sie uns wie die Pest meiden.“ Der Richter lachte vielsagend.

Als die freien Tage vorüber waren und wir uns wieder am Arbeitsplatz trafen, erzählte Hao allen in der Abteilung lebhaft von der Hinrichtung, ohne eine Einzelheit auszulassen.

Kapitel 15

Mit der wachsenden Wirtschaftskriminalität stieg auch die Zahl der Menschen, die uns Informationen zutrugen und Material überbrachten. Viele kamen auch zu uns, um Neuigkeiten zu erfahren. Wir machten immer häufiger Razzien und Hausdurchsuchungen. Das Büro war immer voller Leute. Sie kamen und gingen, und die Atmosphäre war äußerst betriebsam. Wir arbeiteten ganze Nächte hindurch, Überstunden gehörten zum Alltag. Die Verhöre dauerten oft bis spät in den Abend, und wenn eine Gruppe einen geständigen Verdächtigen hatte, mussten wir in die Autos steigen, zu ihm nach Haus fahren und nach Beweismaterial suchen, egal wie spät es war. Treppen, die von Fußgetrampel hallten, Höfe, die von den Geräuschen aufheulender Motoren und rufender Justizbeamter erfüllt waren: All das gab den Verdächtigen das Gefühl einer „gigantischen und kraftvollen Antikorruptionskampagne", es schuf psychologischen Druck und jagte Schrecken ein. Die meisten gaben dann jeden Widerstand auf und gestanden ihre Taten, was wiederum dazu führte, dass oft noch weitere Wirtschaftsvergehen aufgeklärt wurden.

Eines Tages, es war kurz nach sechzehn Uhr, kam der Chef der Einheit für Wirtschaftskriminalität in unser Büro und sagte zu mir: „Ich hab gerade nicht genug Staatsanwältinnen. Eine von uns ist nicht ganz gesund und kann nachts nicht arbeiten. Ich bin auf dem Weg zu einer Verdächtigen; kannst du mir helfen, sie heute Nacht zu verhören?"

Nächtliche Verhöre gehörten zu den üblichen Methoden der Staatsanwaltschaft. Damit wurden die Verdächtigen unter psychologischen Druck gesetzt: Man holte sie am Nachmittag ab und ließ sie nicht mehr nach Hause fahren, obwohl es Nacht wurde. Das vermittelte ihnen das Gefühl, dass es um ernste Dinge ging. Und sie wussten, dass sich ihre Familie um sie sorgte. Zudem war es dann dämmrig im Zimmer und völlig dunkel draußen; die Verdächtigen wurden müde, hungrig, unruhig und ängstlich. Wenn das Verhör bis fünf Uhr morgens ging, waren die meisten erschöpft und dem Zusammenbruch nahe. Dann gaben sie auf und gestanden alles, nur um nach Hause zu kommen und zu schlafen. Darüber hinaus hinderten die nächtlichen Verhöre die Angehörigen des Verdächtigen daran, frühzeitig etwas zu unternehmen und ihre Beziehungen auszunutzen, um ihm zu helfen. Die mächtigen Fürsprecher hatten keine Lust, sich mitten in der Nacht mit einem Fall zu beschäftigen. Viele Erklärungen und Gespräche wären notwendig gewesen, und selbst falls sie es gewohnt waren, in Ermittlungen einzugreifen, war ihnen doch auch daran gelegen, nicht ihrerseits in Bedrängnis zu geraten.

Auf die Dauer waren diese Arbeitsbedingungen aber gesundheitsschädlich. Manchmal waren wir achtundvierzig Stunden ohne Pause im Einsatz. Wenn der Verdächtige nicht schlief, schliefen wir auch nicht. Wir redeten gut zu, versuchten uns in psychologischer Kriegsführung und dachten uns alle möglichen Tricks aus, um zu einem Geständnis zu kommen.

„Ich bin nicht sicher, ob ich mehrere Nächte ohne Schlaf aushalte, falls die Verdächtige stur ist“, gab ich zu bedenken. Der Chef antwortete, dass er noch eine andere Staatsanwältin finden wolle, so dass wir zu zweit sein würden. Dann könnten wir abwechselnd verhören und schlafen. Und so konnte ich mich dieser schwierigen Aufgabe nicht entziehen – Tai hatte ja angeordnet, dass jeder bei der Kampagne mithelfen sollte.

Eine große und kräftige Frau, gut dreißig Jahre alt, wurde in das Büro der Einheit für Wirtschaftskriminalität geführt. Es war ein geräumiges Zimmer, das mit Hilfe von Paravents in mehrere kleine unterteilt war. Man hörte alles, was in den benachbarten Abteilungen und in den Büros draußen gesprochen wurde.

Der Einheitschef erklärte mir und einer Notarin namens Jie Lia flüsternd die Lage. „Sie ist Chefin eines Warenhauses in einem der belebten Geschäftsviertel, und als sie Räumlichkeiten im Haus vermietete, hat sie Schmiergelder angenommen."

„Weiter nichts?"

„Wir haben nur wenige Informationen über den Fall. Ob wir den Fall lösen, hängt deshalb entscheidend vom heutigen Verhör ab. Euer Ergebnis ist äußerst wichtig." Er betonte den Ernst der Sache und wollte damit zeigen, dass er sich auf uns verließ.

„Dann müsstet ihr losfahren und die Leute finden, die die Schmiergelder bezahlt haben, und möglichst auch die Quittungen besorgen. Das ist wichtig, um den psychologischen Widerstand der Frau zu brechen", sagte ich.

„Es sind viele Leute in diesen Fall verwickelt. Wir bringen euch einen nach dem anderen."

Kein Wunder, dass an diesem Nachmittag so viele nicht nach Hause gefahren waren. Alles deutete darauf hin, dass es wieder einmal einen arbeitsreichen Abend geben würde: viele Leute, wenig Schlaf.

„Wie habt ihr von dieser Sache erfahren?", fragte ich.

„Wir haben einen anonymen Brief aus dem Warenhaus erhalten. Das Gerücht über unsere Kampagne hat sich verbreitet und führt zu Resultaten. Jeder weiß, dass die Staatsanwaltschaft die Verbrechen auf wirtschaftlichem Gebiet untersucht."

Wir gingen alle drei in das Büro, in dem die Verdächtige bereits saß. Jie Lia und ich setzten uns einander gegenüber an den Schreibtisch, die Frau zwischen uns. Der Einheitschef erklärte ihr eindringlich unsere Leitsätze und sagte: „Wenn Sie ein vollständiges Geständnis ablegen, können Sie nach Hause fahren."

„Es muss doch wohl eine Vorschrift geben, wie lange Sie Leute festnehmen dürfen?", antwortete die Frau ruhig.

Der Einheitschef warf einen Blick auf sie und konterte scharf: „Wir haben Sie nicht festgenommen, sondern zum Verhör geholt. Diese beiden Staatsanwältinnen hier werden Ihnen die ganze Zeit Gesellschaft leisten, bis Sie alles über Ihre Tätigkeiten erzählen. Die beiden machen keine Pause, also können Sie wohl auch keine verlangen, oder? Wir können ja nicht warten, bis Sie sich fertig ausgeruht haben, bevor sie mit der Befragung weitermachen. Wir haben Sie nicht eingesperrt. Wollen Sie etwas essen, so bekommen Sie es, und müssen Sie auf die Toilette, wird man Sie begleiten. Wir haben Sie nicht Ihrer Freiheit beraubt, weshalb behaupten Sie, wir hätten Sie festgenommen?"

Die Frau bekam es mit der Angst und wagte keine weiteren Fragen mehr.

Jie Lia und ich hatten keine Eile mit unseren Fragen. Wenn man Wirtschaftskriminelle mit höherer Bildung verhörte, konnte man nicht in derselben Weise vorgehen wie bei anderen Kriminellen. Man musste davon ausgehen, dass sie sich schon auf dem Weg in die Staatsanwaltschaft eine gewisse Verteidigungsstrategie zurechtgelegt hatten. Wenn wir sie geradeheraus nach ihren Vergehen befragten, würde sie natürlich alles abstreiten, und wir würden uns sofort festfahren.

„Wie alt sind Sie?", fragte ich. „Sind Sie verheiratet und haben Kinder?"

„Ich bin achtunddreißig. Ich habe einen Sohn, und mein Mann arbeitet in einem anderen Warenhaus. Wie alt sind Sie?"

„Ich bin dreiundzwanzig. Meine Kollegin hat gerade ihr Examen bestanden und ist zweiundzwanzig", sagte ich und deutete auf Jie Lia.

„Wie gut Sie es haben, in so jungen Jahren Staatsanwältin zu werden. Haben Sie familiäre Beziehungen hier?"

Ich lächelte und schüttelte den Kopf. „Nein, habe ich nicht. Meine Mutter kann nicht einmal schreiben, und mein Vater ist ein einfacher Arbeiter. Natürlich ist er Parteimitglied, aber das hat ihm nichts genutzt. Er ist übergangen worden, und jetzt ist er Frührentner. Die Mitgliedschaft hat ihm keinerlei Vorteile gebracht." Ich wollte nicht klagen, sondern sprach in ruhigem Ton. Jie Lia erzählte, dass auch sie aus einer einfachen Arbeiterfamilie stamme, die Aufnahmeprüfung zur Universität bestanden habe und dann hier stationiert worden sei.

Die Frau starrte uns an. Sie konnte kaum glauben, dass Angehörige einer privilegierten Klasse wie wir aus einfachen Familien kommen sollten. Zuvor hatte sie die Hände auf die Knie gestützt, die Beine im rechten Winkel gebeugt, die Füße leicht auseinander. Jetzt aber änderte sie ihre Haltung. Die Hände ruhten auf den Schenkeln, sie streckte die Beine aus und legte die Füße übereinander. Ihre Gesichtsmuskeln entspannten sich.

Sie seufzte etwas theatralisch. „Ja, es ist nicht leicht, ein guter Mensch zu sein. Ich vermute, dass drei Frauen an meinem Arbeitsplatz neidisch auf mich sind. Sie gönnen mir meine Stellung als Chefin nicht, und deshalb werden sie mich bei der Staatsanwaltschaft angezeigt haben. Sie wollen mich loswerden, mich fertigmachen, aber mit mir werden sie's nicht so leicht haben. So was habe ich alles schon einmal durchgemacht. Diese Kampagne ist ja bei Weitem nicht so gewaltig wie die Kulturrevolution. Habe ich die Kulturrevolution überlebt, werde ich das hier auch noch schaffen." Inzwischen war sie zornig und hatte einen entschlossenen Blick auf uns gerichtet, als wolle sie uns zeigen, mit wem wir es zu tun hatten.

Ich stand auf und machte mir eine Tasse Tee. Jie Lia fragte die Frau, wie sie Chefin des Warenhauses geworden war. Ich wollte wissen, was ihr während der Kulturrevolution widerfahren war. Da wir die aktuellen Ermittlungen nicht erwähnten, antwortete sie kühn: „Ich war Rotgardistin, bin nach Peking gefahren und habe den Vorsitzenden Mao am Tor des Himmlischen Friedens winken sehen. Ich war so gerührt, dass ich geweint habe. Dann bin ich der Aufforderung gefolgt, ‚in die Berge und aufs Land hinaus' zu fahren, und kam in ein kleines Dorf. Später bin ich dann in die Fußstapfen meines Vater getreten und habe angefangen, im Warenhaus zu arbeiten. Ich bin Stufe um Stufe gestiegen. Erst war ich Leiterin eines Verkaufsstands, dann Abteilungsleiterin, und dann stellvertretende Warenhauschefin. Vor zwei Jahren, als wir das Verantwortungssystem eingeführt haben, wurde ich schließlich zur Chefin des ganzen Warenhauses ernannt." Man hörte ihrer Stimme an, dass sie stolz war, so weit gekommen zu sein.

Ohne dass wir es bemerkt hatten, war es draußen dunkel geworden – Zeit zum Abendessen.

Der Einheitschef kam mit einigen Kollegen, die uns ablösen sollten. Als er sah, dass weder Bleistift noch Papier auf dem Tisch lagen, deutete er auf die Frau und fragte mich: „Habt ihr gar keine Notizen gemacht? Ist sie sehr widerspenstig und will nicht kooperieren?"

„Du hast gesagt, dass ich mit ihr reden soll. Dann komm also nicht und misch dich ein, das hier geht dich nichts an. Geh", sagte ich lächelnd und versuchte, ihn wegzuscheuchen.

„Aber ihr müsst doch was essen", antwortete er.

„Kannst du jemanden ins Restaurant nebenan schicken, um drei Portionen anständiges Essen zu kaufen? Dann können wir hier essen. Vielleicht auch ein paar Tüten mit Nudeln, falls wir heute Nacht Hunger bekommen."

Der Einheitschef lächelte: „Ich hab schon einen Vorrat von hundert Tüten. Heute Nacht arbeiten viele hier, und alle müssen was essen. Deshalb habe ich eine ganze Kiste gekauft."

„Eine ganze Kiste Nudeln? Sind heute Nacht so viele Leute hier?"

„Fünf Zweiergruppen von Staatsanwälten mit jeweils einem Verdächtigen, und dann haben wir den Oberstaatsanwalt und den stellvertretenden Oberstaatsanwalt, die die Arbeit koordinieren und jederzeit Hausdurchsuchungen genehmigen und Haftbefehle ausstellen können."

„Und die machen alle Nachtschicht? Da werden hier wohl interessante Dinge passieren." Wir sprachen langsam, damit die Frau unruhig werden und verstehen sollte, dass das ganze Büro mit derselben Angelegenheit beschäftigt war und alle zusammenarbeiteten. In dieser Nacht würden wir nicht schlafen, ehe wir etwas erreicht hatten.

Es dauerte nicht lange, bis das Essen kam. Jie Lia und ich aßen am Schreibtisch, die Frau saß auf ihrem Stuhl mit dem Karton in der Hand und nahm hin und wieder einen Bissen. Als wir fertig waren, fragte ich sie, ob sie zur Toilette gehen müsse. Sie bejahte, und wir gingen alle drei ins erste Stockwerk hinunter, wo sich die Damentoilette befand.

Jetzt war die vorbereitende Arbeit fertig. Ich holte Papier und Bleistift hervor. Aus den Zimmern nebenan hörte man die schroffen Stimmen unserer männlichen Kollegen und Hände, die auf Tischplatten schlugen. Ich schloss die Tür und sagte zu der Frau: „So läuft das, wenn Männer verhören. Eigentlich haben sie keinen Grund zu schreien, weil sie nur Zeugen und Leute verhören, die Schmiergelder bezahlt haben. Ich werde Sie über Ihre Situation befragen und hoffe, dass Sie kooperieren. Ich mag die groben Methoden von denen nicht. Hoffentlich wissen Sie den Respekt zu schätzen, den ich Ihnen entgegenbringe, und machen keine Probleme."

Ihr Gesichtsausdruck veränderte sich. Sie war nicht wie andere Verdächtige, die in der Regel brav nickten und ja sagten.

„Erzählen Sie mal, wie es vor sich geht, wenn Sie Ladenflächen oder Verkaufsstände vermieten."

„Mit meinem eigenen Haus als Sicherheit hab ich das ganze Warenhaus beim städtischen Gewerbeamt gemietet. Ich habe einen Vertrag, der besagt, dass ich jedes Jahr fünfhunderttausend Yuan Gewinn erwirtschaften muss, sonst habe ich eine Strafgebühr von zwanzigtausend Yuan zu zahlen. Der Vertrag läuft über fünf Jahre. Ich bin davon ausgegangen, dass sich das Haus in einer hervorragenden Lage befindet und habe die Verkaufsstände quadratmeterweise an private Unternehmen vermietet. Dann habe ich einen Architekten beauftragt, kleine Stände vor dem Warenhaus zu bauen. Die habe ich dann zu sehr hohen Preisen vermietet. Auf diese Weise kann ich damit rechnen, dass mir die Einkünfte von der Miete den Gewinn zusammenbringen, den ich brauche. Das ursprüngliche Personal konnte ich behalten, weil wir ein paar Stände an weniger vorteilhaften Stellen haben, die sich nicht vermieten lassen. Dort verkaufen wir traditionelle Artikel, die von älteren Leuten nachgefragt werden, aber wir rechnen da nicht mit größeren Gewinnen."

„Kann das ursprüngliche Personal selbst Ladenfläche oder Stände vermieten?"

„Nein. Das hängt damit zusammen, dass diese Leute beim Staat angestellt sind. Einige sind neidisch auf mich, weil ich so einfach Gewinn mache, die gönnen mir nichts. Aber wenn ich nicht auf die Idee mit den Vermietungen gekommen wäre, könnte ich den Vertrag kaum erfüllen. Deshalb hat sich ja kein anderer getraut, das Warenhaus zu übernehmen."

„Haben Sie einen persönlichen Gewinn durch die Vermietungen?"

„Nein. Ich gebe mir selbst ein Monatsgehalt von zweitausend Yuan."

„Das ist nicht übel. Wie viel verdient ein einfacher Angestellter?"

„Ich habe das Recht auf so viel, weil ich den Gewinn erwirtschafte. Ich weiß, dass es Angestellte gibt, denen es ein Dorn im Auge ist, dass ich ein so hohes Gehalt habe. Ein gewöhnlicher Angestellter verdient dreihundert Yuan im Monat."

„Sie und der Mieter unterschreiben den Vertrag? Ist sonst noch jemand dabei?"

„Ich mache einen Vertrag mit jedem einzelnen Mieter. Wir unterschreiben im Büro, und es sind immer mehrere Leute anwesend."

„Ist die Nachfrage groß gewesen, seit Sie mit den Vermietungen begonnen haben?"

„Ja."

„Ist das Angebot entsprechend?"

„Nein. Wir haben nur etwa fünfzig Quadratmeter Fläche für

Stände und fünfundsiebzig für kleine Läden, aber mehr als hundert Leute stehen auf der Warteliste, um zu mieten."

„Kennen Sie die Mieter?"

„Einige von ihnen kenne ich, andere nicht."

„Wie haben Sie sie kennengelernt?"

„Es sind einfach Verwandte, Bekannte, Freunde. Leute, die meine Verwandten oder Freunde aufgesucht und mich auf diese Weise kennengelernt und mich um Hilfe gebeten haben."

„Sie haben sie also getroffen, bevor sie bei Ihnen gemietet haben?"

„Das hat die Vermietungen nicht beeinflusst. Die Miete ist für alle dieselbe, sie liegt fest."

„Das brauchen Sie nicht zu erklären. Ich habe gefragt, ob Sie sie vorher getroffen haben?"

Die Frau schwieg.

„Wenn die Miete dieselbe ist – warum vermieten Sie dann an gewisse Personen, aber nicht an andere? Nach welchen Kriterien treffen Sie die Auswahl?"

Immer noch Schweigen.

Die Frau dachte darüber nach, wie wichtig die Frage war. Sie hatte Angst, einen Fehler zu machen, falls sie nicht vorsichtig genug war. Ich wartete eine Weile und forderte sie dann auf: „Antworten Sie. Es ist eine einfache Frage, darüber brauchen Sie wohl nicht nachzudenken. Sagen Sie einfach, wie es ist."

Noch immer keine Antwort.

„Falls Sie versuchen, sich Lügen auszudenken, dürfen Sie nicht vergessen, dass sie sämtliche Aspekte abdecken müssen. Allerdings können Lügen nie die Wahrheit verbergen. Deshalb frage ich Sie erneut: Nach welchen Prinzipien wählen Sie die Geschäftsleute aus, die bei Ihnen mieten dürfen?"

Nach einer kleinen Weile antwortete sie: „Ja, es stimmt, dass ich von ihnen gehört habe, bevor sie mieten dürfen, und ich habe sie auch vorher getroffen. Sie wissen, wie schwierig es ist, etwas zu mieten, und bitten ihre Kontaktperson um Hilfe, um mich zu treffen und zu überreden, an sie zu denken, wenn etwas frei wird. Ich hab eingewilligt und ja gesagt. Aber das ist nichts Illegales."

„Ich habe nicht die Absicht, mit Ihnen darüber zu diskutieren, was legal ist und was nicht. Haben Sie Gegenleistungen gefordert für Ihre Hilfe?"

„Nein."

„Dann können Sie doch erzählen, wie Sie sich getroffen haben: wann, wo, welche anderen Personen anwesend waren?"

Wieder senkte die Frau den Blick und schwieg. Ich vermutete, dass sie sich eine Antwort ausdachte, die alle Eventualitäten berücksichtigte, aber nichts verriet. Falls ich darin Unzutreffendes entdecken und weiter verfolgen würde, wäre sie festgelegt und könnte nur noch passiv reagieren. Ich studierte ihren Gemütszustand und wartete geduldig auf ihre Aussage.

Da jede Antwort erst nach langem Zögern und dann stoßweise kam, dauerte es seine Zeit. Gegen zwölf Uhr sagte Jie Lia, dass sie sehr schläfrig sei. „Leg dich irgendwo hin und schlaf ein bisschen. Ich wecke dich, wenn ich müde werde", sagte ich.

Jie Lia verschwand einen Augenblick, kam aber bald zurück und sagte: „Ich lege mich auf die Bank im Arbeitszimmer. Ich schließe nicht ab, so dass du reinkommen und mich wecken kannst. Ansonsten löse ich dich um fünf ab."

„In Ordnung", antwortete ich. „Du kannst ja erst noch eine Portion Schnellnudeln essen und mir auch eine machen."

Die Frau merkte, dass wir nun im Laufe des Verhörs nicht mehr so milde waren wie am Anfang. Außerdem wollten wir abwechselnd verhören und ruhen. Sie begann, nervös zu werden, rieb sich die Hände, rutschte auf dem Stuhl hin und her, änderte häufig die Stellung.

„Erzählen Sie nur weiter", sagte ich. „Nennen Sie die Personen der Reihe nach, klar und deutlich. Es macht mir nichts aus, falls es anstrengend wird, wir haben reichlich Zeit."

Sie überlegte lange und beschrieb dann nach und nach, wie sie jeden einzelnen Geschäftsmann getroffen und wer ihn ihr vorgestellt hatte, wer bei den Begegnungen dabei gewesen war. Nach jedem Abschnitt machte sie eine lange Pause und dachte nach. Erst nachdem ich sie mehrmals aufgefordert hatte, fuhr sie fort. Um drei Uhr morgens lagen zwanzig Seiten Notizen vor mir. Aber sobald wir zum Kern der Sache kamen, leugnete sie entschieden, Geld oder Wertgegenstände entgegengenommen zu haben.

„Wenn man Sie nicht mit Geld oder Wertsachen bestochen hat – warum haben Sie sich dann privat getroffen, bevor der Vertrag unterschrieben werden sollte?", fragte ich. „Warum haben Sie so viel Zeit in diese Leute investiert? Es hätte doch wohl gereicht, wenn Ihre Bekannten Ihnen Name und Adresse genannt hätten, um an sie zu vermieten."

Jedes Mal, wenn sie mit dieser Art von Fragen konfrontiert wurde, die eine klare Antwort erforderten, saßen wir fest. Um sie zu einem Geständnis zu bringen, musste ich anders vorgehen. Da ich keine konkreten Beweise hatte, war ich gezwungen, auf unsere Leitsätze und die Gesetze zu verweisen. Mir war bewusst, dass die Methode altmodisch war und bei Leuten, die hartnäckig blieben, nicht funktionierte. Aber auch wenn sie sich darauf versteifte, nichts zu sagen, musste das Verhör weitergehen.

Ich spulte das dumme Gerede ab, das alle Staatsanwälte vom Stapel ließen, wenn sie Verhöre mit Wirtschaftskriminellen durchführten: „Wenn Sie die Gelegenheit nutzen und erzählen, was Sie wissen, betrachten wir das als ein freiwilliges Geständnis, und im Gesetz steht ausdrücklich, dass die Strafe dann geringer ausfällt. In unserem Land werden Wirtschaftsvergehen oder Vergehen von Beamten nicht so hart geahndet wie andere Delikte. Wenn Sie sich gut aufführen und aktiv mit uns zusammenarbeiten, die Wahrheit sagen und zurückerstatten, was Sie entgegengenommen haben, können Sie zu einer Bewährungsstrafe verurteilt werden und das Gefängnis bleibt Ihnen erspart. Es wird nicht lange dauern, bis wir die anderen Beteiligten verhört und genug Beweise haben werden. Dann ist es zu spät für ein Geständnis. Wer starrsinnig ist, die Ermittlungen erschwert oder die Wahrheit entstellt, wird streng bestraft. Glauben Sie wirklich, wir hätten Sie hergeholt, wenn wir nicht wüssten, dass Sie sich strafbar gemacht haben? Dass wir Sie bis nachts um drei verhören würden? Jetzt geben wir Ihnen eine letzte Chance."

Sie schwieg eine Weile, aber protestierte nicht, sondern schien ihre Strategie geändert zu haben. „Fräulein Staatsanwältin", sagte sie, „es stimmt sicher, was Sie sagen. Aber wenn ich etwas Unrechtes getan hätte, würde ich längst alles zugegeben haben. Ich habe wirklich keine Schmiergelder genommen, und da kann ich doch wohl nicht lügen und sagen, dass ich's getan habe."

In dieser Phase des Verhörs sagten mir meine Intuition und meine Erfahrung, dass die Frau sehr wohl Geld entgegengenommen hatte und sie nicht so unschuldig war, wie sie behauptete. Bei dem starken und unbändigen Charakter, den sie hatte, wäre sie sonst in dieser Situation extrem empört gewesen, hätte gebrüllt, sich beschwert und über die Behandlung beklagt.

Ich hielt noch eine Stunde aus, dann holte ich den Einheitschef und sagte: „Heute haben wir es mit einer ungewöhnlich starken Frau zu tun. Am besten, du beantragst beim Oberstaatsanwalt die Genehmigung für eine Hausdurchsuchung. Wir haben den Verdacht, dass sie tatsächlich Wirtschaftsvergehen begangen hat."

Der Einheitschef nahm eine Gruppe von Männern mit, und alle stürmten laut die Treppe hinunter, aus dem Haus und in die Autos. Nun merkte ich, dass die Frau erschrocken aussah; sie knabberte an den Fingernägeln und bemühte sich um Beherrschung.

Ich sagte: „Jetzt frage ich Sie zum letzten Mal – sind Sie bestochen worden oder nicht?"

„Nein." Die Antwort kam schnell: Sie hatte sich abgeschottet.

„Gut, dann frage ich nicht mehr. Sie können selbst darüber nachdenken. Ich habe gesagt, was ich zu sagen habe. Wir machen weiter, wenn das Ergebnis der Hausdurchsuchung da ist."

Ich weckte Jie Lia, die auf der Bank lag und schlief. „Aufwachen, es ist fünf Uhr. Pass auf sie auf. Erinnere sie an unsere Leitsätze und versuche, sie ein bisschen unter Druck zu setzen, damit sie nicht einschläft. Ich lege mich ein Weilchen hin. Weck mich, wenn sie von der Hausdurchsuchung zurückkommen."

Ich legte mich angekleidet auf die Bank und schlief sofort ein. Um sieben wachte ich davon auf, dass jemand mich rüttelte. „Aufwachen! Aufwachen! Komm und sieh dir an, was sie gefunden haben!" Jie Lia wedelte mit einer Liste der beschlagnahmten Gegenstände. Ich setzte mich auf, rieb meine Augen und schaute mir die Liste an. Obenan waren zwei Sparbücher, zwei Goldhalsbänder und drei Goldringe mit Diamanten aufgeführt. Gut gemacht, dachte ich, und pochte auf die Liste. Endlich ein Durchbruch.

Auf dem Tisch des Einheitschefs lag ein großer Haufen beschlagnahmter Sachen. Ich öffnete ein Sparbuch, das auf den Namen der Frau ausgestellt war, und sah, dass sie dreißigtausend Yuan auf dem Konto hatte. Auf dem anderen Konto hatte sie fünfzigtausend. Das Geld war im Januar 1988 eingezahlt worden. Ich warf die Sparbücher auf den Tisch und ging zurück in das Verhörzimmer. Überall brannte Licht, und man hörte, wie die Kollegen in den benachbarten Zimmern lauthals unsere Leitsätze verkündeten und versuchten, die Verdächtigen einzuschüchtern.

Die Frau war außerordentlich müde und keineswegs mehr so ruhig wie bei ihrer Ankunft. Ich versuchte nicht, ihr ins Gewissen zu reden, sondern sagte lediglich: „Wie viel Geld haben Sie auf der Bank?"

Sie dachte nach und antwortete: „Nicht besonders viel."

„Wie viel ist ‚nicht besonders viel'? Nennen Sie mir eine Summe!"

Keine Antwort.

„Sie müssen sich doch daran erinnern, wie viel Geld Sie gespart haben? Es kann wohl nicht so viel sein, dass Sie es nicht mehr zählen können?"

„Vielleicht zehn- oder zwanzigtausend", murmelte sie undeutlich.

„Woher kommt das Geld?"

„Das hab ich zusammengespart. Ich hab es zurückgelegt, damit mein Sohn an der Universität studieren kann."

„Schildern Sie die Finanzen Ihrer Familie."

„Ich verdiene zweitausend Yuan im Monat, mein Mann achthundert."

„Wann wurde Ihr Gehalt auf zweitausend erhöht?"

„Vor knapp zwei Jahren. Davor hatte ich eintausend."

„Werfen Sie mal einen Blick auf diese Liste. Diese Gegenstände haben wir bei Ihnen zu Hause gefunden, Ihr Mann hat unterschrieben. Können Sie sagen, wie viel Sie für die beiden Goldketten und die drei Ringe bezahlt haben?"

„Das weiß ich nicht mehr."

„Dann haben Sie wirklich ein schlechtes Gedächtnis. Ich kann Ihnen etwas nachhelfen. Sie haben sie Ende Januar 1988 gekauft. Wir haben Quittungen und Garantiescheine bei Ihnen zu Hause gefunden. Wollen Sie, dass ich weitermache?"

„Nein, jetzt fällt's mir ein. Sie haben zusammen sechzigtausend gekostet."

„Ich kann Ihnen auch sagen, dass Sie zusammen achtzigtausend Yuan auf Ihren beiden Sparbüchern haben. Können Sie mir erklären, wo diese einhundertvierzigtausend herkommen?"

„Ich habe sie von meinem Gehalt zusammengespart."

Ich schlug mit der Faust auf den Tisch, deutete auf sie und sagte: „Halten Sie mich für einen Idioten? Sie haben einen Haushalt mit drei Personen und ein gemeinsames Einkommen von zweitausendachthundert Yuan im Monat. Sie haben Fernseher, Kühlschrank und Stereoanlage. Wenn Sie einhundertvierzigtausend sparen wollten, dürften Sie weder essen und trinken noch Miete bezahlen!"

Die Frau schwieg.

„Wollen Sie, dass meine männlichen Kollegen sich um Sie kümmern?", schrie ich. „Sie finden wohl meine Verhörsmethoden zu nett und höflich?"

Sie schüttelte nervös den Kopf und sagte: „Ich weiß, dass Sie anständig zu mir gewesen sind und mich nicht gezwungen haben. Ich werde nichts mehr leugnen; lassen Sie mich nicht von den anderen verhören. Ich hab die ganze Nacht hier gesessen und gehört, wie sie gebrüllt und auf Tische und Stühle geschlagen haben. Ich bin so furchtbar müde, können Sie mich nicht etwas ausruhen lassen?"

Wir machten noch zwei Stunden weiter. Draußen war es inzwischen hell, und ich merkte, dass ich nur noch verschwommen sah.

„Du hast rote Augen", sagte Jie Lia. „Sie sind vollkommen blutunterlaufen."

Nach einer weiteren halben Stunde kam der Einheitschef mit Zeugenaussagen von denjenigen, die Bestechungsgelder bezahlt hatten. Daraus ging deutlich hervor, wann, wo und wie viel ausgezahlt worden war und ob andere Personen dabei gewesen waren.

Als ich das Verhör fortsetzte, hatte ich alle Trümpfe in der Hand. „Nun kann ich Ihnen sagen, dass Ihre Mieter alles erzählt haben. Sie haben zwei Alternativen: alles zu gestehen und dann nach Hause zu gehen und zu schlafen – oder weiter zu leugnen. Aber das Beweismaterial, über das wir jetzt verfügen, ist ausreichend, um Sie festzunehmen und in Untersuchungshaft zu schicken. Denken Sie darüber nach."

Zwanzig Minuten verstrichen, und sie weigerte sich noch immer, den Mund aufzutun. Inzwischen verlor ich die Geduld, ich war völlig erschöpft nach dieser Nacht. „Gut", sagte ich, „ich habe nicht die Absicht, Ihnen zu drohen." Ich ging zum Archivschrank, nahm einen Antrag auf Haftbefehl heraus, füllte ihn aus und gab ihn Tai zur Einwilligung.

Dann nahm ich den Haftbefehl und erklärte der Frau: „Hiermit teile ich Ihnen mit, dass die Staatsanwaltschaft ausreichende Beweise gegen Sie hat, um Sie zwecks Ermittlung unter Arrest zu halten. Bitte unterschreiben Sie hier."

Sie starrte mich erschrocken an. Als sie das Papier durchlas, sah man sowohl Erregung als auch Entsetzen in ihrem Gesicht. „Ich werde keine Zeit mehr mit Geschwätz vergeuden", sagte ich. „Wenn Sie unterschrieben haben, wird der Justizbeamte Sie ins Untersuchungsgefängnis fahren, und dort können Sie ausruhen. Wir werden Ihren Mann informieren, damit er Ihnen Kleidung bringen kann." Ich stand da und wartete, dass sie das Papier unterschrieb. Mit zitternden Händen griff sie den Stift.

„Ich dachte, Sie sind eine gebildete und intelligente Frau", sagte ich. „Aber Sie haben starrköpfig an Ihrer Strategie festgehalten und wollen nichts zugeben. Ist mir recht. Wir werden schon sehen, wer den längsten Atem hat – Sie oder Staat und Gesetz."

Plötzlich zögerte sie nicht mehr, sondern nutzte ihre letzte Chance und sagte: „Ich gestehe. Ich werde alles sagen." Ich setzte mich wieder hin, und dann schilderte sie sämtliche Fälle von Bestechung, einen nach dem anderen, bis um drei Uhr nachmittags.

Nach zweiunddreißig Stunden ununterbrochener Arbeit war ich so müde, dass das Essen keinen Geschmack mehr hatte. Als ich endlich nach Hause kam, fiel ich aufs Bett und schlief ein, bevor ich mich ausziehen konnte.

Kapitel 16

1991 schickte Tai ein Schreiben an den Kongress des Westdistrikts, mit der Empfehlung, mich zu befördern. Dem wurde stattgegeben. Mit vierundzwanzig Jahren war ich nun reguläre Staatsanwältin.

Ehe Oberstaatsanwalt Tai pensioniert wurde, beförderte er He Fei zu seinem Nachfolger. He Fei war bei der Armee für Propaganda zuständig gewesen und hatte sich mit Musik und Gesang beschäftigt; seit er zur Anwaltskammer gestoßen war, hatte er in der Einheit für Wirtschaftskriminalität gearbeitet. Er war etwas über vierzig Jahre alt, lebhaft und ungezwungen, erwies aber auch jüngeren Kollegen Respekt. Am Arbeitsplatz mochte ihn jeder gern.

Das Erste, was er durchsetzte, nachdem er seine neue Position angetreten hatte, war eine Umorganisation des Personals. Pu Kong sollte pensioniert werden und wurde durch Einheitschef Qi Ken ersetzt, einen Mann, der für seine sprunghaften Launen bekannt war. Hao, Ya Lan und ich sollten bei der Strafsacheneinheit I bleiben, während Qi Ken einen jungen Mann als Mitarbeiter bekam, der gerade sein Examen abgelegt hatte und bei uns stationiert worden war. Wir bekamen zwei Büroräume. Ya Lan und ich teilten uns den einen, in den man auch den Archivschrank gestellt hatte. Qi Ken ließ uns wissen, dass er nicht die Absicht hatte, selbst Ermittlungen durchzuführen; er wollte lediglich unsere Entscheidungen absegnen. Schwierige Probleme sollten wir innerhalb der Arbeitsgruppe diskutieren. Unter meine Untersuchungsberichte schrieb er nie etwas anderes als „befürworte den Standpunkt der Ermittlerin“. Zuweilen konnte es recht angenehm sein, einen Chef zu haben, der nicht viel von juristischen Fragen verstand. Ich durfte die

Dinge selbst entscheiden und besaß eine gewisse Autorität. Darauf war ich wirklich stolz.

Ich machte häufig unbezahlte Überstunden. Da ich mir in meiner Freizeit ohnehin kaum etwas leisten konnte, arbeitete ich lieber auch nach Feierabend. He Fei schätzte meinen Fleiß. Ich hatte meine Lehre aus der Zeit in Wangcheng gezogen und benahm mich nicht mehr so liberal und stur wie dort, sondern folgte blind den Anordnungen meiner Vorgesetzten. Das machte einen guten Eindruck auf He Fei. Da mein Mann und ich an verschiedenen Orten wohnten, wollte mein Chef mir helfen und legte beim Gerichtshof ein gutes Wort für ihn ein. Nachdem wir ein halbes Jahr lang mit Geschenken bei allen möglichen Schlüsselpersonen vorgesprochen hatten, wurde mein Mann endlich an das Gericht versetzt, obwohl er eigentlich im Finanzwesen ausgebildet war. Er arbeitete sich in seinen neuen Aufgabenbereich ein, indem er an Zivilprozessen beteiligt war und gleichzeitig Jura studierte.

He Fei kündigte uns an, dass wir die Propagandaarbeit verstärken müssten. Jeder Mitarbeiter sollte sich bemühen, Artikel in Zeitungen und Zeitschriften zu veröffentlichen; dafür sollten wir mit zwanzig Yuan pro Artikel belohnt werden. Er meinte, dass die juristischen Berichte, Ermittlungsanalysen und Kriminalnovellen, die ich in verschiedenen Zeitungen publiziert hatte, zeigten, dass die Staatsanwaltschaft in der Lage war, soziale Probleme zu entdecken und aufzuarbeiten. Dadurch könne sie für den gesellschaftlichen Frieden wirken. Er spornte mich an, mehr zu schreiben, und hoffte, dass meine Texte als politische Propaganda geschätzt würden.

Eines Morgens hörte ich, kaum dass ich mit der Arbeit begonnen hatte, Musik aus dem Stockwerk unter uns. Ich schaute von meinen Dokumenten auf und fragte Ya Lan: „Wer ist denn hier so munter, dass er Musik hört, ohne Angst zu haben, andere zu stören?“

Ya Lan sah mich an und scherzte: „Es wird nicht lange dauern, und die Anwaltskammer wird in eine Diskothek verwandelt. Alle scheinen ja zu tanzen. Willst du nicht auch mitmachen?"

„Oberstaatsanwalt He Fei hat beim Militär zwar musikalisch exerziert, aber er kann wohl nicht so überspannt sein, dass er am helllichten Vormittag im Konferenzsaal einen Tanz veranstaltet?" Ich mochte ihr nicht glauben.

Sie streckte mir ihre Hand entgegen. „Wollen wir wetten? Wenn es stimmt, dass sie da unten tanzen, lädst du mich morgen zum Frühstück ein." Die meisten von uns kamen um acht Uhr ohne gefrühstückt zu haben ins Büro, und erst gegen neun schlichen wir uns für gewöhnlich davon, um etwas zu essen.

Ya Lan erzählte, dass sich die Ermittlungen wegen der Korruptionsgeschichte in der Fernsehfabrik von Hunan in die Länge gezogen und die Angeklagten mit Hilfe von Beziehungen alle Schmiergelder zurückgezahlt hatten und dann auf freien Fuß gesetzt worden waren. Im Verlauf des Prozesses hatten sich Buchhalterin Kun und zwei ihrer Kolleginnen mit der neuen Leitung der Anwaltskammer befreundet. Und da nun die Gesellschaft offener geworden war, wollten auch die Chefs moderner werden und tanzen lernen. Die Frauen waren ihnen ja zu Dank verpflichtet, weil das Verfahren eingestellt worden war, und stellten sich gern als Lehrerinnen zur Verfügung. Außerdem riskierte man nie mehr, in ähnliche Schwierigkeiten zu kommen, wenn man erst einmal mit Staatsanwälten befreundet war.

Ich zog Ya Lan mit mir hinunter, um zu sehen, was vor sich ging. Sie sagte, dass sie nicht tanzen könne, und wollte nicht mitkommen. „Dann wirst du's eben lernen", antwortete ich. „Dazu sind sie ja gekommen."

Ya Lan lachte. „Die drei Frauen sind sicher voll und ganz mit den Männern beschäftigt."

Im Konferenzsaal im dritten Stock hatte man den großen Tisch zur Seite geschoben, und zwei oder drei junge Paare befanden sich auf dem Tanzboden. In der Mitte standen die drei einberufenen Frauen, umschlungen von drei älteren Staatsanwälten. Die Männer bewegten sich linkisch, und auf den Stirnen der Frauen standen Schweißperlen, während sie geduldig versuchten, ihre Tanzpartner zu unterweisen. Weitere Männer standen an und warteten, bis sie an der Reihe waren. Normalerweise waren diese Herren so seriös, dass man sie kaum zu einem Lächeln bringen konnte, aber jetzt schienen sie munter und hatten rote Gesichter. Es gelang ihnen zwar nicht, im Takt der Musik zu tanzen, aber sie hielten ihre Damen im Arm und wackelten hin und her.

Kapitel 17

Die Polizei hatte eines Nachts zwei Schwestern festgenommen und ins Untersuchungsgefängnis gebracht. Geständnisse, Zeugenaussagen und sonstiges Beweismaterial ergaben folgende Geschichte:

Dai, die jüngere der beiden Schwestern, war siebzehn Jahre alt. Sie hatte das Gymnasium verlassen, war arbeitslos und wohnte bei den Eltern. In einer Diskothek hatte sie einen attraktiven Achtundzwanzigjährigen kennengelernt, der einen Musik- und Videoladen besaß und ein gutes Einkommen hatte. Bald wurden die beiden unzertrennlich. Dai bekam einen Schlüssel zu seiner Wohnung und übernachtete häufig dort. Ein halbes Jahr später begann der Mann, sich merkwürdig zu verhalten, gab an, auf Geschäftsreisen zu gehen oder verschwand, ohne zu sagen, wohin. Dai schöpfte Verdacht und folgte ihm eines Tages heimlich. Am Abend ging der Mann in ein Wohnhaus und kam nicht mehr heraus. Dai hörte sich im Viertel um, und es zeigte sich, dass der Mann verheiratet war und in besagtem Haus wohnte. Wutentbrannt engagierte Dai eine Umzugsfirma und nahm alles mit, was sich in der Wohnung befand, zu der sie den Schlüssel hatte. Ihre ältere Schwester Ting wollte demnächst heiraten und hatte bereits eine leere Wohnung. Dai durfte die Möbel dort unterstellen.

Der Mann wandte sich an einen guten Freund, der Polizist war und mit einem Kollegen seine ausgeräumte Wohnung besichtigte. Nach Verdächtigen befragt, gab der Mann an, dass es Dai gewesen sein könne. Also fuhren die Polizisten zu Dai und Ting und nahmen die Schwestern mit.

Bereits beim ersten Lesen der Dokumente vermutete ich, dass die Polizisten unkorrekt gehandelt hatten. Ting hatte ja nichts mit der Sache zu tun. Als Dai darum gebeten hatte, die Möbel bei ihr unterstellen zu dürfen, hatte Ting gefragt: „Wo kommen denn die Sachen her?“ Dai log ihre Schwester an: „Ich hab mit meinem Freund Schluss gemacht. Die Möbel hat er mir als eine Art Ersatz für ein verlorenes Jahr gegeben.“ Ting hatte ihr geglaubt.

Die polizeilichen Ermittlungen waren nachlässig ausgeführt worden, und um die Motive der Verdächtigen und Einzelheiten des Falles zu ergründen, hatte ich vor, Dai und ihren ehemaligen Liebhaber zu verhören.

Als ich nach Feierabend die Anwaltskammer verlassen hatte, merkte ich, dass mir ein etwa fünfzigjähriger Mann folgte. Ich flanierte ein Weilchen, ging in einen Laden und kaufte etwas zum Knabbern. Als ich wieder auf die Straße trat, sah ich, dass er einige Meter entfernt wartete. Ich ging weiter, drehte mich um und entdeckte, dass er mir noch immer folgte. Als ich zum Bauernmarkt kam, blieb ich vor einem Stand stehen und kaufte mir eine Gewürzfrikadelle. Eigentlich wollte ich mich nur vergewissern, ob er mir immer noch auf den Fersen war. Er stellte sich vor einen Gemüsestand, sah aber dauernd zu mir herüber.

Was mochte er wollen? Falls jemand aus dem Gefängnis entlassen war und sich rächen wollte, würde er es doch wohl kaum bei Tageslicht tun.

Als ich fertig eingekauft hatte, ging ich direkt nach Hause. Meine Wohnung lag nur zehn Minuten entfernt, und auf halbem Weg befand sich ein Polizeirevier. Fast alle Polizisten dort kannten mich, einige schritten auf der Straße hin und her. Ich wollte gerade die Eingangsstufen hinaufgehen, als ich merkte, dass der Mann immer noch hinter mir her war. Ich blieb stehen, drehte mich schnell um und sagte im Befehlston: „Was willst du?“

Er war unvorbereitet und fuhr erschrocken zusammen. Mein Blick traf ihn, und er schaute rasch weg. „Ich ... ich ...“, stammelte er. Er schien etwas sagen zu wollen, bekam aber kein Wort heraus. Ich hatte keine Lust, mit ihm zu reden, sondern drehte mich wieder um und wollte gerade gehen, als er schnell einen Schritt näher trat, sich mit dem Ärmel den Schweiß von der Stirn wischte und sagte: „Ich wollte Sie um Hilfe bitten. Darf ich Sie ein paar Minuten stören?"

„Worum geht's denn?", fragte ich misstrauisch. „Ich habe doch gemerkt, dass du mich verfolgst."

„Ich wollte Sie nicht erschrecken", sagte er. „Ich wusste nur nicht, wie ich Sie ansprechen sollte, deshalb bin ich Ihnen nachgegangen."

„Woher weißt du, wer ich bin?" fragte ich.

„Ich hab mir die Staatsanwaltsfotos angeguckt, die im Büro hängen. Drei Stunden habe ich vor Ihrem Büro gewartet, bis Sie Feierabend hatten. Ich bin der Vater von Dai und Ting und habe gehört, dass Sie den Fall übernommen haben."

„Woher weißt du das?"

„Als unsere Töchter festgenommen wurden, war meine Frau so aufgeregt, dass sie weder essen noch schlafen konnte. Ich habe auch Angst gehabt und konnte mich nicht auf meine Arbeit konzentrieren. Ich hab dauernd Patzer gemacht, bin aus Versehen auf die Damentoilette gegangen und von den Frauen rausgejagt worden. Meine Frau und ich, wir haben keine Kontakte zur Polizei. Deshalb haben wir die Wächter in der Fabrik, wo wir arbeiten, gebeten, den Polizisten ein paar Geschenke mitzunehmen und sie zum Essen einzuladen. Sie haben rausgekriegt, dass der Fall schon bei einer Staatsanwältin namens Xiao liege. Sie haben's mir erzählt, aber gesagt, dass keiner sich traue, zu Ihnen zu gehen, damit Sie sich für uns einsetzen. Ich glaube, dass meine Töchter im Gefängnis sehr leiden. Deshalb nehme ich mir heraus, Sie hier anzusprechen. Das Schlimmste, was passieren kann, ist wohl, dass Sie mich ausschimpfen, aber das nehme ich gern auf mich für meine Mädchen. Deshalb ... also ..."

„Ich verstehe“, unterbrach ich seine gefühligen Ausführungen. Sein Haar war an den Schläfen weiß, und seine Augenbrauen waren in sorgenvolle Falten gelegt. Das dunkle Gesicht mit den Säcken unter den Augen ließ auf seine Schlaflosigkeit schließen. Immer wieder seufzte er, als schleppe er einen großen Stein.

„Ich bin dabei, in dem Fall zu ermitteln, und werde deine Töchter morgen verhören“, sagte ich. „Mehr darf ich nicht sagen, aber ich werde sie den Vorschriften entsprechend behandeln.“

Er langte in eine Aktentasche, die er unter dem Arm trug, holte fünfhundert Yuan heraus, reichte sie mir und sagte: „Bitte geben Sie Ihnen morgen dieses Geld; sie konnten nichts mitnehmen, als sie abgeführt wurden.“

Ich schob seine Hand beiseite. „Falls ich ihnen eine Nachricht überbringen soll, tu ich es gern, aber ich kann kein Geld weitergeben. In Untersuchungshaft haben sie auch keine Verwendung dafür.“

„Kann ich morgen mit meiner Frau zu Besuch kommen?“, fragte er zaghaft.

„Ich will sie morgen verhören. Wenn ihr wissen wollt, wie's ihnen geht, könnt ihr ja kommen. Ich kann verstehen, wie euch zumute ist.“ Es wäre zu hart gewesen, ihm diese Bitte abzuschlagen.

Am nächsten Tag verhörte ich Dai und Ting. Obwohl sie keine Möglichkeit gehabt hatten, sich miteinander abzusprechen, stimmten ihre Aussagen überein. Ting war sich nicht bewusst gewesen, dass Dai nicht das Einverständnis ihres ehemaligen Freundes hatte, die Möbel mitzunehmen. Ich missbilligte die Verhaftung von Ting und den Versuch der Polizei, gegen sie Anklage zu erheben. Sie hatte Wohnung und Arbeit und war vorschriftswidrig verhaftet worden. Kein Polizist hätte einen derart offenkundigen Fehler begangen, wenn er nicht bestochen worden wäre.

Als Dai alles zugegeben hatte, stellte ich einige zusätzliche Fragen: Hatte ihr Freund ihr den Schlüssel gegeben? Konnte sie normalerweise selbst aufschließen und in die Wohnung gehen?

Sie bestätigte beides: „Es war unsere gemeinsame Wohnung."

Zum Zweck und Motiv ihrer Tat erklärte sie: „Als ich entdeckt habe, dass er schon verheiratet ist, wurde ich so furchtbar wütend. Den ganzen Tag habe ich versucht, ihn am Telefon zu erreichen, aber er hat nicht geantwortet. Am nächsten Tag hat er angerufen, und ich habe ihn wütend gefragt, warum er mich reingelegt hat. Seitdem ist er mir ausgewichen und hat sich geweigert, mich zu treffen."

„Aber du hättest doch zu ihm gehen können, statt einfach auszuziehen."

„Ich habe ihn nicht gefunden. Er ist ja nur gekommen, wenn ihm danach war. Ich hatte die Telefonnummer zu seiner Wohnung nicht, und da er mich nicht mehr angerufen hat, konnte ich nichts machen. Ich konnte nur warten. Die Initiative kam immer nur von ihm." Dai sah resigniert aus, und man merkte, dass sie alles ordentlich erklären wollte. „Ich habe gedacht, die einzige Art, ihn zum Kommen zu bewegen, wäre, seine Sachen wegzubringen. Dann hätten wir uns hinsetzen und reden können. Ich konnte doch nicht ahnen, dass er gleich zur Polizei rennen würde. Das war wirklich brutal."

„Hatte er dich im Verdacht, die Möbel mitgenommen zu haben?"

„Ja, natürlich. Ich war ja die Einzige, die außer ihm einen Schlüssel hatte, und die Tür habe ich hinterher abgeschlossen. Er muss ja gesehen haben, dass das Schloss völlig in Ordnung war." Sie hielt inne und dachte einen Augenblick nach, ehe sie traurig fortfuhr: „Es ist ja möglich, dass er auch anderen Frauen die Schlüssel gegeben hat und nicht wusste, wer von uns die Sachen weggeschafft hat." Sie biss sich auf die Lippe und bekam ganz nasse Augen. Offensichtlich war sie außerordentlich verletzt.

„Was hattest du denn mit den Möbeln vor?"

„Ich wollte sehen, ob er sich bei mir entschuldigt. Wenn er sich schäbig benommen hätte, hätte ich die Sachen behalten, aber wenn er mich entschädigt hätte, hätte er sie zurückkriegen können."

Wir saßen eine Weile schweigend, und ich studierte das reumütige Gesicht des Mädchens, deren Lippen vor Scham und Nervosität zitterten. Dann sagte ich etwas, das ich lieber nicht gesagt hätte: „Dein Vater war gestern bei mir."

Es glänzte feucht in ihren Augen, die Tränen quollen hervor und liefen über die Wangen. Sie schluchzte: „Sie versuchen sicher, alles zu tun, was sie können, um meiner Schwester und mir zu helfen. Sie machen sich bestimmt fürchterliche Sorgen. Ich schäme mich so, dass ich sie und meine Schwester in diese Lage versetzt habe. Ich hätte nicht so wütend werden dürfen, dass ich den Verstand verloren habe. Ich hätte mich damit abfinden sollen, dass ich betrogen worden bin. Einfach alles vergessen sollen. Wäre jedenfalls besser gewesen, als die ganze Familie in Angst und Sorge zu versetzen."

Nach dem Verhör ging ich geradewegs nach Hause. Ich fühlte mich erschöpft. Immer wieder musste ich Fälle bearbeiten, bei denen ich mit den Verdächtigen sympathisierte, musste meine Gefühle und mein Mitleid unterdrücken. Wenn ich weiterhin mein wahres Ich verleugnete, würde ich am Ende vielleicht ein kalter, versteinerter Mensch werden. Der Gedanke machte mir Angst.

Ich war gerade mit dem Essen fertig, da klopfte es an der Tür. Dais Eltern standen da, verbeugten sich immer wieder und wussten nicht, ob sie es wagen durften einzutreten. Die Frau schaute nicht auf, sie war zu scheu, um mich anzusehen. Ich bat die beiden herein. Der Mann hatte ein großes Paket mit und sagte sofort: „Es ist warm draußen, am besten, Sie stellen es in den Kühlschrank."

Ich fragte, was es sei, und er antwortete: „Als ich gestern hinter Ihnen hergegangen bin, habe ich gesehen, dass Sie auf dem Markt eine Gewürzfrikadelle gekauft haben. Ich dachte, dass Sie und Ihr Mann vielleicht gern Rindfleisch essen, und habe zehn Kilo gefrorenes Fleisch in unserer Fabrik gekauft."

Ich schob das Paket von mir. „Ist nicht nötig. Nehmen Sie es wieder mit."

Da ich ihr Geschenk abgelehnt hatte, wurden sie nervös und versuchten, mich zu überreden, es anzunehmen. „Wenn wir versuchen würden, unsere Töchter mit Hilfe von Geschenken frei zu kriegen, würden nicht mal hunderttausende von Yuan reichen. Wir würden es nie wagen, eine Staatsanwältin zu bestechen. Wir arbeiten in einer Fabrik, wo man gefrorene Fleischprodukte herstellt, und können Fleisch zum Sonderpreis kaufen. Es ist nur eine kleine Aufmerksamkeit von uns ..."

Hätte ich mich weiter geweigert, würden sie geglaubt haben, dass es keine Hoffnung mehr für ihre Töchter gebe. Mein Mann, der danebenstand, sagte vermittelnd: „Warum willst du sie zwingen, es wieder nach Hause zu tragen. Das ist doch nicht sehr höflich."

Er nahm das Fleisch, legte es in den Kühlschrank und bat das Paar, sich ins Wohnzimmer zu setzen. Sie waren sichtbar befreit und lächelten erleichtert.

Natürlich konnten sie es nicht lassen, mich zu fragen, ob es mir möglich sei, ihre Kinder im Rahmen der Vorschriften auf freien Fuß zu setzen.

„Ting ist unschuldig", antwortete ich. „Wir werden sie demnächst entlassen. Was Dai betrifft, so muss ich ein wenig nachdenken; ihr Problem ist etwas komplizierter."

Am nächsten Tag füllte ich einen Antrag aus, den ich dem Justizbeamten gab: Er sollte Dais ehemaligen Freund zum Verhör in die Anwaltskammer holen. Als der Mann erschien, blieb er an der Schwelle zu meinem Büro stehen und zögerte. Ich gab ihm ein Zeichen, dass er hereinkommen und sich setzen solle.

Er wartete auf meine Fragen. Ich verzichtete auf jede Form von Höflichkeit, sondern kam direkt zur Sache. „Der Polizist, der die Ermittlungen geführt hat, ist dein Freund, oder?“

Er war mental unvorbereitet und antwortete, ohne nachzudenken: „Ja.“

„Ich gehe davon aus, dass du es nicht wagst zu lügen. Dein Polizeifreund ist sehr hilfsbereit dir gegenüber. Es scheint, als ob er vor lauter Freundschaft sämtliche Prinzipien außer Acht lässt. Ohne die Umstände näher zu untersuchen, steckt er zwei Schwestern ins Gefängnis. Meint ihr, das Gesetz ist zum Spielen da? Denkst du, dass du darüber bestimmen kannst?“

Der Mann hörte sich meinen Anschnauzer mit gesenktem Blick an und wurde immer röter im Gesicht. Er schwieg eine Weile und sagte dann leise: „Als ich an dem Tag nach Hause gekommen bin und gesehen habe, dass die Wohnung ganz leer ist, habe ich sofort meinen Freund angerufen. Er ist gekommen, hat alles untersucht und gefragt, wer außer mir Schlüssel zur Wohnung hatte. Ich habe gesagt, dass ich Dai welche gegeben habe und dass sie angerufen und Ärger gemacht hat. Sie hatte ja gesagt, dass sie mir die Leviten lesen wollte. Aber das hier war so frech, dass ich ihn gebeten habe, sie mal ein bisschen zu erschrecken. Ich wollte keinen finanziellen Verlust machen. Mein Freund ist sehr zuverlässig und hat mir geholfen.“

„Wo sind die Möbel jetzt?“

„Ich hab alles wiedergekriegt. Sobald ich die Anzeige erstattet hatte, ist alles zurückgeschickt worden.“

„Die Wertangaben über die Möbel und elektrischen Apparate hast du selbst gemacht. Es fehlen allerlei Quittungen. Auf welcher Grundlage hast du die Preise angegeben?“

„Ich weiß noch ungefähr, was ich bezahlt habe. Nicht genau, aber schätzungsweise.“

„Mir ist aufgefallen, dass du nichts von den Neupreisen abgezogen hast, obwohl es sich um alte Sachen handelt. Ich möchte, dass du alles noch einmal genauer ausrechnest. Spätestens in zwei Tagen gibst du deinem Polizeifreund eine angemessenere Schätzung. Dann werde ich ihn anrufen und darum bitten, bei der Pfandleihe eine Bestätigung deiner Angaben zu holen. Du verstehst mich?"

„Ich verstehe."

„Weiß deine Frau von der Sache?"

„Nein."

Ich nahm an, dass Dais ehemaliger Freund als Erstes seinen Vertrauten bei der Polizei aufsuchen und sich mit ihm beraten würde. Am Nachmittag, kurz vor Dienstschluss, rief ich den Polizisten an. Er war sehr zuvorkommend. Ich stellte keine direkte Frage seine Beziehung zum Kläger betreffend, denn ich wollte den freundlichen Ton nicht stören. Stattdessen sagte ich lediglich: „Die gestohlenen Gegenstände waren gebraucht, und man kann den Wert nicht nach dem Neupreis veranschlagen. Das ist Ihnen vielleicht entgangen."

Er erklärte sofort, dass er in letzter Zeit so viel zu tun gehabt habe, da könne schon mal ein solcher Fehler passieren.

„Kann ich verstehen", sagte ich. „Vielleicht können Sie das rasch in Ordnung bringen, damit ich die Ermittlungen abschließen kann. Übrigens ist Ting völlig unschuldig. Es ist Ihr Glück, dass ihre Eltern juristisch nicht so bewandert und außerdem sehr nachsichtig sind, sonst könnten sie Sie wegen falscher Anklage anzeigen und Entschädigung verlangen."

„Darf ich Sie bitten, Fräulein Staatsanwältin, sie zu überreden, von einer Anzeige abzusehen. Ich wäre Ihnen sehr dankbar. Und wenn ich Ihnen einmal einen Gefallen tun kann, brauchen Sie es nur zu sagen."

Zwei Tage später kam das Verzeichnis mit den Wertangaben der entwendeten Gegenstände: Farbfernseher, Kühlschrank, Waschmaschine, Kleiderschrank, Sofa – insgesamt dreitausend Yuan.

Unter „Kommentar des verantwortlichen Ermittlers" notierte ich im Protokoll: „Ting hat sich keines Vergehens schuldig gemacht und ist unmittelbar auf freien Fuß zu setzen. Dai hat gegen das Gesetz verstoßen; da aber der Wert des Gestohlenen gering ist, entstand dem Kläger kein ernsthafter finanzieller Schaden. Außerdem hat sie das achtzehnte Lebensjahr noch nicht vollendet. In Anbetracht dieser mildernden Umstände kann eine Haftstrafe nicht befürwortet werden."

Kurz darauf wurden Ting und Dai aus der Untersuchungshaft entlassen. Sie besuchten mich zusammen mit ihren Eltern, und alle waren vor Freude so überwältigt, dass sie sich unaufhörlich verneigten und bedankten. „Noch ist es ja nicht ganz überstanden", gab ich zu bedenken. „Die Strafsacheneinheit II wird vielleicht noch Anklage gegen Dai erheben. Aber ich verspreche, dann ein gutes Wort für sie einzulegen."

Die Schwestern trockneten ihre Tränen, nickten und sagten: „Wir werden unsere Lehre aus der Angelegenheit ziehen."

Ting heiratete wenig später. Sie lud mich zur Hochzeit ein, aber ich lehnte höflich ab.

Dai wartete darauf, dass ihr Vater ihr eine Arbeit in einem staatlichen Warenhaus beschaffen würde. In der Zwischenzeit wohnte sie bei Verwandten auf dem Land. Einen Monat später kam Huang von der Einheit für Anklagen summend in mein Büro. Er war immer munter und kam gern herein, um etwas zu plaudern. Nach einem kleinen Schwätzchen sagte er: „Dürfte ich wohl mal deine Notizen vom Verhör mit Dai sehen?"

Ich sagte nur: „Du wirst sie ohnehin nicht finden, da kannst du dir die Anklage gleich ersparen. Es gibt so viele mildernde Umstände. Und in einem Arbeitslager wird ein so junges Mädchen nur vollends verdorben."

„Da hast du sicher recht." Bereits in der Armee galt Huang als heiterer Mensch, und in der Staatsanwaltschaft verbreitete er gern gute Stimmung. Der Dokumentenstapel auf seinem Schreibtisch wurde von einem Stück Jade beschwert, in das der Text eingraviert war: „Zu viel Klugheit schadet nur."

Kurze Zeit später wurde Dais Familie mitgeteilt, dass von einer Anklage abgesehen werde. Dai hatte ihren Arbeitsplatz bekommen, und von einem Teil ihres ersten Monatslohns kaufte sie mir eine Flasche Parfüm. Diesmal nahm ich das Geschenk an. Sie war stolz darauf, sich endlich selbst versorgen zu können, und freute sich über das verdiente Geld. Das erinnerte mich an meine eigenen Empfindungen anlässlich meines ersten Gehalts.

„Falls einer von den Richtern an meinem Arbeitsplatz Dais Familie in dieser Weise geholfen hätte, würde er sich zehntausende von Yuan bezahlen lassen“, sagte mein Mann. „Die Familie hat doch sicher das Gefühl, dass du das Mädchen vor dem Zuchthaus bewahrt hast.“

Später gab es dann einen Anlass, meinen Mann um Hilfe zu bitten. Dabei musste ich gehörig auf ihn einreden. Er war zwar kein harter Mensch, aber seine Arbeitskollegen hatten einen gewissen Einfluss auf ihn.

Es ging um einen Diebstahl. Die Tatverdächtige hieß Liu, war alleinerziehende Mutter und arbeitete in einer Fabrik für Kinderkleider, die vom Nachbarschaftskomitee betrieben wurde. Sie verdiente nur dreihundert Yuan im Monat und hatte sich um ihren sechsjährigen taubstummen Sohn zu kümmern. So sparsam und erfinderisch sie auch war – das Geld reichte nie bis zum Ende des Monats. Sie hatte auch Nachtschichten, und dreimal nutzte sie die Gelegenheit, als der Portier schlief, und stahl einige Tüten mit Kinderkleidung, deren Gesamtwert bei dreitausend Yuan lag.

Während des Verhörs weinte sie und bereute ihre Tat. „Die Not hat mich zur Diebin gemacht“, sagte sie. Ihre Kleidung war fürchterlich zerschlissen, die fleckigen Wildlederschuhe waren aufgeplatzt, die Strümpfe löchrig. Der taubstumme Sohn war bei ihrem alten Vater einquartiert, und niemand wagte es, dem Jungen zu sagen, dass seine Mutter festgenommen worden war. Aber die Rente des Großvaters reichte nicht einmal, um ihn selbst zu ernähren; außerdem war er alt und schwach, so dass das Kind keinesfalls länger bei ihm bleiben konnte.

Ich wollte gern helfen, wusste aber nicht, wie. „Dass du einen taubstummen Sohn hast, zählt nicht als mildernder Umstand", sagte ich zu ihr und hob die Schultern.

Sie nickte und sagte beschämt: „Ich weiß. Ich bitte Sie nur um ein wenig Barmherzigkeit."

„Warum kann dein ehemaliger Mann sich nicht um den Sohn kümmern?"

„Er ist wieder verheiratet, und seine neue Frau hat schon ein Kind. Unser Sohn ist ja taubstumm und hat ein ziemlich wildes Temperament. Man muss sehr viel Geduld mit ihm haben. Glauben Sie, dass eine Stiefmutter die Geduld aufbringen würde? Mein ehemaliger Mann ist kein besonders verantwortungsvoller Mensch. Wenn er mich und unseren Sohn besser behandelt hätte, wäre ich ja nie in die peinliche Lage gekommen, stehlen zu müssen."

Der Wert der gestohlenen Kleidung war also mit dreitausend Yuan beziffert. Für die Erhebung einer Anklage lag die Grenze bei viertausend Yuan, falls es sich um Korruption handelte, und bei zweitausend im Falle von Diebstahl.

Deshalb betrachtete ich den Fall von allen Seiten und besuchte sogar die Fabrik, um Indizien zu finden, an denen sich festmachen ließ, ob es sich um Diebstahl oder um Korruption handelte. Ich wollte die Frau in jedem Fall aus der Untersuchungshaft freigeben, damit sie sich in der Zeit vor dem Prozess um ihr Kind kümmern konnte.

Zufällig rief mich eine Rechtsanwältin an, mit der ich bekannt war, und fragte gerade nach dieser Angelegenheit. „Die Ermittlungen liegen auf meinem Tisch", antwortete ich.

Sie erzählte, dass eine ihrer Bekannten sie um Hilfe gebeten hatte. „Meinst du, dass da was zu machen ist?", fragte sie.

„Die Beweislage bestätigt ein kriminelles Delikt", sagte ich.

„Aber da sie eine feste Arbeit und eine Wohnung hat und sich außerdem um ein behindertes Kind kümmern muss, habe ich sie zwischenzeitlich auf freien Fuß gesetzt. Bis zur Gerichtsverhandlung darf sie zu Hause wohnen. Wie viele Jahre sie kriegt, ist reine Glückssache."

„Wie meinst du das?"

„Es hängt davon ab, welcher Richter den Fall übernimmt. Wenn's jemand ist, der etwas Mitgefühl hat, wird sie vielleicht auf Bewährung entlassen, und ihr bleibt das Arbeitslager erspart."

Die Rechtsanwältin rief mich nun fast jeden Tag an und wollte mich auch zum Essen einladen. Ich lehnte mehrmals ab, aber zum Schluss fühlte ich mich gezwungen, ja zu sagen.

Liu war auch dort. Normalerweise ging ich niemals mit Angeklagten essen, ganz unabhängig davon, ob ein Fall abgeschlossen war oder nicht. Schließlich bat meine Bekannte für Liu: „Dein Mann ist doch Richter. Kannst du ihn nicht dazu bringen, den Fall zu übernehmen? Es spielt keine Rolle, falls er etwas dafür haben will; wir können einen Kredit besorgen."

Ich wurde ärgerlich. „Bist du verrückt? Sprichst du hier einfach ganz offen von Geld?"

Sie bat sofort um Entschuldigung und erklärte: „Wir wollen ihn nicht bestechen. Wir möchten ihn nur fragen, ob er sich vorstellen könnte, uns zu helfen. Du weißt doch, wie schwierig es für Liu ist."

„Ich möchte euch ja gern helfen", sagte ich, „aber er bearbeitet keine Strafsachen, sondern nur Zivilprozesse."

„Aber dann kann er vielleicht ein bisschen mit dem entsprechenden Richter reden? Unter Kollegen ..."

„Ich werde ihn fragen. Aber ich kann nicht versprechen, dass er darauf eingeht."

Sie atmeten erleichtert auf und schienen wieder ein wenig Hoffnung zu schöpfen.

Nach dem Essen zog mich die Anwältin beiseite und fragte:

„Willst du wirklich kein Geld, oder findest du es nur peinlich, darüber zu sprechen, wenn jemand dabei ist?"

Ich seufzte. „Ich kann nicht behaupten, dass mir Geld egal ist. Da müsste ich lügen. So edel bin ich nicht."

„Falls es dir schwerfällt, die Sache direkt mit ihr anzusprechen, kann ich dir helfen. Ich werde ihr sagen, dass sie dir das Geld nach Hause schicken soll. Dann gibt es keine Zeugen, und sie hat keine Beweise, falls sie dich später hochgehen lassen will."

Wieder seufzte ich. „Sie hat es schon schwer genug, ich will sie nicht noch mehr belasten. Lass mal sein, diesmal bin ich großzügig."

Als ich nach Hause kam, war die Sicherheitstür offen, so dass mein Mann schon da sein musste. Gerade hatte ich den Schlüssel aus der Tasche geholt und wollte die Wohnungstür aufschließen, da hörte ich laute Stimmen aus der Wohnung. Vermutlich hatte mein Mann einige Freunde eingeladen. Ich pochte an die Tür und verstellte meine Stimme, so dass ich mich wie ein grober Mann anhörte: „Aufmachen! Aufmachen! Hier ist die Polizei! Razzia!"

Niemand antwortete, und es wurde auch nicht leiser. Ich versuchte es noch einmal: „Wir machen eine Razzia! Wenn Sie nicht aufmachen, schlagen wir die Tür ein!"

Jetzt hörte ich, wie mein Mann drinnen fluchte. „Was schreit ihr denn so, verdammt noch mal! Wie könnt ihr es wagen, hier eine Razzia zu machen?" Als er die Tür öffnete und mich lachend dastehen sah, sagte er: „Gut, dass du kommst! Dann kriegen wir noch eine Mannschaft zusammen."

Im verräucherten Wohnzimmer saßen Leute um ein Mahjonggspiel. Zwei Männer standen daneben und schauten zu. Die Gäste waren Kollegen meines Mannes und hatten einen beträchtlichen Haufen Geld vor sich. Ich stellte meine Tasche ab und scherzte: „Ihr seid ja ziemlich abgebrüht. Ich rufe Razzia, und keiner macht sich was draus. Und dabei liegt das Geld haufenweise auf dem Tisch. Habt ihr keine Angst, dass die Polizei wirklich kommen könnte?“

Einer der Richter hatte eine Zigarette im Mundwinkel, lächelte und antwortete: „Hoffentlich kommen sie bald, wir brauchen Mitspieler.“

Allgemeines Gelächter. Sie hatten eine Sitzung beim Stadtbezirksamt gehabt, um sich allerlei Berichte anzuhören, aber nach der Hälfte der Zeit hatten sie sich davongemacht. Zur Mittagszeit hatten sie sich bei uns getroffen und angefangen zu spielen. Sie hatten so viel Spaß, dass niemand daran dachte, zur Arbeit zurückzukehren. Diejenigen, die einen Prozesstermin hatten, riefen bei den Rechtsanwälten und anderen Betroffenen an und verschoben den Termin.

Der Richter für Strafsachen war kürzlich aus Wangcheng hierher versetzt worden, und ich kannte ihn von meiner Zeit dort. Wir hatten im selben Haus gewohnt und uns häufig getroffen. Er war gerade dabei, die Spielsteine zu mischen. „Falls Polizisten kämen und uns festnehmen wollten, müssten sie nicht ganz richtig im Kopf sein.“

Ich klopfte ihm auf die Schulter und wandte mich an die drei anderen Richter am Tisch. „Könnt ihr nicht mal eine Pause machen? Ich muss kurz euren Chef entführen.“

Sie waren mitten im Spiel und hatten nicht die geringste Lust, es zu unterbrechen. „Was du zu sagen hast, kannst du doch auch hier sagen. Falls es nicht um Liebesgeschichten geht, habt ihr keinen Grund, euch zu verstecken“, spaßte einer der Richter.

Ich lachte und versuchte, meinen Bekannten mit ins Arbeitszimmer zu ziehen, aber er wollte nicht aufstehen. „Na, sag's schon. Du weißt, dass ich deinem Rat immer folge“, sagte er und teilte die Steine aus.

Mir blieb nichts anderes übrig, als die Sache vor allen anderen zur Sprache zu bringen: „Ich habe die Ermittlungen im Fall Liu abgeschlossen, aber ich weiß nicht, welcher Richter die Verhandlung übernimmt. Könntest du das für mich in Erfahrung bringen?"

Alle lachten. „Wegen so einer Lappalie braucht man doch nicht so geheimnisvoll zu tun. Ich schau gleich morgen im Register nach und rufe dich an. Das dauert bestimmt nicht mehr als eine Minute."

Mein Bekannter hatte schnell heraus, wer für den Fall zuständig war. Kaum hörte ich den Namen, war mir klar, dass Liu wirklich Pech mit der Richterin hatte. Es würde einiges kosten, eine Bewährungsstrafe zu bekommen.

Ich kannte die Richterin, seit ich bei der Anwaltskammer West arbeitete. Zunächst war sie Sekretärin und kam häufig zur Strafsacheneinheit II, um Mitteilungen über Prozesstermine oder Urteile zu überbringen. Ya Lan kannte sie recht gut und erzählte mir, dass der Freund der Richterin Verkehrspolizist sei.

In China verfügt die Verkehrspolizei über größere Macht als man glauben möchte. Dieser Freund hatte seine Beziehungen ausgenutzt, um seine Gefährtin aus der Fabrik ans Gericht zu bringen, wo sie anfänglich zwei Jahre lang als Schreibkraft gearbeitet hatte. Nach etlichen Festessen und Geschenken war sie zur Staatsbeamtin befördert worden und wurde Notarin, bevor sie weitere drei Jahre später stellvertretende Richterin wurde.

Ich erzählte meinem Mann von Lius Fall und hoffte, er würde mit der Richterin sprechen und Bewährung erwirken. Er war nicht gerade entgegenkommend. „Hältst du dich für eine Göttin? Erst tut dir die eine leid, dann die andere. Du wirst immer auf soziale Probleme stoßen und kannst sie nicht alle selbst lösen. Warum vergeudest du deine ganze Kraft dafür?"

Er wusste sehr wohl, dass es zahlreiche Fälle gab, in denen die Richter die Strafe zur Bewährung aussetzen konnten, wenn sie es nur wollten. „Hier hast du die Möglichkeit, eine gute Tat zu tun, ohne dass es dich etwas kostet. Warum bist du so abweisend? Sie würde dir von ganzem Herzen danken", sagte ich.

„Was heißt hier nichts kosten? Die Richterin wird glauben,

dass wir bestochen sind. Niemand würde es für möglich halten, dass du dich für jemanden einsetzt, mit dem du nicht verwandt oder befreundet bist, ohne etwas dafür bezahlt zu bekommen.“

„Weißt du noch: die Gesundheitsuntersuchung, bevor wir geheiratet haben? Es hat sich gezeigt, dass du Hepatitis B hast, und wenn die Ärztin das geschrieben hätte, wären wir jetzt nicht verheiratet und du wärst nicht nach Changsha versetzt und Richter geworden.“ Ich wollte ihn daran erinnern, wie es uns ergangen war. In China muss man sich an Herz, Leber und Lungen untersuchen lassen, ehe man heiratet. Hat man eine ernste Krankheit, bekommt man keine Heiratserlaubnis. Deshalb waren wir verzweifelt gewesen, als sich gezeigt hatte, dass mein Mann Gelbsucht hatte. Wir sagten der Ärztin, wie die Lage der Dinge war: dass wir gezwungen waren zu heiraten, damit mein Mann nach Changsha kommen konnte, und dass wir bereits eine Menge Geld für Geschenke an die Leiter von Personalbüro und Gerichtshof investiert hatten. Nun schien alles vergebens gewesen zu sein.

Wir hatten sie gebeten, uns zu helfen. Sie war ein guter Mensch, tröstete meinen Mann und sagte: „Ich schreibe, dass Sie an keiner ernsten Krankheit leiden, und Sie bekommen Ihre Heiratsgenehmigung. Aber Sie müssen mir versprechen, dass Sie sich in Behandlung begeben, damit Sie Ihre Frau nicht anstecken.“

Später sprachen wir häufig von dieser gutherzigen Ärztin, von der wir nicht einmal den Namen wussten.

„Sie konnte kaum ahnen, wie dankbar wir waren. Was sie getan hat, war eine Kleinigkeit für sie, aber für uns so wichtig, dass wir sie nie vergessen werden. Jetzt bist du in ihrer Position. Ein paar wohlgesetzte Worte von dir reichen, und Liu kann zu Hause bleiben und ihren behinderten Sohn versorgen, statt ein Hundeleben zu führen. Du kannst dir ja selbst denken, was das für die beiden bedeuten würde.“ Ich tat mein Bestes, um ihn zu überreden.

Er schwieg eine Weile. „Gut“, sagte er dann. „Ich werd’s versuchen.“

Nachdem ein Kollege bei ihr vorgesprochen hatte, willigte die Richterin ein, Liu zu helfen, und lud sie zu sich ein. Ich habe nie danach gefragt, welche Vereinbarung die beiden getroffen haben, aber sie führte dazu, dass Liu drei Jahre auf Bewährung bekam. Mein Mann war dennoch nicht ganz zufrieden: „Ich bin überzeugt davon, dass sie glaubt, wir sind bestochen worden. Jetzt befinden wir uns in derselben Clique wie sie.“

Kapitel 18

An einem heißen Nachmittag kam mein Vater zu mir nach Hause geradelt. Er war schweißgebadet und bat keuchend um ein Glas Eistee. „Draußen ist es vierzig Grad heiß, und du solltest zu Hause bleiben und ausruhen“, schimpfte ich. „Warum musst du mit dem Fahrrad herumfahren? Stell dir vor, du hättest unterwegs einen Hitzschlag bekommen!“

Er trank den Tee in gierigen Zügen, während ich ihm mit dem Fächer Luft zuwedelte. Als er wieder bei Atem war, sagte er: „Ich wollte so schnell wie möglich kommen, weil der Mann der Direktorin von der Polizei verhaftet worden ist.“

Ich lachte und dachte, dass er vielleicht anfing, etwas verwirrt zu werden. „Er ist doch nicht mit uns verwandt, was soll das mit dir zu tun haben? Musst du deshalb bei dieser Hitze hierher rasen?“

„Einige der älteren Leiter der Fabrik sind zu uns nach Hause gekommen, weil sie Hilfe brauchen“, fuhr Vater fort. „Sie wissen, dass du Staatsanwältin bist, und die Polizisten, die ihn festgenommen haben, sind aus deinem Bezirk.“

„Aber du bist vor sechs Jahren in Rente gegangen! Du hast doch wohl nichts mehr mit der Direktorin zu tun?“

Mein Vater lachte verlegen. „Aber wenn mehrere Chefs mich besuchen, heißt das doch, dass sie Wert auf mich legen. Das ist eine Ehre.“

Ich lächelte vor mich hin und dachte, dass er ziemlich naiv war. „Je älter du wirst, desto eitler.“

Die Fabrik, in der mein Vater gearbeitet hatte, war ein Kollektiv. Ende der achtziger Jahre war die technische Anlage veraltet, und die Arbeiter waren durch die staatliche Versorgung träge geworden. Man konnte sich nicht mehr gegen die Konkurrenz privater Unternehmen durchsetzen, die während der Wirtschaftsreformen aufgeblüht waren. Alle Angestellten waren entlassen worden und bekamen hundert Yuan im Monat zum Lebensunterhalt. In der Fabrik verblieben lediglich die Direktorin, der Parteisekretär, der Leiter der Finanzabteilung sowie einige Mitarbeiter, die nach den alten Maschinen und den Gebäuden zu sehen hatten. Nach der Schließung der Fabrik mussten die ehemaligen Arbeiter häufig monatelang auf die Zahlungen warten. Sie bekamen sie erst, nachdem sie gemeinsam zum Gewerbeamt gegangen waren und dort einen Sitzstreik veranstaltet hatten. Nur wenn die Partei Konsequenzen fürchtete, kam das Geld. Noch schwieriger war es, etwas für eventuelle Krankheitskosten zu bekommen. Vor anderthalb Jahren war mein Vater im Krankenhaus gewesen, aber jedes Mal, wenn er bei der Fabrik eine Quittung einreichte, sagte man dort: „Wir haben kein Geld. Du musst dich etwas gedulden; wir bezahlen, sobald wir können."

„Sie lügen nur und versuchen, uns Alte zu beruhigen", sagte mein Vater. „Sie verkaufen eine Maschine nach der anderen, aber wann bekommen sie eigentlich mal Geld dafür? Als wir jung und stark waren, haben sie uns überredet, zehn Stunden täglich zu arbeiten, ohne die Überstunden zu bezahlen. Der Lohn war knapp, aber sie haben uns versprochen, für uns zu sorgen, wenn wir alt werden. Jetzt sind wir alt und schwach, und ihr Gerede hat sich als leere Versprechung erwiesen. Unter Mao war das besser: Da war das Gesundheitswesen kostenlos, und die Rente kam pünktlich. Die Reformen von Deng Xiaoping haben nur die Bonzen reicher gemacht. Ob wir Rentner hungern, kümmert sie nicht. Alles wird schlechter."

Meine Mutter erzählte, dass ich im Alter von zwei Jahren einmal hohes Fieber bekommen hatte. Die Tagesmutter hatte Vater in der Fabrik angerufen, doch der Chef gab ihm nicht frei, so dass er mich nicht zum Arzt bringen konnte: es sei wichtiger, für die Revolution zu arbeiten. Erst um sechs Uhr abends konnte er mich holen. Er trug mich zu mehreren Praxen, aber alle hatten bereits geschlossen. Es dauerte eine Stunde, bis er zur Ambulanz eines Krankenhauses kam, wo er sich Vorwürfe eines Arztes anhören musste, weil ich eine Lungenentzündung bekommen hätte, wenn mein Vater noch später gekommen wäre.

Ich begann einzusehen, wie schwer meine Eltern es hatten, und versuchte, meinen Vater zu trösten: „Seit Deng Xiaoping die Reformen eingeführt hat, ist es natürlich besser als unter Mao, wo viele arm waren. Damals hatte niemand einen Fernseher, heute hat jeder einen. Und du bist ja nicht der Einzige, der weder Rente noch Krankenversicherung bekommt – Millionen von Rentnern geht's genauso. Ich hab eine Freundin, die beim Finanzamt arbeitet. Ihr Vater war bei der Revolution dabei und ist jetzt pensionierter Staatsbeamter; er liegt im Krankenhaus, und die Rechnungen werden von den Kindern bezahlt. Das ist ein Problem, das wir von der Zeit unter Mao übernommen haben, und es dauert eine Weile, bis es gelöst wird. Du musst nur Geduld haben. Wenn du kein Geld hast, helfe ich dir." Vater war froh, dass ich bei einer staatlichen Behörde arbeitete und mir keine Sorgen um mein Einkommen machen musste.

Wenn er drei Monate lang keine Rente bekam, mussten meine Eltern mit den vierhundert Yuan auskommen, die meine Mutter als Rente bezog. Bei solchen Gelegenheiten klagte er noch mehr: „Ich habe keinerlei Vorteil davon gehabt, in der Partei zu sein, trotzdem ziehen sie mir jeden Monat den Mitgliedsbeitrag von der Rente ab. Soll ich aus der Partei austreten und mit dem Geld die Wasserrechnung bezahlen?"

„Wenn du selbst aus der Partei austreten willst, warum liegst du mir dann dauert in den Ohren, dass ich eintreten soll?", neckte ich ihn oft. „Meinst du, ich brauche keinen Mitgliedsbeitrag zu zahlen?"

Mein Vater wusste, wie die Parteiorganisation funktionierte. „Ich finde, du solltest eintreten, weil du jung bist und eine Zukunft hast. Gibt es irgendeinen Staatsbeamten, der Karriere machen kann, ohne in der Partei zu sein? Keinen einzigen. Wenn du Karriere machst, hat die ganze Familie was davon. Ich lese oft in der Zeitung, dass Herr Soundso große Fehler begangen hat, aus der Mitgliederkartei gestrichen worden ist und seine Ämter verloren hat. Aber das ist nur eine äußerliche Strafe, damit die Organisation den Massen etwas vorzeigen kann. Immerhin bleibt es ihm ja erspart, die Arbeit zu verlieren oder ins Gefängnis zu kommen. Wenn man nicht in der Partei ist, fehlt einem dieses Schutzschild, und man wird direkt entlassen. Deshalb solltest du eintreten."

Mutter hatte ihm bei diesen Worten einen Klaps auf den Kopf gegeben. „Bist du völlig senil geworden? Einfach loszureden und zu sagen, dass sie Fehler machen könnte und entlassen wird?"

Vater hatte nur gelacht. „Du begreifst gar nichts. Ich bringe ihr bei, sich anzupassen und mit dem Strom zu schwimmen."

„Das ist zu spät", hatte ich erwidert. „Warum hattest du diese Erkenntnisse nicht, als du jung warst? Dann hättest du auch Karriere machen und reich werden können und brauchtest nicht hier zu sitzen und auf die Rente zu warten, die nie kommt."

„Genau. Zieh deine Lehren aus meinen Fehlern. Die Zeiten haben sich geändert. Es ist nicht mehr genug, einfach hart zu arbeiten, um etwas zu erreichen. Man muss auch Beziehungen haben und die Leute schmieren."

Natürlich verstand ich, warum er mich dazu bringen wollte, nach einem besseren Leben zu streben. Er selbst war mit acht Jahren Waise geworden und hatte überlebt, indem er für sich und seine zwei Jahre jüngere Schwester gebettelt hatte. Aber ich wollte die Lebenserfahrungen meines Vaters nicht auf mich anwenden.

„Vielleicht kannst du etwas tun und der Direktorin helfen. Dann kann ich sie vielleicht dazu bringen, meine Krankenhausrechnung zu bezahlen", fuhr mein Vater nach einer Weile fort.

„Wie hoch ist die denn?“

„Eintausend Yuan. Die Rechnung habe ich vor einem Jahr bekommen.“

„Ich soll den Mann deiner Chefin für lumpige tausend Yuan aus dem Knast holen? Das mach ich nicht.“

„Aber du weißt doch noch gar nicht, worum es geht. Wie kannst du dich da weigern?“

„Also gut. Wie heißt er? Ich werde der Sache nachgehen und sehen, was er angestellt hat, wo er sitzt und wer die Ermittlungen führt.“

„Dann kann ich ihr sagen, dass du versprochen hast zu helfen“, sagte mein Vater froh und schrieb mir den Namen des Mannes auf. Ehe er ging, lud er mich zum Sonntagsessen ein – er wollte etwas kochen, von dem er sicher war, dass ich es gerne aß.

Ich versicherte mich, dass die Polizei einen Mann namens Chen Kun verhaftet hatte, und der Abteilungsleiter sagte mir, dass Kommissar Xie die Ermittlungen führte.

Xie und ich hatten bereits mehrfach zusammengearbeitet. Er erzählte, dass es sich um einen Fall von Belästigung handelte. Zwei Tage später wollte er den Bericht vorlegen.

„Du kannst ja den Bericht direkt an mich weiterleiten“, bat ich. „Es reicht, wenn du den Fall bei Ya Lan registrierst.“

An diesem Abend war es unerträglich heiß; der Schweiß rann einem den Rücken herunter, selbst wenn man nur dasaß und nichts tat. Die Ventilation funktionierte nicht: Wenn die Stromversorgung nicht ausreichte, wurde die Elektrizität für normale Wohnhäuser abgestellt. Nur Behörden, Hotels und Geschäfte bekamen, was sie brauchten. Mein Mann und ich gingen in die Stadt und schauten uns zwei Filme hintereinander an, ehe wir um ein Uhr nachts nach Hause gingen. Wir waren kaum in unsere Straße eingebogen, als uns zwei Männer entgegenkamen und fragten: „Sind Sie Staatsanwältin Xiao?“

Wir blieben stehen, und einer von ihnen sagte: „Wir haben hier gesessen und fünf Stunden gewartet." Er zeigte auf einen Steinblock auf der anderen Straßenseite.

„Wir sind Abteilungsleiter in der Fabrik Ihres Vaters", sagte der andere. „Seit ihr Mann verhaftet wurde, ist unsere Direktorin so besorgt, dass sie weder isst noch schläft. Da Ihr Vater gesagt hat, dass Sie versprochen haben zu helfen, hat die Direktorin uns gebeten, mit Ihnen zu reden."

Ich war fürchterlich müde und hatte keinerlei Lust zu reden. „Er hat ein Sittlichkeitsverbrechen begangen, und die Polizei wird der Staatsanwaltschaft in zwei Tagen Bericht erstatten. Dass man sich dazu entschlossen hat, lässt darauf schließen, dass das Vergehen recht gravierend sein muss."

Die beiden Männer wurden nervös. „Aber wenn die Sache beim Staatsanwalt liegt, können Sie ihn vielleicht begnadigen?"

Begnadigen? Waren sie wirklich so dumm? „Ich habe die Polizei bereits gebeten, mir den Fall zu übergeben", sagte ich. „Ich werde mich selbst darum kümmern."

„Vielen Dank!", riefen sie erfreut. „Dann ist das Problem ja gelöst. Wir danken Ihnen im Namen der Direktorin."

Als ich am nächsten Nachmittag von der Arbeit nach Haus kam, sah ich, dass mein Vater in unserer Straße mit einigen ungeduldigen Menschen auf mich wartete. Ich zog die Augenbrauen zusammen und sagte sauer: „Schon wieder?"

Er wies auf ein Auto und sagte: „Sie haben mich mit dem Auto abgeholt." Dann stellte er mich einer etwa fünfzigjährigen Frau vor: „Unsere Direktorin."

Die Frau sah außerordentlich unruhig und verlegen aus. „Ich bitte vielmals um Entschuldigung, dass ich Sie und Ihren Vater belästige", sagte sie. „Sie sind die Einzige, die mich und meinen Mann retten kann. Wenn die Ermittlungen in Ihren Händen liegen, reicht ein Federstrich von Ihnen, und die Probleme unserer Familie sind gelöst."

„So viel Macht habe ich nicht. Aber mein Vater kam mitten

in der schlimmsten Mittagshitze, um mich um Hilfe zu bitten, und da konnte ich doch nicht nein sagen."

Die Direktorin dankte weiterhin und überhäufte meinen Vater mit Lob. Ihr schönes Gerede und die Worte ihrer Untergebenen erfüllten ihn mit Stolz.

Sie bestand darauf, mich zum Essen einzuladen, und versprach, mir alles zu geben, was in ihrer Macht stand, wenn ich nur ihren Mann vor dem Gefängnis bewahrte.

Zwei Tage später legte Xie den Bericht vor. Folgendes war vorgefallen: Der Mann der Direktorin, auch er etwa fünfzig Jahre alt, hatte sich gelangweilt und lag zu Hause auf dem Bett und schaute sich raubkopierte Pornofilme an. Als das Kindermädchen am Zimmer vorbeiging und das Gestöhne von Männern und Frauen hörte, steckte sie neugierig ihren Kopf durch die Tür und fragte, was das für ein Film sei. Der Mann war erregt und sagte: „Ein Porno. Willst du mitsehen?" Er setzte sich auf den Bettrand und deutete mit der Hand auf die Decke neben sich. „Komm schon, sei nicht so schüchtern. Setz dich und sieh eine Weile zu."

Das Mädchen war erst neunzehn Jahre alt und kam direkt vom Lande. So etwas hatte sie noch nie gesehen. Sie wurde vollkommen rot im Gesicht, während sie gebannt das nackte Paar auf dem Bildschirm beobachtete. Im selben Augenblick wurde die Tür eingetreten, und eine Gruppe Uniformierter stürmte herein und schrie: „Spielrazzia!" Sie sahen natürlich sofort, dass es in der Wohnung keine Spieler gab, sondern lediglich einen Mann und eine Frau, die sich einen Videofilm anschauten. Aber dann entdeckten sie, dass es sich um einen pornografischen Film handelte. Sie fragten das Paar aus, und da die junge Frau das Kindermädchen des Mannes war, betrachteten sie das Ganze als ein Sittlichkeitsdelikt. Die beiden wurden festgenommen und zum Polizeirevier gebracht, Fernsehapparat und Videofilme wurden konfisziert.

In China kann die Polizei jederzeit in Wohnungen eindringen, um nachzusehen, ob Mahjongg oder Karten um Geld gespielt wird. Sie braucht keine Genehmigung für ihre Aktionen, und die Razzien werden immer blitzartig durchgeführt. Bei größeren Coups beschlagnahmt man sämtliche Einsätze auf dem Tisch. Die Spieler werden ins Polizeirevier gebracht, wo sie bleiben müssen, bis sie ihr Bußgeld bezahlt haben. Diese Unternehmungen sind eine der wichtigsten Einnahmequellen der Polizei.

Ich bezweifelte die juristische Sachkenntnis der Polizisten. Wenn zwei Mitbürger zu Hause sitzen und sich einen Pornofilm ansehen, kann man allenfalls der Ansicht sein, dass das unmoralisch ist, aber das reicht kaum für ein Gerichtsverfahren.

Als ich die beiden Verdächtigen vernommen hatte, entschied ich, dass beide auf freien Fuß gesetzt werden sollten. Die Direktorin ließ mir keine Ruhe und wollte wissen, wie die Ermittlungen fortschritten. „Ich arbeite an dem Fall", sagte ich, „und habe vor, Ihren Mann laufen zu lassen, Ihnen und meinem Vater zuliebe."

Sie war so erleichtert, dass sie zu weinen begann und mich fragte, wie sie sich für meinen Einsatz revanchieren könnte.

„Mein Vater hat das Geld für seine Krankenhausrechnung vom letzten Jahr noch nicht zurückbekommen", sagte ich.

„Das werde ich sofort in Ordnung bringen", antwortete sie, ohne zu zögern. „Er kann morgen in die Fabrik kommen und das Geld abholen."

„Und dann habe ich eine arbeitslose Schwägerin", fuhr ich fort. „Sie hat gerade das Gymnasium hinter sich und bekommt nicht so leicht Arbeit. Ich möchte, dass sie Buchführung lernt und ein Examen ablegt, damit sie dann in einer Firma arbeiten kann." Meine Schwägerin war in derselben Fabrik wie mein Vater angestellt gewesen.

„Ich werde dafür sorgen, dass wir ihre Ausbildung bezahlen."

Einige Tage später wurde der Mann der Direktorin aus der Untersuchungshaft entlassen und besuchte mit seiner Frau meinen Vater, um sich zu bedanken und Geschenke zu überbringen. Sie meinten, ich sei ein guter Mensch, weil ich ihnen geholfen hätte, ohne das Geringste für mich zu fordern. „Solche Staatsanwälte gibt's heutzutage nicht oft. Hätte ein anderer den Fall bearbeitet, hätten wir bestimmt zehntausende von Yuan auf den Tisch legen müssen. So ist nun mal die Gesellschaft“, sagten sie tief gerührt.

Meine Mutter wuchs vor Stolz. „Als kleines Mädchen hat sie mehr Schläge gekriegt als ihr großer Bruder oder die Nachbarskinder. Deshalb ist sie heute tüchtiger als alle anderen.“

Die Direktorin war voller Bewunderung. „Was für ein Glück für Sie, eine Tochter zu haben, die so viel Macht hat!“

Mein Vater lächelte zufrieden: „Ja, sie hat als Kind viel Prügel bezogen. Ich bin sehr streng mit ihr gewesen. Sonst hätte sie heute nie eine solche Arbeit und eine solche Position.“

Kapitel 19

Ein Fall nach dem anderen kam auf meinen Tisch. Ich hatte keine Zeit, mich auszuruhen oder Atem zu holen; ich raste immer weiter wie eine überdrehte Uhr.

Im September ermittelten wir in einem Mordfall. Der Angeklagte saß im städtischen Untersuchungsgefängnis Nummer 1. Ein neuer Justizbeamter fuhr Hao und mich dorthin, um ihn zu verhören. Unterwegs fragte mich Hao, ob es in Ordnung sei, wenn ich das Verhör allein durchführte. Er hatte sich um einen anderen Fall zu kümmern und fand, dass wir Zeit sparen könnten, indem wir beide Verhöre gleichzeitig machten. Als ich zu bedenken gab, dass es sich um einen Mordfall handelte, meinte er, dass der Justizbeamte bei mir bleiben könnte. Der aber wollte die Gelegenheit nutzen und seine Eltern besuchen, die in der Nähe wohnten. Ich wollte ihn nicht zwingen, sondern sagte: „Das macht nichts. Ich hab schon mehr als zwanzig Mörder verhört, und der hier wird wohl nicht schlimmer sein als andere. Er wird mich schon nicht fressen."

Hao bat mich, vorsichtig zu sein. Xu Wen, der Mörder, hatte einen Menschen getötet und wusste, dass er hingerichtet werden würde. Auf dem Weg in den Tod könnte er verzweifelt sein.

Das Auto hielt vor dem Gefängnistor, und wir zeigten dem Wächter unsere Genehmigungen, ehe er auf einen Knopf drückte und die Eisentür öffnete. Das Gefängnis war außerordentlich groß, und wir fuhren mindestens hundert Meter, bis wir zu den Verhörräumen kamen.

Zunächst galt es, einen freien Raum zu finden. Es gab nur einen, der nicht besetzt war, und da ich einen Mörder verhören sollte, einigte ich mich mit Hao, diesen zu nehmen. Wir gingen an der Kantine vorbei, in der einige Polizisten ihre Gefangenen an Esstischen verhörten.

„Ich mache mein Verhör hier", sagte Hao, grüßte einen Polizisten, den er kannte, und bot ihm eine Zigarette an. Auch der Inhaftierte bat um eine Zigarette. Hao warf ihm einen Blick zu und sagte: „Du träumst wohl!" Der Polizist gab ihm dennoch eine Zigarette, zündete sie ihm an und sagte: „Rauch eine – und dann rede!"

Hao und der Polizist plauderten eine Weile, aber als sie merkten, dass ich wartete, sagte Hao zu ihm: „Bis dann!", und wir gingen weiter.

Als der Wächter mit Haos Häftling kam, gingen die Männer zur Kantine zurück. Kurz darauf war ich an der Reihe. Kaum war Xu Wen über die Schwelle getreten, sah er mich bittend an, und während der Wächter sich umdrehte und die Tür abschloss, kam er auf mich zu und fragte mit flehendem Blick: „Sie sehen so jung aus, sind Sie Praktikantin?"

Ich hätte es wie meine Kollegen machen und ihn anfauchen können: „Halt's Maul und benimm dich!" Aber wenn ich's mir recht überlegte, fand ich es nicht notwendig, sich so harsch gegenüber einem Menschen zu verhalten, der bald sterben würde. Ich blickte auf seine Handschellen und sagte: „Meinst du, dass eine Praktikantin einen Mörder verhören dürfte? Versuch keine Tricks, ich bin nicht erst seit gestern dabei."

Er lachte auf. „Ich trickse nicht, ich will doch eine milde Strafe."

„Ich habe ihm die Fußfesseln abgenommen", sagte der Wächter, „aber die Handschellen müssen dranbleiben. Soll ich ihn jetzt zum Verhör bringen?"

„Natürlich", antwortete ich.

Unterwegs versuchte Xu Wen, mit mir ins Gespräch zu kommen, aber ich antwortete nicht und wies ihn auch nicht zurecht. „Das Zimmer liegt im dritten Stock", sagte ich, und er ging gehorsam die Treppe hinauf. Der Wächter und ich folgten ihm. Als wir in die dritte Etage kamen, sagte der Häftling plötzlich: „Entschuldigen Sie, aber ich muss auf die Toilette."

Der Wächter machte eine strenge Miene. „Das geht nicht!"

„Bitte! Ich muss so nötig." Man konnte richtig sehen, wie er litt.

„Was ist denn das nun für ein blödes Spielchen!", fluchte der Wächter. „Ich werde dich zertreten. Den ganzen Tag hast du in der Zelle gesessen, ohne zu pinkeln, und kaum holt man dich raus, da musst du mal. Nimm dich zusammen!"

Xu Wen wandte sich an mich. „Bitte, Staatsanwältin, haben Sie Erbarmen mit mir. Ich wollte gerade aufs Klo, als ich in der Zelle war, aber da ist er gekommen und hat gesagt, dass ich zum Verhör solle. Und da hab ich mich nicht getraut. Ich dachte, wenn ich zu spät komme, werde ich bestraft." Er sah wirklich gequält aus und schien nicht zu spielen.

„Ist das wahr?", fragte ich.

„Ja", antwortete er demütig und mit ehrlichem Gesichtsausdruck.

„Es ist nicht erlaubt", sagte ich. „Aber da das Verhör mehrere Stunden dauern kann, wäre es unmenschlich, dich warten zu lassen." Ich zögerte noch immer.

Er hakte sofort nach. „Es macht doch wohl nichts, wenn ich kurz auf die Toilette gehe. Ich kann ja sowieso nicht abhauen."

„Das solltest du nur versuchen!" Dann sagte ich zum Wächter: „Schließen Sie die Handschellen auf, damit er auf die Toilette gehen kann. Ich stehe hier draußen und passe auf."

Der Wächter löste widerwillig die Handschellen, und ich sagte zu Xu Wen: „Beeil dich jetzt!"

Er nickte. „Danke. Ich werde mich beeilen."

Der Wächter ging in das Büro neben der Toilette, um ein wenig mit seinen Kollegen zu plaudern. Ich wartete ein paar Minuten vor der Toilettentür, doch als der Häftling dann noch nicht herauskam, schwante mir etwas. Ich rief, aber er antwortete nicht.

„Gehen Sie in die Toilette und sehen Sie nach!", schrie ich zu den Wächtern hinüber, stürmte dann selbst dorthin und trat die Tür ein, ohne mich darum zu kümmern, dass es eine Herrentoilette war. Xu Wen hatte bereits das Fenster geöffnet und sich auf das Fensterbrett gestellt, und als er mich hereinstürzen sah, sprang er Hals über Kopf hinaus.

„Es gibt Schwierigkeiten", rief ich dem Wächter zu und bat ihn, hinunterzulaufen und den Ausbrecher einzufangen. Er drehte sich um und stürmte die Treppen hinunter, während er schrie: „Ausbruch! Haltet den Ausbrecher!"

Ich ging zum Fenster und sah hinaus. Xu Wen hatte den Sturz überlebt, aber er schien sich einen Fuß verletzt zu haben, denn er stellte sich mühsam auf die Beine und humpelte dann so schnell er konnte in Richtung Tor. Der Wächter rief etwas in sein Walkie-Talkie, und mehrere Kollegen liefen hinunter. Der Wächter am Tor hatte vermutlich bereits die Rufe gehört, denn er nahm das Gewehr zur Hand, schlug das Tor zu und stellte sich davor. Xu Wen war ungefähr sechzig Meter weit gekommen, als er von bewaffneten Wächtern umstellt wurde und stehen blieb. Die Situation war offensichtlich unter Kontrolle.

Ich verließ die Toilette, sprang die Treppen hinunter und lief zum Tor. Inzwischen hatten die Wächter den Ausbrecher erfasst und drehten ihm die Arme auf dem Rücken. Mein Schreck hatte sich gelegt, aber ich war wahnsinnig wütend. Falls mir ein Mörder entwischt wäre, hätte man mich entlassen oder mich sogar verdächtigt, ihm absichtlich geholfen zu haben. Ich hätte nie mehr einen Verdächtigen in diesem Untersuchungsgefängnis verhören dürfen, sondern wäre selbst verhört worden. Die Inhaftierten wussten, dass wir Staatsanwälte gemäßigter waren als die Polizisten und dass Frauen gutmütiger waren als Männer. Ich hatte mich allzu leicht beeinflussen lassen. Xu Wen hatte meine Güte zu einem Fluchtversuch genutzt.

Bebend vor Zorn ging ich mit energischen Schritten direkt auf den Ausbrecher zu und stellte mich vor ihn hin. Ohne ein

Wort hob ich meine Hand und gab ihm eine Ohrfeige, die so kräftig war, dass meine Hand erst gefühllos wurde und dann anfing zu schmerzen. Xu Wen schwankte, und als er sich wieder aufrichtete, sah man deutlich den Abdruck von fünf Fingern auf seiner linken Wange. Ich schlug noch einmal zu, diesmal mit der linken Hand, so dass sein Gesicht anschwoll und etwas Blut aus einem Mundwinkel tropfte. Die Wächter waren überrascht, eine junge Frau so wutentbrannt zu sehen. Einer von ihnen gab dem Häftling einen Schlag auf den Hinterkopf und fluchte: „Verdammtes Schwein! Uns so aufzustören! Du kannst von Glück sagen, dass du's hier mit einer Frau zu tun hast – ein Staatsanwalt hätte dich erschlagen!"

Xu Wen wagte kaum, Luft zu holen, und als man seine Arme losließ, hielt er die Hände vor dem Gesicht und holte vorsichtig Atem. Ein Staatsanwalt? dachte ich. Ein Mann hätte ihn nie auf die Toilette gehen lassen! Er hätte sich nicht darum gekümmert, falls der Inhaftierte sich in die Hosen gemacht hätte – die konnte er ja wechseln, wenn er wieder in der Zelle war. Ich klopfte resolut mit dem Finger an Xu Wens Stirn und sagte kalt: „Zurück in die Zelle mit dir! Warum soll ich dich verhören? Solche Typen wie dich erschießt man am besten gleich, dann spart man Zeit. Dass du dich nicht mal kurz vor Schluss aufzuführen weißt!"

Die Wächter schleppten ihn zurück in die Zelle.

Jetzt gehöre ich auch zu denen, die Gefangene schlagen, dachte ich. Der Stress, der sich durch die ständigen Begegnungen mit diesen harten Verbrechern in mir aufgestaut hatte, ließ mich immer aggressiver werden. Wenn das so weiterging, würde ich als Rechtsdienerin genauso rücksichtslos werden wie zahlreiche meiner Kollegen. Die Vorstellung machte mir Angst.

Als Hao mit seinem Verhör fertig war, stiegen wir in das Auto und fuhren nach Hause. Ich war immer noch sehr aufgebracht. Der Justizbeamte, der von Jura keine Ahnung hatte, wollte mich belehren: „Man darf doch mit Kriminellen kein Mitleid haben! Wenn man den Leuten zu viel Freiheit und

Rechte einräumt, geraten sie ganz außer Kontrolle. Man muss die Mitmenschlichkeit der Veranlagung der Leute anpassen. Wenn er wirklich abgehauen wäre, wärst du an deiner Menschlichkeit gescheitert."

Er hatte recht. Hätte ich den Fluchtversuch ein paar Minuten später entdeckt, hätte meine Zukunft vollständig anders ausgesehen. Meine Kollegen hätten mich ausgelacht, weil ich nach acht Dienstjahren immer noch so gutgläubig war.

Hao streute Salz in die Wunde: „Deine Schwäche besteht darin, dass du weibliches Mitgefühl besitzt."

„Redet nicht so blödes Zeug. Ich bin nicht gerade gut gelaunt. Wenn ihr nicht aufpasst, geht es euch an den Kragen."

„Gut, gut. Aber wenn du dich abreagiert hast, solltest du dir das hier eine Lehre sein lassen. Ein Krimineller darf dir niemals leidtun", sagte Hao tröstend.

„Ja, ich werde mir wohl ein Beispiel an dir nehmen – du bist hart und streng."

Er lächelte zufrieden.

Kapitel 20

Das tote Mädchen hieß Lu. Sie hatte im dritten Jahr an der pädagogischen Universität in Hunan studiert. In einer eiskalten Nacht im April 1993 stürzte sie vom Dach eines achtstöckigen Hotels. Sie starb beim Aufprall, und der Gerichtsmediziner konstatierte Selbstmord.

Dennoch landete der Fall einen Monat später auf meinem Schreibtisch. Die Polizei wollte Zhen, einen Kommilitonen der Verstorbenen, vor Gericht stellen. Gerüchten zufolge hatte er ein Verhältnis mit Lu gehabt. Es sollte kein Schatten auf die Universität fallen, und so musste man einen Schuldigen finden. Alle wussten, dass Zhen Verhältnisse mit mehreren Mädchen gehabt hatte.

Als ich Zhen verhörte, zeigte sein unschuldiges Gesicht einen verwirrten Ausdruck. „Ich verstehe nicht, warum die Polizei mich festgenommen hat. Sie halten mich seit Wochen eingesperrt." Er war weiß im Gesicht und befeuchtete seine trockenen und aufgesprungenen Lippen mit der Zunge.

„Die Polizei hat dich wegen unsittlichen Verhaltens festgenommen. Nach dem Strafgesetz heißt das, dass du mehrere Frauen gehabt und sie sexuell ausgenutzt hast." Ich sprach ruhig und deutlich.

„Aber ich bin doch nicht unsittlich!" Seine Stimme änderte ihre Lage, als könne er das alles nicht glauben. „Das ist doch absurd! Ich gebe ja zu, dass ich ein paar Freundinnen gehabt habe, aber ich habe keine von ihnen zu irgendwas gezwungen. Wenn das kriminell sein soll, müsste ja halb China aus Kriminellen bestehen! Sagen Sie mir, Frau Staatsanwältin, welcher junge Mann oder welche junge Frau ist nicht schon öfter verliebt gewesen? Ist es gesetzwidrig zu lieben?"

Als ich merkte, wie erschrocken und flehend er aussah, wäre ich am liebsten ehrlich gewesen und hätte gesagt: „Das spielt keine Rolle. Du bist nur ein Sündenbock. Wenn wir dich opfern, ersparen wir uns Demonstrationen auf den Straßen und können in Ruhe und Frieden leben."

Aber das konnte ich nicht. Ich war Staatsanwältin und war von der Kommunistischen Partei ausgebildet worden. Die Interessen der Nation gingen stets vor.

Zuerst schrieb ich alles über sein Leben und seine eventuellen früheren Verfehlungen auf. Dann wandte ich mich ab und sah eine Weile aus dem Fenster. Schließlich steckte ich meine Schreibutensilien ein. Zum ersten Mal brach ich ein Verhör in der Mitte ab. Ich ließ ihn nicht, wie sonst üblich, die Papiere unterschreiben und mit Fingerabdrücken versehen; ich wollte seinem glühenden, fragenden Blick nicht begegnen. Ich stand auf, tat, als hantierte ich an meiner Aktentasche und sagte, ohne ihn anzusehen: „Dann gehen wir. Ich bringe dich zur Zelle zurück."

Er wollte nicht zurück, sondern bettelte und flehte: „Bitte, lassen Sie mich noch etwas länger reden. Ich habe meine Lage noch nicht erklärt. Ich sitze seit Wochen in Untersuchungshaft, und erst jetzt habe ich die Möglichkeit, mich zu äußern. Ich habe kein Verbrechen begangen – bitte, hören Sie mich an."

Ich musste ihn irgendwie zur Ruhe bringen. „Geh erst in die Zelle zurück und denk über dein Verhalten nach. Ich werde mir durch den Kopf gehen lassen, was du gesagt hast."

Ihm blieb nichts anderes übrig, als aufzustehen und das Zimmer zu verlassen. Dabei beteuerte er immer wieder seine Unschuld. Seine Lippen zitterten vor Aufregung, und seine Stimme war unruhig. Zum Glück befand sich das Zimmer nicht weit von der Zelle, so dass er nicht so viel sagen konnte, bis wir zur Tür der Abteilung kamen. Ich übergab ihn dem Wächter, aber er wollte nicht hineingehen und wiederholte, dass er unschuldig sei. Der Wächter gab ihm einen Stoß und sagte ironisch: „Jeder Häftling hier behauptet, dass er unschuldig ist, aber verurteilt werden sie alle." Er sah mich an und lächelte. „Wie könnten wir auch jemanden verurteilen, der wirklich unschuldig ist?"

Die Anhaltspunkte, durch die sich die Ermittlungen auf Zhen konzentrierten, stammten aus zwei Briefen, die Lu hinterlassen hatte. In einem langen Text hatte sie ausführlich ihr Verhältnis mit Zhen beschrieben. Offensichtlich hatte er alles, wovon ein Mädchen träumt: Er sah gut aus, war selbstsicher, äußerst begabt und redegewandt. Sie waren Freunde, und Zhen hatte sie häufig in seinen Schlafsaal eingeladen, wo sie sich unterhielten und Gitarre spielten. Sie verstanden sich ausgezeichnet.

Eines Tages saßen sie im Schlafsaal und diskutierten über Literatur und Kunst. Ohne es zu merken, redeten sie die ganze Nacht. Lu fand, dass Zhen ein sehr ordentlicher und höflicher junger Mann sei, aber die Freundschaft mit ihm führte zu Gerede unter den Kommilitonen. An einem Wochenende nahm Zhen Lu mit zu einer Tanzveranstaltung in der Sporthalle. Um zehn Uhr war sie zu Ende, und die beiden schlenderten durch den Universitätspark nach Hause. Um halb elf sagte Lu, sie müsse in ihren Schlafsaal, aber Zhen wollte, dass sie noch etwas draußen blieben, weil ja Wochenende war.

Es wurde mit einem Mal ganz dunkel zwischen den Häusern, und die Tür zum Studentinnenheim war abgeschlossen. Normalerweise sollte das Licht spätestens um elf gelöscht werden. Nun standen sie vor der Tür und wussten nicht, wohin.

„Du kommst sowieso nicht in dein Zimmer, da kannst du genauso gut mit in unseren Schlafsaal kommen, und wir können uns noch ein bisschen unterhalten", schlug Zhen vor. „Du kannst dich auf mich verlassen, ich tu nichts, was du nicht willst."

Lu war wenig erbaut von der Vorstellung, dass jemand sie sehen könnte und sie ihren guten Ruf gefährdete. Aber sie zögerte, weil sie nicht wusste, wohin sie mitten in der Nacht gehen sollte. Zhen legte den Arm um sie und führte sie zum

Schlafsaal der Studenten. Dort setzten sie sich nebeneinander auf den Rand des Bettes und unterhielten sich. Nach einiger Zeit wurden sie müde und legten sich – völlig bekleidet – auf das Bett. Zhen legte seine Hand auf ihren Rücken, schmiegte sich nach einer Weile näher heran und küsste sie. Lu zog sich zurück und ließ ihn nicht weitermachen. So ging das eine Stunde lang, bis Zhen aufgab und beide einschliefen. Als Lu in der Nacht aufwachte, legte sie sich in ein anderes Bett.

Am nächsten Morgen um acht Uhr klopfte Zhens Lehrer an die Tür. Er suchte nach einem Schüler und sah zu seiner Überraschung einen Jungen und ein Mädchen im selben Zimmer schlafen, wenn auch in verschiedenen Betten. Der Lehrer verbreitete diese „fürchterliche Nachricht“ sofort unter seinen Kollegen, die sie ihrerseits ohne Überlegung ausplauderten. Als Lus Freund von der Geschichte hörte, hieß es bereits, man habe die beiden auf frischer Tat ertappt, als sie miteinander schliefen. Sie versuchte, ihrem Freund das Missverständnis zu erklären, aber er glaubte ihr nicht, sondern trennte sich von ihr.

Liebesverhältnisse unter den Schülern waren verboten. Darauf hatten die Parteivertreter der Schule, der Studentenrat und das Lehrerkollegium häufig hingewiesen. Um die Situation zu bereinigen und die Disziplin zu verbessern, wurde beschlossen, die beiden mit einer Rüge in ihrer Personalakte zu bestrafen. Ein solcher Tadel würde das Mädchen das ganze Leben lang begleiten und ihre Zukunftsaussichten beeinträchtigen. Niemand würde sie nach dem Examen anstellen, sie wäre zur Arbeitslosigkeit verdammt. Die Personalakte lag auch den Beschlüssen der Partei bei der Beantragung auf Mitgliedschaft zugrunde, so dass eine Parteikarriere ebenfalls ausgeschlossen wäre.

Auch ihren Eltern sollte dies mitgeteilt werden. Lu wusste, dass sie unerhört enttäuscht und zornig werden würden: Ihre Tochter, der sie alle ihre Kräfte und Ersparnisse geopfert hatten, widmete sich nicht dem Studium, sondern führte ein ausschweifendes Leben! Lu selbst empfand unendliche Reue und tiefen Kummer, dass sie ihre Unbescholtenheit verloren hatte. Sie wollte so gern die Schulleitung von der Wahrheit überzeugen. Sie hätte es ertragen können, zurechtgewiesen zu werden, Selbstkritik zu schreiben und sich sogar von Kommilitonen auf einer öffentlichen Kundgebung tadeln zu lassen – das Einzige, worum sie bat, war, auf die Rüge in ihrer Personalakte und die Mitteilung an ihre Eltern zu verzichten.

Die Schulleitung kümmerte sich nicht um ihr Gesuch. Das Gedankengut des bürgerlichen Liberalismus hatte bereits zu der unkontrollierbaren Freiheitsbewegung geführt, die am 4. Juni 1989 endete, und die Regierung forderte die Hochschulen dazu auf, die Studenten stärker ideologisch zu leiten. An dieser Front durfte man nie nachgeben.

„Alle meinen, ich sei eine verdorbene Schlampe. Ich möchte nicht sterben, aber ich sehe keinen anderen Ausweg", schrieb Lu. Die Handschrift des Abschiedsbriefes war nachlässig und undeutlich, als sei er in panischer Eile geschrieben worden. Im Brief fragte Lu, warum die Schulleitung keine ordentlichen Ermittlungen durchführte, sondern sie ungerecht behandelte; warum ein junger Mann und eine junge Frau sich nicht im selben Zimmer aufhalten durften und inwiefern diese Art von Freiheit eine Bedrohung darstellen sollte. Sie selbst sei der Ansicht, dass sie keinen Fehler begangen habe. Für diese Überzeugung müsse sie nun ihr Leben opfern.

Der Selbstmord der Studentin versetzte Rektor, Parteisekretär, Studentenvertreter, Sicherheitschef und Polizei in eine schwierige Situation. Das Problem bestand darin, dass der Tod der jungen Frau die Studentenschaft gegen sie aufbringen könnte, vielleicht sogar zu Demonstrationen gegen die Freiheitseinschränkungen durch die Regierung führen könnte.

Bei der rasch einberufenen Sitzung am nächsten Tag wurde beschlossen, dem Rathaus sowie der Stadtteilverwaltung über den Fall Bericht zu erstatten, aber von einer Mitteilung an die

Eltern der Verstorbenen vorerst abzusehen und die Sache vor den Studenten so weit wie möglich geheim zu halten.

Als der Bericht im Rathaus eintraf, berief man eine Sitzung ein, um die Situation zu analysieren. Nach den Ereignissen vom 4. Juni 1989 war die Regierung sehr empfindlich in Bezug auf die Stimmung an Hochschulen und Universitäten. Falls der Selbstmord nicht schnell untersucht und verschwiegen worden wäre, hätten Dissidenten oder Ausländer darüber schreiben und ihn als Mittel benutzen können, um den Widerstand unter den Studenten aufzuheizen. Das wiederum hätte die Sicherheit des Landes berührt. Daher beschloss man, dass Polizei, Gericht und Staatsanwaltschaft unter der Leitung des politisch-juristischen Komitees das Problem diskutieren und eine Lösung finden sollten, um zu verhindern, dass der Fall als Vorwand zu einer Gedächtnisveranstaltung für die Opfer des 4. Juni dienen könnte.

Am selben Nachmittag kamen Qi Ken und ich zum Sitzungssaal der Universität. Vertreter der Schulleitung, einige Polizisten, Richter und Abgeordnete des politisch-juristischen Komitees waren bereits anwesend. Der Saal war voll. Alle überlegten, wie die Schulleitung ihrer Verantwortung enthoben und eine angemessene Lösung gefunden werden könnte.

Jemand führte an, dass Lu wegen der Rüge in ihrer Personalakte Selbstmord begangen habe. Sie habe gegen die Regeln der Schule verstoßen, indem sie abends nicht in ihr Studentenwohnheim zurückgekehrt sei, sondern bei einem jungen Mann übernachtet habe. Die Verantwortung liege also bei diesem Studenten. Hätte er sie nicht aufgehalten, wäre das Ganze nicht geschehen. Warum hatte er sie bei sich übernachten lassen? Was hatten die zwei eigentlich für ein Verhältnis? Auf diese Fragen müsse man sich konzentrieren.

Die Schulleitung unterrichtete uns über das bisherige Verhalten des Studenten. Den Berichten zufolge sei er ein charmanter Herzensbrecher und beliebt bei den Mädchen.

„Na also. Da haben wir's!" Einige Sitzungsteilnehmer waren ausgesprochen empört. „Er macht den Mädchen gern schöne Augen. Das ist die Erklärung."

In ihrem Abschiedsbrief hatte Lu geschrieben, dass Zhen sie auf das Bett gedrängt und versucht habe, sie zu verführen. Aber da sie nicht eingewilligt habe, habe er seinen Versuch aufgegeben.

Die Sitzungsteilnehmer deuteten das als eine Form von Belästigung und zogen folgendes Fazit: Da Zhen sowohl begabt als auch gutaussehend war, musste er bereits früher Liebschaften gehabt haben. Sich unter Liebesversprechungen mit mehreren Frauen zu vergnügen, galt nach dem Gesetz als unsittliches Verhalten; die Höchststrafe dafür lag bei fünfzehn Jahren Gefängnis. Wir brauchten lediglich ein paar Mädchen zu finden, mit denen Zhen ein sexuelles Verhältnis gehabt hatte. Dann könnte er wegen Unsittlichkeit verurteilt werden und man könnte behaupten, dass Lu sich das Leben genommen habe, weil sie von ihm betrogen worden und deshalb unglücklich und depressiv gewesen sei.

Mein Abteilungschef Qi Ken, der nie auch nur eine juristische Vorlesung gehört hatte, sagte: „Wenn die Polizei ein paar Mädchen findet, die mit Zhen geschlafen haben und das bezeugen, können wir einen Haftantrag stellen."

Ich wandte mich um und sah verzweifelt aus dem Fenster. Kalter Regen fiel auf die Zweige der Bäume, deren Knospen noch nicht aufgegangen waren. Ich fühlte, wie die Kälte in mir aufstieg. Was für ein kalter Frühlingstag! Ich sehnte mich nach wärmendem Sonnenschein.

Auch der Strafrichter hatte einen Kommentar parat: „Gemäß Paragraf 160 des Strafgesetzbuches kann man zu drei bis sieben Jahren Gefängnis wegen Unzucht verurteilt werden, wenn man mit mehreren Frauen Beischlaf hatte. Das beseitigt alle Zweifel über den Anlass des Selbstmordes." Ich starrte den Redner in seiner blauen Uniform mit den roten

Schulterstücken an. Jetzt erst entdeckte ich, dass das Abzeichen einen roten Wolf darstellte – die ganze Zeit hatte ich geglaubt, es sei dasselbe Landeswappen wie auf den Uniformen der Staatsanwaltschaft.

Um jeden mitverantwortlich zu machen, fragte der Vorsitzende alle Sitzungsteilnehmer nach ihrem Einverständnis, ehe diese demokratische Besprechung abgeschlossen wurde. „Gibt es keine bessere Lösung?", fragte ich vorsichtig. „Ihn zu mehreren Jahren Gefängnis zu verurteilen, nur weil er mehrmals verliebt war, kann doch wohl nicht dem Sinn des Gesetzes entsprechen? Wenn er das Vorgehen beanstandet und Berufung einlegt, hält unsere Argumentation vielleicht nicht stand."

„Bei welchem Gericht sollte er denn Berufung einlegen?", gab jemand von sich. „Das hier ist eine Behördenangelegenheit. Wir können die Sache mit den entsprechenden Ämtern, der Staatsanwaltschaft und dem Gerichtshof diskutieren, so dass die nächste Instanz, das Oberlandesgericht, das ursprüngliche Urteil bestätigt. Das geht schon in Ordnung. Er wird es kaum wagen, Berufung einzulegen."

Ich bemühte mich ein letztes Mal: „Stimmt das Urteil mit früheren Präzedenzfällen überein?"

Der Vorsitzende des politisch-juristischen Komitees erinnerte mich irritiert an die oberste Anforderung des Gesetzes: „Das Recht dient den Machthabern, also der führenden Klasse. Wir müssen flexibel arbeiten, je nach Situation."

Alle pflichteten ihm bei, und ich biss mir auf die Lippen.

Nach der Sitzung ging ich in mich gekehrt und niedergeschlagen zum Büro zurück. Ich fragte Qi Ken, der neben mir ging: „Ist das nicht ein bisschen voreilig, den Haftantrag zu versprechen, bevor du die Tatsachen kennst oder Beweise gesehen hast?"

Ich hätte nicht gedacht, dass er so wütend werden würde. „Warum musst du immer widersprechen? Ich hab dich mitgenommen, damit du mal eine besondere Situation erleben kannst. Du bist eine unserer kompetentesten Mitarbeiterinnen, und ich habe gedacht, dass du den Fall übernehmen könntest."

„Aber wenn wir nicht beweisen können, dass er etwas verbrochen hat, können wir doch keine Anklage erheben? Sollen wir um der Ruhe willen einen unbescholtenen Mitbürger opfern?"

„Wenn du der Ansicht bist, dass deine juristischen Kenntnisse nicht ausreichen, um einen Fall wie diesen zu bewältigen, kann ich die Aufgabe einem anderen geben!", antwortete er kühl.

Mit Unterstützung des politisch-juristischen Komitees, des Rathauses, des Gerichtshofs und der Staatsanwaltschaft begab sich die Polizei in die Stadt, aus der Zhen stammte, um seine Beziehungen und seinen gesellschaftlichen Umgang zu untersuchen. Ohne größere Anstrengung gelang es ihnen, vier Frauen zu finden, die Sex mit ihm gehabt hatten. Unter den neugierigen Blicken der Kommilitonen holte die Polizei Zhen aus dem Unterricht und brachte ihn ins Revier.

Als ich nach dem Verhör mit Zhen wieder im Büro war, dachte ich an sein flehendes und resigniertes Gesicht. Ich suchte He Fei auf, der noch aufgewühlter war als ich. Noch ehe ich etwas sagen konnte, fragte er: „Was ist bei eurer Sitzung rausgekommen? Parteileute, Lokalpolitiker und Abgeordnete vom Volkskongress wollen dauernd von mir hören, was nun wird. Sie wollen, dass wir so schnell wie möglich eine Entscheidung fällen. Es wird immer schwieriger, die Studenten und die Familie der Selbstmörderin ruhig zu halten."

„Ich habe die Akten gelesen und den Jungen verhört, aber ihn wegen Unzucht zu verhaften, geht einen Schritt zu weit."

„Bei drei Sitzungen ist man jetzt zu dem Ergebnis gekommen, dass eine Anklage wegen Unzucht am besten passen würde. Hast du was anderes gefunden, was wir ihm anhängen können?"

„Er hat nun mal kein Verbrechen begangen!“, antwortete ich mit einem leichten Seufzer.

„Ein Mädchen ist gestorben – meinst du, dass das kein Verbrechen ist? Was soll ich dem Volk und seinen Führern sagen, wenn wir ihn nicht verklagen? Willst du die Verantwortung auf dich nehmen, falls die Studenten eine neue Demonstrationswelle in Gang setzen und die Partei bedroht wird? Wenn du deinen Kopf verlieren willst, ist das deine Sache, aber ich möchte meinen behalten!“ Er hörte sich ungewöhnlich ernst an.

„Aber wenn wir Anklage wegen Unzucht erheben, nur weil er ein paar Verhältnisse gehabt hat, wird das sogar die normalen Leute schockieren.“

„Du zweifelst also an der Zuverlässigkeit des Gesetzes? Mit mehreren Frauen zu schlafen, ist unsittlich – oder hast du die Absicht, den Gesetzestext zu ändern? Wir haben dir diesen Fall gegeben, weil du eine bessere Ausbildung hast als wir. Jetzt darfst du unser Vertrauen nicht enttäuschen. Du musst versuchen, alles in einem größeren Zusammenhang zu sehen.“ Vor einem Chef, der gleichzeitig entschlossen und anerkennend sein konnte, schwand mein Mut, mich für Zhen einzusetzen.

Am Nachmittag begann ich, die Umstände, die mit dem Vergehen in Zusammenhang standen, und die Schlussfolgerung der verantwortlichen Ermittlerin aufzuschreiben. „Der Verdächtige hat ein Sittlichkeitsdelikt begangen und sollte vor Gericht gestellt werden.“ Als ich das Dokument unterschrieben hatte, seufzte ich schwer. Von diesem Augenblick an war Zhen verurteilt.

Die Gerichtsverhandlungen waren nicht öffentlich; außer Richter und Staatsanwalt durfte niemand anwesend sein, nicht einmal ein Rechtsanwalt. Die Zeugen brauchten nicht zu kommen. Zhens Eltern bekamen von der Polizei die Nachricht, dass ihr Sohn den Tod eines Mädchens verursacht habe und man hoffe, er werde ein Geständnis ablegen und nicht versuchen, sich herauszureden. Die Eltern glaubten der Polizei, schämten sich ihres Sohnes und verzichteten darauf, einen Anwalt zu beauftragen. Als mittelloser Student hatte Zhen natürlich keine Möglichkeit, selbst einen Rechtsbeistand zu finanzieren. Da es sich um einen besonderen Fall handelte, stellte das Gericht keinen Verteidiger zur Verfügung. Zhen wurde zu sechs Jahren Gefängnis verurteilt.

„Das halte ich nicht mehr aus!“, sagte ich zu mir selbst. Falls Zhen nach seiner Freilassung in sechs Jahren zu mir käme und mich fragte, wie ich so ungerecht sein konnte, einen unschuldigen Menschen bewusst ins Gefängnis zu schicken – was könnte ich ihm dann antworten?

Ich hatte Angst. Ich hoffte, dass so etwas nie geschehen würde. Dass mir irgendwie verziehen würde.

Zu Hause versank ich im Sofa und saß dort, bis es dunkel wurde. Ich musste mit jemandem sprechen. Es war verboten, juristische Fälle mit Leuten zu diskutieren, die nicht selbst Polizisten, Staatsanwälte oder Richter waren. Tat ich es dennoch, riskierte ich eine Bestrafung.

Ich rief meinen Mann an, der wie üblich Überstunden machte. „Wo bleibst du denn? Warum kannst du nie pünktlich nach Hause kommen?“ Meine Stimme war lauter geworden.

„Ich bin mit ein paar Kollegen, einem Rechtsanwalt und seinem Klienten beim Essen. Wir diskutieren einen Fall.“ Er merkte nicht, dass meine Stimme seltsam klang. Im Hintergrund hörte ich Gelächter und das Geräusch von Gläsern, die aneinander stießen.

„Bist du mit deiner Arbeit verheiratet?“, fragte ich. Plötzlich fiel mir ein, dass ich noch nichts gegessen hatte. „Ich bin am Verhungern. Was soll ich denn hier alleine essen?“

„Komm doch her und iss mit uns, wenn du willst. Hinterher können wir in irgendeine Bar gehen und Disco tanzen“, antwortete er geduldig.

„Nein, ich will euch nicht über Arbeit sprechen hören. Es ist egoistisch von dir, mich hier allein sitzen zu lassen und dich mit deinen Freunden zu amüsieren. Komm sofort nach Hause!", schrie ich und warf den Hörer auf den Apparat.

Es dauerte nicht lange, bis er kam und das Licht anmachte. „Sag mal, warum sitzt du denn hier im Dunkeln? Wir brauchen doch keinen Strom zu sparen?" Man hörte, dass er gut gelaunt war. Er setzte sich neben mich, sah mich eine Weile an und sagte dann: „Wer hat dich denn so wütend gemacht?"

„Niemand. Ich bin nur etwas müde", antwortete ich und fuhr mir mit den Händen durch die Haare.

Ich suchte nach einem geeigneten Anfang, aber er konnte seine gute Laune nicht zügeln. Eifrig erzählte er, dass sein Aufnahmeantrag für die Partei, den er vor längerer Zeit abgeschickt hatte, jetzt bei der politischen Abteilung des Gerichts gelandet war. Das Personal hatte sich bereits an die Arbeitgeber seiner Eltern gewandt, um seinen politischen Hintergrund zu kontrollieren. Bald würde er Parteimitglied werden.

Mir war nicht danach, dieses Thema gerade jetzt zu diskutieren. Ich starrte auf seine Lippen, aber ich hörte nicht, was er sagte. Würde er mir zuhören, wenn ich ihm sagte, dass mich mein Gewissen quälte? Vielleicht würde er alles als eine Lappalie abtun. „So machen es doch alle, warum sollst du dir deswegen Vorwürfe machen?" In unseren Kreisen galt nur das eine: Wenn die Machthaber wollen, dass du jemanden festnimmst, dann nimmst du ihn fest; es gibt keinerlei Verhandlungsspielraum.

Ich konnte nichts sagen, sondern saß nur schweigend neben ihm.

In der Nacht träumte ich, dass mich jemand verfolgte. Ich rannte um mein Leben, aber der Körper wollte mir nicht gehorchen, und es ging nur sehr langsam voran. Mein Mann rüttelte mich, bis ich aufwachte. „Hattest du einen Alptraum?", fragte er. „Du hast fürchterliche Geräusche von dir gegeben, als wenn du sterben würdest."

„Entschuldige. Du hast mir nie gesagt, dass ich im Schlaf rede." Ich war immer noch etwas bedrückt.

„Bisher habe ich das auch noch nie bemerkt", murmelte er, drehte sich um und schlief wieder ein.

Mehrere Tage lang konnte ich mich nicht recht konzentrieren. Die Zeit verging, viele Akten gingen durch meine Hände. Um nicht nachdenken zu müssen, lud ich mir alle möglichen Aufgaben und Erledigungen auf. Abends ging ich aus und feierte; ich trank, bis ich umfiel, und schlief ein, sobald ich nach Hause kam. Allmählich kehrte alles wieder zum Alten zurück.

Kapitel 21

Da Qi Ken immer noch verärgert war und nicht mit mir reden wollte, überbrachte mir Ya Lan einen neuen Fall, bei dem es um Gewaltanwendung ging. Der Verdächtige arbeitete in einer Fabrik, die zur Universität Hunan gehörte, an der seine Eltern in der Verwaltung beschäftigt waren. Chinesische Intellektuelle nehmen es sehr genau mit ihrem Status und möchten gern zeigen, dass gerade die eigenen Kinder die erfolgreichsten sind. Deshalb bedienen sie sich ausgesprochen strenger Erziehungsmethoden. Der Verdächtige war ein netter und höflicher Mensch, scheu und in sich gekehrt. Sein niedriger Lohn machte es ihm unmöglich, eine Wohnung zu kaufen, und obwohl er vierundzwanzig Jahre alt war, wohnte er noch immer bei seinen Eltern. Eines Tages erfuhr er, dass ein älterer Nachbar, der alleinstehend im dritten Stockwerk wohnte, regelmäßig Geld von seiner Tochter aus den USA geschickt bekam. Der Alte wollte sein Geld nicht auf die Bank bringen und verwahrte es deshalb zu Hause.

Der Verdächtige begann, die Gewohnheiten des Alten zu verfolgen, und entdeckte, dass er jeden Abend nach dem Essen zwei Stunden lang spazieren ging.

An einem regnerischen Abend versteckte er sich im Fahrradschuppen an der Haustür und wartete, bis der Alte, mit dem Transistorradio in der Hand, zu seinem Spaziergang aufbrach. Der junge Mann kletterte an der Außenwand des Hauses empor und stieg durch das Fenster ein, fand aber keine Dollar, so sehr er auch suchte. Lediglich ein paar hundert Yuan entdeckte er in einer Schreibtischschublade. Im selben Augenblick hörte er, wie von außen der Schlüssel ins Schloss gesteckt wurde. Der Alte war früher als gewöhnlich zurückgekehrt, und der Einbrecher versteckte sich, mit seiner Kneifzange in der Hand, hinter der Tür.

Er durfte nicht erkannt werden, sonst würde er für den Rest seines Lebens als Dieb abgestempelt sein, und seine Eltern würden sich derart schämen, dass sie sich nicht mehr aus dem Haus wagten. Er warf sich auf den Alten, und als der sich umdrehte, hielt er ihm eine Hand vor die Augen und schlug ihm mehrmals mit der Zange auf den Kopf. Anschließend zog er ihn ins Schlafzimmer, schlang ihm ein Laken um den Kopf und knüpfte es zu. Er wollte ihn erdrosseln, aber der Alte wehrte sich in panischer Verzweiflung. Der Einbrecher hatte Angst, dass die Nachbarn etwas hören könnten, falls das Handgemenge nicht aufhörte. Also ließ er los, lief schnell aus der Wohnung und stürmte ins sechste Stockwerk zur Wohnung seiner Eltern hinauf.

Die Polizei löste den Fall mit Hilfe der Aussage des Alten und der Fingerabdrücke, die der Verdächtige am Tatort hinterlassen hatte. Da sie ihn nicht wegen Diebstahls anzeigen konnte – er hatte nur ein paar hundert Yuan gestohlen –, sollte er wegen Gewaltanwendung verklagt werden. Nach dem Gutachten des Gerichtsmediziners hatte der Alte lediglich eine leichtere Verletzung davongetragen.

Ich machte Qi Ken klar, dass ich vielleicht den Anklagepunkt ändern würde, aber vorher sowohl das Untersuchungsgefängnis als auch den Tatort aufsuchen müsse. Er antwortete sofort: „Ich kann dir kein Personal zuteilen, wir haben zu viel zu tun. Fahr allein."

Ich nahm die Akten mit ins Polizeirevier der Universität. Die Mitarbeiter dort waren bemerkenswert freundlich. Als ich ihnen sagte, dass ich den Tatort aufsuchen und mit dem alten Mann sprechen wolle, der überfallen worden war, versuchten sie lebhaft, mich zum Bleiben zu überreden: „Haben Sie's doch nicht so eilig. Wir fahren gleich mit Ihnen hin. Aber wir können doch erst ein wenig plaudern."

Nach einer Weile kam ein Paar herein; die Frau und der

Mann waren etwa fünfzig Jahre alt, und ein Polizist stellte sie mir vor: „Das sind die Eltern des Verdächtigen."

Ich fragte die Polizisten ganz offen, warum sie die Eltern hergebracht hätten. Die Beamten hatten die Frage nicht erwartet und beeilten sich zu erklären: „Wir müssen ein gutes Verhältnis zu den Angestellten haben, damit unsere Arbeit reibungslos funktioniert. Wir hoffen, dass Sie zusehen, wie Sie helfen können, natürlich im Rahmen des Gesetzes." Die Eltern stimmten ihnen zu und baten um Nachsicht für ihren Sohn.

„Wie stellen Sie sich das vor?", fragte ich abweisend.

Mein kühler Blick änderte ihren Tonfall. „Wir wollten Sie heute zum Essen einladen."

„Nein danke", antwortete ich.

Sie wurden fürchterlich nervös. Mein Verhalten ließ darauf schließen, dass ich nicht unbedingt auf ihrer Seite stand. Das ganze Personal versammelte sich um mich. „Selbstverständlich geht das Essen auf unsere Rechnung."

Zwei Polizisten begleiteten mich zum Tatort, wo ich das Material sammeln konnte, das ich benötigte. Um halb zwei war ich fertig. Der Reviervorsteher und der politische Beamte kamen und führten mich in den Speisesaal der Universität, wo etwa zehn Personen auf uns warteten. Man hatte zwei runde Tische mit jeweils acht kalten und zwölf warmen Gerichten gedeckt. Mir war sofort klar, dass die Eltern des Verdächtigen dafür aufkamen. Da sie fürchteten, die Gesellschaft würde mir nicht fein genug sein, hatten sie die Schulleitung und die Chefs ihres Sohnes eingeladen. Ich ahnte, dass sie sich sehr angestrengt haben mussten, die Anwesenden zu überreden, mir zu schmeicheln und mich um Nachsicht gegenüber ihrem Sohn zu bitten.

Nach dem Essen bestellten die Eltern ein Auto mit Chauffeur, in dem ich nach Hause fahren sollte. Sie fuhren mit, und als ich ausstieg, holten sie ein großes Paket aus dem Kofferraum, das sie mir in die Hand drücken wollten. Ich verweigerte die Annahme und sagte: „Ich kann Ihre großzügigen Geschenke nicht entgegennehmen.“ Das hieß, dass ich mich entschlossen hatte, den Fall ohne jeden Vorzug zu behandeln und die Anklage nicht zurückzunehmen. Sie waren äußerst enttäuscht.

Der Angeklagte war bei einem Einbruch überrascht worden und hatte sich dadurch nicht aufhalten lassen, sondern den Wohnungsinhaber überwältigt, um dann mit dem Geld davonzulaufen. Ich änderte den Strafantrag von Gewaltanwendung – mit einer Höchststrafe von drei Jahren Gefängnis – auf Raubüberfall, wofür man bis zu fünf Jahre bekommen konnte.

Abends rief mein Mann mich zu Hause an, und als er hörte, dass ich da war, sagte er eine Einladung zum Essen ab und kam zu mir. Wir bestellten drei Gerichte in einem kleinen Restaurant und baten darum, sie nach Hause geschickt zu bekommen. Wir aßen und redeten. In so einem kleinen Restaurant kostete das Essen nur um die zehn Yuan und schmeckte außerdem vorzüglich. Ich konnte nicht verstehen, dass Angeklagte und deren Familien für Bankette Tausende zum Fenster hinauswarfen. Auf deren Kosten zu essen, war für uns wie eine Strafe. Ich dachte an die Mahlzeit mit den Eltern des Einbrechers und daran, dass ich kaum hatte nein sagen können. Alle Polizisten und Führungskräfte waren meinetwegen gekommen – hätte ich nicht mit ihnen gegessen, hätten sie ihr Gesicht verloren. Sie wären beleidigt gewesen und hätten vielleicht versucht, mir es später heimzuzahlen.

Mein Mann lächelte und sagte: „Vor ein paar Tagen hatten wir eine Sitzung, um die Disziplin zu verbessern. Der Gerichtspräsident hat etwas ganz Neues erzählt. Als ein Rechtsanwalt gekommen ist, um Einsicht in die Akten zu nehmen, hat ein Richter zu ihm gesagt: ‚Ich muss mir einen neuen Anzug kaufen, weiß aber nicht recht, welcher mir am besten steht. Können Sie mir nicht helfen?‘ Der Anwalt hat wohl geahnt, dass er vielleicht etwas Verhandlungsspielraum gewinnen könnte, und ist mit dem Richter in das größte Warenhaus der Stadt gegangen. Der Richter hat auf einen sehr teuren Anzug gezeigt und gesagt: ‚Was halten Sie von dem hier? Der müsste mir doch passen?' Der Anwalt hat auf das Preisschild geschaut: fünftausend Yuan. Dann hat er den Verkäufer gebeten, den Anzug einzupacken und dem Richter zu geben."

Ich seufzte. Ein Richter brauchte nur den Mund aufzumachen, um sich fünftausend Yuan zu verschaffen – ich musste ein halbes Jahr dafür arbeiten. „Ihr Richter nutzt ständig die Rechtsanwälte aus. Dagegen sind wir Staatsanwälte ja richtig sauber."

Er war anderer Ansicht und lachte höhnisch: „Ihr habt genug Möglichkeiten, euch bestechen zu lassen." Er zählte auf: „Die Strafsacheneinheiten I und II können eine Anklage zurücknehmen und verlangen, dass der Verdächtige auf freien Fuß gesetzt wird. Damit habt ihr echte Macht. Und eure Abteilungen für Korruptionsbekämpfung und Disziplin sind noch schlimmer: Da kann der verantwortliche Staatsanwalt selbst entscheiden, ob in einem Fall ermittelt werden soll oder nicht. Wenn er nein sagt, kann ein Krimineller völlig straffrei ausgehen."

Ich schüttelte den Kopf. „So schlecht sind wir nicht. Wir sind doch an Gesetze gebunden, und die meisten Staatsanwälte gebrauchen ihre Macht, wie es sich gehört." Kaum hatte ich das gesagt, musste ich an Zhen denken, der unschuldig verurteilt worden war, an Yao, der nur drei Jahre bekommen hatte, und an Qin Hai, der offensichtlich das Gesetz übertreten hatte und dennoch davongekommen war. Ich schwieg.

Mein Mann lächelte verständnisvoll.

„Der Richter, von dem du erzählt hast – ist der nicht bestraft worden?", fragte ich.

„Er ist verwarnt worden und musste eine Selbstkritik schreiben. Er hatte Glück und durfte seinen Job behalten, aber er dürfte in nächster Zeit kaum befördert werden. Heutzutage funktionieren die Anwälte meistens als eine Art Vermittler."

„Was meinst du damit?"

„Sie vermitteln zwischen dem Richter und dem Angeklagten. Ein Richter darf ja keine Geschenke annehmen oder sich durch den Angeklagten oder seine Familie verschaffen. Das ist ein offensichtlicher Verstoß gegen die Disziplin und daher sehr gefährlich. Aber wenn ein Anwalt den Richter zum Essen einlädt, wird das als normaler Umgang betrachtet. Und wenn der Anwalt mit Schmiergeld kommt, traut sich der Richter, es anzunehmen, weil er weiß, dass der Anwalt seine Unterstützung braucht. Das gilt vor allem für Zivilprozesse."

Ich lachte und spottete: „Warum kommst du nie mit einer Menge Geld nach Hause und lässt mich im Luxus leben?"

„Ich hab noch keinen passenden Anwalt gefunden", scherzte er. „Die meisten Richter arbeiten ja mit ihren ‚eigenen' Anwälten. Wenn sie einen Fall bekommen und der Angeklagte noch keinen Rechtsbeistand hat, empfiehlt der Richter seinen Anwalt. Der Angeklagte kapiert natürlich, dass es in seinem Interesse ist, einen Verteidiger zu haben, wenn er die Verhandlungen überstehen will. Außerdem braucht man einen Anwalt, um Geschenke und Geld zu überbringen, und der Richter kann sich doch kaum weigern, etwas von seinem Partner anzunehmen. Wenn ein Richter einen bestimmten Anwalt empfiehlt, kann sich kein Angeklagter erlauben, ihn abzulehnen, falls er nicht verurteilt werden will."

„Meine Güte, wie's bei euch zugeht! Es stimmt schon, dass man nicht besonders viel von Gesetzen oder über seinen Beruf wissen muss – Hauptsache, man beherrscht die faulen Tricks. Die jüngeren Beamten sind so frech, dass man denkt, die haben überhaupt keine Moral."

Wir wechselten das Thema, um uns nicht zu sehr deprimieren zu lassen. Wir wussten nicht, was wir tun sollten: uns an das Gesetz halten oder mit dem Strom schwimmen.

Wir hatten kaum den Tisch abgedeckt, da klopfte es an der Tür. Mein Mann ging hin, um zu öffnen. „Kommt jemand zu dir oder zu mir?", fragte er.

„Bestimmt zu dir“, antwortete ich, ohne aufzublicken. „Mich wagt keiner zu besuchen.“

Er blieb stehen, drehte sich um und fragte ernsthaft: „Willst du damit sagen, dass du ehrlicher bist als ich?“

„Ach was“, sagte ich. „Du kümmerst dich um Zivilrecht, wo sich verschiedene Leute in den Haaren liegen. Ich arbeite mit Strafrecht, wo es darum geht, zwischen Gut und Böse zu unterscheiden. Ein Verbrecher würde es wohl kaum wagen, hier anzuklopfen. Warum bist du so empfindlich?“

Als er geöffnet hatte, hörte ich eine Männerstimme fragen: „Entschuldigung, wohnt hier Staatsanwältin Xiao?“

Im schwachen Lampenschein des Treppenhauses stand ein fremder Mann: Anzug und Krawatte, Aktentasche in der Hand, adrett und respektabel.

„Wer sind Sie?“, fragte ich. „Was wünschen Sie?“ Ich hatte nicht die Absicht, ihn reinzulassen. Es kamen häufig ungeladene Gäste zu Besuch: Paare, die in Scheidung lebten und sich über Kinder und Eigentum einigen mussten, Geschwister, die sich über eine Erbschaft stritten, Geschäftsleute, die einen Vertrag abgeschlossen hatten, aber ihr Geld nicht bekamen. Wenn es vor Gericht nicht nach ihren Vorstellungen lief, erkundigten sie sich, wo der Richter – mein Mann – wohnte. Sie kamen immer abends; tagsüber sind Kläger und Beklagte ja gleichzeitig anwesend, und der Richter muss vollkommen unparteiisch sein. Mir war es nicht recht, dass sie uns störten und in unser Privatleben eindrangen. Deshalb wies ich sie meistens schon an der Tür ab.

Der Mann sah ein wenig nervös aus und sprach zurückhaltend: „Mein Name ist Kai Yue, und ich habe eine Anwaltslizenz. Ich war Doktorand am Politischen und Juristischen Institut Südchinas, und nach dem Examen bekam ich Arbeit als Juradozent an der Industriehochschule in Zhongnan. Heute kam ein alter Freund aus meiner Heimat zu mir, um sich einen juristischen Rat zu holen. Es geht um den Fall, den Sie heute bearbeitet haben, und betrifft seinen Sohn. Darf ich hereinkommen und mit Ihnen darüber sprechen?"

Es geschah selten, dass Juradozenten Anwälte waren, und er sah so höflich und ordentlich aus, dass ich antwortete: „Bitte, kommen Sie herein. Nehmen Sie im Wohnzimmer Platz."

Er setzte sich an den Rand des Sofas und legte die Hände auf die Knie, als wagte er es nicht, sich anzulehnen.

Ich kam direkt zur Sache: „Ich bin noch nicht so weit, dass ich den Fall vor Gericht bringen kann. Sie sind zu früh gekommen. Wenn die Verhandlung beginnt, werden Sie seinen Kollegen kennenlernen." Ich deutete auf meinen Mann, der in einem Sessel saß.

Kai Yue nickte. „Ich weiß." Da ich nichts sagte, fuhr er fort: „Erst wollte ich den Fall nicht übernehmen. Wenn ich nicht gewinne, werden die Leute mir böse sein, und ich verliere ihre Freundschaft. Aber dann hörte ich, dass Ihr Mann Richter ist. Ich habe nach einem Richter gesucht, mit dem ich zusammenarbeiten könnte, aber nie die rechten Kontakte oder Gelegenheiten gefunden."

Er nahm einen dicken Briefumschlag aus der Aktentasche. „Ich bin Akademiker mit guter Ausbildung und habe keine Lust zu bitten und betteln, vor allem dann nicht, wenn es nicht mit rechten Dingen zugeht. Seien Sie nicht böse, wenn ich Sie bitte, dies hier anzunehmen, denn ich führe nur einen Auftrag aus und habe keine Wahl." Er überreichte mir das Kuvert.

Es enthielt zwei Bündel mit Hundertyuanscheinen. Ich wog sie in der Hand: Es mochten mindestens zehntausend Yuan sein. Ich gab sie zurück und sagte: „Ich möchte Ihnen keinen Vorwurf machen. Aber man kann die gesetzlich gesteckten Grenzen nicht beliebig dehnen. Sie wollen mich doch wohl nicht zu einem Dienstvergehen verleiten."

Kai Yue nahm den Umschlag nicht zurück, sondern nickte energisch. „Ich verstehe. Wir dürfen Sie nicht in so eine Lage versetzen. Aber wenn Sie diese kleine Aufmerksamkeit hier nicht annehmen, weiß ich nicht, was ich meinen Auftraggebern sagen soll."

Ich legte das Geld auf die Aktentasche, die auf seinen Knien lag, und sagte: „Ich kann bei diesem Fall nichts gegen die Beweislage oder Zeugenaussagen machen, auch wenn mir das Geld entgeht."

Mein Mann lächelte und versuchte, die Stimmung aufzulockern. „Sie ist zwar noch nicht in der Partei, aber trotzdem spürt man den Geruch kommunistischer Rechtschaffenheit in der Wohnung."

Vielleicht dachte Kai Yue, dass ich als Staatsanwältin für die lächerliche Summe von zehntausend Yuan nichts riskieren wollte; jedenfalls steckte er das Geld betreten wieder ein. Er schwieg einen Augenblick, ehe er den Mut fasste, meinen Mann zu fragen: „In welcher Abteilung des Gerichts arbeiten Sie?"

„Ich befasse mich mit Zivilrecht", antwortete er. „Ich bin also nicht wie meine Frau. Manchmal scheint sie zu glauben, dass jeder Mensch ein Klassenfeind ist und sie in den Schmutz ziehen will."

Der Anwalt lachte und setzte sich auf dem Sofa zurecht. Er erzählte, dass er als Rechtsanwalt arbeite, um sein niedriges Dozentengehalt aufzubessern. Seine Frau arbeite in einer Textilfabrik und verdiene nicht viel. Demnächst bekämen sie ein Kind.

Es konnte nicht falsch sein, Freunde zu haben, die über juristische Kenntnisse verfügten. „Sie haben geforscht und unterrichten Jura – von solchen Anwälten kann's doch heutzutage nicht allzu viele geben", sagte ich. „Wir begegnen oft Anwälten, die weder Wissen noch Benehmen haben."

Man merkte, dass er sich Sorgen über die höchst unterschiedliche Qualifikation der Rechtsanwälte machte. „Zurzeit muss man das Anwaltsexamen nicht bestanden haben und braucht keine Lizenz, um als Jurist zu arbeiten. Hat man ein paar Jahre Jura studiert, Kontakt zu einem staatlich anerkannten Anwaltsbüro und bezahlt eine kleine Gebühr, kann man in dem Beruf anfangen."

„Wie viel muss man bezahlen?", fragte ich.

„Es gibt zwei Möglichkeiten. Entweder bezahlt man jedes Jahr eine festgelegte Summe, oder man bezahlt einen prozentuellen Anteil seines Honorars. Ich selbst habe eine Lizenz und brauche nicht in einem Büro zu arbeiten."

„Aber woher bekommen Sie Ihre Aufträge? Die Konkurrenz unter den Anwälten ist doch groß." Mein Mann berührte den Kern der Sache.

„Ja, das ist einer der Gründe dafür, dass ich mein Schamgefühl überwunden und Sie heute aufgesucht habe." Er errötete und schien zu befürchten, dass wir ihn abweisen könnten. Dann fuhr er rasch fort: „Ich hatte gehört, dass Sie Staatsanwältin beziehungsweise Richter sind. Deshalb nahm ich an, dass Sie über viele Kontakte verfügen. Falls Sie mich Ihren Freunden empfehlen oder den Leuten, die in Ihre Ermittlungen verwickelt sind, bräuchte ich mir über Aufträge keine Sorgen zu machen. Wir kennen uns ja nicht, und Sie fragen sich vielleicht, warum Sie ausgerechnet mir helfen sollten. Ich gebe Ihnen drei gute Gründe: Erstens biete ich Ihnen dreißig Prozent meines Honorars an. Zweitens garantiere ich Ihnen vollkommene Verschwiegenheit. Und drittens bin ich kompetenter und besser als die meisten anderen Anwälte ..."

Mein Mann schien über das Angebot nachzudenken, aber wir sagten weder ja noch nein. Kai Yue konnte sich wohl vorstellen, was wir dachten, und sagte: „Mein Honorar entspricht den staatlichen Bestimmungen. Falls Sie sich nicht auf mich verlassen möchten, kann ich Ihnen jeden Monat meine Quittungen zeigen, so dass Sie sehen können, wie viel ich einnehme. Und ich verspreche, gewissenhaft zu arbeiten." Er befürchtete, dass wir uns immer noch über irgendetwas Gedanken machten, und versuchte, uns zu überreden. „Ich weiß, dass viele Richter bereits mit Anwälten zusammenarbeiten. Ihre Wohnung sieht nicht aus, als würden hier ein Richter und eine Staatsanwältin ohne Kinder leben."

„Wie bitte?" Ich verstand nicht, warum er plötzlich das Thema wechselte.

Er wollte es nicht geradeheraus sagen, sondern lächelte und erklärte: „Ich bin bei allerlei Richtern zu Hause gewesen, die allein drei Personen ernähren und außerdem hübsche Möbel, einen importierten Fernsehapparat, Kühlschrank und anderes besitzen."

Ich blickte zu unserem kleinen Kühlschrank im Wohnzimmer und unserem zwanzig Jahre alten Fernseher aus zweiter Hand hinüber und konnte mir ein Lächeln nicht verkneifen. „Wir essen nicht so oft zu Hause, und ein größerer Kühlschrank wäre Vergeudung. Außerdem benutzen wir unseren Fernseher kaum."

Er schaute auf unsere vollgestopften Bücherregale und rief aus: „Genau! Sie gehören zu den lesenden Menschen. Das Geistige ist wichtiger als das Materielle. Das hat man nicht oft bei Beamten."

„Geben Sie sich keine Mühe", ulkte ich. „Ihr Intellektuellen seid stolz und nicht gewohnt, vor anderen zu kriechen. Sie brauchen uns nicht zu schmeicheln. Geben Sie uns Ihre Telefonnummer. Wenn einer unserer Bekannten einen Anwalt braucht, werden wir Sie empfehlen."

Er stand auf und nahm erfreut Abschied.

„Wenn man vom Teufel spricht", sagte ich zu meinem Mann. „Hast du nicht gerade gesagt, dass du noch keinen geeigneten Anwalt gefunden hast?"

Er fand auch, dass es ein lustiger Zufall war. „Es dürfte schwierig sein, einen Anwalt mit besserer Ausbildung zu finden. Außerdem arbeitet er an der Universität und hat sich sicher noch keine schlechten Gewohnheiten zugelegt."

Den Fall mit der Misshandlung des alten Mannes an der Universität von Hunan hatte ich auf Lengs Schreibtisch gelegt, aber er hatte noch nicht reagiert. Eines Nachmittags nach der Arbeit sah ich die Eltern des Verdächtigen zufällig vor der Tür. Sie hatten eine Aktentasche in der Hand und schauten nervös zur Anwaltskammer hinein. Ich dachte, dass sie auf mich warteten, ging zu ihnen und schlug ihnen vor, wieder nach Hause zu gehen. „Machen Sie sich keine Sorgen. Gehen Sie nach Hause. Niemand will das Gesetz umgehen."

Sie lächelten erwartungsvoll und bedankten sich, aber sie gingen nicht. Ich wusste nicht, was ich ihnen sagen sollte, um sie zu trösten, und nach einer Weile peinlichen Schweigens stammelten sie: „Wir warten auf Oberstaatsanwalt Leng."

Jetzt war mir alles klar. Sie wollten ihn zum Essen abholen.

Ich war daher nicht überrascht, als ich später seine Entscheidung sah. Er behauptete, dass es keinen Grund gäbe, den jungen Mann wegen Raubüberfalls anzuklagen, und da die Misshandlung nicht schwerwiegend sei, bräuchte der Verdächtige nicht in Untersuchungshaft zu sitzen und vor Gericht gestellt zu werden, sondern könnte unmittelbar auf freien Fuß gesetzt werden.

Ich fragte mich, wie viel sie wohl bezahlt hatten, dass mein Vorgesetzter meinen Widerspruch riskierte.

Warum hatte ich das Geld von Rechtsanwalt Kai Yue nicht angenommen und den Verdächtigen freigelassen? War ich jetzt bei dessen Eltern verhasst?

Einer meiner Freunde wollte eine Firma verklagen, die ihm Geld schuldete, und besuchte meinen Mann und mich, um uns um Rat zu fragen. Er wollte einen guten Anwalt. Wir baten Kai Yue, zu uns nach Hause zu kommen und meinen Freund zu treffen. Dann rief ich meine Kollegin Hui San an, die mit einem Richter verheiratet war, der sich mit Unternehmensfragen befasste. Sie sagte, dass es kein Problem sei und ihr Mann die Sache schon in Ordnung bringen werde.

Einen Monat später besuchte mich Kai Yue in der Anwaltskammer. Ich kam gerade aus dem Sitzungszimmer im ersten Stockwerk, als er nach mir rief, einen Briefumschlag aus der Aktentasche holte und mir übergab. „Dreißig Prozent meines Honorars", sagte er. „Wie versprochen."

Ich bekam einen ordentlichen Schreck. Geld einfach in aller Öffentlichkeit zu überreichen, war viel zu gefährlich. Ich sah mich um und sagte: „Bist du verrückt? Weißt du, wo du dich befindest? Wenn jemand uns gesehen hat, bin ich am Ende."

Er lächelte und bat um Entschuldigung.

„Ich habe dich unseren Freunden empfohlen, als sie Rechtshilfe brauchten. Wenn ich das Geld annehme, ist es ja, als würde ich von ihnen bezahlt werden. Das geht nicht."

„Es spielt doch keine Rolle, ob sie deine Freunde sind. Da du mich empfohlen hast, will ich dir das Geld geben. Sonst halte ich mich ja nicht an unsere Abmachung."

Während wir sprachen, kamen hin und wieder Kollegen vorbei. Wir konnten hier nicht stehen bleiben, also steckte ich das Kuvert in die Tasche. Er lächelte vergnügt und sagte, dass die Fälle abgeschlossen und die Klienten zufrieden seien. Dann fügte er hinzu: „Klar, die Richter kannten dich ja. Sonst wär's wohl nicht so reibungslos gegangen."

Ich weiß nicht, ob mein Mann danach noch mit ihm zusammenarbeitete; jedenfalls trafen sie sich recht häufig. Einige Monate später sah ich, dass Kai Yue sich ein flottes Motorrad angeschafft hatte.

Dritter Teil
1994–1998

Kapitel 22

Oberstaatsanwalt He Fei beorderte mich zu einem offiziellen Gespräch. Er war so ernst wie ich ihn noch nie gesehen hatte und meine Versuche, ihn aufzumuntern, blieben erfolglos. Er sagte, Frauen seien selten in der Staatsanwaltschaft, vor allem solche, die auch Artikel schreiben könnten, kein Blatt vor den Mund nähmen und schon eine Reihe von Auszeichnungen bekommen hätten.

„Du hast wohl nicht die Absicht, mich zu befördern?“, unterbrach ich ihn.

Er lächelte nicht, sondern schwieg einen Augenblick. „Die Parteigruppe der Staatsanwaltschaft hat sich bei den Genossen umgehört, und da du diejenige von uns bist, die die meisten Artikel veröffentlicht hat, wollen wir dich an einen Platz in der Verwaltung versetzen, damit du deine Begabung entfalten kannst.“

„Nicht mit mir!“ Ich wusste, dass man mich damit loswerden wollte. „Seit Jahren führe ich mehr Ermittlungen an der Anwaltskammer West durch als alle anderen. Warum wollt ihr, dass ich nur Verwaltungsaufgaben und Papierkrieg habe?“

Er versuchte, mich zu beruhigen. „Wir machen das ja nicht, weil du schlecht arbeitest, sondern weil du gut schreibst. Die anderen können das nicht, also kann ich sie nicht versetzen. Die Schreibtischarbeit bedeutet, dass du meine Assistentin wirst; das ist doch eine Auszeichnung.“

Die Angelegenheit schien bereits im Voraus entschieden zu sein. Aber ich hatte nicht die Absicht, weiterhin das zahme Lamm zu spielen: „Du darfst es nicht persönlich auffassen, aber ich muss dir sagen, dass ich diese Entscheidung nicht akzeptieren werde. Wenn du mich zwingst, Propagandamaterial zu schreiben, werde ich absolut nichts zu Papier bringen.“

Ich fühlte einen heftigen Zorn in mir aufsteigen. Als ich in mein Büro zurückkam, setzte ich mich auf die Bank, schaute durch das Fenster in den Himmel und dachte, dass die Untersuchung, an der ich gerade arbeitete, vielleicht meine letzte sein würde.

Nach Feierabend standen einige meiner Kollegen auf der Straße und machten ihre Späße. Dong sah mich und sagte: „Wir gehen zu Zhi nach Hause und spielen Karten, kommst du mit?"

„Nein, ich hab keine Lust. Ich verliere ja doch."

Xi Hong lächelte fröhlich und sagte: „Wir wollten dich eine bisschen aufmuntern, deshalb sind wir auf die Idee gekommen zu spielen. Wenn du so wütend nach Hause gehst, gibt's nur Streit mit deinem Mann."

Sollte ich wirklich allein nach Hause gehen und versuchen, meine Wut zu unterdrücken?

Zhi arbeitete als Staatsanwältin in der Antikorruptionsabteilung. Nach ihrem Examen hatte sie zunächst Arbeit in der Parkverwaltung bekommen. Als ihr Vater zum Sekretär des politisch-juristischen Komitees im Distrikt befördert wurde, bekam Zhi eine Anstellung bei der Staatsanwaltschaft. Nach zwei Jahren als Notarin wurde sie Staatsanwaltsassistentin. Ihr Mann arbeitete bei der Stadtteilverwaltung. Als er noch in seinem ursprünglichen Beruf als Grundschullehrer beschäftigt war, spielte er mit seinen Kollegen im Lehrerzimmer so fanatisch Karten, dass die Schüler selbst zurechtkommen mussten. Wenn er von solchen Absurditäten erzählte, schämte er sich und sagte: „Ich habe die Kinder wirklich im Stich gelassen. Sie haben nichts gelernt."

Karten zu spielen war eine Möglichkeit, Kontakte zu pflegen. Spaß und Gespräche beförderten Freundschaft. Wenn Außenstehende die Gelegenheit hatten, mit uns zu spielen, und am Tisch um Unterstützung bei einem bestimmten Fall baten, versprachen Richter und Staatsanwälte, gut gelaunt wie sie waren, fast immer Hilfe und verzichteten auf ihre offiziellen Phrasen. Meistens waren am Spiel aber nur Polizisten, Staatsanwälte und Richter beteiligt.

Wir hatten beim Spielen bereits viel geschimpft und gelacht, als Dong mich wie nebenbei fragte: „Willst du immer noch die ehrliche Staatsanwältin machen? Die Leute sagen, dass es schwierig sei, mit dir in Kontakt zu kommen."

„Du hast doch gerade Kontakt mit mir, oder? Ich stemme mich gegen die Flut, als wenn ich sie aufhalten könnte. Die Einzige, die darunter leidet, bin ich selbst."

Er lächelte und sagte dann laut: „Habt ihr das gehört? Noch eine Genossin, die sich entschlossen hat, korrupt zu werden!"

Alle lachten.

„Die Leitung will mich zwingen, deren Schreibsklavin zu werden. Wenn ich keine Ermittlungen mehr machen darf, kann ich ja nicht mal mehr korrupt werden", sagte ich selbstironisch. „In Zukunft dürft ich mich hin und wieder bedenken, wenn ihr euch bestechen lasst."

Noch mehr Gelächter. Nur Zhi lachte nicht. Sie hatte allen Grund, schlechter Laune zu sein.

Zhi hatte ein ganzes Jahr lang intensiv an einem umfangreichen Fall gearbeitet, um dann mit anzusehen, wie die Oberstaatsanwälte die Schuldigen auf freien Fuß setzten. Wenn sie davon sprach, wurde sie wütend: „Das ist doch unglaublich! Nächtelang habe ich gearbeitet, und als ich den großen Fisch endlich im Netz habe, lassen sie ihn laufen. Es ging um Schmiergelder von achthunderttausend Yuan, das hätte mindestens fünfzehn Jahre gegeben." In letzter Zeit hatte Zhi häufig dunkle Ringe unter den Augen, und sie schien täglich dünner zu werden. Man konnte sich vorstellen, wie viel Kraft es sie gekostet hatte, ein derart umfangreiches Wirtschaftsverbrechen aufzudecken, zumal die Kriminellen in diesem Fall intelligent und gebildet waren.

„Ratet mal, was die verdächtige Frau bezahlen musste, um ihren Kopf aus der Schlinge zu ziehen!" Wir wetteten.

„Es ging nicht um Geld. Ein Oberstaatsanwalt von der Anwaltskammer der Provinz hat die Sache in Ordnung gebracht. Als sie rausgelassen wurde, hat sie mich höhnisch angegrinst. Schon beim Verhör war sie so aufgeblasen, dass sie mich als unter ihrer Würde betrachtete. Ich war so wütend, dass ich sie hätte erschlagen können", sagte Zhi.

Zhis Mann lachte und schüttelte den Kopf. „Jetzt fängst du schon wieder an. Ich habe dir doch gesagt, dass du dich darüber nicht so aufregen sollst. Du wirst nur krank davon, und ich muss dich pflegen. Und die Frau, die der Grund dafür ist, lacht sich eins. Du solltest keine nächtlichen Verhöre mehr machen. Du kriegst nur ein paar Yuan für Überstunden, und hinterher bist du tagelang am Boden."

„Hast du nicht den Fall Wong?", fragte mich Dong.

„Ja. Wird vielleicht mein letzter. Falls du mich bestechen willst, musst du dich beeilen. Jetzt ist meine letzte Chance, Macht auszuüben. Dann bin ich raus", sagte ich.

Dong sortierte die Karten auf seiner Hand. „Ich meine es jetzt ernst."

„Ich bin ja gezwungen, mich zu verkaufen", sagte ich. „Sag, was du willst – ich werd es schon deichseln."

Dong fragte, ob ein Mann namens Shanshan mit dem Fall zu tun habe, den ich bearbeitete. Er war sein Freund und hatte ihn um Hilfe gebeten.

„Ja, er ist dabei. Die Polizei hat nicht gemerkt, dass er mitschuldig ist, aber nach dem mir vorliegenden Material hat er ein Delikt begangen, und ich werde Anklage erheben."

„Wenn die Polizei es nicht entdeckt hat, kannst du es doch auch übersehen", sagte Dong. „Unserer Freundschaft zuliebe. Ich werde ihn später auch nicht rankriegen, so dass keiner was merkt." Die juristische Ahnungslosigkeit unserer Chefs war nicht immer ein Nachteil. Wir konnten die Ermittlungen fast so durchführen, wie wir wollten.

„Was heißt hier, keiner merkt was?", mischte sich Zhis Mann ein. „Ich sitze doch hier und höre alles."

Dong, Hui San und ich lachten. „Du belauschst juristische Gespräche, die der Schweigepflicht unterliegen. Wenn du dich unterstehst, etwas zu sagen, lochen wir dich wegen Verrats von Staatsgeheimnissen ein“, sagte ich.

Zhis Mann lachte laut. Er hatte ein Jahr lang in der Staatsanwaltschaft gearbeitet und konnte als Kollege betrachtet werden. Solche Gespräche waren nichts Neues für ihn.

„Okay“, sagte ich zu Dong, „ich lass ihn laufen.“

Am nächsten Nachmittag traf ich Dong im Flur, gleich neben der Treppe. Er drückte mir fünfhundert Yuan in die Hand. Ich fragte ihn, warum, und er antwortete: „Du hast mir doch geholfen, also muss ich mich irgendwie erkenntlich zeigen.“ Er zwinkerte mir zu: „Pass auf, dass du's nicht an mich verlierst, wenn wir nächstes Mal spielen.“

Im Zusammenhang mit einer Umstrukturierung der Anwaltskammer bekam ich im März 1994 einen neuen Dienst. Ich arbeitete in der Propagandaabteilung.

Lin rief mich an und wollte, dass wir zusammen ausgingen. Das bedeutete, dass sie schlechter Stimmung war und sich abreagieren musste. Als wir uns trafen, sah ich zu meinem Erschrecken blaue Flecken auf ihren Armen, die offensichtlich von Schlägen herrührten.

„Hast du Streit gehabt?“, fragte ich.

Sie rieb sich ihre Oberarme und verzog das Gesicht, ohne etwas zu sagen.

„Hat dich dein Mann beim Seitensprung überrascht und dich verprügelt?“ Ich versuchte, sie aufzuziehen.

„Genau“, sagte sie und schaute mir ins Gesicht, ohne meinem erstaunten Blick auszuweichen. Dann lächelte sie traurig. „Ich habe mich in einen hohen Chef verliebt.“

Ich verdrehte die Augen. „Um Himmels willen! Du darfst dich verlieben, in wen du willst, aber nicht in ein kaltblütiges politisches Monster.“

„Mein Mann hat vermutlich schon Verdacht geschöpft. Gestern Abend hat er im Wohnzimmer gesessen und bis zwölf gewartet. Als ich nach Hause kam, fing er an zu schreien. Und kurz danach hat er seinen Gürtel abgenommen und mich geschlagen."

„Was? Er ist doch Staatsanwalt. Da sollte er sich nicht wie ein unzivilisiertes Tier benehmen."

„Erst habe ich zurückgeschlagen, aber dann habe ich aufgegeben. Mir tat's leid, und ich fand, dass ich ihn verraten habe."

„Wenn du ihm diesmal verzeihst, wird er es wieder tun."

Sie lächelte nur und sagte, dass ich mir keine unnötigen Sorgen machen solle. „Ich bin ja nicht die einzige Staatsanwaltsfrau, die von ihrem Mann geschlagen wird. Dein Mann scheint ein ungewöhnlicher Gentleman zu sein."

„Blödsinn. Ihr macht so einen starken Eindruck, und in Wirklichkeit seid ihr völlig schlapp."

Sie hob die Schultern und fragte: „Was soll ich denn machen?"

„Wenn man sich prügelt, kann man wohl nicht mehr von Liebe sprechen. Lass dich scheiden, Mensch." Mit Ratschlägen für andere war ich schnell zur Hand.

„Ich hab dich wirklich gern", sagte sie und streichelte mir die Wange. „Du verstehst mich am besten von allen."

„Lass das", sagte ich und schob ihre Hand beiseite. „Wenn du so liebevoll tust, glauben die Leute ja, dass wir lesbisch sind. Du willst dich doch nicht ernsthaft wegen dieses verdammten Politikers scheiden lassen?"

Lin bestellte noch ein Glas Whisky. Sie schien sich betrinken zu wollen, um alles zu vergessen. Sie holte ein Zigarettenpäckchen Marke Yves Saint Laurent aus der Tasche, bot mir eine Zigarette an, runzelte die Stirn und sagte: „Ich verstehe mich selbst nicht. Wie konnte ich mich nur in einen verheirateten Mann verlieben? Ich wusste doch von vornherein, dass es hoffnungslos ist." Sie zog heftig an ihrer Zigarette. „Trotzdem konnte ich nicht widerstehen."

„Trinken löst keine Probleme. Je höher seine Position, desto schwieriger wird euer Verhältnis." Ich blies ein paar Rauchringe.

Lin nahm einen großen Schluck, schlug sich an die Stirn und sagte düster: „Warum gibt's in China keinen Herzog von Windsor? Meinst du, dass er für mich und unsere Liebe alles opfern würde?"

„Wer ist es denn?"

„Oberstaatsanwalt Tao Yong."

„Du träumst wohl! In seinem Leben gibt's nur Karriere. Keine Ahnung, welche Bedeutung Liebe für so einen politischen Führer hat." Ich starrte auf die achatfarbene Flüssigkeit in meinem Glas und dachte plötzlich, dass chinesische Männer hoffnungslose Fälle sind.

Lin rauchte wie besessen und widersprach nicht. Nachdem wir lange schweigend dagesessen hatten, erzählte ich, dass mein Mann und ich mit einigen Schriftstellerfreunden das Wochenende auf einem Campingplatz außerhalb der Stadt verbracht hatten. Während mein Mann im See badete, ging ich an seine Brieftasche, um etwas Geld herauszunehmen. Dabei fand ich einen Zettel: ein Liebesgedicht von einer Frau.

„Hast du ihn nicht zur Rede gestellt? Als du neulich mit deinen Kollegen im Park warst, habt ihr ihn doch mit einer Frau spazieren gehen sehen. Du hast getan, als ob nichts wär'."

„Da habe ich mich noch auf ihn verlassen."

„Du hast ihn einfach laufen lassen."

„Ich wollte ihn nicht fragen. Er ist nett, hat einen angesehenen Job und verdient gut. Wäre ja unnormal, wenn ihm keine Frauen nachlaufen würden."

„Ich würde nicht so selbstsicher sein. Du musst mehr auf ihn aufpassen. Die Mädchen heute sind abenteuerlustiger als in unserer Generation."

„Ich habe eine eigene Arbeit. Ich kann doch nicht die ganze Zeit auf meinen Mann aufpassen.“

Sie antwortete nicht. Die Musik war laut, und in den Spots der Disco tanzten junge Männer und Frauen so unbekümmert, als gäbe es kein morgen.

„Wenn du noch mehr rauchst, bist du bald ein Stück Räucherfleisch.“ Ich nahm ihr die Zigarette aus der Hand.

Sie lächelte angestrengt und sagte: „Ich bin schwer im Kopf, aber leicht zu Fuß. Die richtige Voraussetzung zum Tanzen.“

Wir hüpften wie verrückt auf dem Tanzboden umher, und unsere wilden Schreie gingen im ohrenbetäubenden Lärm der Musik unter.

Als wir gegen zwei Uhr nachts nach Hause wankten, entdeckte ich, dass eine Harley Davidson in unserer Garage stand. Am nächsten Morgen fragte ich meinen Mann, wem die gehörte.

„Ein Kläger hat sie mir geliehen. Ich darf frei darüber verfügen“, antwortete er. Nach einjährigem Zwist hatte er dem Kläger geholfen, achtzig Prozent seines verlorenen Geldes zurückzuerhalten.

Mein Mann lieh sich das Motorrad zwei Jahre lang.

Einige Tage später nahm Lin mich mit, als sie Oberstaatsanwalt Tao Yong traf, und von da an luden sie mich immer ein, wenn sie in ein Café oder eine Bar gingen. Es gab entschieden zu viele Freunde und Bekannte in der Stadt, denen sie begegnen könnten, und eventuelle Gerüchte würden ihren Karrieren schaden. Lange Zeit diente ich als ihre Anstandsdame. Auf diese Weise bekam ich auch ein ausgezeichnetes Verhältnis zu Tao Yong.

Die Tage waren so ruhig wie stehendes Wasser in einem Teich. Seit ich keine Ermittlungen mehr durchführen durfte, hatte ich keinen sinnvollen Lebensinhalt mehr. Ich war es gewohnt, immer viel zu tun zu haben, und fühlte mich ohne Beschäftigung nicht wohl. Es war unerträglich. Das Kartenspiel vereinnahmte mich mehr und mehr. Ob es ein Ausdruck der geistigen Leere war, die ich spürte, Auslauf für meine aufgestaute Energie oder eine Methode zur Betäubung meines Gemüts, wusste ich nicht. Ich wusste nur, dass ich langsam abglitt und meine Zeit vergeudete.

Meine Kollegen schienen sich ebenso zu langweilen wie ich. Sie nutzten jede Gelegenheit, um nicht am Arbeitsplatz sitzen zu müssen. Manchmal sagten sie, sie würden zum Untersuchungsgefängnis fahren, um einen Verdächtigen zu verhören, oder an einem Tatort Beweismaterial sammeln. In Wirklichkeit spielten sie irgendwo Karten. Als die Chefs allmählich merkten, dass die Angestellten gegen die Disziplin verstießen, indem sie schwänzten und bummelten, wollten sie hart durchgreifen.

Im Winter schneite oder regnete es fast unaufhörlich. Es dauerte eine halbe Stunde, um von unserer Wohnung zu meinem Arbeitsplatz zu gehen, und täglich trottete ich durch die schmutzigen und löchrigen Straßen. Als ich gegen eiskalten Wind unter dunklem und regenschwerem Himmel anstapfte, fragte ich mich, warum ich mich für ein paar lumpige Yuan Monatsgehalt so abmühte. Zehn Jahre hatte ich der Kommunistischen Partei geopfert, und noch nicht einmal ein Auto war dabei herausgesprungen.

Kurz nach Neujahr, als ich gerade Feierabend machen wollte, wurde ich unerwartet zum Bürochef gerufen, der mir eröffnete: „Die Leitung hat mich gebeten, dir einen Auftrag zu erteilen. Du sollst die Chefs der Stadtverwaltung morgen Abend zum Tanz ins Hotel Lushan begleiten."

Ich lachte laut und dachte, dass er zu ausgiebig gefeiert habe und sich einen Scherz mit mir erlaube. „Welchen Rang haben denn diese Leute, dass sie glauben, eine Staatsanwältin als Gesellschaftsdame anfordern zu können?"

„Es ist kein Spaß", antwortete er. „Der Oberstaatsanwalt hat die Distriktsleiter zu einem Fest eingeladen und einige hübsche junge Staatsanwältinnen als Gesellschaft bestellt. Du kriegst fünf Yuan für Überstunden." Auch er konnte sich ein Grinsen nicht verkneifen. „Eine so qualifizierte Gesellschafterin für fünf Yuan! Bei solchen Vorzügen möchte man auch gern Chef sein."

Am nächsten Tag trafen wir uns bei Zhi zu einer Partie Karten. Sie und Hui San waren auch zum Tanzen abgestellt worden. Unsere Kollegen Dong und Xi Hong amüsierten sich: „Sie respektieren euch nicht als Staatsanwältinnen, sondern degradieren euch zu Gesellschaftsdamen. Oder noch schlimmer – ihr dürft ja nicht mal beim Essen dabei sein. Deshalb kommen sie so billig davon: nur fünf Yuan Überstundengeld."

Zhi schlug ihnen die Karten auf den Kopf. „Seid ihr neidisch auf unseren Sonderverdienst? Wir haben einen ehrenvollen politischen Auftrag. Nur wer hübsch und tüchtig ist, kommt in Frage, nicht wahr? Ihr seht so alltäglich aus, dass ihr wohl nie als Gesellschafter taugt."

Alle lachten, und Dong sagte: „Soll ich vielleicht diese fetten Marxistenweiber im Arm halten? Nie im Leben! Ich verkaufe doch nicht meinen Körper!"

Wir spielten vom Vormittag bis acht Uhr abends. Um halb neun mussten Hui San, Zhi und ich zum Tanz mit den Chefs gehen.

Es war nicht das letzte Mal, dass wir diese Art von „politischen Aufträgen" bekamen.

Kapitel 23

Nach dem chinesischen Neujahr gab es eine Anweisung der Behörde, bei der Berufung neuer Amtsleiter künftig eine „Konkurrenz bei Beförderungen“ auszuprobieren: demokratische Abstimmungen bei der Berufung neuer Abteilungsleiter. Wer sich bewarb, musste auf der Bühne eine Wahlrede halten, und wenn Parteiorganisation und Leitung die politische Eignung bestätigten, wurde der Bewerber als Kandidat registriert. Nach der Wahl konnte der Einheitschef dann selbst seine Mitarbeiter ernennen. Anfangs glaubten wir tatsächlich, dass wir dadurch etwas Mitspracherecht erhielten, aber dann merkten wir, dass uns das Ergebnis der Abstimmung nicht umgehend, sondern erst nach mehreren Tagen mitgeteilt wurde. Die Partei hatte die Stimmenauszählung manipuliert, und uns war klar, dass den Oberstaatsanwälten nur ein weiteres Instrument zur Verfügung stand, um ihre Macht auszuüben.

Ich erzählte Li, meiner Kollegin aus Wangcheng, von einer grotesken Situation, bei der einer der Bewerber sich auf die Bühne gestellt hatte, um seine Wahlrede zu halten, und eine Menge vulgärer Phrasen von sich gegeben hatte: „Schamhaare sind länger als Wimpern“ und Ähnliches. Li erzählte ihrerseits, dass ein Justizbeamter – ein ehemaliger Soldat – an ihrem Arbeitsplatz für einen leitenden Verwaltungsposten kandidieren wollte. Nachdem er das Podium betreten hatte, hustete er als erstes laut auf und spuckte dann einen Klumpen grüngelben Schleim auf die Bühne. Die gesamte Zuhörerschaft sah dabei zu, wie er auf den Auswurf trat und dann die Schuhsohle am Fußboden abwischte, ehe er ungerührt seine Rede begann. Li hatte sich so geekelt, dass sie den Saal verlassen und frische Luft schnappen musste, worauf sie kritisiert wurde, weil sie nicht aufmerksam genug zugehört habe.

Der neue Chef der Einheit für Disziplinfragen ernannte mich zu seiner Mitarbeiterin: Endlich durfte ich wieder an Ermittlungen arbeiten.

Die Disziplinabteilung nannte sich auch „Büro für Dienstvergehen". Wir bekamen unsere Fälle nicht von der Polizei, sondern initiierten eigene Untersuchungen. Wir richteten unsere Aufmerksamkeit auf Beamte in staatlichen Behörden und die Einhaltung von Standards. War zum Beispiel eine Bank überfallen worden, konzentrierte sich die Polizei auf die Räuber, während wir untersuchten, ob die verantwortlichen Bankbeamten gegen Sicherheitsvorschriften verstoßen und auf diese Weise den Überfall ermöglicht hatten. Wenn eine Brücke einstürzte, stellten wir fest, ob ein Konstruktionsfehler vorlag oder das Unglück durch falsche Baumaßnahmen hervorgerufen worden war. Unsere Arbeit war vielseitig, denn die Leute entdeckten immer wieder neue Möglichkeiten, das Gesetz zu umgehen.

Ya Lan wurde von ihrer alten Abteilung in die Rezeption versetzt. Dort nahm sie Anzeigen und Klageschriften entgegen, hatte aber nichts mehr mit konkreten Ermittlungen zu tun.

Zum Frauentag am 8. März wurden die acht Frauen der Anwaltskammer zu zwei Tagen Urlaub an einem Kurort mit warmen Mineralquellen eingeladen. Da wir alle unter dreißig waren, schickte man einen fünfzigjährigen Parteivertreter mit, der auf uns aufpassen sollte. Wir aßen, badeten, sangen Karaoke und tanzten.

Es war nach zwei Uhr nachts, und ich war immer noch nicht eingeschlafen. Um die beiden Kolleginnen nicht zu wecken, mit denen ich das Zimmer teilte, schlich ich mich behutsam in die Dunkelheit hinaus, um frische Luft zu schnappen. Dort stand bereits jemand: Lun, die Chefin der Einheit für Anklageerhebung. Ihre blitzschnelle Karriere war ein wenig mysteriös. Sie war 1991 zur Anwaltskammer gekommen, und wir hatten in derselben Abteilung gearbeitet. Damals war sie schwanger, und da man Rücksicht auf sie nahm, hatte sie nur halb so viele Fälle wie ich zu bearbeiten. Nach dem Mutterschaftsurlaub begann sie wieder zu arbeiten, aber da sie das Kind versorgen musste, machte sie nie Überstunden und erledigte nicht besonders viele Ermittlungen. Daher kam sie für Auszeichnungen, die bei herausragenden Leistungen im Dienst verliehen wurden, nie in Frage. Im dritten Jahr wurde sie unerwartet zur Abteilungsleiterin befördert. Es wurde darüber geredet, dass der Distriktsvorsitzende der Partei aus derselben Stadt kam wie sie und dass ihr Mann seine Beziehungen geschickt auszunutzen wusste. Die Anklageeinheit war die zentrale Abteilung der Anwaltskammer und es schien ungewöhnlich, dass die Chefin eine junge Frau war. Außerdem sah sie gut aus, so dass Gerüchte im Umlauf waren, ob ihr Verhältnis zu Oberstaatsanwalt He Fei mehr als rein freundschaftlich sei. Das Gerede verbreitete sich unter den Staatsanwälten in der Stadt, und ihr Mann, der ebenfalls an einer Anwaltskammer arbeitete, war so erbost, dass er ein Verhältnis mit einer Kollegin anfing. Diese Frau verliebte sich ernsthaft in ihn und trug dazu bei, weitere Gerüchte über Lun und He Fei zu verbreiten. Außerdem erzählte sie überall von ihrem Verhältnis zu Luns Mann, um ihn dazu zu bringen, sich scheiden zu lassen. Lun biss die Zähne zusammen und ertrug die Situation beschämt, indem sie tat, als wisse sie von nichts. Ihr Mann war so gerührt von ihrer Großmut, dass er zu ihrem Geburtstag ein prachtvolles Fest veranstaltete. Seine Geliebte war außer sich vor Zorn und schickte zum Fest einen Trauerkranz mit weißen Blumen.

„Schläfst du auch nicht?“, fragte ich erstaunt.

„Ich kann nicht einschlafen.“ Sie schlug die Arme um sich und sah zu den dunklen Bergen hinüber.

Das Laub raschelte leicht im Wind. Ich setzte mich auf den Balkon und sog die frische Nachtluft ein. „Früher, als ich gerade angefangen hatte, hat es mir nichts ausgemacht, wenn das Holzbett hart war oder die Lampen leuchteten – ich konnte trotzdem schlafen“, sagte ich. „Jetzt werden die Betten immer größer und weicher, aber ich schlafe trotzdem schlechter ein.“

Sie schaute mich an und lächelte schwach: „Ja, früher hatte ich keine Probleme mit dem Einschlafen, aber seit ich Abteilungsleiterin bin, wird es immer schlimmer. Jeden Abend grübele ich darüber, wie ich die Arbeit am nächsten Tag planen soll, und ich mache mir Sorgen, wie wir alles schaffen sollen. Die Verantwortung ist entschieden zu groß; unsere Entscheidungen beeinflussen ja das Leben anderer Menschen. Und die juristischen Kenntnisse der Oberstaatsanwälte sind dürftig. Wenn ich die Sache nicht im Griff habe, werden womöglich Unschuldige verurteilt.“ Sie seufzte.

„Die anderen beneiden dich um deine Machtstellung. Ich dachte, dass du dich über deine Beförderung gefreut hast.“

„Ich bin nicht besonders scharf auf Karriere. Mir ist klar, dass meine Kompetenz und meine Kenntnisse nicht ausreichen und ich die Arbeit nicht bewältige, aber ich habe keine Wahl. Mein Mann manipuliert mich und will, dass ich vorwärts komme.“ So offen hätten wir zuvor nie sprechen können. Vielleicht kamen nun – fern des Arbeitsalltags und in der späten Nachtstunde – unsere wahren Gefühle zum Vorschein.

„Wir leben doch nicht mehr in alten Zeiten. Wie kannst du deinen Mann einfach über dich entscheiden lassen? Du kannst doch nein sagen“, sagte ich.

„Er hat sich so angestrengt, mich nach oben zu bringen, dass ich ihn nicht enttäuschen will. Er stammt aus einer Bauernfamilie, die in fürchterlich armen Verhältnissen gelebt hat, und sein höchster Wunsch ist, mehr zu erreichen als andere.“ Kein Wunder, dass ich sie einmal zu Hause bei He Fei angetroffen hatte, als sie ihre Geschenke überbrachten. Auch Jie Lia hatte erzählt, dass sie einmal gehört habe, wie Luns Mann He Fei zu einer Angeltour einlud.

„Er hat dich in diese Position gebracht, ohne zu begreifen, wie du dich dabei fühlst?“ Ich hatte die Frage kaum gestellt, als drinnen eine Lampe angemacht wurde und Din Weng auf den Balkon hinauskam. „Ich kann auch nicht schlafen“, sagte sie.

Lun und ich fuhren in unserem Gespräch fort. „Bist du nicht zufrieden, dass du Chefin sein kannst?“, mischte sich Din Weng ein. „Immer gibt es was zu klagen. Dabei hast du Macht und kannst über andere bestimmen. Manchmal ist Macht verlockender als Geld. Und über die Verantwortung brauchst du dir keine Sorgen zu machen, du kannst dich immer irgendwie absichern.“

Din Weng hatte ein grobes, männliches Gesicht und eine kräftige Statur. Sie war für ihre Stärke und Hartnäckigkeit bekannt; sogar Polizisten und Staatsanwälte fanden sie forsch. Sie war durchaus stolz darauf, auch weil aggressive Menschen in Politik und Rechtswesen bewundert wurden. Nach dem Gymnasium war sie aufs Land geschickt worden und hatte später den etwas zurückgebliebenen Sohn eines Gerichtspräsidenten geheiratet. Ihr Schwiegervater bediente sich seiner Beziehungen und seiner Macht, um ihr einen Job bei der Staatsanwaltschaft zu besorgen, und sobald sie angestellt worden war, hatte sie sich scheiden lassen. Sie mochte es nicht, wenn man über diese Phase ihres Lebens sprach.

„Viele versuchen jetzt, sich bei mir einzuschmeicheln“, sagte Lun. „Macht bringt wirklich Vorteile. Aber man ist auch täglichem Druck ausgesetzt. Ich mache mir immer Gedanken, dass sie Leute meinen, ich komme mit meinen Aufgaben nicht zurecht. Wenn mein Mann mich nicht gezwungen hätte, Chefin zu werden, würde ich viel lieber als normale Staatsanwältin arbeiten.“ Wieder seufzte sie aus tiefstem Herzen.

„Wer satt ist, weiß nicht, wie es ist zu hungern“, meinte Din Weng. „Ich bin zupackend und greife durch, und trotzdem werde ich leider nicht befördert.“

Wir badeten noch einmal in den warmen Quellen und gingen dann schlafen. Ein Jahr später kündigte Lun ihren Posten als Abteilungsleiterin.

Wir von der Disziplinabteilung wurden tätig aufgrund von Anzeigen aus der Bevölkerung, Anzeigen von Verantwortlichen an Arbeitsplätzen, an denen ernsthafte Unfälle aufgetreten waren, sowie aufgrund von Anhaltspunkten, die wir selbst aus eigenen Informationsquellen gewonnen hatten.

Im Sommer 1995 gab es zwei Unfälle, bei denen Bauarbeiter von hohen Gerüsten gefallen waren. In der Regel erstatteten Polizei und Unternehmensleitung bei solchen Unfällen sofort Bericht an die Staatsanwaltschaft, und wir mussten uns dann unverzüglich an den Unfallplatz begeben, denn solche Todesfälle konnten rasch die Volksmassen erregen. Die Verantwortlichen am Bau befürchteten, dass die Angehörigen der Opfer Schwierigkeiten machen könnten. Das Auftauchen der Staatsanwälte zeigte, dass das Rechtswesen, als Repräsentant des Staates, auf der Seite der Gerechtigkeit stand und durch die Aufklärung seine Pflicht erfüllte. Das zeigte, dass sich der Staat um das Leben der Menschen kümmerte, und wirkte beruhigend. Tatsächlich aber gab es keine konkreten Paragrafen im Gesetzbuch, die eine derartige Untersuchung regelten. Ob Bauunternehmen und Auftraggeber Entschädigung zahlten, kam ganz auf die Forderungen der Angehörigen sowie deren Unnachgiebigkeit und Empörung an. Nur wenige Chinesen besitzen eine Lebensversicherung, so dass die Entschädigung der Firma bei einem Unglück der einzige Ausgleich ist. Die meisten Bauarbeiter waren Bauern, die zum Arbeiten in die Stadt gezogen waren, und wenn einer von ihnen verunglückte, kam die ganze Familie vom Lande angereist. Wenn sie zahlreich waren und ordentlich Wirbel machten, waren wir gezwungen, ihren Wünschen zu entsprechen, damit sie keine Schwierigkeiten bereiteten und vielleicht die Leiche zur Anwaltskammer oder aufs Polizeirevier brachten, um zu demonstrieren.

Die beiden Unfälle waren kurz nacheinander geschehen. Im ersten Fall hatte ein Mann im achten Stockwerk Fensterrahmen gestrichen, war hinuntergefallen und dabei ums Leben gekommen. Im zweiten Fall hatte ein Mann auf einem Gerüst im zehnten Stockwerk den Halt verloren, und da kein Sicherungsnetz vorhanden war, kam er beim Sturz zu Tode. Im ersten Fall sahen wir nach den Ermittlungen zu, dass Baufirma und Auftraggeber fünftausend Yuan an die Angehörigen auszahlten. Im zweiten Fall tauchte eine große Menge Verwandter auf und versammelte sich vor der Anwaltskammer, so dass niemand mehr hereinkommen konnte. „Wenn wir nicht mindestens hunderttausend kriegen, lassen wir euch keine Ruhe mehr", drohten sie. Um sie zu beruhigen und arbeiten zu können, sorgten wir dafür, dass die Verantwortlichen die Entschädigung zahlten, die gefordert wurde.

Die Bauunternehmen scheuten keine Mittel, um sich gut mit uns zu stellen. Sie luden die Angestellten unserer Einheit zum Essen ein und baten uns, bei den Verhandlungen mit Angehörigen behilflich zu sein. Da die Sicherheit auf Baustellen immer Mängel aufwies, war es nicht schwierig, die Firmen bei Unfällen verantwortlich zu machen. Aber obwohl ich bereits seit zehn Monaten in der Abteilung arbeitete, hatte ich es noch nicht erlebt, dass jemand deshalb zur Verantwortung gezogen wurde. Stets lief es darauf hinaus, dass der Verunglückte selbst unvorsichtig gewesen war oder gegen eine Sicherheitsvorschrift verstoßen hatte. Mit dieser Feststellung einer staatlichen Behörde sowie mit der finanziellen Entschädigung mussten sich die Angehörigen zufriedengeben. Wir Angestellten in der Abteilung hatten also ausgezeichnete Beziehungen zu Baufirmen und Auftraggebern. Wollten wir einem Verwandten einen einstweiligen Job beschaffen, war das kein Problem, und wenn wir unsere Wohnung renovieren wollten, bekamen wir kostenlose Hilfe.

Ich bemühte mich immer sehr um die Untersuchungen und war deshalb jedes Mal enttäuscht, wenn ich das Ergebnis erfuhr. Unsere Vorgesetzten mischten sich in jede Ermittlung ein und sagten vieldeutig: „Den Fall hier kannst du vergessen." Dann war es sinnlos, weiter daran zu arbeiten. Wir wussten nie, was sie anderen hinter unserem Rücken versprochen hatten. Wer nicht kooperierte, würde in Ungnade fallen.

Ich war verwirrt und konnte nicht sehen, wohin mich mein Weg in der Zukunft führen sollte.

Eine meiner Freundinnen hatte ihre eigenen Probleme. Rongrong, die am Gerichtshof in Wangcheng arbeitete, verliebte sich in einen Mann, der verheiratet war und ein Kind hatte. Sie war fürchterlich verliebt, doch ihre Familie war entschieden dagegen. Um die beiden zu trennen, sorgte ihre Schwester, die beim Provinzkomitee arbeitete, dafür, dass Rongrong an ein hundert Kilometer entferntes Gericht versetzt wurde. Es dauerte drei Jahre, ehe sie ihre Liebe vergaß, und während dieser Zeit war sie häufig krank, litt an Kopfschmerzen und musste zu Hause bleiben. Li meinte, dass sie vor Sehnsucht krank sei. Die ältere Schwester befürchtete, Rongrong könnte psychisch erkranken, und suchte verzweifelt nach einem geeigneten Partner für sie. Rongrong war unglücklich und fügte sich in die Entscheidungen anderer. Endlich heiratete sie. Sie sagte, dass sie ihren Mann keineswegs liebe und ihr Sexualleben eine Quälerei sei.

Sie begann mit Verwaltungsaufgaben, bekam dann aber Arbeit bei der Einheit für Anklageerhebung. Manchmal wurde sie von ihrem Mann grün und blau geschlagen und musste Klägern und Beklagten mitteilen, dass der Prozess verschoben würde. Am Gericht war man der Auffassung, dass es sich um Privatangelegenheiten handelte, in die man sich nicht einmischen sollte. Der Frauenverband meinte, dass es ja nur ein paar Ohrfeigen seien, nicht wert, sich darum zu kümmern. Da die Verletzungen nicht ernsthaft waren, engagierte sich niemand. Falls Rongrong einen Kollegen gebeten hätte, ihr bei einer Scheidung behilflich zu sein, wäre sie ohne Weiteres unterstützt worden, aber ihr Mann glaubte mehr an Gewalt als an das Gesetz. Er drohte, sie zu töten, ihr Gesicht zu entstellen oder sie den Rest ihres Lebens leiden zu lassen, falls sie sich scheiden ließ.

Als er sie wieder einmal schwer geschlagen hatte, kaufte sie sich eine Spielzeugpistole, steckte sie in den Gürtel, zog ihre Uniform an und versuchte, bedrohlich auszusehen. „Wenn du mich noch einmal anrührst, erschieße ich dich und deine Mutter!“, sagte sie zu ihm. Dann knöpfte sie die Uniformjacke auf und zeigte ihm die Pistole. Ihr Mann und seine Mutter glaubten, dass das Gericht sie bewaffnet habe, und wurden zunächst freundlicher. Aber nach einer Weile entdeckten sie, dass die Pistole nicht echt war, und sie bekam wieder Prügel.

Sie beklagte sich oft bei mir. „Ich kann dein Gejammer nicht mehr hören“, sagte ich endlich. „Warum kannst du ihm nicht mal einen ordentlichen Denkzettel verpassen?“

Sie schaute traurig drein und fragte, wie sie das machen solle.

„An deiner Stelle würde ich mich mit ihm hinsetzen und ihn ernsthaft warnen: Wir haben drei Möglichkeiten. Die erste ist, dass du mich umbringst. Dann wirst du zum Tod verurteilt, und deine Mutter hat niemanden, der sie versorgt, so dass sie auf der Straße landet. Unsere Tochter wird adoptiert und vielleicht von ihrem Stiefvater vergewaltigt und von der Stiefmutter misshandelt. Die zweite Alternative ist, dass du mein Gesicht zerstörst. Dann kriegst du fünfzehn Jahre Gefängnis. Ich habe Kontakte und werde zusehen, dass du in das abgelegenste und härteste Arbeitslager im Land geschickt wirst. Ich werde die Wächter dazu bringen, dich sehr schlecht zu behandeln, und deine Mitgefangenen werden dich quälen, so dass du nie wieder der Alte wirst. Dann setze ich deine Mutter vor die Tür und lasse sie verhungern. Unserer Tochter werde ich erzählen, wie du mich behandelt und mein Leben zerstört hast. Sie wird dich hassen und dich zur Hölle wünschen. Die dritte Möglichkeit ist, dass du mich in Frieden lässt.“

Rongrong starrte mich an. Sie schüttelte sich und sagte: „Das klingt ja fürchterlich. Solche unheimlichen Sachen hast du noch nie gesagt.“

Ich lächelte. „Eins hab ich in meinen zehn Berufsjahren gelernt: Man darf keine Angst haben, brutale Methoden anzuwenden. Wenn er hart ist, musst du noch härter sein. Hilf dir selbst! Wenn du, als Richterin, nicht mal dies bewältigst, dann kannst du nicht damit rechnen, dass Partei oder Gesellschaft dich schützen. Unsere Gesellschaft glaubt nicht an Tränen, sondern nur an Macht."

Eine Woche später rief sie an und erzählte aufgeregt, dass sie meinem Rat gefolgt sei und ihrem Mann gedroht habe. Es hatte ausgezeichnet geklappt. Ihr Mann war so wütend geworden, dass er gezittert hatte, aber er hatte es nicht gewagt, sie anzurühren.

„Na bitte, du lernst es noch! Wenn man nicht ein bisschen zupackend ist, erreicht man gar nichts", sagte ich aufmunternd.

Kapitel 24

Ich erinnere mich nicht mehr, aus welchem Anlass ich eines Abends in das beste Restaurant in Changsha eingeladen wurde und dann in einen Club weiterzog, um Karaoke zu singen. Der Gastgeber hatte einen großen Saal gemietet. Die Anwesenden hatten hohe Positionen: erfolgreiche Geschäftsleute, Politiker und Juristen.

Der Generaldirektor eines Unternehmens war mir gegenüber besonders aufmerksam. Er hieß Qu Jan, war etwas über fünfzig Jahre alt, sehr klein und verwendete etliche Sorgfalt auf sein Äußeres. Den ganzen Abend sprach er auf mich ein und wollte Duette mit mir singen. Er gab mir seine Visitenkarte und bat um meine Telefonnummer. Er bestellte Obst und Wein und verkündete laut, dass alles auf seine Rechnung ginge. Er mochte an diesem Abend den Jahreslohn eines einfachen Arbeiters ausgegeben haben. Ich vermutete, dass er mehr von mir wollte.

Er erzählte von seiner Firma. Gemäß einer Übereinkunft mit der Geheimpolizei der Provinz Hunan durfte sein Unternehmen deren Namen benutzen, wofür er eine jährliche Gebühr bezahlte. Bei Problemen sollte die Geheimpolizei zur Stelle sein. Polizeichef, stellvertretender Chef der Geheimpolizei, Bürgermeister der Stadt Changsha, Sekretär des stellvertretenden Provinzleiters – alle waren als Berater der Firma tätig. Das hieß, kurz gesagt, dass Qu Jan ihnen gewisse Vergünstigungen bot, während sie ihrerseits eingriffen und ihn unterstützten, wenn er es benötigte, damit das Unternehmen keine Rückschläge erlitt.

Den ganzen Abend über brüstete er sich damit, dass er sich mit dem Bürgermeister duzte. Ihre Freundschaft hatte vor mehr als zehn Jahren begonnen, als der Bürgermeister noch ein einfacher Beamter im Landwirtschaftsministerium der Provinz war.

An den folgenden Tagen rief mich Qu Jan oft an, um mich zum Essen oder zu irgendwelchen Vergnügungen einzuladen. Ich lehnte dankend ab, aber er gab nicht nach. Schließlich meinte ich, nicht länger nein sagen zu können und nahm eine Einladung an. Ich nahm meine Freundin Xia Yin mit.

Wieder hatte Qu Jan ein sehr nobles Restaurant ausgesucht und lud uns auch zu Karaoke ein. Außerdem hatte er einen jungen Chef vom Polizeiministerium mitgebracht. Als er uns anschließend nach Hause fuhr, kam er endlich zur Sache: „Ich wollte Sie bitten, stellvertretende Direktorin meiner Firma zu werden. Ich bin gerade dabei, ein fünfzehn Stockwerke hohes Drei-Sterne-Hotel zu bauen. Wenn es fertig ist, brauche ich jemanden, der sich darum kümmert."

Es war ein recht merkwürdiges Angebot. Ich war ja Juristin und hatte keine Ahnung, wie man ein Hotel führt. In seiner Position hätte er ohne Weiteres jemanden finden können, der sich professionell auskannte. Arbeitete er vielleicht für die Geheimpolizei und verbarg seine wahre Identität, während er versuchte, Spione anzuwerben? Seine Firma war ja durch ihren Namen an die Geheimpolizei gebunden, so dass ich etwas misstrauisch wurde. Auf mein Zögern antwortete er: „Sie haben ein umfassendes Kontaktnetz, und hier in China werden Geschäfte über Kontakte und gefühlsmäßige Beziehungen gemacht und nicht, weil wir uns auf Wissen und Verwaltungserfahrung verlassen."

Mir schien seine Erklärung einigermaßen weit hergeholt. „Wenn ich bei der Staatsanwaltschaft aufhöre, verliere ich mein Kontaktnetz sofort."

Das glaubte er nicht. „Ihr Mann ist doch Richter und hat ebenfalls Kontakte. Ihre Freunde und Kollegen werden wohl auch nicht den Kontakt zu Ihnen abbrechen."

Ich hatte bereits einen Nebenverdienst bei einer Kleiderfirma, die gerade in ein neues Gebäude umzog und gleichzeitig fünf Läden in verschiedenen Warenhäusern eröffnete. Da die Besitzerin Hong nicht genügend Kapital hatte, arbeitete sie häufig bis vier Uhr morgens. Sie tat mir leid, und ich hatte angeboten, hunderttausend Yuan für sie zu leihen. „Aber du musst mir sagen, wann du sie zurückzahlen kannst", hatte ich zu ihr gesagt. Sie hatte versprochen, die Schulden innerhalb eines Monats zu begleichen.

Ich ließ mich erneut von Qu Jan einladen und nahm Hong und Xia Yin mit. Während des Essens erwähnte ich Hongs Schwierigkeiten. Qu Jan war ein cleverer Mann: „Ich leihe ihr das Geld – Ihretwegen." Dann nutzte er die Gelegenheit: „Arbeiten Sie doch in meiner Firma. Sie werden gut bezahlt. Sie brauchen da nicht aufzutauchen, es reicht, wenn ich Sie anrufen kann, falls ein Problem entsteht."

„Das geht wohl nicht", antwortete ich. „Wenn man in einem Hotel arbeitet, muss man doch vor Ort sein?"

Nach dem Essen wollte er mit uns singen gehen. „Sie brauchen sich nicht in Unkosten zu stürzen", sagte ich. „Sagen Sie nur geradeheraus, worum es geht."

Er zögerte einen Augenblick. „Es geht um meine Tochter", begann er, unterbrach sich aber gleich und fragte: „Kann ich mich auf Sie verlassen?"

„Wenn ich helfen kann, tue ich es. Wenn nicht, verspreche ich, das Ganze für mich zu behalten."

Er umriss die Situation des Mädchens in groben Zügen: Vor sechs Jahren, während ihrer Zeit als Buchhalterin, hatte sie einen Mann aus Guangzhou kennengelernt. Ein eleganter junger Mann, der jede Woche mit dem Flugzeug von Changsha kam und ihr eine Blume mitbrachte. Damals gab es kaum jemanden, der es sich leisten konnte, in dieser Weise herumzufliegen. Als Qu Jans Tochter sah, wie er mit dem Geld um sich warf, glaubte sie, dass er ein etablierter Geschäftsmann sei und gute Einkünfte habe. Er bezauberte sie mit schmeichelnden Worten, und sie verliebte sich Hals über Kopf in ihn.

Eines Tages erzählte der Mann plötzlich, dass sein Unternehmen in Schwierigkeiten geraten sei und er Geld brauchte, um die Situation zu bereinigen. Er bat die junge Frau, sich ein wenig bei ihrem Arbeitgeber zu bedienen, um ihm auszuhelfen. Er war so niedergeschlagen, dass er weinte, und er versprach, alles innerhalb eines Monats zurückzuzahlen. Endlich willigte sie ein. Sie hob sechshunderttausend Yuan vom Konto der Firma ab und gab sie ihm. Kaum hatte er das Geld, verschwand er und ließ nichts mehr von sich hören. Qu Jans Tochter wurde nervös und fuhr nach Guangzhou, um mit ihm zu sprechen, aber sein Vater sagte, dass er nicht wisse, wo der Sohn sei.

Kurz darauf entdeckte man in der Firma, dass das Geld fehlte, und erstattete Anzeige. Polizisten vom Revier im Distrikt Süd kamen zu Qu Jan nach Hause und verhörten seine Tochter. Sie bezeichneten ihre Tat als Veruntreuung und übergaben den Fall der Staatsanwaltschaft. Der jungen Frau war klar, dass sie in einer heiklen Lage war. Sie floh und hielt sich seitdem versteckt. Seit sechs Jahren verbarg sie ihre Identität, und die Staatsanwälte waren während dieser Zeit mehrfach bei Qu Jan gewesen, um nach ihr zu suchen.

An dieser Stelle unterbrach ich Qu Jan, denn ich verstand, worauf er hinaus wollte. „Haben Sie ihr in diesen Jahren heimlich geholfen?"

Er gab sich einen Ruck und bekam einen entschlossenen Blick. „Ja", sagte er frei heraus. „Sie ist meine Tochter, sie ist untergetaucht und hat Angst. Während all der Jahre habe ich ihr Geld gegeben, damit sie überleben kann."

„Wo ist sie jetzt?"

„In Shenzhen."

„Wissen Sie, ob die Staatsanwaltschaft die Anklage vorbereitet hat?"

Das wusste er nicht. „Ich gehe davon aus. Sonst könnten sie doch wohl bei uns zu Hause keine Razzien durchführen, um sie festzunehmen."

„Das heißt, Sie haben sich schuldig gemacht, weil Sie eine Kriminelle geschützt haben." Ich sprach mit der kühlen Sachlichkeit, die ich mir angewöhnt hatte.

„Es hört sich an, als würden Sie mich verhören", sagte er. „Ob ich gegen das Gesetz verstoße, ist mir egal. Ich selbst bin alt, aber ich möchte meiner Tochter helfen, zu einem normalen Leben zurückzukehren."

„Das wird kaum möglich sein. Sie hat dem Staat einen Verlust von sechshunderttausend Yuan verursacht. Zunächst war es eigenmächtiges Vorgehen, und als sie nicht zurückzahlen konnte, wurde daraus Veruntreuung. Bei so einer Summe geht es um mindestens fünfzehn Jahre Gefängnis und schlimmstenfalls um die Todesstrafe."

„Ich bin Geschäftsmann und kann mir nicht denken, dass es keine Lösung geben soll", beharrte er.

„Man kann sich nicht von jedem Verbrechen freikaufen", sagte ich. „Bei einem derart ernsten Fall wird Ihnen kein Staatsanwalt helfen wollen."

„Deshalb wende ich mich ja an Sie." Er weigerte sich aufzugeben. Man merkte, dass er bereit war, für seine Tochter alles zu opfern.

Ich lachte laut. „Meinen Sie, es reicht, mich ein paar Mal zum Essen einzuladen?" Ich zweifelte wirklich, ob er bei Verstand war.

„Meine Tochter ist selbst ein Opfer", sagte er. „Dieser Mann hat sie reingelegt, und seinetwegen ist sie seit sechs Jahren untergetaucht. Wenn Sie mir in dieser Angelegenheit helfen, können Sie einen beliebigen Preis nennen. Bis zu einer halben Million bezahle ich alles. Ich verlange ja nicht, dass ihr die ganze Strafe erspart bleiben soll, aber wenn die Strafe zur Bewährung ausgesetzt oder außerhalb eines Gefängnisses abgegolten werden könnte, wäre ich sehr froh."

Ich war bestürzt, dass er so unumwunden auf Geld zu sprechen kam. „Bewährung geht nicht, weil das nur für Strafen unter drei Jahren in Frage kommt", antwortete ich. „Ob sie die Strafe außerhalb des Gefängnisses absitzen kann, entscheidet das Justizministerium."

Er sah verzweifelt aus. „Sie meinen, dass es keine Hoffnung gibt? Ich habe in den Gesetzbüchern nachgelesen und gesehen, dass die Verjährungsfrist bei solchen Verbrechen zwanzig Jahre beträgt. Das würde bedeuten, dass sie sich noch vierzehn Jahre verstecken müsste, ehe sie sich wieder zeigen könnte. Dann wäre sie über vierzig und hätte keine Möglichkeit mehr, zu heiraten und ein Kind zu bekommen."

„Sind Sie nicht mit dem Bürgermeister befreundet? Bitten Sie ihn um Unterstützung, der kann mehr ausrichten als ich. Wir hatten ähnliche Fälle an der Anwaltskammer: Leute, die achthunderttausend Yuan unterschlagen hatten und trotzdem davonkamen."

Qu Jan schüttelte den Kopf und sagte zweifelnd: „Nein, das geht nicht. Dem Bürgermeister kann ich eine so peinliche Sache nicht erzählen. Wenn er versucht, mir zu helfen, wird die Angelegenheit sicher nur noch schlimmer. Diese Politiker befürchten immer, dass jemand Nachteiliges über sie in der Hand haben könnte. Es wäre viel einfacher und schneller, wenn Sie direkt mit Ihrem Kollegen sprechen würden, der den Fall meiner Tochter bearbeitet." Er wusste offensichtlich bestens Bescheid, wie die Dinge in unseren Kreisen gehandhabt wurden.

„Ich kann Ihr Geld nicht annehmen. Wenn es nicht klappt, kann es sein, dass ich selbst belangt werde, und das Risiko ist mir zu hoch", erklärte ich ihm. Er gab nicht nach, sondern forderte mich auf, noch einmal darüber nachzudenken.

Zu dieser Zeit hatte ich drei Gehälter: von der Staatsanwaltschaft, der Kleiderfirma und einem Fotostudio. Ich tauchte immer seltener im Büro auf, und auf die Dauer war die Situation unhaltbar. Aber ich hatte keine Lust, meinen Beruf als Staatsanwältin aufzugeben.

Als Qu Jan das hörte, lachte er laut und meinte, ich sei ziemlich gierig.

„Ich möchte Sie bitten, mich dem Bürgermeister vorzustellen", sagte ich. „Ich glaube, ich kann ihn überreden."

„Im Augenblick ist das ganz unmöglich. Sein sechzehnjähriger Sohn hat kürzlich Selbstmord begangen, und der Bürgermeister ist völlig am Boden zerstört." Dennoch scherzte Qu Jan: „Er ist ein richtiger Herzensbrecher; Sie müssen sich vorsehen."

Ich fragte, woher er das wisse und ob es nicht bloß ein Gerücht sei. Er antwortete: „Nein, einmal habe ich ihm ein Mädchen vorgestellt, das nicht aus Changsha war. Er hat sie verführt."

Mir gingen seine Anspielungen auf die Nerven, und ich sagte: „Sie können doch nicht wissen, wer wen verführt hat. Vielleicht brauchte das Mädchen seine Hilfe und hat ihn verführt. Schließlich ist er ein mächtiger Mann. Junge Frauen gehen heutzutage mit jedem ins Bett, wenn sie etwas erreichen wollen."

„Er hat mit allen Frauen geschlafen, die ich ihm bislang vorgestellt habe." Qu Jan lächelte. „Aber das bleibt unter uns; ich bin der Einzige, der davon weiß. Ihnen würde das nicht passieren, weil Sie eine andere Position haben. Das würde er nicht wagen."

„Dann können wir doch einen Termin vereinbaren", beharrte ich. Im Stillen dachte ich, dass Qu Jan eigentlich ein Zuhälter war.

„Wenn Ihnen die Ehre zuteil wird, bei ihm vorzusprechen, müssen Sie mir auch helfen", sagte er.

„Wenn alles in Ordnung geht, verspreche ich, in Ihrer Firma anzufangen", sagte ich. „Und ich finde bestimmt eine Möglichkeit, Ihrer Tochter zu helfen."

Endlich ein Hoffnungsschimmer! Er ging erfreut auf meine Forderung ein.

Er nahm mich mit zu Bürgermeister Lang Fan, der gerade seinen Sohn beerdigt hatte und noch krank im Bett lag. In einem anderen Zimmer lag auch seine Frau, und zwei Pfleger nahmen sich der beiden an. Qu Jan gab dem Sekretär des Bürgermeisters einen Briefumschlag mit seinem Namen und zehntausend Yuan. Die ganze Wohnung war voller Menschen, die gekommen waren, um Beileidsgaben zu überbringen: Beamte und Parteivertreter aus Stadt und Distrikt, Direktoren und Aufsichtsratsmitglieder verschiedener Unternehmen, vor allem aus der Bauindustrie. In China werden Hochzeiten und Bestattungen als gute Gelegenheiten betrachtet, seine Freundschaft zu zeigen. Qu Jan sagte mir, dass Privatunternehmer ohne Weiteres ein- oder zweihunderttausend Yuan verschenkten. Für sie war es äußerst wichtig, gute Beziehungen zu den Machthabern zu pflegen.

Der Bürgermeister fühlte sich miserabel. Qu Jan und ich gaben ihm die Hand, er nickte zur Begrüßung, und dann verabschiedeten wir uns wieder.

Einige Tage später rief Qu Jan an. „Der Bürgermeister ist vorübergehend in eine Hotelsuite gezogen und hat angefangen, ein wenig zu arbeiten.“ Am Abend machten wir uns auf, um ihn zu besuchen. Er saß im Wohnzimmer und sprach mit einigen Personen, die ihm sehr ehrfurchtsvoll begegneten. Qu Jan und Lang Fan scherzten ein wenig miteinander: Man sah, dass sie tatsächlich gute Freunde waren. Lang Fan tat erstaunt und fragte: „Gibt es so junge und hübsche Staatsanwältinnen?“

Qu Jan lächelte vielsagend und antwortete: „Sie möchte eine bestimmte Sache mit dir diskutieren.“

Lang Fan stand auf. „Dann gehen wir nach nebenan und reden.“ Er verließ die Gäste und ging mit mir in das Nebenzimmer.

„Qu Jan hat mir schon von Ihrer Situation erzählt“, sagte er ganz einfach. „Auch wenn ich eine gewisse Macht habe, kann ich es mir nicht erlauben, gegen Verordnungen zu verstoßen, die von der Zentralregierung kommen.“

„Wenn es nicht möglich wäre, etwas zu tun, hätte ich Sie

nicht aufgesucht“, antwortete ich. „Ich weiß, dass Sie ein mächtiger Mann sind, und in dieser Stadt gibt es nichts, was Sie nicht regeln könnten.“

Er lächelte und fühlte sich geschmeichelt. „Aber warum wollen Sie sich ins Geschäftsleben stürzen?“

Ich antwortete ehrlich: „Mein Temperament ist nicht für das Beamtentum gemacht. Deshalb möchte ich wechseln.“

Er überlegte einen Augenblick. „Wenn Sie Veränderung wollen, dürfte das nicht so schwierig sein. Es gibt drei Stellen, an denen ich Ihnen helfen könnte. Erstens die städtische Anwaltskammer, zweitens der Gerichtshof, drittens die Geheimpolizei. Sie sind hübsch und haben keine Kinder. Außerdem habe ich gehört, dass Sie Englisch können. Da kann die Geheimpolizei Sie in Spionage oder Gegenspionage ausbilden.“

Das war nicht gerade, was ich mir vorgestellt hatte. Deshalb antwortete ich sofort: „Zur städtischen Anwaltskammer möchte ich nicht. Dort gibt es nicht so viele Gelegenheiten, konkret zu ermitteln, sondern man sitzt meistens im Büro und schreibt Berichte. Fürchterlich langweilig. Der Gerichtspräsident am staatlichen Gerichtshof ist ein guter Freund von mir. Wenn ich Richter werden wollte, hätte ich Sie nicht bemühen müssen; er bräuchte nur den Mund zu öffnen, um mir zu helfen. An die Geheimpolizei wage ich mich nicht heran. Alle diese Intrigen – das scheint mir zu gefährlich. Eines Tages wird man vielleicht umgebracht und weiß nicht mal, warum. Ich bin nicht so edel, dass ich mein Leben für leere und feierliche Phrasen opfern möchte.“

Lang Fan fand wohl nicht, dass ich mich wie eine langjährige und erfahrene Beamtin anhörte, und lachte auf. „Die Erziehung der Kommunistischen Partei war wohl in Ihrem Fall vergeblich.“

Eigentlich konnte ich ebenso gut sagen, worum es mir ging. „Ehrlich gesagt, mich ödet die Arbeit mit Gesetzen und Behörden an, und ich habe genug davon. Deshalb möchte ich gern etwas ganz anderes probieren. Aber ich will meinen Job behalten, falls ich von den Geschäften genug habe und zur Staatsanwaltschaft zurück möchte."

„Ich werde die Sache mit dem städtischen Oberstaatsanwalt und Ihrem Chef He Fei diskutieren", sagte er, ohne zu zeigen, was er dachte. „Wir wollen sehen, ob wir nicht eine passende Lösung für Sie finden können."

Ich dankte ihm höflich. Er ergriff meine Hand, schüttelte sie und streichelte meinen Handrücken. Erschrocken zog ich meine Hand zurück und ging in das andere Zimmer. Dort schauten mich die Männer erstaunt an: Vielleicht geschah es nicht jeden Tag, dass der Bürgermeister einen Haufen Besucher warten ließ, um mit einer jungen Frau unter vier Augen zu sprechen.

Es verstrich einige Zeit, so dass ich Bürgermeister Lang Fan anrief und nach dem Stand der Dinge fragte. Er sagte, dass er bereits mit dem städtischen Oberstaatsanwalt gesprochen habe. „Das bringt nichts", sagte ich. „Wenn Sie nicht persönlich mit meinem Chef He Fei reden, bewilligt er nie meine Beurlaubung."

Der Bürgermeister vergeudete keine Zeit, indem er mit jedem beliebigen Menschen sprach. Verächtlich sagte er: „Um so einen kümmere ich mich nicht, seine Position ist ja zwei Stufen unter meiner."

Bald ging das Gerücht, dass He Fei versetzt und Oberstaatsanwalt in einer kleinen, weit entfernten Stadt werden sollte. Er war dabei, Feste für die Machthaber in Changsha zu finanzieren, um zu erreichen, dass er an seinem alten Arbeitsplatz bleiben konnte.

Einige Tage später bat er mich in sein Büro. Ohne Umschweife sagte er: „Der Bürgermeister hat kein Recht, über mich zu bestimmen." Es hörte sich an, als machte er mir einen Vorwurf, aber ich stellte mich taub und stumm. Wenn dich sogar ein Chef von der Stadtteilverwaltung dazu bringen kann, vor ihm zu kriechen, dachte ich, und uns als Gesellschafterinnen bei dir anfordern kann, wie solltest du es dann wagen, dich dem Bürgermeister zu widersetzen? Du versuchst wohl nur, deine Selbstachtung zu bewahren.

„Warum willst du Geschäftsfrau werden?“, fragte er.

„Vielleicht passt mir das besser. Jeder will wohl reich werden?“

„Wir haben deinen Antrag mehrfach geprüft. Wir können es nicht zulassen, dass eine Staatsanwältin nebenher Geschäfte macht; das würde eindeutig gegen die Regeln verstoßen. Daher haben wir beschlossen, dass du unter einem Deckmantel arbeiten sollst und niemandem verraten darfst, dass du Staatsanwältin bist. Wenn du bei den Geschäftsleuten auf Verdachtsmomente stößt, wirst du es uns sofort melden und uns helfen, kriminelle Elemente festzunehmen. Bei wichtigen Sitzungen oder Einsätzen werden wir dich benachrichtigen, damit du daran teilnehmen kannst.“

Das hatte er wirklich schlau eingefädelt. Auf diese Weise brauchte er sich dem Bürgermeister nicht zu widersetzen und verstieß trotzdem nicht gegen die Verordnungen. Er brauchte mir kein Gehalt zu zahlen, aber ich musste weiterhin für die Staatsanwaltschaft arbeiten. Was mich an der Geheimtätigkeit etwas beunruhigte, war die Tatsache, dass man sich dabei Vertrauen erwarb, um es dann zu missbrauchen. Das konnte unter Umständen lebensgefährlich sein. Wenn ich mir zu viele Feinde machen würde, könnte es unangenehm oder geradezu riskant werden, weiterhin in der Stadt zu wohnen.

Ich rief eine Kollegin bei der Staatsanwaltschaft der Provinz an und fragte, ob es andere Staatsanwälte im Land gäbe, die unter einem Deckmantel arbeiteten. Sie sagte, dass die Landesstaatsanwaltschaft davon ihres Wissens noch nie etwas erwähnt habe. Ich lud einen anderen Kollegen von ihrem Arbeitsplatz in ein Lokal ein und fragte ihn, wie die Landesstaatsanwaltschaft ihre Geheimagenten schützte. Er antwortete, dass er darüber noch nie etwas gelesen habe. Dass es bei dieser Behörde überhaupt Geheimagenten gäbe, sei ihm noch nie zu Ohren gekommen. Ich wäre also die einzige geheime Staatsanwältin in China.

Ich nahm Qu Jans Angebot an und arbeitete als stellvertretende Direktorin in seiner Firma. Er kam sofort auf die Angelegenheit mit seiner Tochter zu sprechen. Ich erzählte Oberstaatsanwalt Tao Yong, dem Liebhaber meiner Freundin Lin, dass Qu Jan mich dem Bürgermeister vorgestellt habe und es sein Verdienst sei, dass man mich beurlaubt habe. Tao Yong schien etwas neidisch zu sein. „Ich habe gehört, dass dich der Bürgermeister oft anruft und ihr immer stundenlang plaudert."

Der Bürgermeister hatte mich mehrmals angerufen, während ich mit Lin spazieren gegangen war. Er war äußerst gesprächig, und da ich ihn kaum bremsen konnte, hörte ich zu und ließ ihn reden. Lin machte sich über mich lustig: „Müssen ja wichtige Mitteilungen sein, wenn er dich abends und an Wochenenden anruft. Eine Stunde lang! Gibt er dir persönliche Anweisungen, oder was?" Ich konnte ihr unsere komplizierte Beziehung nicht erklären und antwortete daher nur ausweichend. Vielleicht glaubte sie, dass wir ein Verhältnis miteinander hatten und erzählte ihrem Liebhaber davon, der dasselbe dachte. Will man sich an die höchsten Chefs heranmachen, ist es am effektivsten, deren Geliebte zu schmieren.

Ich schilderte Tao Yong die Situation, in der sich Qu Jans Tochter befand, und fragte ihn, ob er ihr helfen könne.

„Morgen haben wir eine Sitzung mit allen Oberstaatsanwälten der Stadt", antwortete er. „Da werde ich auch Son vom Distrikt Süd sehen. Ich kann ein Treffen zwischen euch beiden verabreden, damit ihr die Sache direkt besprechen könnt."

Wir trafen uns am nächsten Tag in einem Hotelcafé. Qu Jans Tochter wartete in der Nähe auf Nachrichten, die ihr Schicksal besiegeln konnten, und war sehr nervös. Ich hatte mich besonders elegant gekleidet, denn Männer in hohen Positionen genossen es, ihre Macht und ihr Prestige einer hübschen Frau vorzeigen zu können, um von ihr bewundert zu werden.

Als Son kam, glänzten seine Augen. Er nickte lächelnd, nahm meine Hand, schaute Tao Yong an und sagte: „Wieso habe ich so eine hübsche Staatsanwältin nicht schon früher getroffen? Wirklich schade."

Tao Yong lächelte breit und war offensichtlich stolz darauf, dass Son mich mit Komplimenten bedachte.

Mir war diese Art von Gerede immer zuwider gewesen, weil ich mich dadurch wie ein Gegenstand, eine Blumenvase etwa, fühlte. Aber ich musste ein Lächeln aufsetzen und mich geschmeichelt geben.

Ich machte mein Gegenüber auf den Anlass unserer Begegnung aufmerksam, und Son konnte sich sofort an den Fall erinnern. Während der letzten Jahre hatte man so viel zu tun gehabt, dass er keine Mitarbeiter entbehren konnte, um nach Qu Jans Tochter zu suchen. Inzwischen waren sechs Jahre vergangen, und nach seiner Kenntnis hatte sie keine weiteren Delikte begangen.

„Sie hat sich versteckt und traut sich nicht, nach Hause zu kommen", sagte ich. „Sie hat Angst, dass sie festgenommen wird. Könnten Sie sich vorstellen, auf eine Festnahme zu verzichten und den Fall abzuschließen?"

Son lächelte fröhlich und war strahlender Laune. Hier saßen also zwei Oberstaatsanwälte und eine Staatsanwältin zusammen und unterhielten sich über private Angelegenheiten. „Für Sie und meinen alten Freund Tao Yong bringe ich das schon in Ordnung", versprach Son. „Wenn wir sie bisher nicht festgenommen haben, können wir den Fall auch ad acta legen. Wir werden nicht weiter nach ihr suchen. Aber sie darf das nicht an die große Glocke hängen."

Dann kamen sie mehrfach auf Bürgermeister Lang Fan zu sprechen und baten mich, ihn zu grüßen.

Um den großen Tag seiner Tochter zu feiern, wollte Qu Jan mich zum Essen einladen. Ich sagte, dass ich vorhabe, mit meinen Freundinnen in die beste Bar der Stadt zu gehen. Er könne leider nicht mitkommen, aber er dürfe gern bezahlen.

Lin, Xia Yin, Ran und ich gingen in die Bar und tranken nach Herzenslust. Plötzlich deutete ich auf den attraktiven Barkeeper und sagte: „Dich will ich heute mit nach Hause nehmen."

Er zeigte ein blendendes Lächeln und sagte: „Dann verzichte ich auf die nächste Schicht und komme lieber mit zu dir."

Lin bekam einen richtigen Schreck und erklärte ihm, dass ich etwas zu viel getrunken haben musste. Xia Yin lachte laut. „Wenn sie morgen früh aufwacht, kommst du aus ihrem Bett direkt in die Polizeizelle."

Der junge Mann streckte die Zunge heraus und tat, als fürchte er sich.

Lin gab mir einen Stups mit der Schulter: „Sag mal, hast du wirklich die Absicht fremdzugehen?"

Die Musik war so laut, dass ich sie anschreien musste: „Ich nicht, aber mein Mann."

„Hast du Zeugen und Beweise?", fragte Ran, die sich seit Jahren mit Anklagen befasste.

Xia Yin wollte es nicht glauben. „Er ist doch ein Gentleman, ein richtiger Mustergatte."

„Glaubst du! Gestern hat mir meine Mutter bei der Wäsche geholfen, und als wir seine Tasche leeren wollten, haben wir zwei Kondome gefunden. Wir haben seit zwei Jahren nicht mehr im selben Bett geschlafen."

„Wenn er Kondome bei sich hat, kann man fast sicher sein, dass er fremdgeht", sagte Lin ruhig.

„Und deshalb werd' ich mir heute einen flotten Kerl mit nach Hause nehmen. Mein Mann soll nicht glauben, dass nur er mit anderen schlafen darf."

„Du bist betrunken", sagte Ran. „Tu nichts Übereiltes. Ihr habt euch doch immer so gut verstanden."

Ich wollte noch mehr trinken und rief Qu Jan an, um ihn zu bitten, mir ein Zimmer in seinem Hotel zu besorgen.

„Heute gehe ich nicht nach Hause. Ihr könnt mit ins Hotel kommen und was trinken. Ich spendiere."

Xia Yin meinte, dass ich mich zu Tode trinken würde, wenn ich so weitermachte. Ich konterte, dass mir das lieber sei, als an der kommunistischen Drecksarbeit zu ersticken.

Als ich am nächsten Tag wieder nüchtern war, fragten sie, ob es wirklich stimme, was ich am Vorabend erzählt hatte. Ich erzählte, wie wir uns in unserer Ehe allmählich entfremdet hatten. Ich selbst war einigermaßen radikal und ertrug keine Ungerechtigkeit, während mein Mann gemäßigter war und gut damit leben konnte. Nach und nach empfand ich Abscheu vor korrumpierten Beamten und deren Nichtachtung des Gesetzes. Die Partei erschien mir so degeneriert, dass sie kaum eine Zukunft haben konnte. Mein Mann mochte es nicht, wenn ich so etwas sagte. Er meinte, dass es den Leuten immer besser ginge und die Gesellschaft zur Hoffnung Anlass gäbe.

Eines Tages fuhren wir Taxi. Der Fahrer war so empört über die Korruption und die Art, wie die Kommunistische Partei die Bürger schröpfte, dass er fand, die Partei müsse früher oder später untergehen. Ich gab ihm recht. Kaum waren wir ausgestiegen, begann mein Mann, mich auszuschimpfen und mir vorzuwerfen, keine Prinzipien zu haben und beliebig daherzuplaudern, ohne an die Konsequenzen zu denken. Ich warf ihm vor, immer linientreuer zu werden.

„Wir hatten ein paar Jahre lang nicht über Chinas Zukunft oder gesellschaftliche Fragen gestritten, aber jetzt taten wir es, und es wurde immer schlimmer. Vielleicht lag es auch daran, dass ich immer kritischer wurde."

Lin und Ran waren bereits geschieden, und jetzt war ich an der Reihe.

Xia Yin lachte heiser und zeigte auf uns drei: „Ihr arbeitet schon so lange auf politischem Gebiet, dass ihr überempfindlich geworden seid. Wenn ihr so weitermacht, werdet ihr noch verrückt.“

Im November 1995 verließ ich die Anwaltskammer und arbeitete bis zum August 1997 als vermutlich erste geheime Staatsanwältin Chinas.

Kapitel 25

Mein Mann kam jetzt ganze Nächte nicht mehr nach Hause. Er sagte nie, wo er sich herumtrieb, vielleicht auch, weil ich ihn nie danach fragte. Ich meinte, dass er von selbst mit einer Erklärung zu kommen habe. Sogar eine Lüge, etwa dass er mit seinen Freunden Karten gespielt habe, wäre ein Zeichen von Respekt gewesen. An seinem Geburtstag veranstaltete ich ein Fest für ihn, doch als er nach dem Essen mit einigen Kolleginnen in einer Bar weiterfeiern wollte, ging ich allein nach Hause.

Im Sommer 1996 meldete ich mich zu einem Englischkurs an. Eine Gruppe Amerikaner und Kanadier unterrichtete uns mit eigenem Material. Im Textbuch lasen wir über Alltagsleben, lokale Sitten und kulturelle Wertvorstellungen in Nordamerika. Einer der Lehrer war ein junger Mann von sechsundzwanzig Jahren. Er hieß Dana. Er erzählte, dass er ein ganzes Jahr gespart habe, um im Sommer herkommen und unterrichten zu können. Ich hatte geglaubt, dass die Lehrer durch den Unterricht gut verdienten, denn wir bezahlten eine recht hohe Gebühr, aber das Geld ging an die chinesischen Veranstalter. Unter meinen chinesischen Freunden hatte ich eine derart uneigennützige Haltung noch nie erlebt, obwohl sie tagaus, tagein von Aufopferung redeten. Als eine der Schülerinnen das englische „Th" nicht aussprechen konnte, stellte sich Dana neben ihren Tisch und übte immer wieder mit ihr. Schließlich hockte er sich sogar neben sie, mit einem Knie auf dem Fußboden, damit sie besser sehen konnte, wie er seine Zunge an die Zähne legte, um den richtigen Laut hinzubekommen. Ich hatte noch nie einen so geduldigen Lehrer getroffen und fragte mich, unter welchen Verhältnissen man aufwachsen muss, um derart freundlich zu werden.

In einer der Stunden behandelten wir die christliche Güte. An diesem Vormittag stand Dana mitten im Klassenzimmer, nicht weit von mir entfernt, hatte ein Buch in seinen Händen und erzählte von diesem äußerst sonderbaren Menschen Jesus. „Und Jesus sagte: Wenn du anderen nicht vergibst – wie kannst du dann erwarten, dass dir vergeben wird?" Das Sonnenlicht strömte durch die Fenster herein und glänzte in seinem braunen Haar. Manchmal ließ sich der frische Duft seines Rasierwassers erahnen. Plötzlich war ich mir sicher, dass ich mit diesem Amerikaner gern einmal aufrichtig sprechen wollte. Wir Schülerinnen waren unter Lügen und Hass aufgewachsen; Ehrlichkeit und ein christlicher Vergebungsgedanke waren uns fremd. Und wer von uns, die wir innerhalb des Rechtswesens arbeiteten, hätte der Vergebung der Menschen nicht bedurft? Wer hätte behaupten können, alle Ermittlungen gerecht geführt zu haben?

Aber ich hielt mich dann doch zurück.

Ein halbes Jahr später kam ich von einer Geschäftsreise zurück und entdeckte, dass mein Mann seine Sachen gepackt hatte und ausgezogen war, ohne sich auch nur verabschiedet zu haben. Jetzt würden wir getrennt leben. Ich sagte nichts. Einen Monat später erzählte mir Xia Yin, dass sie ihm ihre Wohnung zur Verfügung gestellt habe und er dort mit der Frau wohne, die ihm damals den Liebesbrief geschrieben habe. Ich sagte noch immer nichts. Ich wurde krank und musste einen Monat im Krankenhaus verbringen. Es lag nur fünf Minuten Fußweg von Anwaltskammer und Gericht entfernt, so dass meine Freunde und Kollegen mich besuchten, aber mein Mann tauchte nie auf. Ich schwieg weiter. Eines Tages rief er mich an und eröffnete mir, dass ich das Scheidungsgesuch unterschreiben müsse. Er gab keinerlei Erklärung für sein Verhalten. Ich legte auf – und blieb stumm.

Eines Tages ging ich nach der Arbeit ins Badehaus, und nachdem ich in der Sauna gesessen hatte, war ich so hungrig, dass ich in die deutsche Bierstube nebenan ging, um etwas zu essen. Das Restaurant war recht groß, hatte aber nur einen Gast: einen braunäugigen, braunhaarigen Mann, der Bier trank. Die Kellnerin wies mir den Tisch gegenüber an, und ich bestellte. Während ich gelangweilt auf das Essen wartete, schaute ich zu dem Mann hinüber, der ebenso gelangweilt sein Bier trank. Ich sagte: „Guten Tag", und legte einige Scheine und Münzen auf den Tisch, womit ich meine Rechnung bezahlen wollte. Er besah sich das Geld, das verstreut auf dem Tisch lag, und sagte plötzlich auf Englisch: „Welche Bank hast du denn ausgeraubt?"

Ich lächelte und fragte: „Trinkst du nur? Willst du nichts essen?"

Er hob die Schultern. „Die Speisekarte ist nur auf Chinesisch, und die Kellnerin versteht kein Englisch. Normalerweise zeige ich auf das, was andere Gäste essen, damit sie versteht, was ich haben möchte. Aber heute sind keine anderen hier, und ich muss hungrig bleiben."

Wieder lächelte ich. „Was willst du essen? Ich helfe dir."

Ich bestellte für ihn, und dann aßen wir, jeder an seinem Tisch, unsere Mahlzeiten und plauderten. Er erzählte, dass er aus Deutschland käme und Ralf hieße. Er war technischer Experte in einer Fabrik. Die Kellnerin ging hin und her und fragte freundlich, ob wir die Tische nicht zusammenstellen wollten, um unsere Stimmen zu schonen.

Ich sagte ihm, dass die meisten Chinesen deutsche Sorgfalt und Disziplin schätzten.

„Warum das?", fragte er.

„Weil Deutsche effektiv sind, ihr Wort halten und sich selbst beherrschen. Eure Produkte sind von hoher Qualität. Meine Freunde sagen, wer ein Auto will, sollte BMW oder Mercedes kaufen. Sie benutzen fast ausschließlich deutsche Haushaltsgeräte, weil die ein Zeichen für hohen Lebensstandard sind." Das Wenige, was ich über Deutschland wusste, hatte ich in chinesischen Zeitungen gelesen oder von meinen Freunden gehört.

„Dann musst du aber reiche Freunde haben“, sagte er lächelnd.

„Was Chinesen am meisten bewundern, ist, wie ihr euch nach dem Zweiten Weltkrieg aus den Ruinen wieder hochgearbeitet habt und in ein paar Jahrzehnten zu einer führenden Wirtschaftsmacht wurdet. Außerdem denken die Deutschen gern, oder? Ihr habt ja so viele berühmte Philosophen, wie Nietzsche und Hegel. Als ich jung war, habe ich *Die Leiden des jungen Werther* gelesen – ihr müsst sehr romantisch sein.“

Er zwinkerte und lächelte freundlich. „Wenn wir beide Freunde werden, wirst du merken, dass wir auch eine Reihe anderer guter Eigenschaften haben.“

Als wir bezahlt hatten, nahm er eine Rose aus der Vase auf dem Tisch und überreichte sie mit einer Verbeugung dem Mädchen an der Kasse. „Sie ist noch ernster als wir Deutschen“, sagte er zu mir. Das Mädchen verstand kein Englisch, aber sein Spaß entlockte ihr dennoch ein Lächeln. Auf dem Weg zur Tür blieb er stehen und betrachtete ein Schwarzweißfoto aus den zwanziger Jahren, das an der Wand hing. Dann deutete er auf einen jungen Mann auf dem Bild und sagte: „Weißt du, wer das ist?“

„Keine Ahnung. Ich habe mich nie so richtig für ausländische Geschichte interessiert.“

Er hob die Schultern und lächelte. „Das war mein Onkel.“

Ich lachte. Wie konnte er nur so locker und humorvoll sein? Er war ganz anders als wir Chinesen; wir machen uns ständig Sorgen und sind ganz aufgezehrt von den Unwägbarkeiten des Lebens.

Einige Tage später wollte Ralf mit mir eine Tasse Kaffee trinken. Er sagte, dass es so wenige Ausländer in Changsha gäbe, und von den Einheimischen spräche kaum jemand Englisch. Im Fernsehen gäbe es nur einen englischsprachigen Kanal. Ich konnte mir denken, dass er sich in dem fremden Land einsam fühlte, und traf ihn immer häufiger. Seine Stimme war stets sanft und unterschied sich darin von den lauten Stimmen der Chinesen. Er lächelte die Kellnerin an und dankte ihr, selbst wenn sie nur einen Tee brachte, ihm Wasser einschenkte oder die Tür öffnete. Für uns war die Arbeit einer Kellnerin etwas völlig Alltägliches und Normales: Wir kamen nicht auf die Idee, sie anzulächeln oder ihr zu danken. Wenn wir essen gingen, schob mir Ralf immer den Stuhl zurecht und achtete darauf, dass ich mich zuerst setzte, ehe er mir gegenüber Platz nahm. Er hielt mir die Tür auf, und ich fühlte mich weiblich und umsorgt. Außerdem war er äußerst pünktlich und zuverlässig. In allem war er so gänzlich anders als chinesische Männer; das war für mich neu und spannend.

Manchmal liehen wir uns einen englischsprachigen Film aus, oder er beschrieb mir die schöne Landschaft in Deutschland, das Leben in Ruhe und Geborgenheit oder die berühmte „Romantische Straße", die zu all den sagenhaften Burgen führt. Er sprach von deutscher Geschichte und Kultur oder von Humanismus und Lebensanschauung in Europa. Mich interessierten deutsche Gesetzgebung oder deutsche Gefängnisse, und er erzählte von den Rechten deutscher Krimineller. Dass sie zum Beispiel sowohl Lohn als auch Urlaub bekamen, wenn sie im Gefängnis arbeiteten, dass die Zellen geheizt waren und es dort Fernseher und ein Bad gab. Ich war völlig verblüfft: Deutsche Verbrecher hatten ja einen höheren Lebensstandard als die Staatsanwälte in Wangcheng! Und dabei hatten mich meine Vorgesetzten damals ständig ermahnt, mehr zu arbeiten, um mich meines Gehalts würdig zu erweisen.

Der Umgang mit Ralf stand in einem angenehmen Kontrast zu meinen Eheproblemen und der aufreibenden Arbeit.

Eines Tages rief mein Vater an und bat mich, sofort vorbeizukommen. Meine Mutter saß auf dem Sofa und trocknete still ihre Tränen. Vater seufzte und sagte: „Dein Mann war hier und hat uns bedroht. Er sagt, auch wenn du die Möglichkeit hättest, ihn als Richter abzusetzen, wolle er sich von dir scheiden lassen. Bin ich nicht immer freundlich zu ihm gewesen? Ich habe meinen Stolz geschluckt und gebettelt und dem Gerichtspräsidenten eine Menge Geschenke gemacht, damit er seinen Job kriegt. Wir haben ihm Essen gegeben, das wir uns nicht einmal selber gönnen. Ich hab ihn besser als meinen eigenen Sohn behandelt. Warum führt er sich so auf?"

Ich rief meinen Mann an. „Du Mistkerl!", schrie ich. „Denkst du, ich bin schwach, nur weil ich still bin? Versuchst du, mir zu drohen? Versuch es nur! Du willst wohl deine Karriere für eine Frau opfern? Dann kann ich dir versprechen, dass du dir schon morgen einen neuen Job suchen kannst!" Damit warf ich den Hörer auf die Gabel, ohne eine Antwort abzuwarten.

Am selben Abend kam Xia Yins ehemaliger Mann mit ihm zu mir und sagte, dass mein Mann sich freundschaftlich mit mir einigen wolle, und bat, nicht böse zu werden. Ich lächelte höhnisch: „Er hat doch so viele Scheidungsurteile gefällt; er müsste wissen, dass eine Einigung kaum möglich ist, wenn er sich weigert, mich zu treffen."

Er sagte, dass mein Mann sich nicht getraut habe, weil er sich vor meinen Wutausbrüchen fürchte.

„Hast du eingesehen, dass du zu weit gegangen bist? Rede jetzt: Wann hast du angefangen, mich zu betrügen?", forderte ich meinen Mann auf.

Er schwieg eine Weile und schob dann die Brille zurecht. „Du bist mir zu qualifiziert", sagte er leise. „Ich brauche eine Hausfrau."

„Hast du dir mal überlegt, warum ich keine bin? Als wir geheiratet haben, hattest du weder Macht noch Geld. Die Geschenke für deine Versetzung und das Geld für deine Gelbsuchtbehandlung musste ich heranschaffen. Unsere Wohnung, die Möbel, die Apparate – alles von meinem Verdienst. Du hast das nicht zustande gebracht, also musste ich mehr arbeiten, damit wir gut leben konnten. Und dadurch bin ich stark geworden. Jetzt geht es dir besser, und da beschwerst du dich, dass du in meinem Schatten lebst. Dass ich nicht lache! Als du von meinem Geld gelebt hast, ist dir nie aufgefallen, wie sehr ich mich abgestrampelt habe, um unseren Unterhalt zu verdienen. Meinst du, das hat mir Spaß gemacht? Kannst du dir nicht vorstellen, dass ich auch gern zu Hause geblieben wäre und in aller Ruhe Blumen gepflegt hätte wie andere Frauen? Aber konntest du mir so ein Leben bieten? Ich habe jahrelang als Staatsanwältin gearbeitet, aber Markenkleider oder importierte Schminke kann ich mir nicht leisten. Hast du mal daran gedacht, wie es mir geht?"

Er fand keine Worte, und erst nach einer ganzen Weile sagte er kleinlaut: „Nicht mal deine Chefs kriegen dich mit Argumenten klein, wie sollte ich da eine Chance haben?"

Ich hielt an mich und dämpfte meine Stimme. „Wir sind hier nicht vor dem Amtsgericht. Wenn du etwas zu sagen hast, höre ich zu. Sag nur, was ich falsch gemacht habe, damit ich mich ändern kann. Vielleicht klappt dann meine nächste Ehe besser."

Er runzelte die Stirn und schwieg einen Augenblick. Dann sagte er, dass er genug habe, und die beiden gingen davon. Ich rollte mich auf dem Sofa zusammen und starrte in das leere Zimmer. Ich war psychisch erschöpft und fühlte mich elend.

Ich nahm ein Taxi und fuhr zu dem Hotel, in dem Ralf wohnte. Als er öffnete, schaute er mich erstaunt an und fragte: „Hast du dich mit jemandem gestritten?"

Ich schüttelte den Kopf, ging einen Schritt auf ihn zu und lehnte mich an seine breite Brust. „Lass mich heute Abend hier bleiben."

Nach diesem Ereignis kamen wir einander immer näher und halfen uns gegenseitig aus der Einsamkeit. Eines Tages offenbarte ich ihm meine wahre Identität, aber er wirkte nicht allzu überrascht, was mich verblüffte. Er sah mich lange an und sagte dann ganz sanft: „Weiß du, was du tust und denkst, zeigt ganz deutlich die Wirkung kommunistischer Gehirnwäsche."

„Was hast du gegen die Kommunistische Partei? Wenn die Rote Armee im Krieg auf dem Weg von Stalingrad nach Berlin ihr Blut nicht geopfert hätte, wären wir heute alle Nazis. Nur die Kommunisten konnten diese Soldaten, die mit Todesverachtung kämpften, heranziehen. Deshalb haben die Alliierten den Krieg gewonnen. Im Westen habt ihr das vergessen. Wenn ihr vom Krieg redet, geht's nur um England und die USA. Ihr seht euch zufrieden Bilder von Roosevelt und Churchill an, wie sie den Friedensvertrag unterschreiben, aber ihr verachtet Stalin, der Millionen Soldaten der Roten Armee geopfert hat. Vergiss nicht, dass es ein junger sowjetischer Soldat war, der die sowjetische Fahne auf dem Reichstagsgebäude in Berlin gehisst hat."

Er zuckte zusammen, nahm mich in den Arm und strich mir übers Haar. „Was ist denn los mit dir? Entschuldige, wenn ich dich verletzt habe."

Ich schob seine Hand beiseite. „Es gefällt mir nicht, dass ihr im Westen immer heuchelt und unehrlich seid."

„Hast du nicht von England und den USA gesprochen? Warum gehst du jetzt auf alle los?" Er hielt mich fest und küsste meinen Nacken. „Ich bin weder Engländer noch Amerikaner, weder heuchlerisch noch unehrlich. Ich bin ein besiegter Deutscher, der vor dir und deiner Partei kapituliert. Für mich bist du immer die Siegerin. Zufrieden?"

Ich lächelte, antwortete aber nicht.

„Wenn du weiter sauer bist, rufe ich Stalin, Roosevelt und Churchill an und sage, dass sie den Vertrag noch mal unterschreiben müssen, weil es in China eine kommunistische Staatsanwältin gibt, die mit dem Ergebnis nicht zufrieden ist."

Ich musste kichern und tippte ihm an die Stirn. „Mach dir keine Sorgen. Bei mir hat es keine Gehirnwäsche gegeben. Ich bin erwachsen und denke selbstständig, mir macht keiner was vor."

In der Nacht wachte ich nach einem Alptraum schweißdurchnässt auf. Ralf half mir, den Schweiß abzutrocknen. „Ich kann mir denken, dass du allerlei Geheimnisse in dir birgst", sagte er. „Du lässt nie locker, lächelst selten und weißt nicht, wie man das Leben genießt. Ein Mensch kann nicht nur für seine Arbeit leben. Sie ist nur ein Mittel, um das Leben meistern zu können."

„Die Arbeit ist mein Leben. Dass das Leben voller Genüsse sein muss, ist kapitalistisches Denken."

Er küsste mich auf die Stirn. „Schlaf jetzt. Hab keine Angst. Ich bin bei dir."

„Bei dir fühle ich mich geborgen."

Ralf gab mir die Liebe, nach der ich mich von Kindheit an gesehnt, aber die ich bis zu diesem Zeitpunkt nie bekommen hatte.

Einmal gingen wir in das Restaurant eines Fünf-Sterne-Hotels. Die Kellnerin war fürchterlich müde. Einige verärgerte Gäste riefen laut nach ihr, und sie räumte rasch die Teller von deren Tisch. Bei einer unvorsichtigen Bewegung fiel eine Reisschale auf den Fußboden und zerschellte. Sie hockte sich nieder, um die Scherben aufzuheben. Während sie die Bruchstücke einsammelte, hörte man sie leise schluchzen.

„Heute hat sie zum Nulltarif gearbeitet", sagte ich zu Ralf. „Obwohl sie den ganzen Tag hier war, wird sie keinen Lohn kriegen."

„Wieso nicht?", fragte er.

„Sie verdient nur zwanzig Yuan am Tag, und das dürfte kaum reichen, um die Schale zu ersetzen." Ich hatte solche Situationen schon mehrfach erlebt.

Er sah das Mädchen an. „Im Ernst?", fragte er.

„Natürlich."

Er ließ den Oberkellner rufen und sagte zu ihm: „Schreiben Sie den Preis für die Schale dort mit auf meine Rechnung, aber ziehen Sie ihr nichts vom Lohn ab." Ich half bei der Übersetzung.

Der Oberkellner stutzte, zögerte einen Augenblick und sagte dann: „Das wird leider nicht möglich sein. Wir haben strikte

Regeln hier im Hotel. Wenn sie unvorsichtig ist, muss sie bestraft werden."

Ralf bestand darauf. „Sie arbeitet ausgezeichnet und ist fleißig. Dass die Schale zerbrochen ist, war ein Versehen. Wenn Sie das vom Lohn abziehen, hat sie den ganzen Tag hart gearbeitet, ohne etwas dafür zu bekommen. Das ist doch wohl ziemlich unmenschlich, oder?" Die letzte Frage übersetzte ich nicht.

Der Oberkellner wiederholte etwas von den Gepflogenheiten im Hotel und dass alles andere die Arbeitsmoral untergraben würde.

„Können Sie nicht ein wenig Mitgefühl zeigen? Warum darf mir das Mädchen nicht leidtun?"

Hätte ich das direkt übersetzt, hätte sich der Oberkellner ohne Weiteres in seinem Stolz als Chinese verletzt fühlen können. Vielleicht hätte er gedacht, dass Ralf wer weiß wie wichtig zu sein glaubte, nur weil er Geld hatte. Also sagte ich lieber: „Könnten Sie nicht eine Ausnahme machen? Wenn nicht, können wir ihr vielleicht ein wenig Trinkgeld geben?"

Der Oberkellner rief widerwillig die Kellnerin herbei und wies sie ernsthaft zurecht. „Dieser ausländische Herr möchte die Schale für dich bezahlen. Bedanke dich sofort bei ihm. Und in Zukunft musst du vorsichtiger sein! Außerdem ist es nicht gestattet, in Anwesenheit von Gästen zu weinen!"

Das Mädchen mit den rotgeweinten Augen bedankte sich mehrmals.

Nach dem Essen fuhren wir in die oberste Etage, um in der Bar dort einen Kaffee zu trinken. Anschließend nahmen wir den Fahrstuhl nach unten, und es wurde eng. Als wir ins Erdgeschoss kamen, drängten sich die Leute bereits herein, ehe wir den Aufzug verlassen konnten. Ich kämpfte mich hinaus und beschwerte mich laut: „Was ist das für ein Benehmen! Können Sie nicht warten, bis wir ausgestiegen sind?"

Keiner kümmerte sich darum. Ich kam gerade noch hinaus, aber Ralf schaffte es nicht mehr. Bevor die Türen wieder geschlossen wurden, winkte er mir zu und rief: „Bis gleich! Ich mach noch eine Runde mit der Gesellschaft!“ Dass er alles so auf die leichte Schulter nehmen konnte!

Ich musste an eine Szene denken, die ich einmal mit einem Kriminalkommissar erlebt hatte: Er war über das schlechte Benehmen einiger Gauner so wütend geworden, dass er meinte, die halbe chinesische Bevölkerung solle an die Fische im Meer verfüttert werden. Ich hatte geantwortet, dass die Fische sie wohl kaum fressen würden – um nicht vergiftet zu werden.

Ich wartete eine Weile in der Lobby, der Aufzug kam herunter, und Ralf stieg aus. Er schüttelte den Kopf, aber er war nicht zornig, sondern lächelte amüsiert.

„Warum können meine Landsleute nicht lernen, erst aussteigen zu lassen, bevor man einsteigt?“, fauchte ich. „Und dass Frauen und Kinder den Vortritt haben sollten. Wir benehmen uns schlecht.“

Er klopfte mir auf die Schulter. „Nicht böse werden, sonst alterst du schneller. Komm mal her und schau!“ Er zog mich zu dem großen Spiegel in der Lobby und zeigte auf drei vertikale Falten auf meiner Stirn.

Ich rieb sie, aber sie verschwanden nicht.

„Ich runzle wohl oft die Stirn?“

„Jeder hat seine Gewohnheiten. Erzähl mal, wofür du dich besonders interessierst.“

Ich überlegte eine ganze Weile, aber mir fiel nichts ein, was mich wirklich begeisterte. Früher, am Gymnasium, hatte ich von verschiedenen Hobbys geträumt, aber da ich weder Geld noch Zeit gehabt hatte, die Träume zu verwirklichen, hatte ich sie wieder aufgegeben. „Ich habe keine Interessen.“

„Denk richtig nach. Was würde dich froh oder gelöst machen?“

„Vielleicht eine Auslandsreise. Aber dazu bekomme ich keine Genehmigung.“

„Und Musik? Oder Zeichentrickfilm? Wäre das nichts?“

„Vielleicht. Ich könnte mir vorstellen, Klavier spielen zu lernen."

Er kaufte ein paar Zeichentrickfilme mit Tom und Jerry, und ich lachte laut, als ich sie sah. Ralf schien zufrieden. Er suchte eine Abendschule heraus, an der man Klavierstunden nehmen konnte, bezahlte die Gebühr und schenkte mir den Unterricht. Wenn ich am Klavier saß und eine einfache Melodie übte, konzentrierte ich mich so sehr, dass die Zeit nur so verflog und ich alle Sorgen vergaß.

Ich fühlte mich immer stärker an Ralf gebunden. Endlich konnte ich es wagen, offen über meine Vergangenheit zu sprechen, und wenn ich auf Probleme oder Schwierigkeiten stieß, konnte ich mich an ihn wenden. Eines Tages erzählte er von einem deutschen Freund, der ebenfalls in China gearbeitet und hier eine Frau kennengelernt hatte. Der Freund hatte sich von seiner deutschen Frau scheiden lassen und die Chinesin geheiratet, die mit ihm nach Deutschland zog. Ich lächelte verdrossen. „Wahrscheinlich hatte dein Freund zu wenig Selbstvertrauen im Verhältnis zu seiner Frau. Vielleicht hat er gedacht, dass eine Chinesin gefügiger ist und sich leichter von ihm dominieren lässt."

Ralf schaute mich erstaunt an. „Meinst du nicht, dass sie gern in Deutschland lebt?"

„Wieso sollte sie? Nur weil wir arm sind, wollen wir doch nicht verachtet werden? Wenn ein Mann mich nicht respektiert und als gleichberechtigt behandelt – warum sollte ich dann in den Westen ziehen wollen?"

Er widersprach meiner Deutung nicht, sondern sagte ruhig: „Ja, du bist ja Staatsanwältin, da hast du natürlich deinen Stolz." So wie ich ihn kannte, war das nicht ironisch gemeint.

„Wärst du bereit, dich als geringer behandeln zu lassen, nur um materielle Vorteile zu erhalten?"

„Du bist nichts Geringes. Im Gegenteil: Ich habe das Gefühl, dass du dich selbst als etwas Besseres betrachtest", sagte er lächelnd und immer noch gut gelaunt.

„Das finde ich nicht. Im Vergleich zu meinen Kollegen bin ich wirklich sehr gerecht."

„Aber du fühlst dich ziemlich überlegen. Ich habe bemerkt, wie du am Telefon mit anderen sprichst: deine Art, deine Sprache – ziemlich arrogant. Ich nehme an, dass du bei deiner Arbeit deine Macht zur Anwendung bringen kannst, um einen Gegner hochgehen zu lassen, egal, was er getan hat. Dabei ist er doch auch ein Mensch. Was du forderst, Würde und Respekt, braucht er ebenso wie du."

Ich konnte nichts antworten. Er hatte recht, aber es war schwierig, die Theorie in die Praxis umzusetzen. Ich musste ja die Spielregeln der Partei befolgen.

Eines Tages zeigten die Fernsehnachrichten einen Australier, der bei einer Gebirgstour in Lebensgefahr geraten war. Die Regierung hatte eine Menge Soldaten und Hubschrauber eingesetzt, um ihn zu retten. Ich starrte auf den Bildschirm und dachte bei mir: Das Leben der Ausländer scheint kostbar zu sein. Ihre Regierungen legen so viel Wert auf einen einzelnen Menschen, dass sie einen wahnsinnigen Aufwand betreiben, um ihn zu retten, wenn er in Gefahr ist. An der kleinen Brücke hier in der Nähe gibt es immer noch kein Geländer, und es lässt sich nicht mal mehr ermitteln, wie viele Leute da schon ins Wasser gefallen und ertrunken sind. Trotzdem tut unsere Regierung, als wüsste sie von nichts. Nach einem Dutzend Jahre haben sie weder für ein Geländer noch für Licht gesorgt. In China ist ein Leben offensichtlich nichts wert. Ekelhaft.

Ralf merkte, dass meine Stimmung schlechter wurde, machte den Fernseher aus, schenkte ein Glas Rotwein ein und reichte es mir. „Wenn du in Deutschland studieren willst, kann ich dir sicher helfen", sagte er.

Ich hatte schon häufig mit dem Gedanken gespielt, meine beneidenswerte Arbeit aufzugeben. Aber was sollte ich stattdessen tun? Bürgerrechte und Rechtswesen in China würden sich nicht dadurch verändern, dass ich mich zurückzog. Ich würde rasch ersetzt werden. Eine sinnvolle Handlung wäre das nicht.

Ralf schien meine Gedanken zu erraten: „Wenn jeder Nazioffizier, dem Hitler befohlen hatte, Juden zu töten, sein eigenes Hirn benutzt und den Befehl verweigert hätte, wären Millionen Menschen am Leben geblieben. Wenn du bei dir selbst anfängst und alle deine Kollegen dasselbe machen, wird es eine Veränderung geben."

Ich dachte eine Weile nach und sagte dann: „Es spielt keine Rolle, wie gut das Leben in Deutschland ist – ich will keine Einwanderin zweiter Klasse werden. Hier habe ich meine Karriere, meine Familie, meine Freunde. Mein Leben ist ganz gut."

„Wenn es das ist, was du willst, dann ist es ja in Ordnung." Er sprach nicht weiter darüber, sondern machte allerlei Spaß. Dann erzählte er mir eine kleine Geschichte: „Eines Tages trat das Meer über seine Ufer, und eine Menge Fische wurde an Land gespült. Ein siebenjähriger Junge ging mit seinem Vater am Wasser entlang, und weil der Junge es nicht ertragen konnte, dass die Fische starben, hob er einen nach dem anderen auf und warf ihn zurück ins Wasser. Als der Vater sah, wie viele Fische da lagen und um ihr Leben kämpften, sagte er resigniert zu seinem Sohn: ‚Hör auf. Du kannst ja doch nicht alle retten.' Der Sohn aber hob einen Fisch auf und sagte: ‚Dieser Fisch hier will gerettet werden.' Dann nahm er einen anderen und sagte: ‚Für den hier ist es auch wichtig.' Und es gelang ihm, eine große Zahl Fische zu retten, wenn auch nicht alle."

Kapitel 26

Dann kam der Tag, an dem ich erfuhr, dass Ralf nach einem Autounfall gestorben war. Es wurde schwarz in mir. Wochenlang öffnete ich niemandem, nahm das Telefon nicht ab und isolierte mich von meiner Umgebung. Meistens lag ich auf dem Fußboden im Wohnzimmer und starrte an die Decke. Immer wieder dachte ich an die letzten Worte, die er zu mir gesagt hatte: „Erst wenn du die Menschen durch Mitgefühl und Liebe statt durch Macht besiegst, gewinnst du ihren Respekt statt Feindschaft zu ernten." Ich dachte an ihn, bis ich vor Müdigkeit einschlief. Ich spürte keinen Hunger und ging wie eine Schlafwandlerin durchs Leben, die nicht wusste, ob sie lebendig oder tot war. Ich hatte die Freude meines Lebens verloren.

Nachts saß ich gegen das Kopfende des Bettes gelehnt und rauchte im Dunkeln eine Zigarette nach der anderen. Die Glut der Zigarette schien mir wie die flackernde Flamme eines Grablichts. In diesen einsamen, finsteren Nächten fürchtete ich nicht mehr, von Yans Geist heimgesucht zu werden. Ich sehnte sogar herbei, dass er kommen und mich mitnehmen würde, so dass ich Ralf wiedersehen könnte – ob im Himmel oder in der Hölle.

Ich war schwanger, und mir war die meiste Zeit über furchtbar übel. Xia Yin kam jeden zweiten Tag vorbei, klopfte an und brachte mir etwas Essen. Nach etwa sechzig Tagen Schwangerschaft war ich schließlich einverstanden, mit ihr in ein Café zu gehen und zu reden. Der Sternenhimmel war an diesem Abend besonders klar. Die Jasminblüten um uns herum verströmten einen betörenden Duft. In dieser lebhaften, pulsierenden Welt fühlte ich mich entsetzlich einsam. Ich war müde und sagte nicht viel. Xia Yin bestellte zwei Tassen Jasmintee, und ich zündete eine Zigarette an.

„Jeder weiß, dass es ungesund ist zu rauchen, aber vielleicht tun wir es, weil wir es brauchen", sagte Xia Yin ruhig.

Ich versuchte so gut es ging zu lächeln. Wir saßen eine Weile schweigend, und dann sagte sie: „Weine nur. Das tut dir gut, physisch und psychisch."

Ich blies Rauch aus und fragte ohne Umschweife: „Was hast du gefühlt, als du erfahren hast, dass du deinen Sohn erwartest?"

„Glück. Ich war ganz aufgedreht bei dem Gedanken, Mutter zu werden." Sie lächelte, und ihr Gesicht bekam einen mütterlichen Ausdruck.

„Warst du danach nie wieder schwanger?"

„Doch. Ich musste abtreiben lassen", sagte sie kurz.

„Und was hast du dabei empfunden?"

„Nichts Besonderes. Als diese Schwangerschaft bestätigt wurde, war mein erster Gedanke, dass ich abtreiben lassen muss. Die Regierung sagt ja, dass man kein zweites Kind haben darf, und so war die Sache klar."

Mir fiel ein, dass auch Lin und Ran abgetrieben hatten. Sie meinten, dass die zweite Schwangerschaft von der Regierung untersagt sei, und beseitigten den Embryo daher als sei es selbstverständlich. „Wir sind Staatsbeamtinnen und müssen mit gutem Beispiel vorangehen, wenn wir das Vertrauen der Massen gewinnen wollen", sagten sie als seien sie exemplarische Parteigenossinnen.

„Ich bin schwanger", sagte ich plötzlich.

„Wirklich?" Xia Yin war richtig begeistert. „Das ist ja wunderbar. Es wird sicher so ein süßes kleines Mischlingskind, das wir alle dann ordentlich verwöhnen können." Glück und Freude darüber, dass ich Mutter werden sollte, schwangen in ihrer Stimme mit. Ihre Naivität hatte wohl damit zu tun, dass sie nie bei einer staatlichen Behörde gearbeitet hatte. Für sie war Kinderkriegen eine ganz einfache Sache.

„Aber ich kann es nicht behalten“, sagte ich leise.

Die Enttäuschung ließ sich deutlich in ihren Augen ablesen. „Warum nicht? Falls du nicht genügend Geld hast, kann ich dir helfen, und deine anderen Freundinnen helfen dir sicher auch. Man kauft eben ein paar Kleider weniger im Monat, dann wird's schon für das Milchpulver reichen.“ Hübsche Kleider waren für Xia Yin ebenso wichtig wie Schlaf und Essen – ohne modisch gekleidet und geschminkt zu sein, verließ sie nie ihr Haus. Das Einzige, was sie beunruhigte, waren meine Finanzen, denn sie wusste, dass ich im Augenblick der Geburt meinen Job verlieren würde. Tatsächlich aber waren die Geldsorgen kein Problem für mich. Ich wollte das Kind unbedingt behalten. In ihm würde das Leben meines deutschen Geliebten weitergehen – es würde mich immer an ihn erinnern.

„Aber es geht nicht“, seufzte ich. „Es geht nicht. Ich muss die Schwangerschaft abbrechen.“

„Nein, tu es nicht!“ Ihre Reaktion kam spontan. „Es tut fürchterlich weh, das hältst du nicht aus. Ich musste für meine Abtreibung zwei Operationen durchmachen.“

„Wieso?“

„Beim ersten Mal hatten sie meine Gebärmutter nicht sauber genug ausgeschabt, und ich blutete zwei Monate lang. Beim zweiten Termin sagte die Ärztin, dass ich die ganze Prozedur noch einmal über mich ergehen lassen müsse, weil noch Reste vom Embryo in der Gebärmutterwand lägen.“

„Das ist ja furchtbar, zweimal so gequält zu werden. Dass du eine so miese Ärztin hattest.“ Es war unglaublich.

„Ich war sehr wütend und fragte die Ärztin, warum sie es beim ersten Mal nicht sauber gemacht habe. Da machte sie mir Vorwürfe und sagte: ‚Du hast dich gewunden wie ein Schwein auf der Schlachtbank. Wir brauchten zwei Krankenschwestern, um dich festzuhalten, und du hast geschrien: Aufhören! Ich halt es nicht mehr aus! Und da habe ich aufgehört.‘“

„Die Ärztin ist nicht professionell. Blöde Kuh“, fluchte ich.

„Ich schrie ja, weil es so fürchterlich wehtat. Ich glaubte doch nicht, dass sie wirklich aufhören würde. Aber sie hat einfach Schluss gemacht, mitten in der Arbeit." Die Erinnerung daran schien Xia Yin nicht besonders zornig zu machen, sie lächelte nur traurig und schüttelte den Kopf.

„Und dann?"

„Schon bei der gynäkologischen Untersuchung sagte sie verächtlich, dass ich nicht schreien solle. ‚Ein Mann macht es viel gröber als meine Finger, und das hast du ja offensichtlich ausgehalten', sagte sie. Als ich dann beim Ausschaben vor Schmerzen schrie, sagte die Ärztin: ‚Warum hast du nicht daran gedacht, wie unangenehm ein Schwangerschaftsabbruch ist, bevor du deinen Spaß gehabt hast. Jetzt ist es zu spät.' Seitdem bricht mir kalter Schweiß aus, wenn ich nur das Wort Abtreibung höre."

„Kein Grund zur Unruhe. Das wird mir nicht passieren. Ich kann eine Freundin bitten, die Ärztin ist. Da bekomme ich eine schnelle und sichere Operation", sagte ich und schnippte die Asche von der Zigarette.

Xia Yin verstand mich nicht. „Das kleine Leben da ist das einzige Andenken, das er dir hinterlassen hat. Wie kannst du das loswerden wollen?"

„Falls Kinderkriegen etwas wäre, über das jeder selbst entscheiden kann, würde ich ja nicht hier sitzen und mit dir reden, oder?"

Sie meinte, wenn meine Liebe stark genug wäre, würden mir und dem Kind der Liebe weder Armut noch Plackerei etwas anhaben können.

Ich zündete noch eine Zigarette an und blies langsam den Rauch aus. „Weißt du, als ich zwanzig Jahre alt war, wurde ich ausgewählt, bei der Kampagne zur Geburtenkontrolle mitzuarbeiten. Mir wird übel, wenn ich daran denke, wir schrecklich wir die armen Leute behandelt haben, die zu viele Kinder hatten. Jetzt bin ich an der Reihe. Auch wenn ich noch so tüchtig bin, müssen für mich die gleichen Regeln gelten."

Ich erzählte ihr ausführlich von meiner Vergangenheit. Ihr schauderte, aber sie bestand trotzdem darauf: „Wie dem auch sei – sie können dir doch nicht verbieten, ein Kind zu kriegen?"

Das stimmte. Aber ich war illegal schwanger geworden, ohne verheiratet zu sein. Ich würde niemals eine Entbindungserlaubnis bekommen. Ohne diese Genehmigung konnte man mich jederzeit entdecken und mich zum Schwangerschaftsabbruch zwingen. Und auch wenn es mir gelänge, die Schwangerschaft zu verbergen, würde kein Arzt es wagen, einer alleinstehenden Mutter ohne Genehmigung zu helfen. Ich wäre gezwungen, mich auf dem Land zu verstecken und mich an eine unausgebildete Hebamme zu wenden. Das würde das Leben des Kindes gefährden. Und nach der Entbindung würde ich sicher meine Arbeit verlieren.

Falls mein Kind illegal geboren und nicht registriert würde, bliebe es immer eine „schwarze" Person ohne Identitätsnummer. Es könnte nie eine Schule besuchen. Vielleicht könnte ich Geld für eine Privatschule aufbringen, aber ein Kind ohne Vater, noch dazu halb deutsch, wäre immer Verachtung und Demütigungen ausgesetzt.

Obwohl auch Xia Yin keine Lösung hatte, war sie entschieden gegen eine Abtreibung. „Was willst du jetzt tun?", fragte sie stockend. „Meine Mutter ist Ärztin, aber leider keine Gynäkologin, sonst hätte sie dir privat helfen können."

Sie senkte ihren Kopf und dachte eine Weile nach. Dann leuchteten ihre Augen plötzlich auf. „Es gibt eine Möglichkeit", sagte sie begeistert. „Wir finden einen Mann, du heiratest ihn und bekommst die Genehmigung."

Sie hatte noch immer nicht begriffen, dass es um das zukünftige Leben des Kindes und nicht nur um die Geburt ging. „Ich habe jede Menge Kriminelle vor Gericht gebracht. Wenn ich bei der Staatsanwaltschaft aufhöre, bin ich denen ausgeliefert. Ich selbst würde mit der Bedrohung leben können, aber ob ich mein Kind schützen könnte? Es ist nicht zu verantworten, dass ich ein Kind in die Welt setze, das in ständiger Angst leben muss."

Hätte ich in einer menschlicheren Gesellschaft gelebt, hätte kein Widerspruch zwischen der Geburt des Kindes und meiner Arbeit bestanden. Wie schön das gewesen wäre! Alleinstehende Mütter, uneheliche Kinder, Mischlinge – all diese Begriffe bezeichneten für Chinesen schockierende Verbrechen. Als Dienerin des Rechts durfte ich damit nicht in Zusammenhang gebracht werden. „Eine unmoralische Frau, die intime Beziehungen mit Ausländern pflegt, ist als Beamtin eines Rechtswesens, das von der Kommunistischen Partei geführt wird, nicht geeignet." Mir war nur allzu bewusst, dass all meine Befürchtungen Wirklichkeit werden würden, wenn ich das Schicksal herausfordern und das Kind bekommen würde.

Ich schüttelte den Kopf und sagte resigniert: „Wenn es eine Möglichkeit gäbe, hätte ich sie gefunden."

Das Leuchten verschwand aus Xia Yins Augen. Sie bemühte sich, auf ein einfacheres Thema zu kommen, aber mitten im Gespräch kniff sie plötzlich die Lippen zusammen. Ihre Augen wurden feucht, und ihre Nasenflügel bebten. Wir saßen schweigend. Ich rauchte hastig, sie trank ihren Tee in großen Schlucken.

Die Staatsanwaltschaft teilte mir mit, dass ich meinen Auftrag als geheime Staatsanwältin beenden müsse. Ein neuer Oberstaatsanwalt hatte die Führung übernommen.

Ich durfte nicht länger zögern. Bei der Untersuchung vor dem Abbruch fragte die Ärztin mich freundlich, wie alt ich sei. „Einunddreißig", antwortete ich. Das Mitgefühl in ihrem Blick war neu für mich, und ich fühlte mich in meinem Stolz verletzt. Es war derselbe Blick, mit dem ich die Menschen angeschaut hatte, die zu mir kamen und um Gnade für jemanden baten. Als es nun an mir war, Mitleid zu empfangen, konnte ich es nicht ertragen.

„Keine Sorge“, tat ich fröhlich. „Ich gehöre nicht zu den Unglücklichsten der Welt.“

Sie sagte mir, ich solle mich in den Operationsstuhl legen und die Beine anziehen. Als das harte und eiskalte Metallinstrument in meine Gebärmutter eingeführt wurde, wusste ich, dass der kleine Embryo – das Kind, das die Verlängerung des Lebens meines Geliebten hätte werden können – jetzt in die Maschine gesaugt wurde, so wie der Schmutz, den ein Staubsauger vom Fußboden aufnimmt. Das zerrissene Ding, das da meinen Schoß verließ, war nicht nur ein unausgetragenes Kind, sondern auch meine einzige Hoffnung, mein einziges Andenken an den Mann, der mich dazu ermutigt hatte, den Weg der Liebe und der Mitmenschlichkeit zu gehen.

Der Schmerz zerriss mich. Und er war nicht nur körperlich.

Die Tränen liefen mir über Wangen und Lippen. Als ich den salzigen Geschmack im Mund spürte, sah ich ein, dass ich keineswegs stark war. Yans Leiche hatte mich nicht dazu gebracht, vor Grauen zu weinen; der Anblick seiner beiden Kinder, die am Hinrichtungsort Abschied von ihrem Vater nahmen, hatte mich nicht dazu gebracht, vor Trauer zu weinen; die Liebe, die Hangs alter Vater für seinen Sohn empfand, hatte mich nicht dazu gebracht, vor Mitleid zu weinen; Zhens Fehlurteil hatte mich nicht dazu gebracht, vor Scham zu weinen, und dass die Dai-Schwestern aus Freude über ihre Freisprechung fast verrückt wurden, hatte mich nicht dazu gebracht, vor Glück zu weinen. Jetzt aber weinte ich über ein kleines Leben, das in meinem Körper noch nicht vollständig geformt worden war. Wer war ich? Ich hatte zwölf Jahre harte Arbeit ertragen, mich angestrengt und der Partei gedient – aber letztlich besaß ich nicht einmal das Recht und die Freiheit, Mutter zu werden.

Ich dachte an die Frau, die wir vor langer Zeit zum Operationsstuhl geschleppt hatten. Sie war im vorletzten Monat ihrer Schwangerschaft gewesen. Damals lag sie – so wie ich jetzt – erschöpft und zusammengekauert auf der Holzpritsche vor dem Operationssaal. Ihr Zorn und ihr Schmerz mussten ebenso stark gewesen sein wie jetzt bei mir. Nein, noch stärker, denn sie verlor einen Fötus, der bereits sieben Monate alt war. Damals repräsentierte ich die Staatsmacht und sah nicht, was die Frau empfand. Jetzt war ich eine von denen, gegen die sich die Macht richtete. War es meine eigene Schuld? Ich hatte diesen Beruf, dieses Leben gewählt und zwang mich ständig weiterzumachen, obwohl ich so verwirrt und unentschlossen war. Hatte ich eine Alternative?

Endlich zu Hause, weinte ich ungehemmt und konnte nicht aufhören. Ich erwachte weinend und heulte sofort weiter. Unglaublich, dass ein Mensch so viele Tränen haben kann. Ich lag tagelang im Bett, abgetaucht in einen Dämmerzustand. Was war mit mir los? Ich hatte tage- und nächtelang gearbeitet, mein natürliches Mitgefühl immer wieder verdrängt, bis ich kalt, hart und immer unbarmherziger wurde. Ich durfte nicht weinen oder lachen, wann ich wollte, konnte niemandem trauen und hatte nicht einmal die Freiheit, selbst zu entscheiden, mit wem ich leben oder ob ich Mutter werden wollte. Es gab in meinem Leben keinen Platz für Mitgefühl, nur für Kompromisse – unendliche Kompromisse und Zugeständnisse. Wann war ich wirklich je frei und glücklich gewesen? Wollte ich weiter so leben?

Es scheint mir, dass ich innerhalb einer Woche fast meinen gesamten Lebensvorrat an Tränen verbrauchte.

Am achten Morgen erwachte ich ohne Tränen und fühlte mich besser. Ich lächelte leise und dachte: Was auch geschehen ist, wenigstens habe ich nicht vergessen, wie man weint.

Kapitel 27

Ich wechselte wieder zurück in die Disziplinabteilung der Staatsanwaltschaft. Innerlich fühlte ich mich wie tot. Jeder Tag war eine Wiederholung des vorhergehenden.

Abteilungsleiter Mei übergab mir eine Angelegenheit des Antikorruptionsbüros, mit der bisher keiner zurechtgekommen war.

„Sichte das Material und schreib einen Schlussbericht", ordnete er an. „Damit die endlich aufhören, uns zu nerven."

Der Fall roch eindeutig nach Geld. Die Anzeige lief auf Dienstvergehen hinaus, aber für eine Anklage reichten die Beweise nicht. Aus den unstrukturierten Akten ging jedoch deutlich hervor, dass sich jemand auf ungesetzlichen Wegen zweihunderttausend Yuan angeeignet hatte. Wir hatten das Recht zu versuchen, dieses Geld zurückzubekommen und wieder an den Staat zu überweisen. Unsere Einheit würde zwanzig Prozent der Summe als Prämie erhalten, und von dieser Summe würden dem verantwortlichen Ermittler seinerseits zwanzig Prozent als Bonus zugesprochen werden.

Ich fing an, mich für die Sache zu interessieren, und sagte zu Jie Lia, die mir gegenübersaß: „Kann sein, dass ich hier etwas Geld rausschlagen kann. Wenn du mir hilfst, kann jede von uns viertausend Yuan verdienen."

Ich erzählte ihr, dass ein paar Angestellte der Textilfabrik in Changsha den Leiter der Verkaufsabteilung angezeigt hatten, weil seine Unterlassungen der Fabrik einen Verlust von sechshunderttausend Yuan verursacht haben sollen. Die Verkaufsabteilung hatte ihrer Ansicht nach offenbar zu großen repräsentativen Aufwand betrieben und Geld vergeudet. In den Akten fand sich folgender Satz: „Sie haben das Geld der Firma genommen und sind nach Shenzhen gefahren, um Grundstücksgeschäfte zu machen." Stimmte das? Waren dadurch Gewinne oder Verluste aufgetreten? Und wie ging es dabei zu? Hier musste ermittelt werden.

Zunächst lud ich den Firmendirektor zu einem Gespräch vor. Am Nachmittag sprach ich mit dem Buchhalter und dem Finanzverwalter.

Die Gespräche ergaben, dass die Firma mit dem Verkauf von Textilprodukten keinerlei Gewinn machte. Das Unternehmen war staatlich und man hatte sechshunderttausend Yuan Startkapital zugeteilt bekommen. Nan, ein Mitarbeiter, der inzwischen in Shenzhen wohnte und dort im Büro von Air China arbeitete, hatte vorgeschlagen, von diesem Geld Grundstücke zu kaufen. Seine Schwester Nin kannte sich auf dem Immobilienmarkt in Shenzhen aus und hatte behauptet, dass er ausgesprochen expansiv sei. Der Leiter der Verkaufsabteilung war mit Nan nach Shenzhen gefahren, wo Nin ihnen half, sich auf einem bestimmten Gelände umzusehen. Da es in einer Gegend lag, die demnächst bebaut werden sollte, rechnete man damit, dass Baufirmen oder der Staat ihnen das Grundstück später abkaufen würden, um dort Gebäude zu errichten.

Für die sechshunderttausend Yuan kaufte der Chef zwei Grundstücke. Einige Monate später half ihm Nin, sie mit einem Gewinn von zweihunderttausend zu verkaufen. Nin wollte auch ihren Anteil, denn sie hatte sich beim Kauf und Verkauf sehr engagiert. Der Chef gab ihr deshalb die Hälfte des Gewinns und sagte ihr, dass sie nach eigenem Ermessen weiter kaufen und verkaufen solle. Dadurch verhalf sie der Firma zu weiteren gut zweihunderttausend Yuan; insgesamt bekam sie dieselbe Summe als Provision. Schließlich kaufte sie ein Grundstück für eine Million. Doch plötzlich änderten sich die politischen Voraussetzungen, und das Grundstück kam für eine Bebauung nicht mehr in Frage. Die Branche reagierte vorsichtig, der Preis sank drastisch, und das Grundstück ließ sich nicht mehr verkaufen.

Jie und ich kamen zu dem Ergebnis, dass den Firmenchef keine Schuld traf, denn aus seinem Vertrag ging hervor, dass die Textilfabrik eigene Geschäfte betreiben durfte, solange sie sich an die Gesetze hielt. Nirgends stand, dass sie keine Immobiliengeschäfte machen dürfe. Allein das Kapital, das zur Anwendung gekommen war, war staatlich, und die Provision von zweihunderttausend Yuan an Nin hätte dem Staat Zinsen eingebracht. Dieses Geld mussten wir zurückfordern können, da kein offizieller Vertrag vorlag, der diese Provision vorsah.

Ich teilte Mei die vorläufigen Untersuchungsergebnisse mit. Als er hörte, dass wir wohl Geld bekommen würden, freute er sich sehr.

„Erst muss ich nach Shenzhen, um mit den Geschwistern Nan und Nin zu reden, dann können wir das Geld einfordern", sagte ich.

Jie hob hervor, dass zwei ihrer ehemaligen Kommilitonen bei der Staatsanwaltschaft in Shenzhen arbeiteten. Sie würden uns sicher eine große Hilfe bei den Verhören und der Rückforderung des Geldes sein. Mei strahlte vor Freude, als er unserem neuen Oberstaatsanwalt Kung Guan Bericht erstatten konnte.

Kung Guan befürchtete allerdings, dass uns zwei Frauen etwas zustoßen könne, wenn wir nach Shenzhen reisten. Deshalb ordnete er an, dass der stellvertretende Abteilungsleiter Liu Ming uns begleiten sollte.

„Er ist euer Leibwächter", sagte uns Mei.

Jie Lia rief einen ihrer Kommilitonen an und bat ihn, uns ein Polizeiauto zur Verfügung zu stellen. Er teilte seinem Chef mit, dass wir Unterstützung brauchten, und sorgte für zwei Büroräume, die wir für unsere Verhöre nutzen konnten.

Ich schrieb eine Vorladung, und Jie Lias ehemaliger Kommilitone holte uns vom Hotel ab, um uns zum Flugplatz von Shenzhen zu fahren, wo Nan arbeitete. Unser Kollege zeigte den Sicherheitsbeamten seinen Ausweis von der Staatsanwaltschaft und ließ Nan holen. Die Beamten fragten nervös, worum es ginge, aber wir antworteten lediglich, dass wir mit Nan zu reden hätten.

Als Nan aus der Werkstatt kam und unsere ernsten Mienen sah, zeichneten sich in seinem Gesicht Angst und eine böse Vorahnung ab – das hatte ich schon so häufig gesehen.

„Sie heißen Nan?“, fragte ich. Er nickte. Ich reichte ihm die Vorladung und sagte: „Wir kommen von der Staatsanwaltschaft und sind dienstlich hier. Bitte kommen Sie mit.“

Wir fuhren mit ihm zur Anwaltskammer, wo Liu Ming und ich ihn bewachten, während Jie Lia und ihr Kommilitone zum Umweltamt fuhren, um Nin zu holen.

Um zwei Uhr begann ich, Nin zu verhören. Seit ihrer Ankunft hatten wir sie von der Umgebung isoliert. Ihr Beeper piepste unaufhörlich. Das störte mich, und ich fragte, wer da versuche, sie zu erreichen. Sie schaute auf die Nummer und sagte, es sei ihr Arbeitsplatz. Natürlich konnte ich sie nicht zurückrufen lassen.

Sie beschrieb schnell und einfach das Vorgehen bei den Immobiliengeschäften. Als ich nach dem Geld fragte, wurde sie still, und ich leierte die alte Weise von Milde und Strenge herunter. Um zehn Uhr abends zögerte sie noch immer, und ihr Beeper piepste nach wie vor. Endlich sagte ich: „Also, wenn es Ihr Chef ist, dann antworten Sie eben.“ Das war eigentlich nicht erlaubt, aber ich wollte sie in dem Glauben wiegen, ich käme ihr entgegen. Natürlich hoffte ich, sie auf diese Weise dazu zu bringen, die Wahrheit zu sagen.

Als sie anrief, wurde sie wohl gefragt, wo sie sich aufhielte und warum sie von Staatsanwälten abgeholt worden sei. Sie sah, dass ich sie beobachtete und flüsterte in den Hörer: „Ich bin bei der Staatsanwaltschaft.“ Dann antwortete sie: „Nein, bin ich nicht. Das spielt keine Rolle.“

Jetzt kam Jie Lia herein und sagte, dass das Verhör mit Nan vorüber sei und er zugegeben habe, dass seine Schwester zwanzigtausend Yuan bekommen habe. „Das ist gelogen“, sagte ich ohne Umschweife. „Verhör ihn weiter.“

„Sie haben Ihren Bruder in die Sache reingezogen, und er hat zugegeben, dass Sie Geld von der Verkaufsabteilung erhalten haben“, sagte ich zu Nin.

„Er lügt“, sagte Nin sofort. „Er kann gar nicht wissen, ob ich Geld genommen habe.“ Sie schwieg einen Augenblick und sagte dann: „Vielleicht sagt er das, um mich zu schützen.“

„Er hat es eben meiner Kollegin gesagt und dabei sogar eine konkrete Summe genannt.“

Nin überlegte etwas und fragte vorsichtig: „Wenn ich Geld genommen hätte – wäre das ungesetzlich? Würde ich ins Gefängnis kommen? Mein Bruder weiß wirklich nicht, wie viel ich gekriegt habe.“

„Ich will ganz ehrlich sein. Ich habe nicht die Absicht, Sie angeklagt und verurteilt zu sehen, aber Sie müssen sagen, wie viel Sie bekommen haben. Wenn Sie das Geld zurückzahlen, verspreche ich bei meiner Ehre, dass Sie und Ihr Bruder umgehend auf freien Fuß gesetzt werden.“

„Aber mein Bruder hat nichts damit zu tun. Bitte lassen Sie ihn laufen. Dann werde ich Ihnen alles sagen.“

Ich willigte ein.

Sie schaute mich intensiv an und vertraute mir offensichtlich, denn sie sagte: „Zweihunderttausend.“

Ich atmete auf.

Später fragte ich Nan: „Warum haben Sie bei Ihrem Geständnis gelogen?“

Seine Antwort werde ich nie vergessen: „Da Sie extra den weiten Weg nach Shenzhen gemacht haben, um uns zu verhören, muss meine Schwester etwas Unrechtes getan haben, denn ich selbst bin unschuldig. Als Sie mich unter Druck gesetzt haben, dachte ich, dass Sie sie laufen lassen, wenn ich eine niedrige Summe angebe. Außerdem wollte ich meine Bereitschaft zur Zusammenarbeit zeigen, um einen guten Eindruck zu machen und vielleicht meinen Job behalten zu können. Meine Schwester ist ja erst vierundzwanzig und würde es kaum wagen, mehr als zwanzigtausend als Provision zu verlangen."

Erst gegen Mitternacht waren die Verhöre beendet. Jie Lias Kommilitone kam wieder ins Büro und erzählte: „Einer meiner Kollegen hat mich eben gefragt, ob die Staatsanwaltschaft in Changsha Leute hergeschickt habe, um einen Fall zu untersuchen." Er lächelte ironisch und fuhr fort: „Dass sich das so schnell herumgesprochen hat, lässt darauf schließen, dass diese Geschwister gute Beziehungen haben." Er machte uns darauf aufmerksam, dass wir vom nächsten Tag an mit allerlei Druck und Gesuchen zu rechnen hätten.

„Das macht nichts. Wir lassen sie sowieso laufen, damit sie nach Hause gehen können. In spätestens drei Tagen sollen sie mit zweihunderttausend Yuan im Hotel auftauchen", sagte ich.

Am nächsten Abend übergaben uns Nan und Nin fünfzigtausend Yuan. Für den Rest baten sie um ein paar Tage Aufschub. Sie mussten ihn erst noch beschaffen.

Am vierten Tag nach dem Verhör wurde Liu Ming von unserem Chef aus Changsha angerufen: Er sollte sein Telefon nicht abstellen und auf Anweisungen warten.

Wir hatten die Schuldigen gestellt, und sie hatten eingewilligt, das Geld zurückzuzahlen. Was brauchten wir da noch für Anweisungen? Kaum hatten Jie Lia und ich davon gehört, hatten wir eine ungute Ahnung. Mit Hilfe ihrer Beziehungen hatten die Geschwister sicher Verbindung zur Staatsanwaltschaft aufgenommen. Wir bereuten es, Liu Ming mitgenommen zu haben. Ohne ihn hätten wir ganz normal gearbeitet, und da keine von uns ein Mobiltelefon dabei hatte, hätte man uns nicht kontrollieren können.

Wir waren ziemlich wütend, begriffen aber, dass die Chefs wohl mit unserer Reaktion gerechnet hatten. Wahrscheinlich hatten sie geahnt, dass wir nicht gehorchen würden und hatten daher vorsichtshalber Liu Ming zur Überwachung mitgeschickt.

Es dauerte nicht lange, bis uns der nächste Anruf vom Büro erreichte. Oberstaatsanwalt Kung Guan hatte sich die Angelegenheit durch den Kopf gehen lassen und war zu dem Ergebnis gekommen, dass die Geschwister nicht die ganze Summe zurückzuzahlen brauchten.

Nan und Nin kamen mit weiteren fünfzigtausend. „Wir können nicht mehr leihen. Das ist alles, was wir haben. Kann uns der Rest nicht erlassen werden?", fragten sie nervös.

Ohne auf Liu Mings Antwort zu warten, sagte ich: „Das ist unmöglich. Ich habe Ihnen das Gericht erspart; das war großzügig genug."

Nachdem sie noch eine Weile gebettelt hatten, vertröstete sie Liu Ming: „Kommen Sie morgen wieder. Ich werde die Staatsanwaltschaft um neue Weisungen bitten."

Wieder übten die Chefs Druck aus: „Lasst euch noch ein bisschen geben, und dann reicht es." Als die Geschwister am nächsten Tag kamen, sagte Liu Ming, dass wir uns mit vierzigtausend begnügen würden. Sie dankten ihm für seine Großzügigkeit und versprachen, bald mit dem Geld zu kommen.

Jie Lia und ich waren nicht gerade froh, aber wir sagten nichts. Liu Ming wusste, dass wir wütend auf ihn waren. Wir durften lediglich die Arbeit ausführen und als böse Schuldeneintreiber tätig sein.

Allmählich hatten wir uns mit Nan und Nin befreundet, und sie hatten uns mehrfach in Restaurants mitgenommen. Als wir nach Hause fliegen wollten, besorgte uns Nan billigere Tickets und fuhr uns in seinem Auto zum Flugplatz.

Die Abteilung für Disziplin war richtig wohlhabend geworden, und Mei sah äußerst zufrieden aus.

Mein Mann hatte unsere Scheidung bei der Abteilung für politische Arbeit eingereicht. Deren Leiterin rief mich vom Gericht aus an und bat mich, zu einem Gespräch herüberzukommen.

Sie schaute uns enttäuscht an: „Ihr wart ein so schönes Paar. Gibt es denn keine Möglichkeit, dass ihr euch noch einigen könnt?“

Ich lächelte traurig und schüttelte den Kopf. Was ich zu sagen hatte, hatte ich gesagt, und ich mochte kaum noch den Mund aufmachen.

„Xiao“, sagte die Abteilungschefin, „du bist wahrscheinlich sehr niedergeschlagen. Wenn du dich nicht scheiden lassen willst, können wir den Scheidungsantrag deines Mannes ablehnen.“ Sie schien mit mir als Kollegin zu sympathisieren, weil ich zu den Frauen gehörte, die verlassen wurden, sobald ihre Männer es zu etwas gebracht hatten. Die Parteiabteilung des Gerichtshofes würde wohl auch auf meiner Seite stehen.

Mein Mann saß verlegen neben mir, schien sich ein wenig zu schämen und sagte nichts.

„Ich brauche dir nicht leidzutun“, sagte ich zur Abteilungsleiterin. „Mein Wert sinkt nicht, nur weil ich von ihm geschieden werde. Ich willige in die Scheidung ein.“

Sie schien immer noch Mitleid zu haben. „Lass es dir noch einmal durch den Kopf gehen“, forderte sie mich auf. „Geschiedene Frauen haben es schwer; sie sind viel allein und finden nicht so leicht einen neuen Partner.“

Ich schwieg. Sie rief den Chef der politischen Abteilung der Staatsanwaltschaft an und diskutierte mit ihm den schlechten Einfluss, den eine Scheidung auf die anderen Angestellten haben würde. Deshalb also wollten sie uns abraten. Sie sagte, dass mein Chef mit mir reden wolle, und reichte mir den Hörer.

„Xiao“, sagte er, „wir verstehen, dass du traurig bist. Wenn du nein sagst, werden wir nicht zulassen, dass dein Mann dich wegen einer anderen Frau verlässt. Er ist ein Parteibeamter, der von kapitalistischem Denken korrumpiert worden ist. Deshalb verhält er sich so unmoralisch und verantwortungslos. Wir werden mit ihm reden und ihn zum Umdenken anhalten. Wir werden den Scheidungsantrag nicht genehmigen. Dann kannst du in Ruhe und Frieden arbeiten."

„Danke, dass ihr auf mein Wohl bedacht seid", erwiderte ich. „Ich habe mir die Sache überlegt. Wenn ihr ihm verbieten würdet, sich scheiden zu lassen, hätte das nur zur Folge, dass er physisch bei mir wohnen würde, während sein Herz woanders wäre. Ich will keine lieblose Ehe. Mir reicht es. Ich wünsche ihm ein glücklicheres Leben."

Der Abteilungsleiter seufzte am anderen Ende und sagte: „Ich verstehe die jungen Leute nicht."

Ich legte auf. Die Leiterin der politischen Einheit des Gerichtshofes klopfte mir auf die Schulter und sagte leise: „Bist du wirklich so selbstlos und großzügig, dass du einer anderen den Vortritt lassen willst, ohne dich zu wehren?"

Ich nickte. Sie schrieb „Genehmigt" auf den Scheidungsantrag und drückte einen Stempel darauf. Dann gingen wir zum Standesamt, um über die Übereinkunft zu verhandeln. Als alles fertig war, fuhr mich mein ehemaliger Mann an meinen Arbeitsplatz zurück, wo uns Oberstaatsanwalt Kung Guan erwartete. Er blickte meinen ehemaligen Mann eiskalt an und erwiderte seinen Gruß nicht. Mein ehemaliger Mann wollte mich zum Mittagessen einladen, aber ich lehnte ab: „Nein danke, ich habe nichts zu feiern." Er ging beschämt davon.

Ich rief Lin an, und sie schrie: „Heute gehen wir in die Disco und betrinken uns! Ich hab mit Oberstaatsanwalt Tao Yong Schluss gemacht!"

Ich lud noch eine andere Freundin ein. Sie war alleinstehende Mutter, arbeitslos und hatte nur wenige Tage zuvor eine Abtreibung vornehmen lassen. Sie war bleich, und als ich sie fragte, wie es ihr ginge, schüttelte sie nur den Kopf und sagte, dass es schlimm stehe. „Ich muss mir das Geld fürs Essen leihen. Wenn ich eine Mahlzeit esse, weiß ich noch nicht, wie ich die nächste bezahlen soll."

„Hattest du nicht einen steinreichen Freund aus Taiwan?"

Sie bat mich um eine Zigarette und sagte: „Mieser Typ. Wahnsinnig geizig. Ich habe ihm gesagt, dass ich nicht noch ein Kind haben dürfe, und wollte Geld für die Abtreibung haben. Er hat mehrere Millionen, aber wollte mir nicht einen Hunderter geben. Ich musste mir das Geld leihen und allein zur Operation gehen."

Ich wusste, dass sie nach der Abtreibung etwas Gesundes brauchte, und bestellte besonders nahrhafte Gerichte. Sie verzichtete auf falsche Bescheidenheit und aß nach Herzenslust. Lin und ich tranken ein Glas nach dem anderen und rauchten maßlos, während wir ihr still beim Essen zusahen. Lin sagte, dass Tao Yong sich nicht scheiden lassen wollte, um seine Karriere nicht zu gefährden. Deshalb habe er sie ganz einfach sitzen lassen.

„Das darf doch nicht wahr sein. Männer, die bei staatlichen Behörden arbeiten, sind richtige Schweine", fluchte ich wütend.

Lin riss ihre großen, vom Alkohol glasigen Augen auf und lallte: „Erzähl mal, warum du so sauer bist."

„Ich hab mich scheiden lassen. Sense. Acht Jahre hingebungsvolle Leidenschaft im Eimer."

Meine Freundin hatte einen Schluckauf und kam zu der Einsicht, dass gute chinesische Männer zu einer ausgestorbenen Spezies gehörten. Nicht ein einziger von ihnen war redlich oder gerecht. Sie war im Innersten verletzt und warnte uns davor, je wieder einem Mann zu vertrauen.

Ich lächelte sie an. „Wenn ich den perfekten Mann treffen würde, könnte ich ihm bis ans Ende der Welt folgen."

Lin schüttelte den Kopf. „Du hast wirklich nichts aus deinem Elend gelernt."

„Verdammt noch mal, willst du es deinem Ex-Mann und seiner Hure nicht heimzahlen?", fragte meine Freundin.

„Sie sind mir egal. Politiker sind schmutzig, und Geschäftsleute sind schlüpfrig. Ich würde lieber mit einem von den süßen jungen Männern hier ins Bett gehen!"

„Das ist doch nur Gerede. Heute will ich Taten sehen!“, Lin redete laut und versuchte, mich anzustacheln.

Die jungen Männer und Frauen, die im Licht der Scheinwerfer tanzten, glichen unruhigen Schatten. Ich trank mein Glas in einem Zug leer. Mir war, als würde ich im Sumpf waten, als ich zur Tanzfläche wankte und mir einen gutaussehenden Jungen schnappte. „Kommst du mit zu mir nach Hause?“ Unter dem schallenden Gelächter meiner Freundinnen nahmen wir ein Taxi, um zu mir zu fahren.

„Hast du ihm keinen Schrecken eingejagt?“, fragte Lin am nächsten Morgen.

„Er ist erst neunzehn, und als er hörte, dass ich dreißig bin und außerdem Staatsanwältin, ist er so nervös geworden, dass überhaupt nichts passierte.“

Eines Abends kam Lin kurz nach elf Uhr schnaubend und keuchend in meine Wohnung. Sie erzählte, dass Weis Mutter gerade bei ihr aufgetaucht sei. Die Polizei hatte in der Wohnung ihrer Tochter vierhunderttausend Yuan in einem Wandversteck gefunden und sie verhaftet. Die Mutter wusste keine Einzelheiten und hoffte, dass wir ihr helfen könnten.

Wei war eine unserer Freundinnen aus der Kindheit, eine Klassenkameradin aus dem Gymnasium. Auch nach dem Examen hatten wir noch engen Kontakt zueinander. Ihre Mutter war ein warmherziger Mensch und behandelte uns wie Töchter. Als ich im Krankenhaus gelegen hatte, war Wei mit Essen gekommen, das ihre Mutter gekocht hatte.

Am nächsten Tag nahm ich meinen Ausweis von der Staatsanwaltschaft und ging zum Untersuchungsgefängnis, um Wei zu besuchen. Als sie mich sah, füllten sich ihre ängstlichen und hilflosen Augen mit Tränen.

„Was ist denn passiert?“, fragte ich.

„Ein Freund von mir ist Filialleiter bei der Bank. Ein Kunde hatte achthundertsechzigtausend Yuan auf einem Konto, das er zwei Jahre lang nicht angerührt hat. Der Freund weiß auch, dass ich auf ein Visum nach Australien warte, und da hat er vorgeschlagen, dass ich mich als Buchhalterin des Kunden ausgeben und das Geld abheben solle. Wir wollten es teilen. Er hat mir den Code gegeben, und ich habe das Geld in drei Teilen abgehoben."

Wei hatte einen australisch-chinesischen Freund und wollte daher auswandern, um bei ihm zu leben. Der Filialleiter wusste, dass sie demnächst das Land verlassen würde. Er hatte wohl gedacht, dass die Polizei den Fall nicht länger verfolgen würde, wenn Wei erst im Ausland war.

„Und das Geld?", fragte ich.

„Ich habe bei mir zu Hause ein Loch in die Wand gemacht und es dort versteckt. Gestern hat die Polizei es gefunden und mich hier eingesperrt. Als ich gesehen habe, dass sich zwanzig Gefangene auf einem Holzbett drängen müssen und wie dunkel, feucht und schmutzig es hier ist, wollte ich nur noch heulen. Aber ich habe die Zähne zusammengebissen und ausgehalten. Ich muss mich stark und ungerührt geben, sonst machen mir die anderen Gefangenen das Leben zur Hölle. Draußen gibt es einen Hof. Alle holen das Wasser aus einer Tonne, aber es gibt keine Trennwände und ist so eng, dass man beim Waschen immer bespritzt wird oder andere bespritzt."

Ich wollte sie weiter befragen und unterbrach sie. „Wie konntest du nur so eine Dummheit machen, ohne erst mit Lin oder mir zu reden? Wir sind doch schon so lange befreundet, und trotzdem verschweigst du so was."

„Ich bereue es ja wirklich. Jetzt kann ich nur auf euch hoffen. Meine Eltern sind außer sich vor Sorgen."

„Wir tun natürlich, was wir können." Ich durfte nicht länger bleiben. Es war nicht gestattet, Inhaftierte in so einem frühen Stadium des Prozesses zu besuchen.

Am Abend kamen Weis Eltern zu Besuch, und ich erzählte ihnen von den Umständen im Gefängnis. Ihre Mutter begann sofort zu weinen, der Vater seufzte und fragte: „Was können wir tun, damit ihr das erspart bleibt?“

„Ich habe gehört, dass es Zellen gibt, in denen die Verhältnisse etwas besser sind“, sagte ich. „Da sind nur acht Insassen drin, aber man muss zwanzig Yuan pro Nacht bezahlen. Dafür kann man mit den anderen einen Fernseher und einen Ventilator teilen.“

Sie zögerten nicht, sondern entschieden sofort, dass ihre Tochter in eine andere Zelle kommen sollte, obwohl die Summe für ein Rentnerpaar, das mit nur achthundert Yuan im Monat auskommen musste, ziemlich hoch war.

Lin und ich nutzten unser Kontaktnetz innerhalb der politischen und juristischen Kreise und sprachen mit den Leitern der Einheit, die den Fall bearbeiteten. Doch Wei war ausgerechnet zu der Zeit erwischt worden, in der der neue Ministerpräsident Zhu Rongji noch strengere Maßnahmen gegen Wirtschaftskriminalität eingeführt hatte. Die Ermittlungen dauerten gut acht Monate, und schließlich wurde sie als Mittäterin wegen Betrugs zu dreizehn Jahren Gefängnis verurteilt. Während der Fall bearbeitet wurde, sahen ihre Eltern von Tag zu Tag älter und verhärmter aus. Immer wenn wir uns trafen, berichteten sie, dass sie Geschenke gemacht und wichtige Leute zum Essen eingeladen hätten, aber es führte zu nichts. Sie verbrauchten die Ersparnisse von zehn Jahren, ohne dass es Hoffnung gab.

Im Winter baten Lin und ich einen ehemaligen Kommilitonen aus der Gefängnisabteilung der Staatsanwaltschaft um Hilfe und bekamen die Genehmigung, Wei zu besuchen. Ihr mentaler Zustand hatte sich bedeutend verschlechtert, und da sie selten hinauskam, war sie ziemlich blass. Immerhin hatten wir längst mit der Gefängnisleitung gesprochen, so dass die Zellengenossinnen wussten, dass Wei über Beziehungen verfügte, und nicht wagten, sie zu schikanieren.

Wir fragten nach ihrem Befinden, und sie schüttelte den Kopf und sagte: „Ich hätte nie gedacht, dass ich je so was Höllisches erleben würde. Mitten im Winter haben wir kein warmes Wasser. Eine von uns ist auf dem kleinen Pausenhof herumgerannt, bis sie ganz verschwitzt war, und hat sich dann mit dem eiskalten Wasser gewaschen. Danach ist sie natürlich sehr krank geworden. Ich habe mich seit zwei Wochen nicht gewaschen. Das Wasser friert draußen, und man spürt es bis auf die Knochen. Falls ich krank werden würde, müsste ich meine Eltern um Geld für die Medikamente bitten. Das will ich nicht."

„Ich habe Obst und Kekse mitgebracht. Liegt alles in der Wache, du kannst dir die Sachen holen", sagte ich.

„Jedes Mal, wenn ich von euch oder meinen Eltern etwas bekomme, muss ich den Wächtern die Hälfte abgeben", sagte sie leise. „Und dabei geht es mir noch gut, weil ihr mit der Gefängnisleitung geredet habt. Es kommt vor, dass den anderen gar nichts von dem bleibt, was ihre Familien mitbringen. Die Wächter nehmen alles."

Ich mochte es nicht glauben. „Was? Die Wächter behalten Essen, das für die Gefangenen bestimmt ist, die sonst nichts haben?"

„Wenn wir ihnen nichts abgeben, durchsuchen sie unsere Zellen und machen Schwierigkeiten. Man muss sich der Lage anpassen, wenn man überleben will", antwortete Wei ruhig. Sie schien sich mit ihrer Lage abgefunden zu haben und nicht mehr gegen die Situation zu rebellieren.

„Die Staatsanwaltschaft hat eine Einheit zur Kontrolle der Gefängnisse; die könnte die Regelverstöße, die du beschreibst, zur Sprache bringen. Ich werde den entsprechenden Leuten Bericht erstatten", sagte ich.

„Nein, bitte nicht!" Sie wurde kreideweiß im Gesicht. „Das führt zu nichts. Im Gegenteil: Wenn sie rauskriegen, dass eine von uns der Staatsanwaltschaft was ausgeplaudert hat, behandeln sie uns sicher noch schlimmer."

„Keine Sorge, ich werde nicht sagen, dass die Information von dir kommt."

Sie schüttelte den Kopf. „Du kannst dir die Hölle hier drinnen nicht vorstellen. Sie werden jede Einzelne von uns furchtbar quälen, ohne zu fragen, wer die Schuldige ist. Alle müssen dafür geradestehen. Und falls die Zellengenossinnen rauskriegen, wer die Informationen verbreitet hat, wenden sie sich gegen diese Person. Nein, ich muss mich schon damit abfinden. Man kann die Wirklichkeit nicht verändern. Ich will die Sache nicht noch komplizierter machen, dazu bin ich zu müde." Sie sprach leise und ernst.

Ich musste an ihre Eltern und deren besorgte Gesichter denken, nachdem sich die Familiensituation so entscheidend verändert hatte. Das erinnerte mich plötzlich an Zhen, den Studenten von der pädagogischen Universität. Ich sah sein Gesicht deutlich vor mir. Ich fragte mich, in welchem Arbeitslager er sich befinden möge. Er und seine Familie mussten Ähnliches durchgemacht haben wie Wei und ihre Eltern. Wobei es für ihn vielleicht noch schlimmer war, da er wusste, dass er vollkommen unschuldig war.

Die Angst machte mich nervös. Ich hatte niemals wirklich über die Gefühle von Zhen nachgedacht oder über die Tragödie, die ihm und seiner Familie meinetwegen zugestoßen war. Erst jetzt, als ich sah, hörte und erlebte, was meiner Freundin und ihrer Familie geschah, konnte ich richtig nachvollziehen, welche Katastrophe ich ausgelöst hatte. Indem ich mich mit den Entscheidungen anderer abgefunden hatte, war über Zhen und seine Angehörigen ein Unglück hereingebrochen, das keineswegs so unbedeutend und unerheblich war, wie ich es mir immer eingeredet hatte. Wenn ich meinen Beruf nicht aufgab, würde sich immer wieder Ähnliches wiederholen. Wenn ich später einmal auf mein Leben zurückblicken würde: Könnte ich dann meine Taten entschuldigen, indem ich mir sagte, dass ich lediglich Befehle ausgeführt hatte?

Regelmäßig kam mir zu Ohren, dass dieser oder jener ehemalige Kommilitone von 1985 zum stellvertretenden Oberstaatsanwalt, Abteilungsleiter oder Chef für Antikorruptionsbüros befördert worden sei. Diese Erfolgreichen fuhren in Dienstwagen herum, wohnten in großen Dienstwohnungen, hatten ein höheres Gehalt als ich und genossen all die Privilegien, die mit derartigen Positionen verbunden waren.

Einsamkeit. Zweifel. Sollte ich den größten Kompromiss eingehen und meine Mitmenschlichkeit völlig aufgeben, um mit allen Mitteln Geld und beruflichen Erfolg zu erlangen? Oder sollte ich den Gedanken an die Privilegien der Macht aufgeben und ein gerechterer und gewissenhafterer Mensch werden?

Es folgte eine schwierige Zeit. Im Lauf der Jahre hatte ich erlebt, wie Ran, Lin und Yin sich von ihren Männern getrennt hatten. Ich hatte gesehen, wie andere Freundinnen von ihren Männern misshandelt oder sitzengelassen wurden. Und ich hatte gehört, in welchem Maße meine Freundinnen von ihren Männern betrogen worden waren. Nachdem ich Ralf getroffen hatte, stand mein Entschluss fest, nie wieder mit einem chinesischen Mann leben oder gar einen heiraten zu wollen. Lieber wollte ich für den Rest meines Lebens allein bleiben.

Ich machte häufig Überstunden, hörte aber in der Regel gegen Mitternacht mit den Verhören auf und ließ die Verdächtigen nach Hause gehen. In anderen Abteilungen ging es nicht so human zu.

Nachdem Kung Guan sein Amt angetreten hatte, war Chou zum Chef der Einheit für Anklagen ernannt worden. Er verhörte jeden, der in Zusammenhang mit einer Anzeige erwähnt wurde. „Vielleicht schlachten wir manchmal den Falschen, aber dafür entwischt uns kein Schuldiger.“ Die Verhöre konnten ganze Nächte dauern. Mental schwache Personen hielten zwei oder drei Nächte nicht durch, sondern gestanden alles. Mit dieser Methode löste Chou mehrere Fälle von Wirtschaftskriminalität und erreichte die Rückzahlung von hunderttausenden von Yuan. Einmal pries die Staatsanwaltschaft die Abteilung, weil die Tradition des Kampfes für Partei und Armee in ihr weitergeführt werde. Da hatte man sechs Nächte hintereinander gearbeitet.

Durch das halboffene Fenster konnten Jie Lia und ich hören, wie Autos in den Hof fuhren. Sobald man heisere Rufe und die schnellen Schritte laufender Menschen hörte, schaute Jie Lia hinaus und sagte: „Jetzt hat Chou wieder einen geschnappt."

Kurz darauf konnte man aus seinem Büro Stimmen hören: „Meinst du, du bist ein Heiliger? Wir würden dich doch nicht festnehmen, wenn du nichts auf dem Kerbholz hättest. Rede jetzt, sonst kommst du hier nicht mehr weg!"

„Ein bisschen verstehe ich auch etwas vom Gesetz. Ihr könnt mich nicht länger als vierundzwanzig Stunden festhalten, dann müsst ihr mich laufenlassen", protestierte der Verdächtige.

„Versuch nicht, den Furchtlosen zu spielen! Ich habe härtere Typen erlebt. Willst du mich über das Gesetz belehren? Das glaube ich nicht. Nach vierundzwanzig Stunden hole ich mir eine neue Genehmigung zur Festnahme. Hast du dann immer noch nicht alles gesagt, hole ich eben noch eine. Und noch eine. Mal sehen, wie lange du durchhältst."

Zu dieser Zeit begann ich auch, die Fäden der Wirtschaftsvergehen zu entwirren, die ich im Zusammenhang mit meinem Dienst als geheime Staatsanwältin aufgenommen hatte. Eine Baufirma, die vom Ausland finanziert wurde, hatte eine Reihe exklusiver Villen gebaut. Das Kapital stammte eigentlich aus der Provinz Fujian, aber über Beziehungen hatte man das Geld nach Hongkong und von dort nach Changsha überwiesen. So wurde das Ganze in eine ausländische Investition umgewandelt, und die Firma erhielt Steuererleichterungen und andere Vergünstigungen. Wir luden die Buchhalterin der Firma vor.

Sie hörte schweigend zu, während sie sich nervös im Büro

umsah. Man merkte, dass ihr nicht wohl zumute war. Wahrscheinlich hatte sie noch nie mit einem Staatsanwalt zu tun gehabt.

Abends um acht begannen wir, die Belege durchzugehen, und ich machte Notizen. Kurz nach elf zeigte sich Oberstaatsanwalt Kung Guan in der Tür. Er wollte wissen, was wir taten, und bat mich, mit nach draußen zu kommen.

„Was ist das für ein Fall?", fragte er.

Ich erklärte es ihm. Er überlegte einen Augenblick und sagte dann etwas verunsichert: „Du kannst dir sicher denken, warum ich so spät vorbeikomme?"

Ich lächelte. „Natürlich. Du konntest wohl nicht wissen, dass ich noch beim Verhör war?"

Er gab es sofort zu. „Der Einheitschef des Stadtteils hat mich angerufen und gefragt, ob wir die Buchhalterin und die Kassenbücher mitgenommen haben. Er sagt, dass es eine Firma mit ausländischem Kapital ist und wir vorsichtig sein müssen."

Es war offensichtlich, was er meinte. Wenn der Vorsitzende der Einheit befahl, musste er gehorchen.

„Der Mann der Buchhalterin macht sich große Sorgen um sie", fügte Kung Guan hinzu.

Woher er das wohl wissen mochte?

Meine Erfahrung sagte mir, dass die Firma ausgezeichnete Beziehungen zu politischen Kreisen haben musste. Ich hatte genug: Ich war schon so oft hereingefallen, dass ich mir etwas Neues ausdenken musste. Resigniert ließ ich die Hände fallen und sagte: „Ich mache, was du willst."

„Lass erst mal die Buchhalterin nach Hause gehen", sagte er.

Ich ging ins Büro zurück. Jie Lia hob ihren Kopf und sah mich erwartungsvoll an.

„Sie können gehen", sagte ich zu der Buchhalterin. „Falls ich ihre Hilfe noch brauche, rufe ich Sie an. Die Bücher lassen Sie bitte hier, ich will sie noch ordentlich durchgehen."

Die Buchhalterin stand erfreut auf, verbeugte und bedankte sich und ging. Ich setzte mich Jie Lia gegenüber, schüttelte schweigend den Kopf und lächelte bitter. Dann gingen wir auch.

Als wir am nächsten Tag die Kassenbücher kontrollierten, war Jie Lia enttäuscht. „Müssen wir das wirklich machen? Selbst wenn wir was finden, können sie sich doch einfach rausreden. Dann haben wir wieder umsonst gearbeitet, und die Chefs machen mit uns, was sie wollen."

Sie hatte recht. Ich legte die Bücher in den Aktenschrank und versuchte auszurechnen, wie viel die Firma dem Vorsitzenden der Einheit bezahlt haben musste, damit er sich einschaltete. Aber ich hatte keine Lust, die Bücher sofort an die Firma zurückzuschicken, weil dann der Eindruck entstehen würde, dass es ganz einfach sei, uns unter Druck zu setzen. Außerdem wäre es ein Beweis meiner vollständigen Niederlage.

Zwei Tage später rief die Buchhalterin an und fragte sehr höflich und vorsichtig, ob ich die Kassenbücher zurückschicken könne. „Sie können herkommen und sie abholen", antwortete ich. Sie war erstaunt über meine Direktheit.

Als sie eine halbe Stunde später fröhlich ins Zimmer trat, sagte ich: „Sie können sie mitnehmen, sie liegen im Aktenschrank."

Sie bat den Chauffeur, die Bücher ins Auto zu bringen, und nahm zwei Briefe aus ihrer Tasche. Ehrerbietig legte sie den einen auf Jie Lias Schreibtisch, den anderen auf meinen: „Eine Vergütung für die Nachtarbeit von neulich. Die Firma dankt. Sie haben schwer arbeiten müssen. Wir bitten um Entschuldigung für das Temperament unseres Vorstandsvorsitzenden." Dann verabschiedete sie sich lächelnd.

Wir öffneten die Briefe: Sie enthielten jeweils dreihundert Yuan. Wir starrten einander an: „Immerhin", sagte ich schließlich. „Wir können es als Überstundenzulage betrachten."

Kapitel 28

Oberstaatsanwalt Kung Guan versetzte inzwischen in der Anwaltskammer Mitarbeiter auf andere Stellen. Auf diese Weise gelangte die Macht vollkommen in die Hand seiner Leute. Chou, der neunundzwanzig Jahre alt und seit acht Jahren Staatsanwalt war, wurde zum stellvertretenden Oberstaatsanwalt befördert. Der kompetente und zuverlässige stellvertretende Oberstaatsanwalt Hua wurde stellvertretender Oberrichter am Gerichtshof des Distrikts. Er hatte nämlich eine Gruppe loyaler und fähiger Anhänger hinter sich, so dass Kung Guan befürchtete, Hua und seine Leute könnten seine Macht schwächen.

Bei seinem Abschiedsfest war Hua bedrückt und sprach offen mit einer Gruppe älterer Kollegen. „Ihr müsst euch anpassen und euch verbeugen, wenn es sein muss. Ich bin immer ehrlich gewesen und werde daher nie Karriere machen. Aber das habe ich erst begriffen, als ich achtunddreißig war."

Einige Jahre zuvor war Hua von der Anwaltskammer in eine Baubehörde versetzt worden, wo er die Bebauung älterer Stadtteile leiten sollte. Als er nach zwei Jahren zurückkehrte, wurde er wieder Leiter der Strafsacheneinheit II. Jetzt änderte er sein Verhalten, das bis dahin aufrecht und nie schmeichlerisch gewesen war. Er fügte sich in alles, was die Vorgesetzten sagten, und kritisierte nie deren Selbstsucht und Eigennutz. Wenn Verwandte der Verdächtigen ihn im Laufe der Ermittlungen zum Essen einluden, sah er stets zu, dass die Chefs mit dabei waren. Nach dem Essen veranstaltete man spektakuläre Karaokeabende in teuren Lokalen, und Hua gab den Gastgebern zu verstehen, dass es angebracht sei, die Vorgesetzten mit „Gesellschaftsdamen" – also mit Prostituierten – zu versehen. Wenn alles arrangiert war, gab er vor, andere Verpflichtungen zu haben, und ging fort. Er bewahrte immer einen letzten Rest von Stolz.

Auf diese Weise hatte er schließlich doch noch den hochbegehrten Posten als stellvertretender Oberstaatsanwalt erhalten.

Jie Lia und ich waren ein perfektes Gespann gewesen, aber wir wurden nun getrennt. Kung Guan meinte, dass wir die Stützen der Anwaltskammer seien, und betrachtete es daher als „Vergeudung von Begabung“, uns in der disziplinarrechtlichen Abteilung zu behalten. Jie Lia kam zurück zur Einheit für Anklagen, ich selbst wurde ins Antikorruptionsbüro versetzt.

Nach dem chinesischen Neujahr waren die Leiter vollauf damit beschäftigt, auf alle Bankette zu gehen, zu denen Unternehmen und staatliche Behörden sie einluden. Dort nahmen sie „rote Kuverts“ entgegen: Geldgeschenke. Alle Firmen nahmen das Neujahrsfest zum Anlass, Chefs und Parteifunktionäre mit Aufmerksamkeiten zu bedenken, bei denen es sich mindestens um einige hundert Yuan, meistens aber um mehrere tausend handelte. Die Feierlichkeiten erstreckten sich bis zum Fünfzehnten des Monats, und eine imponierende Anzahl Kuverts wechselte die Besitzer. Eine typisch chinesische Form der Bestechung.

Wir anderen hatten keine Lust zu arbeiten, sondern besuchten einander, aßen gemeinsam und spielten Karten. Mittlerweile war Hui San zu der Einsicht gekommen, dass sie Karriere machen wollte. Daher verlangte sie, dass wir an einem Abschiedsspielchen teilnahmen, das sie „Händewaschen im Goldfass“ nannte.

„Bevor du dich in einem Goldfass waschen kannst, musst du dir eins anschaffen“, meinte Dong, und alle forderten sie natürlich dazu auf, sich schmieren zu lassen, um sich ein goldenes Fass besorgen zu können. Wir scherzten noch eine Weile, ehe wir zu Ya Lan nach Hause gingen und zwei Spieltische aufstellten.

Dong, der Leiter der Abteilung für Anklageerhebung, erzählte, was unserer Kollegin San Yu vor Gericht passiert war. Der

Angeklagte hatte plötzlich sein Geständnis zurückgenommen, worauf San Yu völlig ihr Konzept verlor, auf den Tisch schlug und schrie: „Willst du mich zum Narren halten, du Idiot? Ich werde dir schon eine hübsche Hinrichtung besorgen!" Der Richter war schockiert, aber da er ein Freund von San Yu war und sie fast täglich traf, wollte er sie nicht durch eine Zurechtweisung bloßstellen. Als die Zuhörer das merkten, buhten sie. Kurz danach begegnete der Richter Dong und fragte, ob die Staatsanwaltschaft nicht qualifizierteres Personal zur Verhandlung schicken könne.

San Yu war die Tochter eines stellvertretenden Oberstaatsanwalts, der ihr gleich nach dem Gymnasium eine Arbeitsstelle als Sekretärin an der Anwaltskammer beschafft hatte. Nach drei Jahren war sie zur Beamtin befördert worden und durfte Anklagen behandeln.

Als Ya Lan die Geschichte hörte, seufzte sie. „Ich weiß nicht, wie viele Fälle sie bearbeitet hat, aber mir tun die Angeklagten leid."

„Die Kinder der Bonzen können selten was. Die Verdächtigen, die ihnen ausgeliefert sind, sind zu bedauern", sagte ich und fragte dann laut: „Wer ermittelt eigentlich in der Diebstahlssache gegen Chen Ja?"

Jie Lia antwortete: „Ich. Wieso? Willst du, dass ich ein bisschen nett zu ihm bin? Ist nicht nötig. Er hat so wenig geklaut, dass ich ihn sowieso laufenlassen wollte."

„Nein, gar nicht", warf ich ein. „Ich möchte, dass du Anklage gegen ihn erhebst."

Die anderen lachten lauthals. „Jetzt verstehen wir überhaupt nichts mehr."

„Seine Verwandten haben mich gebeten, mit der Staatsanwältin zu reden, damit er vor Gericht gestellt wird", erklärte ich.

Die Kollegen kamen richtig in Stimmung. „Vielleicht geht seine Frau fremd und will, dass er im Knast landet, damit sie ungestört ist."

Ich klärte sie darüber auf, dass die Menschen inzwischen besser über die Gesetze Bescheid wüssten. Wenn der Mann angeklagt würde, würde man sein Vergehen als so gering betrachten, dass er mit einem halben Jahr auf Bewährung davonkäme. Wenn der Staatsanwalt es jedoch nicht zur Anklage kommen ließe, würde die Polizei, da ja tatsächlich ein Verbrechen begangen worden war, den Täter vielleicht für drei Jahre in ein Arbeitslager stecken.

Der Mann wollte also unbedingt vor Gericht gestellt werden, um frei zu kommen, statt nicht angeklagt zu werden und die Freiheit zu verlieren. Über diese Art von schwarzem Humor konnten wir nur lachen.

„Gut", sagte Jie Lia, „ich werde dir den Gefallen tun und Anklage erheben."

Einige Tage später kam plötzlich der neu ernannte stellvertretende Oberstaatsanwalt Chou in mein Büro, um zu plaudern. Das erstaunte mich, denn wir kamen nicht besonders gut miteinander aus. Er musste also einen Hintergedanken haben.

Chou nahm keine Notiz von meiner Zurückhaltung, sondern kam an meinen Schreibtisch und sagte: „Ich habe einen Anhaltspunkt für einen Fall, kannst du den mal überprüfen?"

„Natürlich", sagte ich. „Gib mir nur das Material, dann werde ich sehen, ob sich die Mühe lohnt. Wenn ja, kann ich den Fall übernehmen."

Er war etwas unsicher und sagte leise: „Ich habe kein Material. Ich weiß nur, dass sich der Leiter vom Krankenhaus Nummer vier in Changsha bestechen lässt."

„Woher weißt du das?"

Die Sache schien ihm peinlich zu sein. „Die Spielpartner von meiner Frau haben davon erzählt, als sie Karten gespielt haben. Die mögen ihn nicht und wollen ihm etwas anhängen. Sie meinen, dass er sicher bestochen wird, weil seine Wohnung so elegant ist. Auch wenn wir nichts finden, machen wir ihm immerhin ein bisschen Angst. Mit der Staatsanwaltschaft zu tun zu haben, schadet immerhin dem guten Ruf."

Chou hatte sich bereits seiner Macht bedient, um seine Frau von einer Sekretärin bei der Anwaltskammer zur Richterin am Gerichtshof zu machen.

„Aber wie soll ich mit den Ermittlungen anfangen, wenn wir nicht mal eine Anzeige haben?", fragte ich. „Wie soll ich das erklären können?"

Chous Antwort kam völlig unerwartet: „Du kannst doch die Anzeige selbst schreiben. Eine Anzeige kann ja anonym sein, und wir fragen nie danach, woher sie kommt. Dann hindert dich nichts daran, gegen den Mann vorzugehen."

Ein stellvertretender Oberstaatsanwalt, der Anzeigen fälschen und Tatsachen zurechtbiegen wollte! Und dann wollte er mich auch noch dazu zwingen, die Angelegenheiten für ihn zu erledigen. Ich weigerte mich. „Das mache ich nicht, das ist ja vollkommen unmoralisch!"

Ich hatte keine Lust mehr, über die Sache zu sprechen, und starrte in die Zeitung, die ich in der Hand hielt.

„Aber so was habe ich dauernd gemacht, als ich große Fälle in der Einheit für Anzeigen bearbeitet habe. Meistens haben wir genügend Beweise gefunden, um vor Gericht zu gehen. Nur ein paar Mal war der Verdächtige unschuldig. Das ist eine durchaus praktische Methode."

Ich konnte meinen Abscheu kaum verbergen. „Dann mach doch die Ermittlungen selbst, wenn du unbedingt willst. Egal ob er schuldig ist oder nicht – ich möchte nicht auf diese Weise arbeiten."

Noch einmal hatte ich ihn beleidigt. Er schnaubte, sein Gesichtsausdruck veränderte sich blitzschnell. „Wenn du es nicht machst, finde ich eben einen anderen!", keifte er und eilte hinaus.

Nachdem ich mich geweigert hatte, mit Chou zusammenzuarbeiten, verbrachte er immer mehr Zeit damit, meine Arbeit zu kontrollieren und mich ständig zu kritisieren. „Nichts bringst du zustande. Kein Fall von dir kommt bis vors Gericht." Sogar die Klimaanlage in meinem Zimmer wurde abmontiert, weil ich offensichtlich kein Recht darauf hatte. Im Sommer stieg die Temperatur häufig auf neununddreißig Grad an, und ich hechelte während der Arbeit wie ein Hund.

Der stellvertretende Oberstaatsanwalt Gu sah zu, dass seine Frau, eine vierzigjährige Nudelverkäuferin, die nur über Grundschulabschluss verfügte, Arbeit als Beamtin bei der Stadtteilverwaltung bekam. Die Tochter des Verwaltungschefs bekam einen Posten als Richterin, und die Anwaltskammer stellte die neunzehnjährige Tochter des Gerichtspräsidenten als Staatsanwältin ein. Das war zwar nichts Neues, aber die Leute ärgerten sich darüber, dass sich ausgerechnet Gu immer mit seiner Aufrichtigkeit brüstete, während er uns schamlos anlog, als hielte er uns für Idioten.

Bei der Staatsanwaltschaft gab es für mich keine Zukunft mehr.

Ich erinnere mich an einen Abend im Frühjahr 1997, als Ralf und sein deutscher Freund über die Zensur in den chinesischen Massenmedien diskutierten. Der Freund erzählte, dass er problemlos deutsche Nachrichten im Internet lesen könne, also gäbe es da keine Zensur. Bei anderer Gelegenheit fragte ich meine Bekannten bei der Polizei nach der Zensur im Internet, und sie antworteten, dass keine Mittel vorhanden seien, um den Verkehr dort zu kontrollieren; eine spezielle Internetpolizei gäbe es noch nicht, weil das Medium erst in den Kinderschuhen stecke. Außerdem beherrschten neunundneunzig Prozent der Polizisten weder Englisch noch andere Fremdsprachen.

Es gab einige wenige Internetcafés in der Stadt, und manchmal ging ich dorthin, um englische Nachrichten zu lesen. An einem einsamen Herbsttag lernte ich, wie man über Internet chatten kann. Was für eine fantastische Möglichkeit, mit Menschen in der ganzen Welt zu kommunizieren! Ola, ein Mann aus Schweden, wurde mein neuer Freund. Wir chatteten fast jeden Tag, und ich vertraute ihm immer mehr an. Ich wusste, dass dies die sicherste Art war, mit Ausländern Kontakt zu haben. Schrieb man Briefe, konnten sie bei der Zensur stecken bleiben oder in der Post verloren gehen.

Eines Tages erzählte ich Ola, dass ich in meiner Freizeit ehrenamtlich in einem staatlichen Heim für Waisenkinder arbeitete. Ich beschrieb ausführlich das Milieu in so einem Heim und wie die Kinder dort lebten. Einen Monat später kam ein großes Paket für mich an. Darin waren unter anderem dreißig Kuscheltiere, und Ola bat mich, sie den Kindern mit den besten Grüßen von ihm zu geben. Ich war gerührt. Mein Chef wusste, dass ich in dem Kinderheim tätig war, und fand es ideologisch richtig für eine Vertreterin der staatlichen Macht. Aber als ich eines Tages vorschlug, dass sich die jungen Staatsanwälte engagieren könnten, indem sie an einem freien Tag einen Besuch im Kinderheim organisierten, wurde er unschlüssig und fand eine Reihe von schlechten Ausreden: Es gebe kein Geld, um den Kindern Obst und Süßigkeiten mitzubringen, alle seien beschäftigt und so weiter.

Ola war sehr neugierig auf China. Nachdem wir sieben Monate lang Kontakt gehabt hatten, bot ich ihm an, mich zu besuchen und das wahre China zu entdecken. Im Juli 1998 nahm ich mir frei, um ihm Gesellschaft zu leisten. Da es einer Staatsanwältin verboten war, mit ausländischen Männern Kontakt zu haben, hatte ich Angst, dass uns ein Kollege oder Bekannter zusammen sehen würde. Daher machten wir Ferien auf dem Land und in verschiedenen Touristenorten, weit weg von Changsha.

Wir verliebten uns.

Lin erfuhr, dass man sie für einen Sonderauftrag ausersehen hatte. Sie fragte mich, ob ich wüsste, was Falun Gong sei. Ich hatte keine Ahnung. Sie erzählte, dass die Regierung gerade im Begriff sei, sich diese Organisation vorzunehmen. Lins Chefs hatten sie gewarnt, dass allerhand Überstunden und plötzliche Einsätze auf sie warten könnten. Ich sagte, dass es mir ähnlich ergangen sei, als ich in der Gruppe für Geburtenkontrolle gearbeitet hatte. Sie schüttelte den Kopf und meinte, sie habe gehört, dass es sich um eine illegale Untergrundorganisation handle.

Ich konnte es nicht glauben. Falls diese Leute die Stabilität der Regierung gefährdeten, würde man noch grausamer gegen sie vorgehen, als man im Namen der Geburtenkontrolle durchgegriffen hatte. Wenn mein Chef mir diese Aufgabe zuweisen würde, hätte ich fürchterliche Entscheidungen zu treffen.

Nachdem Ola nach Schweden zurückgekehrt war, lud er mich ein, Weihnachten und Neujahr in seinem Heimatland zu feiern. Zunächst zögerte ich, aber dann war ich entschlossen. Ich musste mein Leben verändern und durfte mich selbst und andere nicht länger ins Unglück stürzen, mich nicht mehr mit inneren Konflikten quälen. Ich nahm Olas Einladung an. Durch meine Beziehungen zur Polizei konnte ich mir einen Pass beschaffen. Eine Woche bevor ich China verlassen wollte, verkaufte ich meine Wohnung und die Möbel.

Als meine Mutter hörte, dass ich allein in ein fernes Land reisen wollte, machte sie sich große Sorgen und sagte immer wieder: „Wenn du dort keine Arbeit findest, musst du wieder nach Hause kommen. Vater und ich haben unsere Rente, und damit können wir dich auch noch durchbringen." Dabei weinte sie. „Stell dir vor, du wirst dort krank. Dann darfst du nicht vergessen, dem Arzt zu sagen, dass du als Kind keine Windpocken hattest."

Mein Vater ergänzte: „Wenn du in Schweden nicht genug zu essen hast, brauchst du uns nur zu schreiben. Wir können dir Reis und getrockneten Chilipfeffer schicken. Irgendwie werden wir uns schon etwas einfallen lassen, um dir zu helfen."

Plötzlich gab er ein leises Schluchzen von sich. Erstaunt sah ich zum ersten Mal in meinem Leben, wie sich seine Augen meinetwegen mit Tränen füllten.

Als ich das weiße Haar und die gefurchten Gesichter meiner Eltern betrachtete, fing ich an, mich zu schämen, weil ich mich nicht mehr um sie kümmern konnte und ihnen Sorgen bereitete. Ich schützte Selbstsicherheit vor und sagte: „Wenn man euch so weinen sieht, könnte man denken, dass ich geradewegs zur Hölle fahre. Wir sehen uns doch nicht zum letzten Mal. Ich habe euch doch erzählt, dass Schweden ein viel schöneres und reicheres Land ist als China. Mir wird es dort sehr gut gehen."

Ich verabschiedete mich von Li, Lin und Xia Yin. Auch sie waren besorgt, weil ich alles auf eine Karte setzte und sie sich meine Zukunft nicht vorstellen konnten. Ich selbst war nicht so pessimistisch.

Li glaubte nicht daran, dass das Leben im Ausland ein Himmelreich war. Chinesische Zeitungen beschrieben häufig die verschiedensten Schattenseiten der westlichen Gesellschaft: Armut, Gewalt, Verbrechen und so weiter. Wer nie im Ausland gewesen und, wie ich, von Kindesbeinen an kommunistischer Propaganda ausgesetzt war, glaubte ohne Weiteres, dass im Westen nur materialistische Gier und schändliche Moral herrschte. Li sah sich in meiner großen Fünfzimmerwohnung um, als ob sie es nicht ertragen könne, sie zu verlassen.

„Auch wenn du schwer arbeitest, wirst du dir dort nie so ein Leben leisten können wie hier: große, hübsche Wohnung, Haushaltshilfe, die putzt und Essen kocht, Macht und Freunde – hier kannst du ja fast über das Wetter bestimmen. Und jetzt willst du alles aufgeben und in ein fremdes Land fahren, wo du niemanden kennst, und noch mal von vorn anfangen. Man kann ja nicht wissen, was dich erwartet." Sie war genauso beunruhigt wie meine Eltern.

Wir sprachen lange und offen. Natürlich versuchte sie, mich zum Bleiben zu überreden – immerhin hatten wir vier Jahre zusammen im selben Zimmer gelebt. Und wenn ich erst fort war, konnte man nie wissen, wann wir uns wiedersehen würden.

Doch ich brauchte die Freiheit aus seelischen Gründen. Ich konnte das Elend in den Gesichtern der einfachen Menschen nicht mehr sehen.

„Als Frau aus dem armen China wirst du unter den Snobs im Westen nur eine Bürgerin zweiter Klasse sein", sagte Li. „Man liest doch dauernd, dass die Leute im Westen uns Asiaten verachten. Man wird dich psychisch unter Druck setzen, weil man dich als minderwertig betrachtet."

Das glaubte ich nicht. „Du bist doch Juristin wie ich. Was wir nicht mit eigenen Augen gesehen haben, sollten wir nicht glauben. Eine alte chinesische Redensart sagt: andere Länder, andere Sitten. Wenn man die Gewohnheiten und Traditionen der Leute respektiert und sich außerdem ein wenig gebildet und gesittet beträgt, wird man bestimmt ebenbürtig behandelt werden. Ich glaube nicht, dass mich ein gebildeter Westler aus rassistischen Gründen verachten würde."

Lin versuchte nicht, mich zu überreden. Sie wollte nur, dass ich mir die Sache gut überlegte, ehe ich einen derart lebensentscheidenden Schritt wagte. Ich war wirklich gerührt und hörte mir all ihre Warnungen an. Um einen sentimentalen Abschied zu vermeiden, sagte ich: „In Zukunft wird mich Yan nicht mehr als Gespenst heimsuchen. Wenn er mir auf die andere Seite der Erdkugel folgen will, muss er erst ein Visum im schwedischen Totenreich beantragen."

Li kicherte. „Hoffentlich wird ihm das verweigert, damit du für alle Ewigkeit in Ruhe gelassen wirst."

Schließlich lachten wir alle.

An diesem Abend fuhr ich ein letztes Mal mit meinem Motorrad durch die Stadt und schaute mir alles an: das Haus, in dem ich geboren und aufgewachsen war, Schule, Stammcafé und Stammkino, den Berg hinter dem Haus, den Fluss davor – all diesen Orten, deren Spuren ich in mir trug, würde ich in Zukunft nur noch in meiner Erinnerung begegnen.

Um wieder ein Mensch zu werden, der seinem Gewissen Respekt erwies, ein Mensch aus Fleisch und Blut, der offen Freude und Leid, Zorn und Glück zeigen konnte, musste ich meinem Heimatland und meiner Muttersprache, meinen

Freunden und Verwandten den Rücken kehren. Ich musste wieder bei Null beginnen. Ein vages Gefühl von Schmerz und Trauer stieg in mir auf. Ich nahm ein paar Schlaftabletten, strich über das Bett, in dem ich acht Jahre lang gelegen hatte, und schlief ein.

Epilog

Am 17. November 1998 um drei Uhr nachmittags landete die Maschine von Air China auf dem Flughafen Arlanda bei Stockholm. Ohne Problem passierte ich die Sicherheitskontrolle und stand endlich auf schwedischem Boden – in einem friedlichen, demokratischen Land. Ich atmete tief und erleichtert auf, als könnte ich die Last von vierzehn Berufsjahren loswerden.

Als ich aus dem Flughafengebäude kam, rief ich meine Freundin Lin in China an. „Ich bin in Schweden gelandet. Du kannst meine Kündigung bei der Staatsanwaltschaft einreichen."

Eine rote Staatsanwältin hatte in aller Stille das Land verlassen. Der chinesischen Elite würde dies vielleicht einen Schock versetzen. Aber für mich spielte das keine Rolle mehr.

Nachwort zur deutschen Ausgabe

Seit ich China im Jahr 1998 verlassen habe, hat sich das Rechtssystem des Landes verändert – leider zum Schlechteren. Die Kriminalitätsrate ist stark gestiegen und hat sich, proportional zur wirtschaftlichen Entwicklung, nahezu verdreifacht. Staatsanwälte und Richter müssen heute entschieden mehr Fälle bearbeiten: Das Risiko nachlässiger Ermittlungen – die zu Fehlurteilen führen können – liegt auf der Hand. Die Korruption hat sich noch ausgeweitet, die Summen der Schmiergelder sind gestiegen. Früher wurde eine Summe ab fünftausend Yuan als Bestechung gewertet und führte zu Anklage und Gefängnisstrafe; heute wird diese Summe als „geringfügig" betrachtet und gilt für die Rechtsprechung als irrelevant.

Zu meiner Zeit war es Kindern einfacher Arbeiter durchaus möglich, an der Universität Jura zu studieren und anschließend Staatsanwalt oder Richter zu werden. Heute haben diese Kinder keine Chance mehr. Lediglich Kindern höherer Beamter steht eine juristische Karriere offen, und sie brauchen weder eine entsprechende Ausbildung noch Erfahrung. Ein ehemaliger Kollege von mir, der heute Oberstaatsanwalt in Changsha ist, hat mich wissen lassen, dass man als ausgebildeter Jurist heute leitende Angestellte der Staatsanwaltschaft mit etwa fünfhunderttausend Yuan bestechen muss, um eine Anstellung dort zu bekommen: Man kauft sich seine dienstliche Position.

2001 wurde mein ehemaliger Mann Xie von meinen ehemaligen Chefs bei der Staatsanwaltschaft angeklagt, zwanzigtausend Yuan Bestechungsgelder entgegengenommen zu haben. Er verbrachte zwei Monate in Untersuchungshaft, ehe wir ihn durch unsere jeweiligen Kontakte freibekamen. Ich wurde nie den Verdacht los, dass sich meine ehemaligen Kollegen auf diese Weise rächen wollten, dass ich ihnen 1998 den Rücken gekehrt und China verlassen habe. Heute arbeitet Xie wieder in seiner alten Position als Richter am Gerichtshof von Changsha West.

Im selben Jahr hörte meine ehemalige Kollegin Jie Lia auf, als Staatsanwältin zu arbeiten, und wurde stattdessen Rechtsanwältin. Bei unserer letzten Begegnung sagte sie bitter: „Als ich Staatsanwältin war, wurde ich von anderen zum Essen und zu Vergnügungen eingeladen. Heute muss ich meine ehemaligen Kollegen bei der Staatsanwaltschaft und am Gericht einladen, wenn ich einen Prozess gewinnen will." In China ist es noch immer so, dass ein Rechtsanwalt, der einen Fall für sich entscheiden will, Staatsanwälte und Richter einladen oder bestechen muss.

Lin, die im politisch-juristischen Komitee arbeitete, bekam 1999 den Auftrag, die Falun Gong-Bewegung auszukundschaften. Um deren Mitglieder festnehmen zu können, musste sie häufig nachts arbeiten. Im Oktober 2003 hatte sie genug, kündigte und übersiedelte in die USA. Sie lebt heute in Arizona.

Im Jahr 2000 beendete Ren ihre Anstellung als Staatsanwältin, begann als Zollbeamtin zu arbeiten und wurde Abteilungschefin für die Schmuggelbekämpfung. Anfang 2003 kündigte sie auch dort; sie zog ebenfalls in die USA. Heute lebt sie in Santa Monica.

Li wurde zur Chefin der Einheit für Anklageerhebung bei der Staatsanwaltschaft in Wangcheng befördert. Als sie 2003 in einem speziellen Wirtschaftsdelikt ermittelte, deckte sie auf, dass eine ganze Reihe von Richtern große Summen an Bestechungsgeldern entgegengenommen hatten. Aufgrund ihrer Ermittlungen wurden ab 2004 zehn Richter am Oberlandesgericht in Changsha zu Gefängnisstrafen verurteilt. Schließlich wurde es dem Präsidenten am Oberlandesgericht zu viel, und er beklagte sich: „Wenn man weiter Anklage gegen meine Mitarbeiter erhebt, habe ich bald keine Richter mehr übrig, die ich noch zu den Prozessen schicken kann." Er ordnete an, dass alle Richter, die Schmiergelder unter hunderttausend Yuan entgegengenommen hatten, das Geld an das Oberlandesgericht zurückzahlen, die Wahrheit sagen und ihr Verhalten bereuen sollten. Dafür sollte die Anklage aufgehoben werden, und die Richter sollten in ihren Positionen verbleiben dürfen. Durch ihre Enthüllungen hatte sich Li zahlreiche Feinde gemacht, und 2006 verlor sie ihre Stellung als Chefin.

Xiao Rundcrantz, im Frühjahr 2007

Nachwort des Übersetzers

Xiao Rundcrantz hat das Originalmanuskript in chinesischer Sprache abgefasst. Sie wusste allerdings, dass das Buch in China unter keinen Umständen durch die Zensur gehen würde. Daher hat sie es von vornherein für westliche Leser konzipiert. Stil und Sprache sind westlichen Gepflogenheiten angepasst; juristische Einzelheiten sind in ihrem historischen Kontext erklärt und damit für Leser verständlich gemacht, die nicht in China leben.

Die ursprüngliche Buchfassung ist in Schweden in der Übersetzung von Anna Gustafsson Chen erschienen. Xiao Rundcrantz, die seit Jahren in Schweden lebt und auch als Übersetzerin aus dem Schwedischen tätig ist, hat diese Übersetzung autorisiert, wobei, in Zusammenarbeit mit dem Verlag, auch Änderungen gegenüber dem Originalmanuskript vorgenommen wurden. Die Autorin betrachtet die schwedische Ausgabe als Originalversion, die allen Übersetzungen zugrunde liegt.